U1006577

税务公务员会计知识学习手册

（第 2 版 · 下册）

《税务公务员会计知识学习手册》编写组　编

中国税务出版社

图书在版编目（CIP）数据

税务公务员会计知识学习手册 /《税务公务员会计知识学习手册》编写组编. -- 2 版. -- 北京 : 中国税务出版社, 2024. 7. -- ISBN 978 - 7 - 5678 - 1510 - 0

Ⅰ. F810. 62

中国国家版本馆 CIP 数据核字第 2024DQ0487 号

版权所有 · 侵权必究

书　　名：**税务公务员会计知识学习手册（下册）**
SHUIWU GONGWUYUAN KUAIJI ZHISHI XUEXI SHOUCE（XIACE）
作　　者：《税务公务员会计知识学习手册》编写组　编
责任编辑：赵泽蕙
责任校对：姚浩晴
技术设计：林立志
出版发行：中国税务出版社
北京市丰台区广安路 9 号国投财富广场 1 号楼 11 层
邮政编码：100055
网址：https：// www. taxation. cn
投稿：https：// www. taxation. cn/qt/zztg
发行中心电话：（010）83362083/85/86
传真：（010）83362047/49
经　　销：各地新华书店
印　　刷：北京天宇星印刷厂
规　　格：787 毫米 × 1092 毫米　1/16
总 印 张：48. 25
字　　数：814000 字
版　　次：2024 年 7 月第 2 版　2024 年 7 月第 1 次印刷
书　　号：ISBN 978 - 7 - 5678 - 1510 - 0
定　　价：145. 00 元（上、下册）

如有印装错误　本社负责调换

目　　录

上 册

下　册

第十章 会计法规

【本章提要】本章主要介绍会计法规的内容和企业会计准则的构成。

第一节 会计法规概述

一、会计法规简介

会计法规是会计工作必须遵守的行为规范，是我国经济法规的重要组成部分。按照《中华人民共和国立法法》的划分标准，我国现行的会计法规体系由四个层次组成：一是会计法律，二是会计行政法规，三是会计部门规章，四是会计规范性文件。

会计法律，由国家最高权力机关——全国人民代表大会及其常务委员会经过一定的法律程序制定，如《中华人民共和国会计法》（以下简称《会计法》）、《中华人民共和国注册会计师法》（以下简称《注册会计师法》）等。

会计行政法规，由国家最高行政机关——国务院制定，如《企业财务会计报告条例》《总会计师条例》等。

会计部门规章，由国家主管会计工作的行政部门——财政部制定，如《企业会计准则——基本准则》《政府会计准则——基本准则》等。

会计规范性文件，由国家主管会计工作的行政部门——财政部以及其他相关部委制定，以部门文件形成印发，如 42 项具体会计准则及其应用指南、《小企业会计准则》等。

《会计法》第八条将会计部门规章和会计规范性文件称为“国家统一的会计制度”，具体可分为会计核算制度、会计监督制度、会计机构和会计人员管理制度以及会计工作管理制度四类，其中，会计核算制度主要包括企业会计核算体系和非企业会计核算体系。

我国会计法规体系结构如表 10－1 所示。

表 10－1　　会计法规体系结构

<table>
<tr><th colspan="3">会计法规类别</th><th>会计法规举例</th></tr>
<tr><td colspan="3">会计法律</td><td>《中华人民共和国会计法》
《中华人民共和国注册会计师法》</td></tr>
<tr><td colspan="3">会计行政法规</td><td>《企业财务会计报告条例》
《总会计师条例》</td></tr>
<tr><td rowspan="15">会计部门规章及会计规范性文件</td><td rowspan="12">会计核算制度</td><td rowspan="6">企业会计核算体系</td><td>《企业会计准则——基本准则》</td></tr>
<tr><td>42 项具体会计准则</td></tr>
<tr><td>《企业会计准则——应用指南》</td></tr>
<tr><td>《小企业会计准则》</td></tr>
<tr><td>17 项企业会计准则解释</td></tr>
<tr><td>《企业产品成本核算制度（试行）》</td></tr>
<tr><td rowspan="6">非企业会计核算体系</td><td>《政府会计准则》</td></tr>
<tr><td>《政府会计制度》</td></tr>
<tr><td>政府会计准则解释</td></tr>
<tr><td>《工会会计制度》</td></tr>
<tr><td>《民间非营利组织会计制度》</td></tr>
<tr><td>《社会保险基金会计制度》</td></tr>
<tr><td colspan="2">会计监督制度</td><td>《财政部门实施会计监督办法》
《关于贯彻实施〈会计法〉加强会计监督的意见》</td></tr>
<tr><td colspan="2">会计机构和会计人员管理制度</td><td>《会计专业技术人员继续教育规定》</td></tr>
<tr><td colspan="2">会计工作管理制度</td><td>《代理记账管理办法》
《会计档案管理办法》
《企业会计信息化工作规范》</td></tr>
</table>

二、会计核算制度

（一）企业会计核算体系

企业会计核算体系包括企业会计准则、小企业会计准则、成本核算制度以及企业相关业务的会计处理规定。

会计核算要顺利运行，就需要有具体操作行为规范，这就是会计准则。会计准则对于会计核算来说，如同交通规则对于公路交通一样重要。会计准则是从会计实践中来，通过理论概括、抽象，用以规范、指导会计工作，是随着经济的发展而发展，随着会计实践的发展而发展的，总是不断产生一些新规则，淘汰一些旧规则。在某种程度上也可以说，会计准则总是与一个社会中的生产力发展水平相适应。

1. 企业会计准则

企业会计准则是规范企业会计确认、计量和报告的重要技术标准。会计确认解决的是定性问题；会计计量解决的是定量问题，即在确认的基础上确定金额；报告是确认、计量的结果，是连接企业和投资人等会计信息使用者的载体和桥梁。企业会计准则的重要性体现在以下三个方面：第一，企业会计准则是反映经济活动、确认产权关系、规范收益分配的会计技术标准，是生成和提供高质量会计信息的重要依据；第二，企业会计准则是资本市场的一种重要规则，是控制资金成本、实现社会资源优化配置的重要依据；第三，企业会计准则是国家社会规范乃至强制性规范的重要组成部分，是规范经济秩序和从事国际经济交往等的重要手段，是保护投资者和社会公众利益的重要保障。企业会计准则主要在大中型企业执行。

企业会计准则体系由基本准则、具体准则和应用指南三部分构成，可以理解为三个层次：第一层次为基本准则，第二层次为具体准则，第三层次为具体准则的应用指南（含解释，下同）。三个层次内容既相对独立，又互为联系，构成统一整体。在我国企业会计准则体系中，第一层次基本准则是纲，是企业会计准则体系的概念基础，是具体准则、应用指南和解释等的制定依据，在整个准则体系中起统驭作用；第二层次具体准则是目，是依据基本准则原则要求对有关业务或报告作出的具体规定；第三层次应用指南和解释是补充，为企业执行会计准则提供操作性规范，对准则实施过程中出现的新问题和新业务作出处理意见。这三个层次内容既相对独立，又互为联系，构成一个统一整体。

2. 小企业会计准则

为贯彻落实《中华人民共和国中小企业促进法》和《国务院关于进一步促进中小企业发展的若干意见》（国发〔2009〕36号）精神，结合我国大量小企业和国家有关部门的客观需求，2011年财政部颁布了《小企业会计准则》，要求自2013年1月1日起，在小企业范围内执行。制定《小企业会计准则》的目的是健全企业会计标准体系、规范小企业会计行为，其突出体现了遵循基本准则与简化要求相结合、满足税收征管信息需求与有助于银行提供信贷相结合、企业会计准则合理分工与有序衔接相结合的三大特点。《小企业会计准则》的实施，意味着我国会计准则体系进一步完善和成熟。

《企业会计准则》和《小企业会计准则》除了适用范围的差别之外，在具体核算中，有关各会计要素的确认、计量和报告方面也有显著的区别。《小企业会计准则》更加简化，并且尽量减少与《企业所得税法》的差异。

（二）非企业会计核算体系

非企业会计核算体系包括政府会计准则、政府会计制度、民间非营利组织会计制度以及社会保险基金会计制度等。

第二节　企业会计准则

一、企业会计准则的发布情况

2006年2月15日，财政部发布了企业会计准则体系，包括1项基本准则和38项具体准则及其应用指南，并规定自2007年1月1日起在上市公司范围内施行，鼓励其他行业执行；2014年，财政部发布了《企业会计准则第39号——公允价值计量》《企业会计准则第40号——合营安排》和《企业会计准则第41号——在其他主体中权益的披露》3项具体准则，修订了《企业会计准则——基本准则》，以及《企业会计准则第2号——长期股权投资》《企业会计准则第9号——职工薪酬》《企业会计准则第30号——财务报表列报》《企业会计准则第33号——合并财务报表》和《企业会计准则第37号——金融工具列报》5项具体准则；2017年，财政部发布了《企业会计准则第42

号——持有待售的非流动资产、处置组和终止经营》，修订了《企业会计准则第14号——收入》《企业会计准则第16号——政府补助》《企业会计准则第22号——金融工具确认和计量》《企业会计准则第23号——金融资产转移》《企业会计准则第24号——套期会计》和《企业会计准则第37号——金融工具列报》6项具体准则；2018年，财政部修订了《企业会计准则第21号——租赁》；2019年，财政部修订了《企业会计准则第7号——非货币性资产交换》和《企业会计准则第12号——债务重组》，并自2007年以来发布了《企业会计准则解释》第1号、第2号至第15号，截至2023年10月25日，财政部共发布了42项具体会计准则和17项企业会计准则解释。

二、企业会计准则的构成

中国现行企业会计准则体系由基本准则、具体准则、应用指南和解释组成。42项具体会计准则及17项企业会计准则解释的具体情况如表10-2和表10-3所示。

表10-2　　42项具体会计准则

序号	名称	发布年份	修订年份
第1号	存货	2006	
第2号	长期股权投资	2006	2014
第3号	投资性房地产	2006	
第4号	固定资产	2006	
第5号	生物资产	2006	
第6号	无形资产	2006	
第7号	非货币性资产交换	2006	2019
第8号	资产减值	2006	
第9号	职工薪酬	2006	2014
第10号	企业年金基金	2006	
第11号	股份支付	2006	
第12号	债务重组	2006	2019
第13号	或有事项	2006	

续表

序号	名称	发布年份	修订年份
第 14 号	收入	2006	2017
第 15 号	建造合同	2006	
第 16 号	政府补助	2006	2017
第 17 号	借款费用	2006	
第 18 号	所得税	2006	
第 19 号	外币折算	2006	
第 20 号	企业合并	2006	
第 21 号	租赁	2006	2018
第 22 号	金融工具确认和计量	2006	2017
第 23 号	金融资产转移	2006	2017
第 24 号	套期会计	2006	2017
第 25 号	原保险合同	2006	2020
第 26 号	再保险合同	2006	
第 27 号	石油天然气开采	2006	
第 28 号	会计政策、会计估计变更和差错更正	2006	
第 29 号	资产负债表日后事项	2006	
第 30 号	财务报表列报	2006	2014
第 31 号	现金流量表	2006	
第 32 号	中期财务报告	2006	
第 33 号	合并财务报表	2006	2014
第 34 号	每股收益	2006	
第 35 号	分部报告	2006	
第 36 号	关联方披露	2006	
第 37 号	金融工具列报	2006	2014、2017
第 38 号	首次执行企业会计准则	2006	
第 39 号	公允价值计量	2014	
第 40 号	合营安排	2014	
第 41 号	在其他主体中权益的披露	2014	
第 42 号	持有待售的非流动资产、处置组和终止经营	2017	

表 10-3 **17 项企业会计准则解释**

名称	发布文件字号	内容
《企业会计准则解释第 1 号》	财会〔2007〕14 号	明确多项业务的会计处理。但某些解释已被 2014 年、2017 年发布的准则修正或纳入修订后的准则
《企业会计准则解释第 2 号》	财会〔2008〕11 号	
《企业会计准则解释第 3 号》	财会〔2009〕8 号	
《企业会计准则解释第 4 号》	财会〔2010〕15 号	
《企业会计准则解释第 5 号》	财会〔2012〕19 号	
《企业会计准则解释第 6 号》	财会〔2014〕1 号	
《企业会计准则解释第 7 号》	财会〔2015〕19 号	
《企业会计准则解释第 8 号》	财会〔2015〕23 号	
《企业会计准则解释第 9 号——关于权益法下投资净损失的会计处理》	财会〔2017〕16 号	关于权益法下投资净损失的会计处理
《企业会计准则解释第 10 号——关于以使用固定资产产生的收入为基础的折旧方法》	财会〔2017〕17 号	关于以使用固定资产产生的收入为基础的折旧方法
《企业会计准则解释第 11 号——关于以使用无形资产产生的收入为基础的摊销方法》	财会〔2017〕18 号	关于以使用无形资产产生的收入为基础的摊销方法
《企业会计准则解释第 12 号——关于关键管理人员服务的提供方与接受方是否为关联方》	财会〔2017〕19 号	关于关键管理人员服务的提供方与接受方是否为关联方的判断
《企业会计准则解释第 13 号》	财会〔2019〕21 号	1. 关于企业与其所属企业集团其他成员企业等相关的关联方判断； 2. 关于企业合并中取得的经营活动或资产组合是否构成业务的判断
《企业会计准则解释第 14 号》	财会〔2021〕1 号	1. 关于社会资本方对政府和社会资本合作（PPP）项目合同的会计处理； 2. 关于基准利率改革导致相关合同现金流量的确定基础发生变更的会计处理
《企业会计准则解释第 15 号》	财会〔2021〕35 号	1. 关于企业将固定资产达到预定可使用状态前或者研发过程中产出的产品或副产品对外销售的会计处理； 2. 关于资金集中管理相关列报； 3. 关于亏损合同的判断

续表

名称	发布文件字号	内容
《企业会计准则解释第 16 号》	财会〔2022〕31 号	1. 关于单项交易产生的资产和负债相关递延所得税不适用初始确认豁免会计处理； 2. 关于发行方分类为权益工具的金融工具相关股利的所得税影响的会计处理； 3. 关于企业将以现金结算的股份支付修改为以权益结算的股份支付的会计处理
《企业会计准则解释第 17 号》	财会〔2023〕21 号	1. 关于流动负债与非流动负债的划分； 2. 关于供应商融资安排的披露； 3. 关于售后租回交易的会计处理

（一）基本准则

基本准则在企业会计准则体系中扮演着概念框架的作用，居于统驭地位。我国基本准则主要规范了以下内容：①财务报告目标；②会计基本假设；③会计基础；④会计信息质量要求；⑤会计要素分类及其确认、计量原则；⑥财务报告。基本准则明确了我国企业财务报告的目标是向财务报告使用者提供决策有用的信息，强调了企业会计确认、计量和报告应当以会计主体、持续经营、会计分期和货币计量为会计基本假设，要求企业会计确认、计量和报告应当以权责发生制为基础，规定了企业财务报告中所提供的会计信息应当满足可靠性、相关性、可理解性、可比性、实质重于形式、重要性、谨慎性和及时性等会计信息质量要求，并规定会计要素按照其性质分为资产、负债、所有者权益、收入、费用和利润六大类。基本准则在企业会计准则体系中具有重要地位，其主要作用如下：

1. 统驭具体准则的制定。基本准则规范了包括财务报告目标、会计基本假设、会计信息质量要求、会计要素的定义及其确认、计量原则、财务报告等在内的基本问题，是制定具体准则的基础，对各具体准则的制定起着统驭作用，可以确保各具体准则的内在一致性。

2. 为会计实务中出现的、但具体准则尚未规范的新业务提供会计处理原则依据。在会计实务中，由于经济交易事项的不断发展、创新，一些新的交易或者事项在具体准则中尚未规范但又急需处理，这时企业应当严格遵循基本准则的要求，对新的交易或者事项及时进行会计处理。

（二）具体准则

具体准则是在基本准则的指导下，对企业各项资产、负债、所有者权益、收入、费用、利润及相关交易事项的确认、计量和报告进行规范的会计准则。我国现行企业会计具体准则有：①会计要素类准则，包括存货、长期股权投资、投资性房地产、固定资产、无形资产、收入、建造合同等准则；②特殊业务类准则，包括非货币性资产交换，职工薪酬，企业年金基金，股份支付，债务重组，或有事项，政府补助，借款费用，所得税，外币折算，租赁，资产减值，企业合并，会计政策、会计估计变更和差错更正，资产负债表日后事项，合营安排等准则；③金融工具类准则，包括金融工具确认和计量、金融资产转移、套期会计、金融工具列报等准则；④特殊行业准则，包括原保险合同、再保险合同、石油天然气开采等准则；⑤财务报告类准则，包括财务报表列报、现金流量表、中期财务报告、合并财务报表、每股收益、分部报告、关联方披露、在其他主体中权益的披露等准则；⑥计量类准则，包括公允价值计量等准则；⑦过渡性要求准则，包括首次执行企业会计准则。

特殊行业准则主要规范保险业等特殊行业中的保险合同等特定业务的确认和计量。本书内容不涉及《企业会计准则第 5 号——生物资产》《企业会计准则第 10 号——企业年金基金》《企业会计准则第 24 号——套期会计》《企业会计准则第 25 号——保险合同》《企业会计准则第 26 号——再保险合同》和《企业会计准则第 27 号——石油天然气开采》等涉及特殊行业的准则。

（三）应用指南

应用指南是对具体准则相关条款的细化和有关重点问题提供的操作性指南，以利于会计准则的贯彻落实和指导实务操作。特别是其中的“会计科目和主要账务处理”，涵盖了各类企业的各种交易或事项，是以会计准则中确认、计量原则及其解释为依据所作的规定，对商业银行、保险公司和证券公司的专用科目作了特别说明。

（四）解释

解释是对具体准则实施过程中出现的问题、具体准则条款规定不清楚或者尚未规定的问题作出补充说明。

需要说明的是，本书的内容是企业会计实务，包括各项会计业务的确认、计量、记录、报告等在内的账务处理，其编写依据是企业会计准则。

第十一章　货币资金及应收款项

【本章提要】 本章主要介绍货币资金和应收及预付款项的核算及涉税处理。

货币资金是企业流动性最强的资产。货币资金的核算，要明确货币资金的范围、管理和控制；熟悉货币资金的结算规定；严格按照规定进行库存现金、银行存款和其他货币资金的核算；加强库存现金清查、银行存款的核对，保证货币资金的安全与完整。

应收及预付款项是企业在日常生产经营过程中发生的各种债权。一般情况下，应收及预付款项应当按实际发生的金额入账，应收票据无论是否带息，均按票面价值入账。资产负债表日，应收及预付款项如果发生减值，应计提坏账准备。

对货币资金、应收及预付款项进行核算所使用的会计科目主要有“库存现金”“银行存款”“其他货币资金”“应收账款”“应收票据”“预付账款”“其他应收款”“坏账准备”等，这些会计科目与财务报表项目的关系如图 11－1 所示。

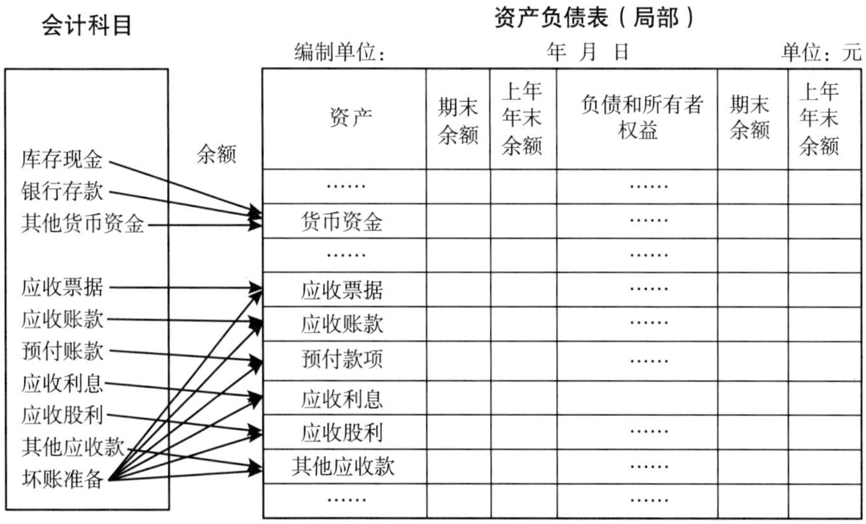

图 11－1　会计科目与财务报表项目的关系（货币资金及应收款项）

需要说明的是：①“应收账款”所属明细账户期末借方余额填入资产负债表“应收账款”项目，“应收账款”所属明细账户期末如有贷方余额填入资产负债表“预收款项”项目。②“预付账款”所属明细账户期末借方余额填入资产负债表“预付账款”项目，“预付账款”所属明细账户期末如有贷方余额填入资产负债表“应付账款”项目。

第一节 货币资金

货币资金，是指企业在生产经营过程中处于货币形态的资金，它是企业资产的重要组成部分。按照货币资金的存放地点及其用途的不同，货币资金分为库存现金、银行存款及其他货币资金。

一、库存现金

库存现金，是指存放于企业财务部门，由出纳人员负责保管的作为日常零星开支用的货币。它包括库存人民币现金和外币现金。企业必须根据国务院颁布的《现金管理暂行条例》（国务院令第588号）和中国人民银行发布的《现金管理暂行条例实施细则》（银发〔1988〕288号）等相关规定，加强现金的管理和内部控制。

（一）库存现金管理

库存现金管理主要涉及库存现金的使用范围、库存现金限额的确定和库存现金收支的日常管理等内容。

1. 库存现金的使用范围

企业库存现金的使用范围如下：

（1）职工工资、津贴；

（2）个人劳务报酬；

（3）根据国家规定发给个人的各种奖金；

（4）各种劳保、福利费用以及国家规定的对个人的其他支出；

（5）向个人收购农副产品和其他物资的价款；

（6）出差人员必须随身携带的差旅费；

（7）结算起点以下的零星支出（目前，结算起点定为1 000元）；

（8）中国人民银行确定需要支付现金的其他支出。

2. 库存现金限额的确定

库存现金限额，是指为了保证企业日常零星开支的需要，允许企业留存现金的最高数额。这一限额由开户银行根据企业的实际需要核定，一般按照企业3～5天日常零星开支的需要确定，边远地区和交通不便地区开户企业的库存现金限额，可多于5天，但不得超过15天的日常零星开支。企业每日现金结存数不得超过核定的限额，超过部分及时送存银行。

3. 库存现金收支的日常管理

（1）开户单位现金收入应当于当日送存开户银行。当日送存确有困难的，由开户银行确定送存时间。

（2）在银行存入或支取现金，必须注明来源或用途。

（3）现金支付实行“收支两条线”，非特殊情况下不准坐支现金。需要坐支现金的，应事先报经开户银行审查批准，由开户银行核定坐支范围和限额。企业应定期向银行报送坐支金额和使用情况。

（4）因采购地点不固定，交通不便，生产或者市场急需，抢险救灾以及其他特殊情况必须使用现金的，开户单位应当向开户银行提出申请，由本单位财会部门负责人签字盖章，经开户银行审核后，予以支付现金。

（二）库存现金的核算

1. 库存现金总分类核算

企业应设置“库存现金”科目，核算库存现金的收入、支出和结存情况。该科目借方登记库存现金的增加；贷方登记库存现金的减少；期末余额在借方，反映企业实际持有的库存现金。

现金收支的账务处理主要包括以下三个方面：

（1）企业从银行提取现金，根据支票存根所记载的金额，借记“库存现金”科目，贷记“银行存款”科目；将现金存入银行，根据银行退回的现金交款单第二联（客户回单联），借记“银行存款”科目，贷记“库存现金”科目。

（2）企业支付内部职工出差等所需的现金，按支出凭证所记载的金额，借记“其他应收款”等科目，贷记“库存现金”科目；收到出差人员交回的差旅费剩余款并结算时，按实际收回的现金，借记“库存现金”科目，按应报销的金额，借记“管理费用”等科目，按实际借出的现金，贷记“其他应收款”等科目。

（3）企业因其他原因收到现金时，借记“库存现金”科目，贷记有关科目；支出现金时，借记有关科目，贷记“库存现金”科目。

2. 库存现金明细分类核算

企业应当设置“现金日记账”进行序时核算，由出纳人员根据审核无误的收付款凭证，按照业务发生顺序逐笔序时登记。每日终了，应当计算当日的现金收入合计额、现金支出合计额和结余额，将结余额与实际库存额核对，做到账款相符。期末“现金日记账”的余额必须与“现金总账”的余额核对相符。

有外币库存现金的企业，应当分别人民币和各种外币设置“现金日记账”进行明细核算。

（三）库存现金的清查

每日终了通过结算现金收支、财产清查等方式发现的有待查明原因的库存现金短缺或溢余，应通过“待处理财产损溢——待处理流动资产损溢”科目进行核算，并按库存现金短缺和溢余的发生原因分别进行会计处理，如表 11－1 所示。

表 11－1　　库存现金短缺和溢余的会计处理

库存现金情况	查明原因前	查明原因后
短缺	借：待处理财产损溢——待处理流动资产损溢 　贷：库存现金	借：其他应收款——××个人（应由责任人赔偿的） 　　　　　　——××保险公司（应由保险公司赔偿的） 　管理费用（无法查明原因的） 　贷：待处理财产损溢——待处理流动资产损溢
溢余	借：库存现金 　贷：待处理财产损溢——待处理流动资产损溢	借：待处理财产损溢——待处理流动资产损溢 　贷：其他应付款——××个人或单位（应支付给有关人员或单位的） 　　　营业外收入（无法查明原因的）

【涉税提示】

准予在企业所得税税前扣除的资产损失，是指企业在实际处置、转让资产过程中发生的合理损失（实际资产损失），以及企业虽未实际处置、转让资产，但符合《财政部 国家税务总局关于企业资产损失税前扣除政策的通知》（财税〔2009〕57号）和《企业资产损失所得税税前扣除管理办法》（国家税务总局公告2011年第25号）规定条件计算确认的损失（法定资产损失）。但无论是实际资产损失，还是法定资产损失，都应按规定的程序和要求向主管税务机关申报后方能在税前扣除。未经申报的损失，不得在税前扣除。

企业因现金短缺造成的损失，应按照税法规定的程序和要求向主管税务机关申报后方能在税前扣除。未经申报的损失，不得在税前扣除。向税务机关申报扣除现金损失时，需填报企业所得税年度纳税申报表《资产损失税前扣除及纳税调整明细表》，不再报送现金损失相关资料，相关资料由企业留存备查。

现金溢余收入属于企业所得税法确定的收入，企业对无法查明原因的现金溢余经批准后记入“营业外收入”科目，增加应纳税所得额，无须进行纳税调整。

（四）备用金的核算

备用金，是指为了满足企业内部各部门和职工个人生产经营活动的需要，而暂付给有关部门和人员使用的现金。对于备用金，可以通过“其他应收款——备用金”科目核算，也可以单独设置“备用金”科目核算。该科目借方登记备用金的领用数额，贷方登记备用金使用数额，期末余额在借方，表示暂付周转使用的备用金数额。备用金的管理包括定额管理和非定额管理两种方式。

1. 定额管理

定额管理，是指财务部门对经常需要使用备用金的部门核定备用金定额，并按核定的定额拨付备用金，定额备用金使用后报销时，财务部门按照核准的报销金额支付现金，补足备用金。其核算过程如下：

（1）财务部门按定额拨付备用金时：

借：其他应收款——备用金（或“备用金”科目）

　　贷：库存现金

（2）使用后报销支付现金以补足备用金时：

借：管理费用（或销售费用等）

　　贷：库存现金

实行定额管理时，除了增加或减少拨付的备用金外，使用或报销备用金支出时不通过“其他应收款——备用金”或“备用金”科目核算。

2. 非定额管理

非定额管理，是指财务部门根据企业内部某部门或个人的实际需要，一次性拨付现金，使用后持有关原始凭证报销，报销时财务部门根据所拨付的现金和应报销的金额进行清算，若有余款全部收回，若不足，则补足差额。其核算过程如下：

（1）按需要数额拨付备用金时：

借：其他应收款——备用金（或“备用金”科目）

　　贷：库存现金

（2）使用后报销时：

借：管理费用（或销售费用等）

　　库存现金

　　贷：其他应收款——备用金（或“备用金”科目）

或

借：管理费用（或销售费用等）

　　贷：其他应收款——备用金（或“备用金”科目）

　　　　库存现金

二、银行存款

（一）银行存款的管理

1. 银行存款账户的开设

银行存款，是企业存放于银行或其他金融机构的货币资金。根据中国人民银行发布的《人民币银行结算账户管理办法》（银发〔2003〕163 号）规定，凡是独立核算的单位都必须在当地银行开设账户，以办理存款、取款和转账等结算。银行存款账户可分为基本存款账户、一般存款账户、临时存款账户和专用存款账户。企业应依据《中华人民共和国票据法》、《票据管理实施办法》（国务院令第 588 号）以及《支付结算办法》（银发〔1997〕393 号）等的规定，正确办理银行结算业务。

基本存款账户，是企业因办理日常转账结算和现金收付需要开立的银行结算账户。企业的工资、奖金等现金的支取，只能通过基本存款账户办理。

一般存款账户，是企业因借款或其他结算需要，在基本存款账户开户银行以外的银行营业机构开立的银行结算账户。企业可以通过本账户办理转账结算和现金缴存，但不能办理现金支取。

临时存款账户，是企业因临时需要并在规定期限内使用而开立的银行结算账户；企业可以通过本账户办理临时经营活动发生的资金收付，需要支取现金的，应按国家现金管理的规定办理。

专用存款账户，是企业按照法律、行政法规和规章的规定，对其特定用途资金进行专项管理和使用而开立的银行结算账户，企业可通过本账户办理专用资金的收付。

一个企业只能选择一家银行的一个营业机构开立一个基本存款账户，不得在多家银行机构开立基本存款账户；不得在同一家银行的几个分支机构开立一般存款账户。

2. 银行结算纪律

企业应按照《支付结算办法》的规定办理支付结算业务，不准签发没有资金保证的票据或远期支票，套取银行信用；不准签发、取得和转让没有真实交易和债权债务的票据，套取银行和他人的资金；不准无理拒绝付款，任意占用他人资金；不准违反规定开立和使用账户。

【涉税提示】

银行存款账户是企业对外经营的重要工具，企业收支的绝大多数都应通过银行办理。督促企业及时向税务机关报备开设的银行存款全部账户，才能加大税务机关监控力度，加强税务管理。

（二）银行存款的核算

1. 银行存款的总分类核算

企业应设置“银行存款”科目，核算企业存入银行或其他金融机构的各种款项的收入、支出和结存情况。该科目借方登记银行存款的增加数；贷方登记银行存款的减少数；期末借方余额，反映企业存在银行或其他金融机构的各种款项的余额。企业在不同的结算方式下，根据有关的原始凭证编制银行存款的收付款凭证，将款项存入银行或其他金融机构时，借记“银行存款”科目，贷记“库存现金”等科目；提取或支付在银行或其他金融机构中的存款时，借记“库存现金”等科目，贷记“银行存款”科目。

2. 银行存款的明细核算

企业应按开户银行或其他金融机构、存款种类等，分别设置“银行存款日记账”，由出纳人员根据收付款凭证，按照业务的发生顺序逐笔序时登记。每日终了应结出余额，定期与“银行存款”总账余额核对相符，并应定期与“银行对账单”核对，至少每月核对一次。月末，企业银行存款账面余额与银行对账单余额之间如有差额，应按月编制“银行存款余额调节表”调节相符。有外币存款的企业，应按不同币种设置“银行存款日记账”进行明细核算。

（三）银行结算方式

结算方式，是指用一定的形式和条件来实现各单位（或个人）之间货币收付的程序和方法。结算方式的主要内容包括：商品交易货款支付的地点、时间和条件，商品所有权转移的条件，结算凭证及其传递的程序和方法等。现行的银行结算方式根据结算形式的不同，划分为票据结算和支付结算两大类；根据结算地点的不同，可以划分为同城结算方式、异地结算方式和通用结算方式三大类。根据中国人民银行发布的《支付结算办法》等规定，企业常用的支付结算方式及其适用范围、种类、付款期限等，如表 11－2 所示。

表 11－2　　企业常用银行结算方式比较

结算方式	分类	使用规定	适用范围与条件	结算期限	金额起点
支票	现金支票	现金支票只能支取现金；转账支票只能转账；普通支票可支取现金、也可转账，但划线支票，只能转账。禁止签发空头支票	单位与个人均可使用；同城结算	10 日内	无
	转账支票				
	普通支票				

续表

结算方式	分类	使用规定	适用范围与条件	结算期限	金额起点
银行本票	不定额本票 定额本票	可用于转账，填明“现金”字样的可以用于支取现金	单位和个人使用；同城结算	2个月内	不定额本票无金额起点限制；定额本票有1 000元、5 000元、10 000元和50 000元面额
银行汇票	无	可用于转账，填明“现金”字样的可以用于支取现金	单位与个人均可使用；同城、异地均可结算	1个月内	无
商业汇票	商业承兑汇票 银行承兑汇票	可以背书转让，可以向银行申请贴现	在银行开立存款账户的法人及其他组织之间，必须具有真实交易关系或债权债务关系；同城、异地均可结算	最长6个月	无
汇兑	信汇 电汇	汇款人可“申请撤销”；可以办理“退汇”	单位与个人均可使用；异地结算	无	无
委托收款	邮寄 电报	单位和个人凭已承兑商业汇票、债券、存单等付款人债务证明办理结算；不得部分拒付	单位与个人均可使用；同城、异地均可结算	付款人应于接到通知的3日内确定是否付款并告知银行	无
托收承付	邮寄 电报	必须是商品交易以及因商品交易而产生的劳务款项； 收款人办理托收，必须具有商品确已发运的证件及其他有效证件	异地结算	验单付款3天；验货付款10天	一般每笔的金额起点为10 000元，但新华书店系统为1 000元
信用卡	按使用对象分为单位卡和个人卡；按信誉等级分为金卡和普通卡	单位卡一律不得用于10万元以上商品交易、劳务供应款项的结算，不得支取现金	向特约单位购物、消费和向银行存取现金	透支期限最长为60天	无

注：随着信息科技的发展，银行等金融机构积极推进银行卡、电子银行、手机银行、直销银行等新型业务模式。2006年3月1日，原中国银行业监督管理委员会公布施行了《电子银行业务管理办法》（中国银行业监督管理委员会令2006年第5号），客户可通过自助服务方式，利用计算机和互联网开展电子银行业务（简称网银），完成金融交易。单位开通网银后，以前使用的票据和单据大部分被电子支票、电子汇票等代替，财务人员在单位利用计算机通过互联网，就可以办理转账、汇款等业务。

（四）银行存款的清查

1. 银行存款的核对

银行存款的核对包括三个方面：一是银行存款日记账与银行存款收、付款凭证相互核对，对于现金存入银行的业务还应与现金付款凭证核对，做到账证相符；二是银行存款日记账与银行存款总账相互核对，做到账账相符；三是银行存款日记账与银行提供的银行对账单互相核对，做到账实相符。“银行存款日记账”应定期与“银行对账单”核对，至少每月核对一次。核对时如发现双方余额不一致，在排除了记账错误后，双方仍存在不一致，就可能是未达账项引起的。未达账项，是指企业与银行之间，由于凭证传递上的时间差，造成一方已登记入账，而另一方尚未登记入账的款项。这种差别具体来说有如下四种情况：

（1）银行已记作企业存款增加，而企业尚未接到收款通知，因而尚未记账的款项。

（2）银行已记作企业存款减少，而企业尚未收到付款通知，因而尚未记账的款项。

（3）企业已记作银行存款增加，而银行尚未办妥入账手续。

（4）企业已记作银行存款减少，而银行尚未办妥支付手续。

对于未达账项，企业应编制“银行存款余额调节表”进行调节。调节后，双方余额如果相等，一般说明双方记账没有错误。调节后的银行存款余额，反映了企业可以动用的银行存款实用数额。“银行存款余额调节表”是用来核对企业和银行的记账有无错误的，不能作为记账的依据。对于未达账项，无须进行账面调整，待结算凭证收到后再进行账务处理。

2. 银行存款的清查

企业应加强对银行存款的管理，并定期对银行存款进行检查，如果有确凿证据表明存在银行或其他金融机构的款项已经全部或部分不能收回，如吸收存款的单位已宣告破产，其破产财产不足以清偿的部分，或者全部不能清偿的，应当根据企业管理权限报经批准后，作为当期损失，冲减银行存款，借记“营业外支出”科目，贷记“银行存款”科目。

【涉税提示】

企业发生的存款损失进行会计处理时，记入“营业外支出”科目，但在进行税务处理时，应按照规定填报企业所得税年度纳税申报表《资产损失税前扣除及纳税调整明细表》，不再报送存款损失相关资料，相关资料由企业留存备查。未经申报的存款损失，不得在税前扣除。

三、其他货币资金

（一）其他货币资金的内容

其他货币资金，是指除现金、银行存款以外的其他各种货币资金。它属于货币资金，但在存放地点、用途上与现金和银行存款不同。其他货币资金主要包括银行汇票存款、银行本票存款、信用卡存款、信用证保证金存款、存出投资款、外埠存款等。

（二）其他货币资金的核算

企业应设置“其他货币资金”科目，核算其他货币资金的收支和结存情况。该科目借方登记其他货币资金的增加数；贷方登记其他货币资金的减少数；期末余额在借方，表示企业持有的其他货币资金。该科目应设置“银行汇票”“银行本票”“信用卡”“信用证保证金”“存出投资款”“外埠存款”等明细科目。

1. 银行汇票存款

银行汇票存款，是指企业为取得银行汇票按规定存入银行的款项。企业在填送“银行汇票申请书”并将款项交存银行，取得银行汇票后，根据银行盖章退回的申请书存根联，借记“其他货币资金——银行汇票”科目，贷记“银行存款”科目。企业使用银行汇票后，根据发票账单等有关凭证，借记“材料采购”或“原材料”“库存商品”及“应交税费——应交增值税（进项税额）”等科目，贷记“其他货币资金——银行汇票”科目。如有多余款或因汇票超过付款期等原因而退回款项，根据开户行转来的银行汇票第四联（多余款收账通知），借记“银行存款”科目，贷记“其他货币资金——银行汇票”科目。

2. 银行本票存款

银行本票存款，是指企业为取得银行本票按规定存入银行的款项。企业向银行提交“银行本票申请书”并将款项交存银行，取得银行本票后，根据银行盖章退回的申请书存根联，借记“其他货币资金——银行本票”科目，贷记“银行存款”科目。企业使用银行本票后，根据发票账单等有关凭证，借记“材料采购”或“原材料”“库存商品”及“应交税费——应交增值税（进项税额）”等科目，贷记“其他货币资金——银行本票”科目。因本票超过付款期等原因而要求退款时，应当填制进账单一式两联，连同本票一并送交银行，根据银行盖章退回的进账单第一联，借记“银行存款”科目，贷记“其他货币资金——银行本票”科目。

3. 信用卡存款

信用卡存款，是指企业为取得信用卡按照规定存入银行的款项。企业应按规定填制申请表，连同支票和有关资料一并送交发卡银行，根据银行盖章退回的进账单第一联，借记“其他货币资金——信用卡存款”科目，贷记“银行存款”科目。企业用信用卡购物或支付有关费用，借记有关科目，贷记“其他货币资金——信用卡存款”科目。企业信用卡在使用过程中，需要向其账户续存资金的，借记“其他货币资金——信用卡存款”科目，贷记“银行存款”科目。

4. 信用证保证金存款

信用证保证金存款，是指企业为取得信用证按规定存入银行的保证金。企业向银行申请开立信用证，应按规定向银行提交开证申请书、信用证申请人承诺书和购销合同。企业向银行缴纳保证金，根据银行退回的进账单第一联，借记“其他货币资金——信用证保证金”科目，贷记“银行存款”科目。根据开证行交来的信用证来单通知书及有关单据列明的金额，借记“材料采购”或“原材料”“库存商品”及“应交税费——应交增值税（进项税额）”等科目，贷记“其他货币资金——信用证保证金”科目。企业未用完的信用证保证金余额转回开户银行时，根据银行的收账通知，借记“银行存款”科目，贷记“其他货币资金——信用证保证金”科目。

5. 存出投资款

存出投资款，是指企业已存入证券公司但尚未进行投资的现金。企业向证券公司划出资金时，应按实际划出的金额，借记“其他货币资金——存出投资款”科目，贷记“银行存款”科目；购买股票、债券等金融产品时，按实际发生的金额，借记“交易性金融资产”等科目，贷记“其他货币资金——存出投资款”科目。

6. 外埠存款

外埠存款，是指企业到外地进行临时或零星采购时，汇往采购地银行开立采购专户的款项。企业委托当地银行将款项汇往采购地开立专户时，借记“其他货币资金——外埠存款”科目，贷记“银行存款”科目。收到采购员交来供应单位开具的发票账单等报销凭证时，借记“材料采购”或“原材料”“库存商品”及“应交税费——应交增值税（进项税额）”等科目，贷记“其他货币资金——外埠存款”科目。将多余的外埠存款转回当地银行时，根据银行的收账通知，借记“银行存款”科目，贷记“其他货币资金——外埠存款”科目。采购资金存款不计利息，除采购员差旅费可以支取少量现金外，一律转账，采购专户只付不收，付完注销账户。

【例 11－1】华丰公司于 2023 年 9 月 7 日向银行申请办理银行汇票用以购买原材料，并将款项 56 500 元交存银行转作银行汇票存款。取得银行汇票后，根据银行盖章退回的申请书存根联，作如下会计处理：

借：其他货币资金——银行汇票	56 500	
贷：银行存款		56 500

【例 11－2】采购员持银行汇票采购商品一批，取得的增值税专用发票上注明的价款为 50 000 元，增值税税额为 6 500 元。该增值税专用发票于当月确认，用于申报抵扣。采购的商品已到，并验收入库。则华丰公司应作如下会计处理：

借：原材料	50 000	
应交税费——应交增值税（进项税额）	6 500	
贷：其他货币资金——银行汇票		56 500

【例 11－3】华丰公司于 2023 年 7 月 7 日为临时采购在西安市××银行开设采购专户，存入 50 000 元。7 月 15 日，采购员交来的供货单位开具的增值税专用发票上注明的价款为 30 000 元，增值税税额为 4 500 元，同时收到采购的货物并验收入库。该增值税专用发票于当月确认，用于申报抵扣。7 月 20 日将多余的资金 15 500 元转回原开户银行。则华丰公司应作如下会计处理：

（1）开设采购专户时：

借：其他货币资金——外埠存款	50 000	
贷：银行存款		50 000

（2）收到供货单位发票账单等报销凭证时：

借：原材料　　30 000

　　应交税费——应交增值税（进项税额）　　4 500

　　贷：其他货币资金——外埠存款　　34 500

（3）将多余的资金 15 500 元转回原开户银行时：

借：银行存款　　15 500

　　贷：其他货币资金——外埠存款　　15 500

（三）其他货币资金的清查

企业应当加强对其他货币资金的管理，定期对其他货币资金进行检查，对于已经部分不能收回或者全部不能收回的其他货币资金，应当查明原因进行处理，有确凿证据表明无法收回的，应当按照企业的管理权限，经股东会或董事会，或者经理（厂长）会议或类似机构批准后，借记“营业外支出”科目，贷记“其他货币资金”科目。

第二节　应收及预付款项

应收及预付款项，是指企业在日常生产经营过程中发生的各项债权，包括应收款项和预付款项。应收款项包括应收账款、应收票据、应收股利、应收利息和其他应收款等；预付款项，是指企业按照合同规定预付的款项，如预付的购货款等。

根据《企业会计准则第 22 号——金融工具确认和计量》规定，一般企业的货币资金、应收款项均属于以摊余成本计量的金融资产。但预付账款不是金融资产，因其产生的未来经济利益是商品或服务，不是收取现金或其他金融资产的权利。

一、应收票据

（一）应收票据的概念

应收票据，是指企业因销售商品、服务等而收到的商业汇票。商业汇票按承兑人的不同，分为商业承兑汇票和银行承兑汇票。商业汇票按是否计息，分为不带息商业汇票和带息商业汇票。在我国，商业汇票均为不带息商业汇票。

企业应当设置“应收票据备查簿”，逐笔登记每一应收票据的种类、号数和出票日期、票面金额、票面利率、交易合同号和付款人、承兑人、背书人的姓名或单位名称、到期日、背书转让日、贴现日期、贴现率和贴现净额，以及收款日期和收回金额、退票情况等资料，应收票据到期结清票款或退票后，应当在应收票据备查簿内逐笔注销。

（二）应收票据的核算

企业应设置“应收票据”科目，核算企业因销售商品、服务等而收到的商业汇票，包括银行承兑汇票和商业承兑汇票。该科目借方登记应收票据的面值及按期确认的应计利息；贷方登记贴现、背书转让或到期收回，或因未能收回票款而转作应收账款的应收票据的票面金额（包括面值和已确认的应计利息，票据到期时的票面金额即为其到期值）；期末借方余额，反映企业持有的应收票据的面值和应计利息。该科目可按开出、承兑商业汇票的单位进行明细核算。

1. 应收票据取得的核算

企业无论是收到带息应收票据还是不带息应收票据，均应按应收票据的面值入账；带息应收票据，应在期末计提利息，计提的利息增加应收票据的票面金额。

企业因销售商品、服务等而收到开出、承兑的商业汇票时，按商业汇票的面值，借记“应收票据”科目，按确认的营业收入，贷记“主营业务收入”等科目，按现行增值税制度规定计算的销项税额，贷记“应交税费——应交增值税（销项税额）”等科目；收到用于抵付以往应收账款的票据时，借记“应收票据”科目，贷记“应收账款”科目；如为带息票据，应在期末时，按应收票据的面值和确定的利率计算应计利息，借记“应收票据”科目，贷记“财务费用”科目。

【例 11－4】华丰公司于 2023 年 12 月 1 日向盛大公司出售产品一批，货款为 200 000 元，适用的增值税税率为 13%，已开出增值税专用发票交付盛大公司，并于当日收到经该公司承兑的商业汇票一张，期限为 4 个月，票面年利率为 3%，面值为 226 000 元。则华丰公司应作如下会计处理：

（1）12 月 1 日收到商业汇票时：

借：应收票据　　226 000

　　贷：主营业务收入　　200 000

　　　　应交税费——应交增值税（销项税额）　　26 000

（2）12 月 31 日计提利息时：

借：应收票据　　565

　　贷：财务费用　　565

2. 应收票据贴现的核算

贴现，是指企业以未到期票据向银行融通资金，银行按票据的应收金额扣除一定期间的贴现息后将余额付给企业的一种短期贷款行为。

在票据贴现中，不带息票据的到期值就是其面值，而带息票据到期值等于票据面值与票据利息之和。贴现期，是指从票据贴现日到票据到期前一日的时间间隔。票据的票面利率和银行贴现率有年、月、日利率之分，因此就有年、月、日之间的换算，按一般商业习惯，一年按 360 天计算，一个月按 30 天计算。贴现额与票据到期利息的计算公式为：

$$票据到期值 = 票据面值 + 票据利息$$

$$贴现息 = 票据到期值 \times 贴现率 \times 贴现期$$

$$贴现额 = 票据到期值 - 贴现息$$

$$票据到期利息 = 票据面值 \times 票面利率 \times 期限$$

企业持未到期的应收票据向银行贴现，应按扣除其贴现息后的净额，借记“银行存款”科目，按贴现息部分，借记“财务费用”科目，按应收票据的到期值（应先确认尚未到期的利息），贷记“应收票据”科目（适用于满足《企业会计准则第 23 号——金融资产转移》规定的金融资产终止确认条件的情形）或“短期借款”科目（适用于不满足《企业会计准则第 23 号——金融资产转移》规定的金融资产终止确认条件的情形）。

【例 11－5】华丰公司于 2023 年 5 月 2 日持所取得的一张出票日为 2023 年 3 月 23 日、期限为 6 个月、面值为 110 000 元的不带息商业承兑汇票到银行贴现，年贴现率为 12%。则华丰公司应作如下会计处理：

该应收票据的到期日为 2023 年 9 月 23 日，其贴现天数为 144 天（30 + 30 + 31 + 31 + 22）。

贴现息 = 110 000 × 12% × 144/360 = 5 280（元）

贴现净额 = 110 000 − 5 280 = 104 720（元）

（1）假设满足《企业会计准则第23号——金融资产转移》规定的金融资产终止确认条件，贴息企业终止确认该金融资产。5月2日到银行贴现时：

借：银行存款　　104 720

　　财务费用　　5 280

　　贷：应收票据　　110 000

（2）假设不满足《企业会计准则第23号——金融资产转移》规定的金融资产终止确认条件，贴息企业不应当终止确认该金融资产。5月2日到银行贴现时：

借：银行存款　　104 720

　　财务费用　　5 280

　　贷：短期借款　　110 000

贴现的商业承兑汇票到期，承兑人全额付款后，在申请贴现企业已经终止确认原票据的情形下，申请贴现企业不需作任何账务处理；在申请贴现企业没有终止确认原票据的情形下，申请贴现企业应按商业汇票的到期值，借记“短期借款”科目，贷记“应收票据”科目。

贴现的商业承兑汇票到期，因承兑人的银行存款账户不足交付，申请贴现的企业收到银行退回的商业承兑汇票时（限适用于贴现企业没有终止确认原票据的情形，在贴现企业已终止确认原票据的情形下，银行不会退回商业承兑汇票），按实际被银行划出的存款金额，借记“短期借款”科目，贷记“银行存款”科目；同时，应按商业汇票的到期值，借记“应收账款”科目，贷记“应收票据”科目；银行将未能收到的款项作逾期贷款处理。

上述票据到期承兑人无力向贴现银行支付票款的情况，一般发生在商业承兑汇票，银行承兑汇票一般不会出现到期不能付款的情况。这种由于承兑人可能无力付款而造成申请贴现企业可能发生负债的情形，称为或有事项。

3. 应收票据背书转让的核算

企业将持有的商业汇票背书转让以取得所需物资时，按取得物资成本的金额，借记“材料采购”或“原材料”“库存商品”等科目，按当月已认证的可抵扣的增值税额，借记“应交税费——应交增值税（进项税额）”科目，按当月未认证的可抵扣增值税额，借记“应交税费——待认证进项税额”科目，按商业汇票的票面金额，贷记“应收票据”科目，如有差额，借记或贷记“银行存款”等科目。

【例 11－6】2023 年 12 月 31 日，华丰公司购进材料一批，取得的增值税专用发票上注明价款为 57 000 元，增值税税额为 7 410 元，材料已验收入库。因货币资金不足，将一张票面金额为 60 000 元的商业汇票背书转让给供货单位。则华丰公司应作如下会计处理：

借：原材料　57 000
　应交税费——应交增值税（进项税额）　7 410
　贷：应收票据　60 000
　　银行存款　4 410

4. 应收票据到期的核算

未贴现的应收票据到期，应分别以下情况处理：

（1）付款人支付票款，按实际收到的金额，借记“银行存款”科目，按商业汇票的到期值，贷记“应收票据”科目。

【例 11－7】华丰公司于 2023 年 5 月 1 日销售商品给利达公司，收到面值为 226 000 元、期限为 5 个月的商业承兑汇票一张。5 个月后，票据到期，票面金额 226 000 元收存银行。则票据到期收到票款时，华丰公司应作如下会计处理：

借：银行存款　226 000
　贷：应收票据　226 000

（2）因付款人无力支付票款，收到银行退回的商业承兑汇票、委托收款凭证、未付款通知书或拒绝付款证明等，按应收票据的到期值，借记“应收账款”科目，贷记“应收票据”科目。

【例 11－8】沿用【例 11－7】，假设利达公司到期无力偿还票款，则华丰公司应作如下会计处理：

借：应收账款　226 000
　贷：应收票据　226 000

企业应当设置应收票据备查簿，逐笔登记每一应收票据的种类、号数和出票日期、票面金额、票面利率、交易合同号和付款人、承兑人、背书人的姓名或单位名称、到期日、背书转让日、贴现日期、贴现率和贴现净额，以及收款日期和收回金额、退票情况等资料，应收票据到期结清票款或退票后，应当在应收票据备查簿内逐笔注销。

二、应收账款

（一）应收账款的确认和计量

应收账款，是指企业因销售商品、服务等经营活动，应向购货单位或购买服务单位收取的款项，主要包括企业销售商品、服务等应向有关债务人收取的价款及代购货单位垫付的包装费、运杂费等。

一般情况下，企业销售商品、服务等应按买卖双方在成交时的实际金额入账。应收账款入账价值包括：销售商品、服务的价款，增值税销项税额，以及代购货单位垫付的包装费、运杂费等。在确定应收账款的入账价值时，应考虑有关折扣因素。

1. 商业折扣

商业折扣，是指企业为促进商品销售而在商品标价上给予的价格扣除。由于商业折扣一般在交易发生时即已确定，它仅仅是确定实际销售价格的一种手段，不需要在买卖任何一方账面上反映，因此，企业应按扣除商业折扣后的实际销售价格确认应收账款。例如，某企业销售产品一批，价目表标注的价格为 20 000 元，由于成批销售，销货方给购货方 10% 的商业折扣，折扣金额为 2 000 元，则应收账款的入账金额应为 18 000 元。

2. 现金折扣

现金折扣，是指债权人为鼓励债务人在规定的期限内付款而向债务人提供的债务扣除。现金折扣一般用“折扣/付款期限”表示，如 2/10，1/20，*n*/30（即 10 天内付款折扣 2%，20 天内付款折扣 1%，30 天内全价付款、无折扣）。在存在现金折扣的情况下，确定应收账款入账价值时有两种常见的方法：总价法和净价法。在总价法情况下，企业应按不扣除现金折扣的实际销售价格确认应收账款的入账价值。在净价法情况下，企业应按扣除现金折扣的净金额作为实际销售价格确认应收账款的入账价值。目前会计实务中采用的是总价法。

（二）应收账款的核算

企业应设置“应收账款”科目，核算企业因销售商品、服务等经营活动应收取的款项。该科目借方登记发生的应收账款；贷方登记应收账款的收回和确认的坏账损失；期末借方余额，反映企业尚未收回的应收账款；期末如为贷方余额，反映企业预收的账款。预收货款不多的企业，为简化起见，可以不设“预收账款”科目，而将预收货款直接记入“应收账款”科目。该科目可按债务人进行明细核算。企业因销售商品、服务等，采用递延方式收取合同或协议价款、实质上具有融资性质的，合同或协议价款约定的应收款项，在“长期应收款”科目核算。

企业因销售商品、服务等，在销售实现，但款项尚未收到时，按实现的营业收入、应交的增值税销项税额和代垫的运杂费等，借记“应收账款”科目，按确认的营业收入，贷记“主营业务收入”等科目，按现行增值税制度规定计算的销项税额，贷记“应交税费——应交增值税（销项税额）”等科目；按代垫的运杂费，贷记“库存现金”“银行存款”等科目。

【例 11－9】 华丰公司销售产品 1 000 件，单价为 200 元，适用的增值税税率为 13%，约定的现金折扣条件为 2/10，*n*/20，产品交付并办妥托收手续。则华丰公司应作如下会计处理：

借：应收账款	226 000	
贷：主营业务收入		200 000
应交税费——应交增值税（销项税额）		26 000

收到货款时，根据购货企业是否得到现金折扣的情况入账。如果上述货款在 10 天内收到，则现金折扣为 4 520 元（226 000 × 2%），应作如下会计处理：

借：银行存款	221 480	
财务费用	4 520	
贷：应收账款		226 000

如果超过了现金折扣的最后期限，应作如下会计处理：

借：银行存款	226 000	
贷：应收账款		226 000

三、预付账款

（一）预付账款概述

预付账款，是指企业按照合同规定预付的款项。

预付账款与应收账款一样，都是企业的短期债权。但二者又不相同，预付账款是因企业购货发生的，属于暂付款性质，是预先支付给供货单位的款项；应收账款是因企业销货发生的，是应向购货单位收取的款项。

企业预付的款项，应在款项付出时，按预付的金额入账。

（二）预付账款的核算

为了核算企业按照合同规定预付的款项（包括企业进行在建工程预付的工程价款），应设置“预付账款”科目。该科目借方登记预付和补付的款项；贷方登记收到的预购的材料或商品价款和收到退回的预付款；期末余额一般在借方，反映企业实际预付的款项；期末如为贷方余额，反映企业尚未补付的款项。该科目应按供货单位设置明细账，进行明细核算。

预付款项情况不多的企业，可以不设置“预付账款”科目，将预付的款项直接记入“应付账款”科目的借方。

（1）企业因购货而预付款项时，借记“预付账款”科目，贷记“银行存款”等科目。

（2）企业收到所购物资，按应计入购入物资成本的金额，借记“材料采购”或“原材料”“库存商品”等科目，按当月已认证的可抵扣的增值税额，借记“应交税费——应交增值税（进项税额）”科目，按当月未认证的可抵扣增值税额，借记“应交税费——待认证进项税额”科目，按应支付的金额，贷记“预付账款”科目。

（3）企业向供货单位补付款项时，借记“预付账款”科目，贷记“银行存款”等科目。

（4）企业收到供货单位退回的款项时，借记“银行存款”科目，贷记“预付账款”等科目。

【例 11－10】华丰公司按购货合同规定向大众公司预付购买材料货款计20 000元。则华丰公司应作如下会计处理：

借：预付账款——大众公司	20 000	
贷：银行存款		20 000

收到材料并验收无误，取得的增值税专用发票上注明的材料货款为50 000元，增值税税额为 6 500 元。该增值税专用发票于当月通过增值税发票选择确认平台进行了勾选确认。则华丰公司应作如下会计处理：

借：原材料	50 000	
应交税费——应交增值税（进项税额）	6 500	

贷：预付账款——大众公司　　56 500

补付款项时，华丰公司应作如下会计处理：

借：预付账款——大众公司　　36 500

贷：银行存款　　36 500

此外，企业进行在建工程预付的工程价款，借记“预付账款”科目，贷记“银行存款”等科目。按工程进度结算工程价款，借记“在建工程”科目，贷记“预付账款”“银行存款”等科目。

四、应收股利和应收利息

（一）应收股利

1. 应收股利概述

应收股利，是指企业应收取的现金股利和应收取其他单位分配的利润。

企业应设置“应收股利”科目，核算企业应收取的现金股利和应收取其他单位分配的利润。该科目借方登记应收的股利，贷方登记实际收到的股利，期末借方余额反映企业尚未收回的现金股利或利润。该科目应按被投资单位进行明细核算。

2. 应收股利的核算

（1）企业取得以公允价值计量且其变动计入当期损益的金融资产时，按支付的价款中所包含的、已宣告但尚未发放的现金股利，借记“应收股利”科目，按该项金融资产的公允价值，借记“交易性金融资产——成本”科目，按发生的交易费用，借记“投资收益”科目，按实际支付的金额，贷记“银行存款”等科目。以公允价值计量且其变动计入当期损益的金融资产持有期间被投资单位宣告发放的现金股利，按应享有的份额，借记“应收股利”科目，贷记“投资收益”科目。

（2）企业取得长期股权投资时，按支付的价款中所包含的、已宣告但尚未发放的现金股利或利润，借记“应收股利”科目，按确定的长期股权投资成本，借记“长期股权投资”科目，按实际支付的金额，贷记“银行存款”等科目。

持有期间被投资单位宣告发放现金股利或利润的，按应享有的份额，借记“应收股利”科目，贷记“投资收益”科目（成本法）或“长期股权投资——损益调整”科目（权益法）。

（3）企业取得以公允价值计量且其变动计入其他综合收益的金融资产时，按支付的价款中所包含的、已宣告但尚未发放的现金股利，借记“应收股利”科目，按该项金融资产的公允价值与交易费用之和，借记“其他权益工具投资——成本”科目，按实际支付的金额，贷记“银行存款”等科目。

非交易性权益工具持有期间被投资单位宣告发放的现金股利，按应享有的份额，借记“应收股利”科目，贷记“投资收益”科目。

（4）实际收到现金股利或利润时，借记“银行存款”等科目，贷记“应收股利”科目。

（二）应收利息

1. 应收利息概述

应收利息，是指企业持有以公允价值计量且其变动计入当期损益的金融资产、以摊余成本计量的金融资产、以公允价值计量且其变动计入其他综合收益的金融资产等应收取的利息。

企业应设置“应收利息”科目，核算企业应收取的各种债权投资的利息。该科目借方登记应收的利息，贷方登记实际收到的利息，期末借方余额反映企业尚未收回的利息。该科目应按被投资单位进行明细核算。

2. 应收利息的核算

（1）企业取得的以公允价值计量且其变动计入当期损益的金融资产，按支付的价款中所包含的、已到付息期但尚未领取的利息，借记“应收利息”科目，按该项金融资产的公允价值，借记“交易性金融资产——成本”科目，按发生的交易费用，借记“投资收益”科目，按实际支付的金额，贷记“银行存款”等科目。

以公允价值计量且其变动计入当期损益的金融资产在资产负债表日按分期付息、一次还本债券投资的票面利率计算的利息，借记“应收利息”科目，贷记“投资收益”科目。

（2）企业取得的以摊余成本计量的金融资产，应按该投资的面值，借记“债权投资——成本”科目，按支付的价款中包含的、已到付息期但尚未领取的利息，借记“应收利息”科目，按实际支付的金额，贷记“银行存款”等科目，按其差额，借记或贷记“债权投资——利息调整”科目。

资产负债表日，未发生减值的以摊余成本计量的金融资产如为分期付息、一次还本债券投资的，按票面利率计算确定的应收未收利息，借记“应收利息”科目，按以摊余成本计量的金融资产的摊余成本和实际利率计算确定的利息收入，贷记“投资收益”科目，按其差额，借记或贷记“债权投资——利息调整”科目；如为一次还本付息债券投资，按票面利率计算确定的应收未收利息，记入“债权投资——应计利息”科目借方。

（3）企业取得和持有以公允价值计量且其变动计入其他综合收益的金融资产，如为长期债权投资，应收利息的核算比照上述第（2）项进行账务处理。

（4）应收利息实际收到时，借记“银行存款”等科目，贷记“应收利息”科目。

五、其他应收款

（一）其他应收款概述

其他应收款，是指企业除应收票据、应收账款、预付账款、应收股利、应收利息、长期应收款等经营活动以外的其他各种应收及暂付款项。其主要内容包括以下6项：

（1）应收的各种赔款、罚款；

（2）应收经营出租固定资产和出租包装物的租金；

（3）应向职工个人收取的各种垫付款项；

（4）备用金；

（5）存出保证金；

（6）其他各种应收、暂付款项。

（二）其他应收款的核算

企业应设置“其他应收款”科目，核算其他应收款的结算情况。该科目借方登记企业发生的各项其他应收款；贷方登记企业收回和结转的其他应收款；期末借方余额，反映企业尚未收回的其他应收款项；期末如为贷方余额，反映企业尚未支付的其他应付款。该科目应按其他应收款的项目分类设置明细账，或按不同的债务人设置明细账，进行明细核算。

（1）企业发生其他各种应收及暂付款项时，应按实际发生额入账，借记“其他应收款”科目，贷记“银行存款”“固定资产清理”等科目；收回或转销各种款项时，借记“库存现金”“银行存款”等科目，贷记“其他应收款”科目。

（2）采用售后回购方式融出资金的，应按实际支付的金额，借记“其他应收款”科目，贷记“银行存款”科目。销售价格与原购买价格之间的差额，应在售后回购期间内按期计提利息，借记“其他应收款”科目，贷记“财务费用”科目。按合同约定返售商品时，应按实际收到的金额，借记“银行存款”科目，贷记“其他应收款”科目。

【例11－11】华丰公司向蓝光公司租入包装物一批，以银行存款支付包装物押金2 000元。则华丰公司应作如下会计处理：

借：其他应收款——存出保证金	2 000	
贷：银行存款		2 000

六、应收款项减值

（一）应收款项减值的判断

根据《企业会计准则第22号——金融工具确认和计量》的规定，企业应当在资产负债表日对以公允价值计量且其变动计入当期损益的金融资产以外的金融资产（含单项金融资产或一组金融资产，下同）的账面价值进行检查，有客观证据表明该金融资产发生减值的，应当确认减值损失，计提减值准备。

应收款项等以摊余成本计量的金融资产，其发生减值时，应当将该金融资产的账面价值与预计未来现金流量现值之间的差额，确认为减值损失，计入当期损益。

（二）应收款项减值的确定

企业对应收款项进行减值测试，应根据本单位的实际情况分为单项金额重大的和单项金额非重大的应收款项分别进行减值测试，计算确定减值损失，计提坏账准备。应收款项的减值损失也称坏账损失。

对于单项金额重大的应收款项，应当单独进行减值测试，有客观证据表明其发生了减值的，应当根据其未来现金流量现值低于其账面价值的差额，确认减值损失，计提坏账准备。这种情况下，主要是要合理预计各项应收款项的未来现金流量，采用一定折现率计算未来现金流量的现值，进一步与该应收款项的账面价值比较，来确定是否发生减值损失。

对于单项金额非重大的应收款项以及单独测试后未发生减值的单项金额重大的应收款项，应当采用组合方式进行减值测试，分析判断是否发生减值。通常情况下可以将这些应收款项按类似信用风险特征划分为若干组合，再按这些应收款项组合在资产负债表日余额的一定比例，计算确定减值损失，计提坏账准备。

（三）应收款项减值的核算

1. 科目设置

企业应设置“坏账准备”科目，核算应收款项坏账准备的计提、转销等情况。该科目贷方登记企业按规定计提的坏账准备或收回的以前年度已确认并转销的坏账损失；借方登记企业已发生的坏账损失和冲回的坏账准备；期末贷方余额，反映企业已计提但尚未转销的坏账准备。该科目可按应收款项的类别进行明细核算。

2. 账务处理

（1）资产负债表日，企业根据《企业会计准则第 22 号——金融工具确认和计量》确定应收款项发生减值的，按应计提的坏账准备的金额，借记“信用减值损失”科目，贷记“坏账准备”科目。本期应计提的坏账准备大于其账面余额的，应按其差额计提；应计提的坏账准备小于其账面余额的差额作相反的会计分录。

（2）对于确实无法收回的应收款项，按管理权限报经批准后作为坏账损失，转销应收款项，借记“坏账准备”科目，贷记“应收票据”“应收账款”“应收利息”“其他应收款”“长期应收款”等科目。

（3）已确认并转销的应收款项以后又收回的，应按实际收回的金额，借记“应收票据”“应收账款”“应收利息”“其他应收款”“长期应收款”等科目，贷记“坏账准备”科目；同时，借记“银行存款”科目，贷记“应收票据”“应收账款”“应收利息”“其他应收款”“长期应收款”等科目。

对于已确认并转销的应收款项以后又收回的，也可以按照实际收回的金额，直接借记“银行存款”科目，贷记“坏账准备”科目。

3. 期末应提取坏账准备的计算

期末应提取的坏账准备可按下列公式计算：

$$\text{当期应提取的坏账准备} = \text{当期按应收款项余额计算应提取的坏账准备金额} - \text{“坏账准备”科目的期末贷方余额}$$

（或 +“坏账准备”科目的期末借方余额）

已计提坏账准备的应收款项因债务重组、非货币性资产交换、出售而减少时，视同计提的坏账准备已实际发生，应当同时结转已计提的坏账准备。

【涉税提示】

在坏账损失的处理上，会计遵循谨慎性原则，要求企业提取坏账准备；税法遵循据实扣除原则，即坏账只有在实际发生时，其损失在向税务机关申报后才可以在税前扣除。未经申报的损失，不得在税前扣除。企业在向税务机关申报扣除坏账损失时，应填报企业所得税年度纳税申报表《资产损失税前扣除及纳税调整明细表》，不再报送坏账损失相关资料，相关资料由企业留存备查。因此，在实际工作中，税务人员应正确把握与应收款项有关的坏账损失的税前扣除情况，对于不符合税法规定，企业已作税前扣除的坏账损失，应要求企业作纳税调整。

【例 11－12】 2021 年年末，华丰公司应收款项的余额为 3 200 000 元，提取坏账准备的比例为 1%。2022 年发生了坏账损失 12 000 元，年末应收款项余额为 1 800 000 元；2023 年，已冲销的上年应收甲单位账款 7 000 元又收回，假设年末应收款项余额为 2 150 000 元。则华丰公司各年应作如下会计处理：

（1）2021 年提取坏账准备时：

借：信用减值损失——坏账准备　　32 000

　　贷：坏账准备　　32 000

（2）2022 年发生坏账损失时：

借：坏账准备　　12 000

　　贷：应收账款　　12 000

（3）2022 年年末按应收款项的余额计算坏账准备期末余额应为 18 000 元（1 800 000 × 1%），但在年末“坏账准备”科目已有贷方余额 20 000 元（32 000 － 12 000），所以应冲回坏账准备 2 000 元。

借：坏账准备　　2 000

　　贷：信用减值损失——坏账准备　　2 000

（4）2023年，上年已冲销的应收甲单位账款7 000元又收回入账：

借：应收账款　　7 000

　　贷：坏账准备　　7 000

同时：

借：银行存款　　7 000

　　贷：应收账款　　7 000

（5）2023年年末，按应收款项余额计算坏账准备余额应为21 500元（2 150 000×1%），但在年末“坏账准备”科目已有贷方余额25 000元（18 000+7 000），所以应冲回坏账准备3 500元。

借：坏账准备　　3 500

　　贷：信用减值损失——坏账准备　　3 500

【税务处理】

（1）2021年企业所得税汇算清缴时，计提的坏账准备不能在企业所得税税前扣除，应调整增加应纳税所得额32 000元。

（2）2022年企业所得税汇算清缴时，发生的坏账损失12 000元，进行专项申报后可以在税前扣除，应调整减少应纳税所得额，同时冲回的2 000元坏账准备应调整减少应纳税所得额，当年共调整减少应纳税所得额14 000元（12 000+2 000）。

（3）2023年企业所得税汇算时，对2022年已作坏账损失处理后2023年又收回的应收款项7 000元应调整增加应纳税所得额，对当年冲回的坏账准备3 500元应调整减少应纳税所得额，当年净调整增加应纳税所得额3 500元（7 000－3 500）。

第十二章　存　　货

【**本章提要**】*本章主要介绍存货的核算及涉税处理。*

存货是企业流动资产的重要组成部分。存货应当按照成本进行初始计量，存货成本包括采购成本、加工成本和其他成本。企业取得存货的途径不同，其成本的构成也不同。企业各类存货在核算中采用的计价方法可分为按实际成本计价和按计划成本计价两大类。存货在实际成本计价下，企业应当采用先进先出法、加权平均法或者个别计价法确定发出存货的实际成本。低值易耗品和包装物应当采用一次转销法或者五五摊销法进行摊销。资产负债表日，存货应当按照成本与可变现净值孰低计量。

对存货进行核算所使用的会计科目主要有“材料采购”“在途物资”“原材料”“材料成本差异”“库存商品”“发出商品”“商品进销差价”“委托加工物资”“周转材料”“存货跌价准备”等，这些会计科目与财务报表项目的关系如图 12－1 所示。

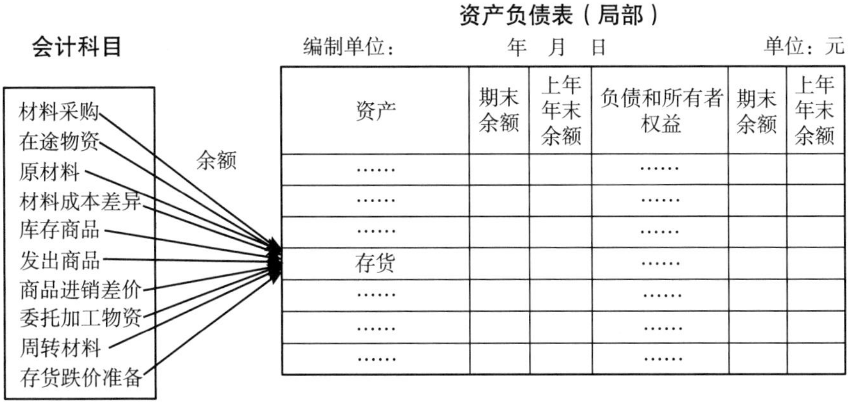

图 12－1　会计科目与财务报表项目的关系（存货）

第一节　存货的确认和计量

一、存货的定义与确认

（一）存货的定义

存货，是指企业在日常活动中持有以备出售的产成品或商品、处在生产过程中的在产品、在生产过程或提供劳务过程中耗用的材料、物料等。

存货区别于固定资产等非流动资产的最基本的特征是，企业持有存货的最终目的是出售。企业的存货通常包括：原材料、在产品、半成品、产成品、商品、周转材料、委托代销商品等。

为建造固定资产等各项工程而储备的各种材料，虽然同属于材料，但是由于用于建造固定资产等各项工程后，其价值分次进行转移，因而不符合存货的定义，因此，不能作为企业的存货进行核算。

（二）存货的确认

存货必须在符合定义的前提下，同时满足下列两个条件，才能予以确认。

（1）与该存货有关的经济利益很可能流入企业；

（2）该存货的成本能够可靠地计量。

企业存货的确认通常是以法定所有权归属为标准，凡在盘存日法定所有权属于企业的一切物品，不论其存放何处或处于何种状态，都应视为企业的存货，即所有在库、在耗、在用、在途的物品均确认为企业的存货；反之，凡是法定所有权不属于企业的物品，即使存放于企业，也不应确认为企业的存货。如代销商品，在售出前，其所有权属于委托方，因此代销商品应作为委托方的存货处理。但受托方为了加强对代销商品的核算和管理，应对其受托代销的商品通过“受托代销商品”科目进行核算，期末在填列资产负债表的存货项目时，该科目余额与“受托代销商品款”科目余额相互抵销。

【涉税提示】

对存货的定义会计上与企业所得税法一致。

二、存货的初始计量和后续计量

（一）初始计量

存货应当按照取得时的实际成本进行初始计量。存货的成本包括采购成本、加工成本和其他成本三部分。通过购买而取得的原材料、商品、低值易耗品等存货，其成本由采购成本构成；通过进一步加工而取得的产成品、在产品、半成品、委托加工物资等存货，其成本由采购成本、加工成本以及使存货达到目前场所和状态所发生的其他成本构成。

1. 外购存货。

外购存货的成本即存货的采购成本，是指企业物资从采购到入库前所发生的全部支出。包括购买价款、相关税费、运输费、装卸费、保险费以及其他可归属于存货采购成本的费用。

（1）购买价款。

存货的购买价款，是指企业购入的材料或商品的发票账单上列明的价款，但不包括按规定可以抵扣的增值税进项税额。

（2）相关税费。

存货的相关税费，是指企业购买存货发生的进口关税、消费税、资源税和不能抵扣的增值税进项税额等应计入存货采购成本的税费。

（3）其他可归属于存货采购成本的费用，是指采购成本中除上述各项以外的可归属于存货采购成本的费用，如在存货采购过程中发生的仓储费、包装费、运输途中的合理损耗、入库前的挑选整理费用等。这些费用凡是能分清负担对象的，应直接计入存货的实际成本；不能分清负担对象的，应选择合理的分配方法，分配计入有关存货的实际成本。分配方法通常包括按所购存货的重量或价格比例进行分配。

商品流通企业在采购商品过程中发生的运输费、装卸费、保险费、包装费以及其他可归属于存货采购成本的费用等进货费用，应当计入存货采购成本。也可以先进行归集，期末根据所购商品的存销情况进行分摊。对于已售商品的进货费用，计入当期损益；对于未售商品的进货费用，计入期末存货成本。商品流通企业采购商品的进货费用金额较小的，也可在发生时直接计入当期损益（销售费用）。

但是，对于存货采购过程中发生的物资毁损、短缺等，除合理的损耗应作为存货的其他可直接归属于存货采购费用计入采购成本之外，应区别不同情况进行会计处理：

①应从供应单位、外部运输机构等收回的物资短缺或其他赔款，不计入物资的采购成本。

②因遭受意外灾害发生的损失和尚待查明原因的途中损耗，不计入物资的采购成本，而应比照盘亏存货进行处理。

【涉税提示】

已抵扣进项税额的购进货物或服务用于增值税不予抵扣的项目时，应当将该项货物或服务的进项税额从当期的进项税额中转出，同时将转出部分增加相应货物或服务成本。

2. 自制存货。

企业自制存货主要是产成品、自制半成品和在产品，有的企业还包括自制原材料、包装物和低值易耗品。企业自制存货成本包括采购成本、加工成本和其他成本。自制存货成本中的采购成本，是指耗用的存货的实际成本；加工成本，是指制造存货过程中发生的直接人工以及按照一定方法分配的制造费用；其他成本，是指某些使存货达到目前场所和状态所发生的其他支出，如可直接认定的为特定客户设计产品发生的产品设计费用等。

根据《企业会计准则第 17 号——借款费用》的规定，需要经过相当长时间的购建或者生产活动才能达到预定可销售状态的存货，比如，房地产开发企业开发的用于对外出售的房地产开发产品、企业制造的用于对外出售的大型机械设备等，发生的借款费用应按规定计入存货的成本。

在同一生产过程中，同时生产两种或两种以上的产品，并且每种产品的加工成本不能直接区分的，其加工成本应当按照合理的方法在各种产品之间进行分配。

由于加工成本和其他成本涉及固定资产折旧、无形资产摊销、应付职工薪酬、相关税费等项目的核算，因此，本书将自制存货的成本核算单列为“第二十二章　产品成本”。

【涉税提示】

对于会计上计入存货成本的借款利息支出，属于在存货建造期间发生的，税法允许计入存货成本，否则不允许计入存货成本。

3. 委托外单位加工存货。

委托外单位加工的存货，其成本按实际成本计算，实际成本包括加工过程中耗用的原材料或半成品的实际成本、委托加工费用和往返过程中发生的包装费、运输费、装卸费、保险费及按规定计入成本的税金。

【涉税提示】

根据《中华人民共和国消费税暂行条例》规定，委托加工的应税消费品，除受托方为个人外，由受托方在向委托方交货时代收代缴税款。委托加工的应税消费品，委托方用于连续生产应税消费品的，所纳税款准予按规定抵扣。

4. 投资者投入的存货。

投资者投入的存货，按照投资合同或协议约定的价值确定，但合同或协议约定价值不公允的除外。

5. 接受捐赠的存货。

接受捐赠的存货，按照公允价值计量。

6. 盘盈的存货。

盘盈的存货，按重置成本作为入账价值。

7. 以非货币性资产交换、债务重组等方式取得的存货，其成本应当分别按照《企业会计准则第 7 号——非货币性资产交换》《企业会计准则第 12 号——债务重组》的规定确定。

8. 企业为履行合同而发生的成本构成存货的，其成本应当按照《企业会计准则第 14 号——收入》的规定确定。

【涉税提示】

除企业重组和非货币性资产投资等特殊事项外，企业接受投资者投入的存货、接受捐赠的存货、盘盈的存货、债务重组方式取得的存货计税基础与存货成本的初始计量基本相同。

9. 企业通过提供劳务（如受托加工业务）取得的存货，其成本按从事劳务提供人员发生的直接人工和其他直接费用以及可归属的间接费用确定。

在确定存货成本的过程中，需要注意的是，下列费用应当在发生时确认为当期损益，不计入存货成本：

（1）非正常消耗的直接材料、直接人工和制造费用。

非正常消耗的直接材料、直接人工和制造费用，应在发生时计入当期损益，不应计入存货成本。例如，由于自然灾害而发生的直接材料、直接人工和制造费用，由于这些费用的发生无助于使该存货达到目前场所和状态，不应计入存货成本，而应确认为当期损益。

（2）仓储费用（不包括在生产过程中为达到下一个生产阶段所必需的费用）。

仓储费用，是指企业在存货采购入库后发生的储存费用，应在发生时计入当期损益。但是，在生产过程中为达到下一个生产阶段所必需的仓储费用应计入存货成本。例如，某种酒类产品生产企业为使生产的酒达到规定的产品质量标准而必须发生的仓储费用，应计入酒的成本，而不应计入当期损益。

（3）不能归属于使存货达到目前场所和状态的其他支出。

不能归属于使存货达到目前场所和状态的其他支出，如企业财产发生的非正常损失，应在发生时计入当期损益，不得计入存货成本。

（4）企业采购用于广告营销活动的特定商品，向客户预付货款未取得商品时，应作为预付账款进行会计处理，待取得相关商品时计入当期损益（销售费用）。企业取得广告营销性质的服务比照该原则进行处理。

（二）后续计量

存货的后续计量，是指发出存货成本的确定。由于各种存货是分次购入或分批生产形成的，同一类型存货的单价或单位成本往往不同，要确定发出存货的成本，就要选择一定的计价法。在发出存货的核算中，企业可以按实际成本法核算，也可以按计划成本法核算。如果按照计划成本法进行存货核算，则要对存货的计划成本和实际成本之间的差异进行单独核算；按照实际成本法核算时，《企业会计准则第 1 号——存货》规定，企业应当采用先进先出法、加权平均法或者个别计价法确定发出存货的实际成本。企业应当根据各类存货的实物流转方式、企业管理要求、存货的性质等实际情况，合理地选择发出存货成本的计算方法。

在选择存货计价方法时，对于性质和用途相似的存货，应当采用相同的成本计算方法确定发出存货的成本。对于不能替代使用的存货、为特定项目专门购入或制造的存货以及提供劳务的成本，通常采用个别计价法确定发出存货的成本。

1. 先进先出法

先进先出法是假定“先入库的存货先发出”，并根据这一假定的成本流转次序确定发出存货和期末存货成本的一种方法。

具体方法是：收入存货时，逐笔登记收入存货的数量、单价和金额；发出存货时，按照先进先出的原则逐笔登记存货的发出成本和结存金额。

【例 12－1】 2024 年 3 月 1 日，华丰公司结存 A 种材料 200 千克，每千克实际成本为 10 元；3 月 8 日和 3 月 22 日分别购入该材料 600 千克和 400 千克，每千克实际成本分别为 11 元和 12 元；3 月 12 日和 3 月 25 日分别发出该材料 700 千克和 400 千克。按先进先出法计价核算时，发出和结存材料的成本如表 12－1 所示。

表 12－1　　发出和结存材料成本

<table>
<tr><th colspan="2">2024 年</th><th rowspan="2">摘要</th><th colspan="3">收入</th><th colspan="3">发出</th><th colspan="3">结存</th></tr>
<tr><th>月</th><th>日</th><th>数量/千克</th><th>单价/(元/千克)</th><th>金额/元</th><th>数量/千克</th><th>单价/(元/千克)</th><th>金额/元</th><th>数量/千克</th><th>单价/(元/千克)</th><th>金额/元</th></tr>
<tr><td>3</td><td>1</td><td>期初结存</td><td></td><td></td><td></td><td></td><td></td><td></td><td>200</td><td>10</td><td>2 000</td></tr>
<tr><td></td><td>8</td><td>购入</td><td>600</td><td>11</td><td>6 600</td><td></td><td></td><td></td><td>200
600</td><td>10
11</td><td>2 000
6 600</td></tr>
<tr><td></td><td>12</td><td>发出</td><td></td><td></td><td></td><td>200
500</td><td>10
11</td><td>2 000
5 500</td><td>100</td><td>11</td><td>1 100</td></tr>
<tr><td></td><td>22</td><td>购入</td><td>400</td><td>12</td><td>4 800</td><td></td><td></td><td></td><td>100
400</td><td>11
12</td><td>1 100
4 800</td></tr>
<tr><td></td><td>25</td><td>发出</td><td></td><td></td><td></td><td>100
300</td><td>11
12</td><td>1 100
3 600</td><td>100</td><td>12</td><td>1 200</td></tr>
<tr><td></td><td>31</td><td>合计</td><td>1 000</td><td></td><td>11 400</td><td>1 100</td><td></td><td>12 200</td><td>100</td><td>12</td><td>1 200</td></tr>
</table>

2. 月末一次加权平均法

月末一次加权平均法，是以某种存货月初结存数量加上本月进货数量为权数，去除其月初存货成本加上本月全部进货成本，计算出该种存货的加权平均单价，以此作为月末结存存货的单价，并据以计算月末存货成本和本月发出存货成本的方法。其计算公式为：

$$\text{存货的加权平均单位成本}=\frac{\text{月初库存存货的实际成本}+\sum\left(\text{本月各批进货的实际单位成本}\times\text{本月各批进货的数量}\right)}{\text{月初库存存货数量}+\sum\text{本月各批进货数量}}$$

本月发出存货的成本 = 本月发出存货的数量 × 加权平均单位成本

本月月末库存存货的成本 = 月末库存存货的数量 × 加权平均单位成本

或者

$$\text{本月月末库存存货的成本}=\text{月初库存存货的实际成本}+\text{本月全部收入存货的实际成本}-\text{本月发出存货的实际成本}$$

【例 12－2】根据【例 12－1】华丰公司的资料，按加权平均法计算如下：

$$\text{加权平均单价}=\frac{2\ 000+11\ 400}{200+1\ 000}=11.17\text{（元）}$$

本月发出存货成本 =1 100 ×11. 17 =12 287（元）

本月月末库存存货实际成本 =2 000 +11 400 －12 287 =1 113（元）

3. 移动加权平均法

移动加权平均法，是指以每次进货的成本加上原有库存存货的成本，除以每次进货数量加上原有库存存货的数量，据以计算加权平均单位成本，作为在下次进货前计算各次发出存货成本依据的一种方法。其计算公式为：

$$\text{存货的移动平均单位成本}=\frac{\text{原有库存存货的实际成本}+\text{本次进货的实际成本}}{\text{原有库存存货的数量}+\text{本次进货的数量}}$$

本次发出存货的成本 = 本次发出存货的数量 × 存货的移动平均单位成本

$$\text{本月月末库存存货的成本}=\text{本月月末库存存货的数量}\times\text{本月月末存货的移动平均单位成本}$$

4. 个别计价法

个别计价法，是指对每一特定存货或每一批特定存货，逐一辨认各批发出存货和期末存货所属的购进批别或生产批别，分别按其购入或生产时所确定的单位成本作为计算各批发出存货和期末存货成本的方法。即把每一种存货的实际成本作为计算发出存货成本和期末存货成本的基础。

采用个别计价法一般需具备两个条件：一是存货项目必须是可以辨别认定的；二是必须要有详细记录，据以了解每一个别存货或每批存货项目的具体情况。

这种方法通常适用于一般不能替代使用的存货、为特定项目专门购入或制造的存货以及提供的劳务。在实际工作中，越来越多的企业采用计算机信息系统进行会计处理，个别计价法可以广泛应用于发出存货的计价，并且个别计价法确定的存货成本最为准确。

实务中，商品流通企业还通常采用毛利率法和零售价法来计算发出存货的成本。

5. 毛利率法

毛利率法是根据本期实际销售净额乘以上期实际（或本期计划）毛利率匡算本期销售毛利，据以计算发出存货和期末结存存货成本的一种方法。该方法常用于商品批发企业。其计算公式为：

$$销售净额 = 商品销售收入 - 销售退回与折让金额$$

$$销售毛利 = 销售净额 \times 毛利率$$

$$销售成本 = 销售净额 - 销售毛利 = 销售净额 \times (1 - 毛利率)$$

$$期末存货成本 = 期初存货成本 + 本期购货成本 - 本期销售成本$$

【例 12－3】 2024 年 3 月 1 日，人民商场 M 类商品库存 300 000 元，本月购进 160 000 元，本月销售收入 260 000 元，发生销售折让为 13 000 元，上月该类商品的毛利率为 20%。本月销售商品和库存商品成本计算如下：

本月销售净额 = 260 000 − 13 000 = 247 000（元）

销售毛利 = 247 000 × 20% = 49 400（元）

本月销售成本 = 247 000 − 49 400 = 197 600（元）

月末库存商品成本 = 300 000 + 160 000 − 197 600 = 262 400（元）

6. 零售价法

零售价法，是指用成本占零售价的百分比计算期末存货成本的一种方法。该方法主要适用于商品零售企业。采用这种方法的计算步骤和计算公式如下：

（1）期初存货和本期购货同时按成本和零售价记录，以便计算可供销售的存货成本和售价总额。

（2）本期销货只按售价记录，从本期可供销售的存货售价总额中减去本期销售的售价总额，计算出期末存货的售价总额。

（3）计算存货成本占零售价的百分比，即成本率，公式如下：

$$成本率=\frac{期初存货成本+本期购货成本}{期初存货售价+本期购货售价}\times 100\%$$

（4）计算期末存货成本，公式为：

$$期末存货成本=期末存货售价总额\times 成本率$$

（5）计算本期销售成本，公式为：

$$本期销售成本=期初存货成本+本期购货成本-期末存货成本$$

【例12－4】2024年3月，某超市的期初存货成本为200 000元，售价总额为300 000元；本期购货成本为700 000元，售价总额为900 000元；本期销售收入为1 000 000元。按零售价法估算本期销售成本和期末存货成本的过程，如表12－2所示。

表12－2　　零售价法估价存货成本

项目	成本	售价总额
期初存货/元	200 000	300 000
本期购货/元	700 000	900 000
可供销售的存货/元	900 000	1 200 000
减：本期销售额/元		1 000 000
按零售价表示的期末存货/元		200 000
成本比率		75%
期末存货/元	150 000	
本期销售/元	750 000	

注：成本比率＝900 000÷1 200 000×100%＝75%。

另外，我国商业零售企业还广泛采用售价金额核算法。这种方法实际上是零售价法在我国会计实务中的具体运用。这种方法是通过设置“商品进销差价”科目进行处理的，参见本章第四节。

对存货按照计划成本计价核算时，需要对存货的计划成本和实际成本之间的差异进行单独核算，采用计划成本法计算发出和结存存货的实际成本。

7. 计划成本法

计划成本法，是指存货的收入、发出和结余均按预先制定的计划成本计价，同时另设成本差异科目，用以登记、分摊、按期结转实际成本与计划成本的差额，期末将发出和结存存货的成本调整为实际成本的一种计价方法。

计划成本法一般适用于存货品种繁多、收发频繁的企业。

发出存货应负担的成本差异，必须按月分摊，不得在季末或年末一次计算。发出存货应负担的成本差异，除委托外部加工发出存货可以按月初成本差异率计算外，都应使用当月的实际成本差异率；如果月初的成本差异率与本月成本差异率相差不大的，也可按月初的成本差异率计算。计算方法一经确定，不得随意变更。以材料为例，成本差异率的计算公式如下：

$$本月材料成本差异率=\frac{\begin{matrix}月初结存材料\\成本差异\end{matrix}+\begin{matrix}本月收入材料\\成本差异总额\end{matrix}}{\begin{matrix}月初结存材料\\计划成本\end{matrix}+\begin{matrix}本月收入材料\\计划成本总额\end{matrix}}\times 100\%$$

$$月初材料成本差异率=\begin{matrix}月初结存材料的\\成本差异\end{matrix}\div\begin{matrix}月初结存材料的\\计划成本\end{matrix}\times 100\%$$

$$\begin{matrix}本月发出材料应\\负担的成本差异额\end{matrix}=发出材料的计划成本\times 材料成本差异率$$

企业在计算材料成本差异率时，本月收入存货的计划成本中不包括暂估入账的存货的计划成本。

企业应按照存货的类别或品种，如原材料、周转材料等，对材料成本差异进行明细核算，不能使用一个综合差异率来分摊发出存货和库存存货应负担的材料成本差异。

需要说明的是，企业在日常核算中采用计划成本法或售价金额核算法核算的存货成本，实质上也是存货的实际成本。比如，采用计划成本法，通过“材料成本差异”或“产品成本差异”科目将材料或产成品的计划成本调整为实际成本；采用售价金额核算法，通过“商品进销差价”科目将商品的售价调整为实际成本（进价）。

【涉税提示】

根据《中华人民共和国企业所得税法实施条例》规定，企业使用或者销售的存货的成本计算方法，可以在先进先出法、加权平均法、个别计价法中选用一种。计价方法一经选用，不得随意变更。

在实际工作中，企业需要改变存货计价方法的，应在下一纳税年度开始前，将改变存货计价方法的原因向主管税务机关备案。主管税务机关对于改变存货计价方法未备案而减少当期应纳税所得额的部分，应作纳税调整处理。

第二节　存货的期末计量

一、成本与可变现净值孰低法

资产负债表日，存货应当按照成本与可变现净值孰低计量。存货成本高于其可变现净值的，应当计提存货跌价准备，计入当期损益。即期末存货的计价方法采用成本与可变现净值孰低法。

（一）成本与可变现净值孰低法的含义

成本与可变现净值孰低法，是指对期末存货按照成本与可变现净值两者之中较低者计价的方法。即当成本低于可变现净值时，期末存货按成本计价；当可变现净值低于成本时，期末存货按可变现净值计价。

成本，是指期末存货的实际成本（即历史成本）。如企业在存货成本的日常核算中采用计划成本法、售价金额核算法等简化核算方法，则成本为经调整后的实际成本。

可变现净值，是指在日常活动中，存货的估计售价减去至完工时估计将要发生的成本、估计的销售费用以及相关税费后的金额，并不是指存货的现行售价。

（二）可变现净值的确定

企业在确定存货的可变现净值时，应当以取得的确凿证据为基础，并且考虑持有存货的目的、资产负债表日后事项的影响等因素。

确凿证据，是指对确定存货的可变现净值和存货成本有直接影响的客观证明。存货成本的确凿证据，是指对存货的采购成本、加工成本和其他成本及以其他方式取得存货的成本的确定，应当取得外来原始凭证、生产成本账簿记录等资料。存货可变现净值的确凿证据，是指对确定存货的可变现净值有直接影响的确凿证明，如产成品或商品的市场销售价格、与产成品或商品相同或类似商品的市场销售价格、销售方提供的有关资料和生产成本资料等。

企业持有存货的目的不同，确定存货可变现净值的计算方法也不同，如用于出售的存货和用于继续加工的存货，其可变现净值的计算就不相同。企业持有存货的目的，通常可以分为：①持有以备出售的存货，如商品、产成品。其中，又分为有合同约定的存货和没有合同约定的存货。②将在生产过程或提供劳务过程中耗用的存货，如材料等。

企业在确定存货的可变现净值时，应当以资产负债表日取得最可靠的证据估计的售价为基础并考虑持有存货的目的，资产负债表日至财务报告批准出日之间存货售价发生波动的，如有确凿证据表明其对资产负债表日存货已经存在的情况提供了新的或进一步的证据，则在确定存货的可变现净值时应当予以考虑；否则，不应予以考虑。

1. 可变现净值的计算方法

企业持有存货的目的不同，确定存货可变现净值的计算方法也不同。

（1）产成品、商品和用于出售的材料等直接用于出售的商品存货，在正常生产经营过程中，应当以该存货的估计售价减去估计的销售费用和相关税费后的金额确定其可变现净值。

（2）用于生产的材料、在产品或自制半成品等需要经过加工的材料存货，在正常生产经营过程中，应当以所生产的产成品的估计售价减去至完工时估计将要发生的成本、估计的销售费用以及相关税费后的金额确定其可变现净值。

（3）资产负债表日，同一项存货中一部分有合同价格约定、其他部分不存在合同价格的，企业应分别确定其可变现净值，并与其相对应的成本进行比较，分别确定存货跌价准备的计提或转回的金额。

2. 可变现净值中估计售价的确定

（1）为执行销售合同或者劳务合同而持有的存货，通常应当以产成品或商品的合同价格作为其可变现净值的计算基础。如果持有存货的数量多于销售合同订购数量的，超出部分的存货的可变现净值应当以一般销售价格为计算基础；如果企业销售合同所规定的标的物还没有生产出来，但持有专门用于该标的物生产的原材料，其可变现净值也应当以合同价格作为计算基础。

（2）如果企业持有存货的数量少于销售合同订购数量，实际持有与该销售合同相关的存货应以销售合同所规定的价格作为可变现净值的计算基础。如果该合同为亏损合同，对合同中没有对应存货的部分，应同时按《企业会计准则第13号——或有事项》的规定处理。

（3）没有销售合同约定的存货，但不包括用于出售的材料，其可变现净值应当以产成品或商品一般销售价格（即市场销售价格）作为计算基础。

（4）用于出售的材料等，应当以市场价格作为其可变现净值的计算基础。这里的市场价格是指材料等的市场销售价格。

另外，在期末，对于用于生产而持有的材料等，如果用其生产的产成品的可变现净值预计高于产成品的成本，则该材料应当按照其成本计量；如果材料价格的下降表明产成品的可变现净值低于产成品的成本，则该材料应当按其可变现净值计量。

【例 12－5】甲公司期末库存 A 产品账面余额为 100 万元，其中，与乙公司签订合同的产品为 60 万元，售价为 65 万元，预计销售税费 7 万元。另外 40 万元的 A 产品无订单，预计市场售价为 45 万元，预计销售税费 4.2 万元，则该批 A 产品可变现净值的计算如下：

直接用于出售的商品存货，在正常生产经营过程中，应当以该存货的估计售价减去估计的销售费用和相关税费后的金额确定其可变现净值。其中：

与乙公司签订合同的产品 60 万元，以合同价作为可变现净值的计量基础，其可变现净值＝65－7＝58（万元）。

未签订合同部分，以一般销售价作为可变现净值的计量基础，其可变现净值＝45－4.2＝40.8（万元）。

因此，该批 A 产品可变现净值＝58＋40.8＝98.8（万元）。

【例 12－6】某公司 2023 年年末原材料的账面余额为 110 万元，数量为 10 吨。该原材料专门用于生产与乙公司所签合同约定的 20 台 A 产品。该合同约定：该公司为乙公司提供 A 产品 20 台，每台售价 10 万元（不含增值税）。将该原材料加工成 20 台 A 产品尚需加工成本总额为 95 万元，估计销售每台 A 产品尚需发生相关税费 1 万元（不含增值税）。本期期末市场上该原材料每吨售价为 9 万元，估计销售每吨原材料尚需发生相关税费 0.1 万元。则该批原材料可变现净值的计算如下：

（1）需要经过加工的材料存货，在正常生产经营过程中，应当以所生产的产成品的估计售价减去至完工时估计将要发生的成本、估计的销售费用以及相关税费后的金额确定其可变现净值。

（2）该批原材料属于专门为销售合同而持有的存货，应按照合同价格作为可变现净值的计量基础。

因此，该批原材料的可变现净值＝20×10－95－20×1＝85（万元）。

二、成本与可变现净值孰低法的具体运用

（一）存货跌价准备的计提

企业应当定期或者至少于每年年度终了对存货进行全面清查，如由于存货遭受毁损、全部或部分陈旧过时、销售价格低于成本等原因，使存货成本高于可变现净值的，应按可变现净值低于成本的差额，计提存货跌价准备；如果以前减记存货价值的影响因素已经消失，则减记的金额应当予以恢复，并在原已计提的存货跌价准备的金额内转回，以此减少计提的存货跌价准备。在资产负债表中，存货项目按照减去存货跌价准备的净额反映。

1. 当存在下列情况之一时，表明存货的可变现净值低于成本：

（1）市价持续下跌，并且在可预见的未来无回升的希望。

（2）企业使用该项原材料生产的产品的成本大于产品的销售价格。

（3）企业因产品更新换代，原有库存原材料已不适应新产品的需要，而该原材料的市场价格又低于其账面成本。

（4）因企业所提供的商品或劳务过时或消费者偏好改变而使市场的需求发生变化，导致市场价格逐渐下跌。

（5）其他足以证明该项存货实质上已经发生减值的情形。

2. 存在下列情形之一的，表明存货的可变现净值为零：

（1）已霉烂变质的存货。

（2）已过期且无转让价值的存货。

（3）生产中已不需要，并且无使用价值和转让价值的存货。

（4）其他足以证明无使用价值和转让价值的存货。

3. 计提存货跌价准备的方法。

企业通常应当按照单个存货项目计提存货跌价准备。对于数量繁多、单价较低的存货，可以按照存货类别计提存货跌价准备。与在同一地区生产和销售的产品系列相关，具有相同或类似最终用途或目的，且难以与其他项目分开计量的存货，可以合并计提存货跌价准备。企业按成本与可变现净值孰低法对存货计价时，有三种不同的计算方法可供选择，如表 12－3 所示。

表 12 -3　　成本与可变现净值孰低比较方法选择

方法	定义
单项比较法	亦称逐项比较法或个别比较法，指对库存的每一种存货的成本与可变现净值逐项进行比较，每项存货均取较低数确定存货的期末成本
分类比较法	亦称类比法，指按存货类别对其成本与可变现净值进行比较，每类存货取其较低数确定存货的期末成本
综合比较法	亦称总额比较法，指按全部存货的总成本与可变现净值总额相比较，以较低数作为期末全部存货的成本

【例 12 -7】某企业有甲、乙两大类共 A、B、C、D 四种存货，其中，甲类存货包括 A、B 两种存货，乙类存货包括 C、D 两种存货，各种存货分别按 3 种计算方式确定期末存货的成本，如表 12 -4 所示。

表 12 -4　　期末存货成本与可变现净值比较　　单位：元

项目	成本	可变现净值	期末存货计价		
			单项比较法	分类比较法	综合比较法
甲类存货	10 000	9 600		9 600	
A 存货	4 000	3 200	3 200		
B 存货	6 000	6 400	6 000		
乙类存货	20 000	20 800		20 000	
C 存货	8 000	9 200	8 000		
D 存货	12 000	11 600	11 600		
总计	30 000	30 400	28 800	29 600	30 000

由表 12 -4 可知，单项比较法确定的期末存货成本最低，为 28 800 元；分类比较法次之，为 29 600 元；综合比较法最高，为 30 000 元。相应地，计提的存货跌价准备分别为 1 200 元、400 元、0。

（二）成本与可变现净值孰低法的会计处理

企业应设置“存货跌价准备”科目，核算实际计提的存货跌价准备。该科目贷方登记期末实际计提的存货跌价准备；借方登记冲减或结转的存货跌价准备；期末贷方余额，反映企业累计已计提的存货跌价准备。

具体做法是：每一会计期末，比较成本与可变现净值计算出应计提的跌价准备，然后与“存货跌价准备”科目的余额进行比较，若应提数大于已提数，应予补提；反之，应冲减部分已提数（必须在原已计提的存货跌价准备金额内冲减）。提取和补提存货跌价准备时，借记“资产减值损失——存货跌价准备”科目，贷记“存货跌价准备”科目；冲减存货跌价准备时，作相反会计处理。

已计提跌价准备的存货中已经销售的部分，用于债务重组和非货币性资产交换等方式转出的部分，应在结转其成本的同时，结转其已计提的存货跌价准备，借记“存货跌价准备”科目，贷记“主营业务成本”等科目。也就是说，企业是按存货的账面价值结转到主营业务成本或其他业务成本中的。

企业应当合理地计提存货跌价准备，但不得计提秘密准备。如有确凿证据表明企业不恰当地运用了谨慎性原则计提秘密准备的，应当作为重大会计差错予以更正，并在财务报表附注中说明事项的性质、调整金额，以及对企业财务状况、经营成果的影响。

【涉税提示】

企业提取的存货跌价准备属于所得税法规定的未经核定的准备金支出，不允许在税前扣除，只有在存货实际发生损失时，其损失金额在年度企业所得税汇算清缴前按照规定申报后，才能从应纳税所得额中扣除。企业已提取的存货跌价准备，如果纳税申报时已作调增应纳税所得额处理，因价值恢复或转让处置有关资产而冲销的部分应作纳税调减处理。

【例 12－8】华丰公司自 2021 年起采用“成本与可变现净值孰低法”对期末某类存货进行计价，并运用分类比较法计提存货跌价准备。假设 2021 年年末华丰公司该类存货的账面成本为 200 000 元，2022—2023 年该类存货未发生增减变动。

（1）假设 2021 年年末该类存货的预计可变现净值为 180 000 元，则应计提的存货跌价准备为 20 000 元。会计处理为：

借：资产减值损失——存货跌价准备　　20 000

　　贷：存货跌价准备　　20 000

（2）假设 2022 年年末该类存货的预计可变现净值为 170 000 元，则应补提的存货跌价准备为 10 000 元。会计处理为：

借：资产减值损失——存货跌价准备　　10 000

　　贷：存货跌价准备　　10 000

（3）假设2023年年末该类存货的可变现净值有所恢复，预计可变现净值为194 000元，则应冲减已计提的存货跌价准备20 000 + 10 000 − (200 000 − 194 000) = 30 000 − 6 000 = 24 000（元）。会计处理为：

借：存货跌价准备　　24 000

　　贷：资产减值损失——存货跌价准备　　24 000

【税务处理】

（1）2021年申报企业所得税时，应调增应纳税所得额20 000元。

（2）2022年申报企业所得税时，应调增应纳税所得额10 000元。

（3）2023年申报企业所得税时，应调减应纳税所得额24 000元。

第三节　原　材　料

原材料，是指企业库存的各种材料，包括原料及主要材料、辅助材料、外购半成品（外购件）、修理用备件（备品备件）、包装材料、燃料等。企业原材料的日常核算，可以按实际成本法核算，也可以按计划成本法核算。具体采用哪一种方法，由企业根据具体情况自行决定。

一、原材料按实际成本计价的核算

原材料按实际成本计价核算时，材料的收发及结存，无论总分类核算还是明细分类核算，均按实际成本计价，设置的会计科目主要有“原材料”和“在途物资”等。

“原材料”科目，核算企业库存的各种材料，包括原料及主要材料、辅助材料、外购半成品（外购件）、修理用备件（备品备件）、包装材料、燃料等的实际成本。该科目借方登记入库材料的实际成本；贷方登记减少材料的实际成本；期末借方余额，反映企业库存材料的实际成本。该科目应按材料的保管地点（仓库）、类别、品种和规格设置材料明细账（或材料卡片），进行明细核算。

“在途物资”科目，核算企业采用实际成本（或进价）进行材料、商品等物资的日常核算和货款已付尚未验收入库的在途物资的采购成本。该科目借方登记购入的在途物资的实际采购成本；贷方登记验收入库的在途物资的实际成本；期末借方余额，反映企业在途材料、商品等物资的采购成本。

（一）原材料取得的核算

1. 购入原材料的核算。

购入材料时，由于采用的结算方式和采购地点不同，原材料入库的时间与货款的支付时间可能一致，也可能不一致，在进行会计核算时应当区分不同的情况进行处理。

（1）支付货款或开出承兑商业汇票，材料同时入库。

企业应根据银行结算凭证、发票、运杂费票据以及材料入库单等单据，借记“原材料”科目，按当月已认证的可抵扣增值税额，借记“应交税费——应交增值税（进项税额）”科目，按当月未认证的可抵扣增值税额，借记“应交税费——待认证进项税额”科目，按照实际支付的款项或应付票据面值，贷记“银行存款”或“应付票据”等科目。

【例 12－9】华丰公司于 2024 年 3 月 8 日从本市购入一批原材料，取得的增值税专用发票上注明原材料价款为 50 万元，增值税税额为 6.5 万元，该增值税专用发票于当月确认，用于申报抵扣，材料已验收入库，款项已通过银行支付。则华丰公司应作如下会计处理：

借：原材料	500 000	
应交税费——应交增值税（进项税额）	65 000	
贷：银行存款		565 000

（2）支付货款或已开出承兑商业汇票，材料尚未到达或尚未验收入库。

对于货款已经支付或已开出承兑商业汇票的材料采购业务，企业应根据发票账单等结算凭证，按应计入材料采购成本的金额，借记“在途物资”科目，按当月已认证的可抵扣增值税额，借记“应交税费——应交增值税（进项税额）”科目，按当月未认证的可抵扣增值税额，借记“应交税费——待认证进项税额”科目，按实际支付金额或应付票据面值，贷记“银行存款”“应付票据”等科目；待材料到达验收入库后，再根据收料单，借记“原材料”科目，贷记“在途物资”科目。

【例 12－10】华丰公司于 2024 年 3 月 10 日从外地购入一批原材料，取得的增值税专用发票上注明原材料价款为 470 万元，增值税税额为 61.1 万元，该增值税专用发票于当月确认，用于申报抵扣。双方商定采用商业承兑汇票结算方式支付货款，付款期限为 3 个月，材料尚未到达。则华丰公司应作如下会计处理：

借：在途物资　　4 700 000

　　应交税费——应交增值税（进项税额）　　611 000

　　贷：应付票据　　5 311 000

待以后材料到达验收入库时，应作如下会计处理：

借：原材料　　4 700 000

　　贷：在途物资　　4 700 000

（3）货款尚未支付，材料已经验收入库。

企业采购材料过程中，发生材料已收到，而货款尚未支付的业务，应当先办理材料验收入库手续，并分别以下两种情况进行账务处理。

①材料已收到，结算凭证也已到达，企业因存款不足等原因暂未付款。

【例 12－11】华丰公司于 2024 年 4 月 3 日购入一批原材料，取得的增值税专用发票上注明原材料价款为 400 万元，增值税税额为 52 万元，该增值税专用发票于当月确认，用于申报抵扣，材料已验收入库，因存款不足尚未付款。则华丰公司应作如下会计处理：

借：原材料　　4 000 000

　　应交税费——应交增值税（进项税额）　　520 000

　　贷：应付账款　　4 520 000

待以后支付该批材料款项时，应作如下会计处理：

借：应付账款　　4 520 000

　　贷：银行存款　　4 520 000

②材料已收到，但增值税扣税凭证等结算凭证未到。

月终时，应根据该批材料的货物清单或相关合同协议上的价格暂估入账，不需要将增值税的进项税额暂估入账，借记“原材料”科目，贷记“应付账款——暂估应付账款”科目。下月初，用红字冲销原暂估入账金额，待取得相关增值税扣税凭证并经认证后，按照正常购进材料的程序进行会计处理。

【例 12－12】华丰公司于 2024 年 4 月 28 日验收入库材料一批，月末尚未收到发票账单，货款未付，合同作价 45 万元。则华丰公司应作如下会计处理：

4 月 28 日验收入库时可暂不入账，4 月 30 日，为反映库存真实情况，根据合同价暂估入账：

借：原材料　　450 000

　　贷：应付账款——暂估应付账款　　450 000

5 月 1 日，用红字冲销原暂估入账金额：

借：原材料　　450 000

　　贷：应付账款——暂估应付账款　　450 000

（4）预付货款，收到材料后再结算。

企业按照订货合同的规定，预付一定比例的货款给供货单位，供货单位根据合同规定的期限和批量发货，发货后双方再结算货款。

【例 12－13】华丰公司于 2024 年 4 月 28 日向东方公司订购原材料一批，货款 339 000 元，按合同规定预付货款 100 000 元。则华丰公司应作如下会计处理：

借：预付账款——东方公司　　100 000

　　贷：银行存款　　100 000

收到东方公司按合同规定发来的原材料时，作会计分录如下：

借：原材料——原料及主要材料　　300 000

　　应交税费——应交增值税（进项税额）　　39 000

　　贷：预付账款——东方公司　　339 000

该批材料全部货款 339 000 元，扣除华丰公司已预付的 100 000 元货款，其余款项通过银行付清。补付货款应作如下会计处理：

借：预付账款——东方公司　　239 000

　　贷：银行存款　　239 000

（5）存货采购过程中发生的短缺和毁损的处理。

存货在采购过程中发生短缺和毁损，应根据造成短缺或毁损的原因，分别处理，不能全部计入外购存货的采购成本。

①属于定额内的合理损耗，计入存货的采购成本，提高入库存货的单位成本。

②能确定由供应单位、运输单位、保险公司或其他过失人赔偿的，应向有关单位或责任人索赔，自“在途物资”等科目转入“应付账款”或“其他应收款”科目。

③凡尚待查明原因和需要报经批准才能转销处理的损失，应将其损失从“在途物资”等科目转入“待处理财产损溢——待处理流动资产损溢”科目，查明原因后再分别处理：

属于应由供货单位、运输单位、保险公司或其他过失人负责赔偿的，将其损失从“待处理财产损溢——待处理流动资产损溢”科目转入“应付账款”或“其他应收款”科目；

属于自然灾害造成的损失，应按扣除残料价值和过失人、保险公司赔偿后的净损失，从“待处理财产损溢——待处理流动资产损溢”科目转入“营业外支出——非常损失”科目；

属于无法收回的其他损失，报经批准后，将其从“待处理财产损溢——待处理流动资产损溢”科目转入“管理费用”科目。

企业购进的货物、在产品、产成品发生非正常损失，以及购进的货物改变用途等原因，其进项税额，应相应转入有关科目，借记“待处理财产损溢”等科目，贷记“应交税费——应交增值税（进项税额转出）”科目。

【例 12 - 14】华丰公司于 2024 年 3 月 3 日从外地购进 A 材料 1 000 千克，单价为 100 元，取得的增值税专用发票上注明材料价款为 100 000 元，增值税税额为 13 000 元，取得的运费增值税专用发票上注明运费为 2 000 元，增值税税额为 180 元，以上增值税专用发票均于当月确认。款项已通过银行转账支付。3 月 25 日，A 材料运达企业，验收入库 950 千克，短缺 50 千克，其中，2 千克属于定额内合理损耗，其余 48 千克属于运输部门的责任，对方已经同意赔偿，款项尚未收到。则华丰公司应作如下会计处理：

付款时：

借：在途物资——A 材料　　102 000
　　应交税费——应交增值税（进项税额）　　13 180
　　贷：银行存款　　115 180

A 材料验收入库时，各项目金额计算如下：

在途材料的单位成本 = 102 000 ÷ 1 000 = 102（元/千克）

验收入库材料的实际成本 =（1 000 - 48）× 102 = 97 104（元）

短缺材料的实际成本 = 48 × 102 = 4 896（元）

进项税额转出 = 13 180 ÷ 1 000 × 48 = 632.64（元）

待处理财产损溢 = 4 896 + 632.64 = 5 528.64（元）

借：原材料——A 材料　　97 104

　　待处理财产损溢——待处理流动资产损溢　　5 528.64

　　贷：在途物资——A 材料　　102 000

　　　　应交税费——应交增值税（进项税额转出）　　632.64

将短缺的 48 千克材料转入其他应收款时：

借：其他应收款　　5 528.64

　　贷：待处理财产损溢——待处理流动资产损溢　　5 528.64

此外，一般纳税人购进材料，用于简易计税方法计税项目、免征增值税项目、集体福利或个人消费等，其进项税额按照现行增值税制度规定不得从销项税额中抵扣的，取得增值税专用发票时，应借记“在途物资”或“原材料”等科目，借记“应交税费——待认证进项税额”科目，贷记“银行存款”“应付账款”等科目；经税务机关认证后，根据有关“进项税额”“进项税额转出”专栏及“待认证进项税额”明细科目的核算内容，先转入“进项税额”专栏，借记“应交税费——应交增值税（进项税额）”科目，贷记“应交税费——待认证进项税额”科目；再按现行增值税制度规定转出时，记入“进项税额转出”专栏，借记“在途物资”或“原材料”科目，贷记“应交税费——应交增值税（进项税额转出）”科目。

小规模纳税人购入材料不能抵扣进项税额，按购入材料应支付的金额，借记“原材料”等科目，贷记“银行存款”“应付账款”“应付票据”等科目。

2. 自制或委托外单位加工完成并已验收入库的原材料，按实际成本，借记“原材料”科目，贷记“生产成本——辅助生产成本”或“委托加工物资”科目。

3. 投资者投入的原材料，按照确定的实际成本，借记“原材料”科目，取得增值税专用发票的，按当月已认证的可抵扣增值税额，借记“应交税费——应交增值税（进项税额）”科目，按当月未认证的可抵扣增值税额，借记“应交税费——待认证进项税额”科目，按其在注册资本中所占的份额，贷记“实收资本”（或“股本”）等科目，按其差额，贷记“资本公积”科目。

4. 企业接受其他单位捐赠的原材料。

企业接受捐赠的原材料，按照原材料的公允价值及支付的相关税费，借记“原材料”科目，取得增值税专用发票的，按当月已认证的可抵扣增值税额，借记“应交税费——应交增值税（进项税额）”科目，按当月未认证的可抵扣增值税额，借记“应交税费——待认证进项税额”科目；按实际支付或应付的相关税费，贷记“银行存款”“应交税费”等科目，按借贷方差额，贷记“营业外收入”科目。

【涉税提示】

根据企业所得税政策规定：

（1）接受捐赠收入，按照实际收到捐赠资产的日期确认收入的实现。

（2）企业接收股东划入资产（包括股东赠予资产、上市公司在股权分置改革过程中接收原非流通股股东和新非流通股股东赠予的资产、股东放弃本企业的股权），凡合同、协议约定作为资本金（包括资本公积）且在会计上已作实际处理的，不计入企业的收入总额，企业应按公允价值确定该项资产的计税基础。

企业接收股东划入资产，凡作为收入处理的，应按公允价值计入收入总额，计算缴纳企业所得税，同时按公允价值确定该项资产的计税基础。

【例 12－15】华丰公司接受新世纪公司捐赠一批材料，取得的增值税专用发票上注明材料价款为 100 000 元，增值税税额为 13 000 元，该增值税专用发票于当月确认，用于申报抵扣。则华丰公司应作如下会计处理：

借：原材料	100 000	
应交税费——应交增值税（进项税额）	13 000	
贷：营业外收入		113 000

【税务处理】

（1）该批材料的计税基础为 100 000 元，与会计处理一致。

（2）华丰公司确认捐赠收入 113 000 元。

5. 盘盈的原材料，按照确定的实际成本，借记“原材料”科目，贷记“待处理财产损溢——待处理流动资产损溢”科目。

(二) 原材料发出的核算

企业发出材料的业务比较频繁，为了简化材料的日常核算工作，平时一般只根据发料凭证登记材料明细账，而不直接根据发料凭证编制记账凭证。月末根据按实际成本计价的发料凭证，按领用部门和用途，编制“发料凭证汇总表”，据以进行材料发出的总分类核算。

1. 企业生产经营领用原材料，按实际成本，借记“生产成本——基本生产成本”“生产成本——辅助生产成本”“制造费用”“销售费用”“管理费用”等科目，贷记“原材料”科目；企业发出委托外单位加工的原材料，按实际成本，借记“委托加工物资”科目，贷记“原材料”科目。

【例12－16】2024年3月31日，根据发料凭证汇总表，华丰公司当月生产产品领用甲材料3 000千克，基本生产车间一般耗用领用甲材料100千克，管理部门领用乙材料50千克，销售部门领用乙材料30千克。甲材料的单位成本为100元/千克，乙材料的单位成本为200元/千克。根据审核无误的原始凭证，华丰公司应作如下会计处理：

借：生产成本	300 000	
制造费用	10 000	
管理费用	10 000	
销售费用	6 000	
贷：原材料——甲材料		310 000
——乙材料		16 000

2. 出售原材料，按已收或应收的价款，借记“银行存款”或“应收账款”等科目，按实现的营业收入，贷记“其他业务收入”等科目，按应交的增值税额，贷记“应交税费——应交增值税（销项税额）”科目；月度终了，按出售原材料的实际成本，借记“其他业务成本”科目，贷记“原材料”科目；同时按已计提的存货跌价准备，借记“存货跌价准备”科目，贷记“其他业务成本”科目。

【例12－17】华丰公司于2024年3月20日出售不需用的原材料一批，售价100 000元，增值税专用发票上注明的增值税税额为13 000元，该批原材料的实际成本120 000元，已计提存货跌价准备20 000元，款项已全部收到存入银行。则华丰公司应作如下会计处理：

借：银行存款　　113 000

　　贷：其他业务收入——材料销售　　100 000

　　　　应交税费——应交增值税（销项税额）　　13 000

借：其他业务成本——材料销售　　100 000

　　存货跌价准备　　20 000

　　贷：原材料　　120 000

3. 将原材料用于非货币性资产交换、债务重组等业务，按发出原材料的实际成本，借记“其他业务成本”等科目，贷记“原材料”科目；结转计提的存货跌价准备，借记“存货跌价准备”科目，贷记“其他业务成本”等科目。涉及增值税和消费税核算的，进行相应的账务处理。

企业发出原材料的实际成本，可以采用先进先出法、月末一次加权平均法、移动加权平均法和个别计价法计算确定。对不同的原材料可以采用不同的计价方法。材料计价方法一经确定，不得随意变更。如需变更，应在财务报表附注中予以说明。

二、原材料按计划成本计价的核算

原材料按计划成本法核算时，材料的收发及结存，无论总分类核算还是明细分类核算，均按计划成本计价，设置的会计科目主要有“原材料”“材料采购”和“材料成本差异”等。材料实际成本与计划成本的差异，通过“材料成本差异”科目核算。月末，计算本月发出材料应负担的成本差异并进行分摊，根据领用材料的用途计入相关资产的成本或者当期损益，从而将发出材料的计划成本调整成实际成本。

原材料成本差异，是指相同数量的原材料的实际成本与计划成本的差额。实际成本大于计划成本的差异为超支额，反之为节约额。材料成本差异必须根据规定的方法计算出分配率，按月进行分配，不得任意多摊、少摊或不摊。

“原材料”科目借方登记入库材料的计划成本；贷方登记发出材料的计划成本；期末借方余额反映企业库存材料的计划成本。该科目应按材料的保管地点（仓库）、类别、品种和规格设置材料明细账（或材料卡片），进行明细核算。

“材料采购”科目，用来核算企业采用计划成本进行材料（包括包装物、低值易耗品）日常核算而购入材料的采购成本，借方登记支付或承付的材料实际采购成本；贷方登记已验收入库材料的实际采购成本，应向供应单位、运输单位收回的材料物资短缺或其他应增减采购成本的索赔款项，需要报经批准或尚待查明原因处理的途中短缺和毁损，以及由于意外事故造成的非常损失；期末借方余额反映企业已收到发票账单但尚未到达或尚未验收入库的在途材料的采购成本。该科目可按供应单位和材料品种设置明细账，进行明细核算。采用计划成本核算的原材料采购业务，不管结算方式如何，一律通过“材料采购”科目核算。

“材料成本差异”科目，用来核算企业材料（包括包装物、低值易耗品）的实际成本与计划成本之间的差异，借方登记材料实际成本大于计划成本的差异（超支额）和结转的材料的实际成本小于计划成本的差异，以及调整库存材料计划成本时调整减少的计划成本；贷方登记材料实际成本小于计划成本的差异（节约额）和结转的各种材料的成本差异，以及调整库存材料计划成本时调整增加的计划成本；期末借方余额反映企业库存材料的实际成本大于计划成本的差异，贷方余额反映企业库存材料的实际成本小于计划成本的差异。该科目可以分别“原材料”“周转材料”等科目，按照类别或品种进行明细核算，并分别计算成本差异率。

企业根据具体情况，可以单独设置“材料成本差异”科目；也可以在“原材料”“周转材料”等科目下设置“成本差异”明细科目进行核算。

（一）原材料购入的核算

1. 根据收到的发票账单支付材料价款和运杂费或开出承兑商业汇票时，按应计入材料采购成本的金额，借记“材料采购”等科目，按当月已认证的可抵扣增值税额，借记“应交税费——应交增值税（进项税额）”科目，按当月未认证的可抵扣增值税额，借记“应交税费——待认证进项税额”科目，按实际支付的金额，贷记“库存现金”“银行存款”“其他货币资金”“应付票据”等科目。涉及准予抵扣的消费税额的，还应借记“应交税费——应交消费税”科目。

2. 材料已经收到，但尚未办理结算手续的，可暂不作会计处理；待办理结算手续后，按增值税专用发票上注明的增值税额和准予抵扣的消费税额，借记“应交税费——应交增值税（进项税额）”或“应交税费——待认证进项税额”及“应交税费——应交消费税”科目，按应计入材料采购成本的金额，借记“材料采购”等科目，按实际支付的金额，贷记“库存现金”“银行存款”“其他货币资金”“应付票据”“应付账款”等科目。

月末，对于尚未收到发票账单的收料凭证，应按计划成本暂估入账，借记“原材料”“周转材料”等科目，贷记“应付账款——暂估应付账款”科目，下月初用红字作同样的会计分录予以冲回。下月收到发票账单时，按照正常程序进行账务处理。

3. 收到已经预付货款的材料后，按增值税专用发票上注明的增值税额和准予抵扣的消费税额，借记“应交税费——应交增值税（进项税额）”或“应交税费——待认证进项税额”及“应交税费——应交消费税”科目，按应计入材料采购成本的金额，借记“材料采购”等科目，按应支付的金额，贷记“预付账款”科目。

一般纳税人购入材料，进项税额不得抵扣的账务处理参照原材料按实际成本法的核算。

4. 由企业运输部门以自备运输工具，将外购的材料运回企业，计算购入材料应负担的运输费用时，借记“材料采购”科目，贷记“生产成本——辅助生产成本”等科目。

5. 应向供应单位、外部运输机构等收回的材料短缺或其他应冲减材料采购成本的赔偿款项，应根据有关的索赔凭证，借记“应付账款”或“其他应收款”科目，贷记“材料采购”科目，按不准抵扣的进项税额，贷记“应交税费——应交增值税（进项税额转出）”科目。因遭受意外灾害发生的损失和尚待查明原因的途中损耗，先记入“待处理财产损溢”科目，查明原因后再作处理。

6. 小规模纳税人购入材料不能抵扣进项税额，按购入材料应支付的金额，借记“材料采购”科目，贷记“银行存款”“应付账款”“应付票据”等科目。

（二）原材料入库的核算

外购并已验收入库的原材料，月末，根据仓库转来的外购收料凭证（包括本月付款或承付的上月收料凭证），按计划成本，借记“原材料”科目，按实际成本，贷记“材料采购”科目，按计划成本与实际成本的差异，借记或贷记“材料成本差异”科目。

入库材料的计划成本应尽可能接近实际成本，除特殊情况外，计划成本在年度内不得随意调整。

由于企业各种原材料的来源不同，所以“材料成本差异”科目核算和反映的原材料成本差异转自不同的会计科目：①外购原材料实际成本与计划成本的差异，自“材料采购”科目转入“材料成本差异”科目；②自制原材料实际成本与计划成本的差异，自“生产成本——辅助生产成本”等科目转入“材料成本差异”科目；③库存原材料因调整计划成本所发生的差额，自“原材料”等科目转入“材料成本差异”科目。

委托加工、投资转入和接受捐赠等原材料实际成本与计划成本的差异，应直接予以确认。

【例 12－18】2024 年 3 月 5 日，华丰公司购入甲材料一批，取得的增值税专用发票上注明材料价款为 50 000 元，增值税税额为 6 500 元，材料已验收入库，发票账单已到，款项已通过银行支付。该批材料的计划成本为 52 000 元。则华丰公司应作如下会计处理：

借：材料采购	50 000	
应交税费——应交增值税（进项税额）	6 500	
贷：银行存款		56 500
借：原材料	52 000	
贷：材料采购		50 000
材料成本差异		2 000

【例 12－19】2024 年 3 月 26 日，华丰公司从外地购入乙材料 1 000 千克，材料已验收入库，但发票账单等单据尚未收到，计划成本为 40 000 元，暂不作会计处理。3 月 31 日，华丰公司仍未收到 3 月 26 日已验收入库的外购乙材料的货款结算凭证，按计划成本估价入账。则华丰公司应作如下会计处理：

借：原材料	40 000	
贷：应付账款——暂估应付款		40 000

【例 12－20】2024 年 3 月 31 日，华丰公司生产车间自制材料完工交库一批，计划成本为 35 000 元。月末，根据成本计算资料等，该批材料应负担 2 200元的材料成本差异。则华丰公司应作如下会计处理：

借：原材料	35 000	
贷：生产成本——辅助生产成本		35 000
借：材料成本差异	2 200	

贷：生产成本——辅助生产成本　　　　2 200

（三）原材料发出的核算

原材料按计划成本计价核算时，日常领用、发出原材料均按计划成本记账，月度终了，按照发出各种原材料的计划成本，计算应负担的成本差异，按实际成本大于计划成本的差异，借记“生产成本”“制造费用”“管理费用”“销售费用”“委托加工物资”“其他业务成本”“在建工程”等科目，贷记“材料成本差异”科目；实际成本小于计划成本的差异，则作相反的会计分录。

【例 12－21】华丰公司本月领用的材料如下：基本生产车间领用 45 000 元，辅助生产车间领用 15 000 元，车间管理部门领用 5 500 元，企业管理部门领用 4 500 元，若月末计算出的材料成本差异率为－5%。则华丰公司应作如下会计处理：

借：生产成本	60 000	
制造费用	5 500	
管理费用	4 500	
贷：原材料		70 000
借：材料成本差异	3 500	
贷：生产成本		3 000
制造费用		275
管理费用		225

【例 12－22】华丰公司期初库存材料 10 吨，计划成本为 17 800 元，材料成本差异为 250 元；本月购进材料 10 吨，实际成本为 17 600 元，本月发出材料 15 吨。则：

（1）本月购进材料的计划成本为 17 800 元，成本差异为－200 元。

（2）本月材料成本差异率 $=\frac{250-200}{17\ 800+17\ 800}\times100\%=0.14\%$。

（3）本月发出材料的计划成本 $=15\times1\ 780=26\ 700$（元），本月发出材料应负担的成本差异 $=26\ 700\times0.14\%=37.38$（元）。

（4）本月发出材料的实际成本 $=26\ 700+37.38=26\ 737.38$（元）。

企业应按照存货的类别或品种，如原材料、周转材料（包装物、低值易耗品）等，对材料成本差异进行明细核算，不得使用一个综合差异率来分摊发出材料和库存材料应负担的材料成本差异。

第四节　其他存货

一、委托加工物资

（一）科目设置

企业应设置“委托加工物资”科目，核算委托外单位加工的各种物资的实际成本。该科目借方登记发出加工物资的实际成本，以及支付的加工费和往返运杂费、保险费等；贷方登记加工完成并验收入库的物资的实际成本，以及退回剩余材料的实际成本；期末余额在借方，反映企业委托外单位加工但尚未加工完成物资的实际成本和发出加工物资的运杂费等。该科目应按加工合同和受托加工单位设置明细科目，反映加工单位名称、加工合同号数，发出加工物资的名称、数量，发生的加工费用和运杂费，退回剩余物资的数量、实际成本，以及加工完成物资的实际成本等资料。

（二）委托加工物资的核算

1. 发给外单位加工的物资，按实际成本，借记“委托加工物资”科目，贷记“原材料”“库存商品”等科目，按计划成本（或售价）核算的企业，还应当同时结转成本差异。

企业支付加工费用、应承担的运杂费等，借记“委托加工物资”“应交税费——应交增值税（进项税额）”等科目，贷记“银行存款”等科目；需要缴纳消费税的委托加工物资，其由受托方代收代缴的消费税，分以下情况处理：

（1）委托加工物资收回后用于对外销售的，分两种情况处理：①收回的应税消费品，以不高于受托方的计税价格出售的，为直接出售，应将受托方代收代缴的消费税计入委托加工物资成本，借记“委托加工物资”科目，贷记“应付账款”“银行存款”等科目；②收回的应税消费品，以高于受托方的计税价格出售的，不属于直接出售，需按照规定申报缴纳消费税，在计税时准予扣除受托方已代收代缴的消费税。应按受托方代收代缴的消费税，借记“应交税费——应交消费税”科目，贷记“应付账款”“银行存款”等科目。

（2）委托加工物资收回后用于连续生产，所纳税款按规定准予抵扣以后销售环节应缴纳的消费税的，按受托方代收代缴的消费税，借记“应交税费——应交消费税”科目，贷记“应付账款”“银行存款”等科目。

需要说明的是，纳税人用外购或委托加工收回的已税珠宝玉石生产的改在零售环节征收消费税的金银首饰（镶嵌首饰），在计税时一律不得扣除委托加工收回的珠宝玉石的已纳消费税税款。

2. 加工完成验收入库的物资和剩余的物资，按加工收回物资的实际成本和剩余物资的实际成本，借记“原材料”“库存商品”等科目（采用计划成本或售价核算的企业，按计划成本或售价记入“原材料”或“库存商品”科目，实际成本与计划成本或售价之间的差异，记入“材料成本差异”或“商品进销差价”科目），贷记“委托加工物资”科目。

【涉税提示】

根据消费税政策规定，委托加工的应税消费品，除受托方为个人外，由受托方在向委托方交货时代收代缴税款。委托加工的应税消费品，委托方用于连续生产应税消费品的，所纳税款准予按规定抵扣。

委托方将收回的应税消费品，以不高于受托方的计税价格出售的，为直接出售，不再缴纳消费税；委托方以高于受托方的计税价格出售的，不属于直接出售，需按照规定申报缴纳消费税，在计税时准予扣除受托方已代收代缴的消费税。

【例 12－23】甲公司委托乙公司加工化妆品，发出材料的实际总成本为4 200元，加工费为 800 元，取得了增值税专用发票，应负担的增值税进项税额为 104 元，款项已用现金支付。乙公司用上述材料加工化妆品 25 套，同类化妆品的单位销售价格为 400 元，适用消费税税率为 30%。

（1）如果甲公司将化妆品提回后当即投入生产，应作如下会计处理：

委托加工化妆品的消费税 =400 ×25 ×30% =3 000（元）

①发出委托加工物资：

借：委托加工物资	4 200	
贷：原材料		4 200

②支付加工费：

借：委托加工物资	800	

应交税费——应交增值税（进项税额） 104

贷：库存现金 904

③应支付的消费税：

借：应交税费——应交消费税 3 000

贷：应付账款 3 000

④委托加工的化妆品提回时：

借：原材料 5 000

贷：委托加工物资 5 000

（2）如果甲公司将化妆品提回后以不高于受托方的计税价格对外出售，应作如下会计处理：

①发出委托加工物资：

借：委托加工物资 4 200

贷：原材料 4 200

②支付加工费：

借：委托加工物资 800

应交税费——应交增值税（进项税额） 104

贷：库存现金 904

③应支付的消费税：

借：委托加工物资 3 000

贷：应付账款 3 000

④委托加工的化妆品提回时：

借：原材料 8 000

贷：委托加工物资 8 000

二、周转材料

周转材料，是指企业能够多次使用，逐渐转移其价值但仍保持原有形态不确认为固定资产的材料。企业应设置“周转材料”科目核算周转材料的计划成本或实际成本，包括包装物、低值易耗品，以及企业（建造承包商）的钢模板、木模板、脚手架等。企业的包装物、低值易耗品，也可以单独设置“包装物”“低值易耗品”科目。

企业可按周转材料的种类，分别“在库”“在用”和“摊销”进行明细核算。

（一）低值易耗品

企业应设置“周转材料——低值易耗品”科目，核算库存的低值易耗品的实际成本或计划成本。该科目借方登记验收入库低值易耗品的成本；贷方登记发出低值易耗品的成本；期末借方余额，反映企业库存未用低值易耗品的实际成本或计划成本。同时，还应按照低值易耗品的类别、品种规格进行数量和金额的明细核算。

1. 企业以购入、自制、委托外单位加工等方式取得并已验收入库的低值易耗品，比照“原材料”科目的相关规定进行处理。

2. 企业应当采用一次转销法或者五五摊销法对低值易耗品进行摊销，计入相关资产的成本或者当期损益。

（1）一次转销法，是指在领用低值易耗品时将其全部价值一次性摊入有关的成本费用，借记有关科目，贷记“周转材料——低值易耗品”科目。报废时，将报废低值易耗品的残料价值作为当月低值易耗品摊销额的减少，冲减有关成本费用，借记“银行存款”“原材料”等科目，贷记“制造费用”“管理费用”等科目。

（2）五五摊销法，是指低值易耗品在领用时先摊销其账面价值的一半，在报废时再摊销其账面价值的另一半。领用时，应按其账面价值，借记“周转材料——低值易耗品——在用”科目，贷记“周转材料——低值易耗品——在库”科目；摊销时，将低值易耗品成本的50%推销，借记“制造费用”“管理费用”等科目，贷记“周转材料——低值易耗品——摊销”科目；低值易耗品报废时，摊销其价值的另一半；如果有残料价值，应当收回并借记“原材料”等科目，贷记“制造费用”“管理费用”等科目；最后转销全部已提摊销数额，借记“周转材料——低值易耗品——摊销”科目，贷记“周转材料——低值易耗品——在用”科目。

【例12－24】华丰公司管理部门使用的某项低值易耗品报废，领用时其账面成本为1 480元，已摊销740元，报废时回收残料120元，应补提摊销740元（1 480－740）。则华丰公司应作如下会计处理：

（1）领用时，按其账面成本：

借：周转材料——低值易耗品——在用　　　　1 480

　　贷：周转材料——低值易耗品——在库　　　　1 480

（2）按领用价值的50%计提摊销：

借：管理费用 740

贷：周转材料——低值易耗品——摊销 740

（3）报废时，应补提摊销额：

借：管理费用 740

贷：周转材料——低值易耗品——摊销 740

（4）根据回收残料价值：

借：原材料 120

贷：管理费用 120

（5）注销报废的低值易耗品：

借：周转材料——低值易耗品——摊销 1 480

贷：周转材料——低值易耗品——在用 1 480

（二）包装物

1. 包装物概述

包装物，是指为了包装本企业商品而储备的各种包装容器，如桶、箱、瓶、坛、袋等，其范围包括：

（1）生产过程中用于包装产品作为产品组成部分的包装物；

（2）随同商品出售而不单独计价的包装物；

（3）随同商品出售而单独计价的包装物；

（4）出租或出借给购买单位使用的包装物。

下列各项不属于包装物核算的范围：各种包装材料，如纸、绳、铁丝、铁皮等，应在“原材料”科目内核算；用于储存和保管商品、材料而不对外出售的包装物，应按价值大小和使用年限长短，分别在“固定资产”或“周转材料——低值易耗品”科目核算；单独列作企业商品产品的自制包装物，应作为库存商品处理。

2. 包装物的核算

企业应设置“周转材料——包装物”科目，核算库存的各种包装物的实际成本或计划成本。该科目借方登记验收入库包装物的成本；贷方登记发出包装物的成本；期末借方余额，反映企业库存未用包装物的实际成本或计划成本。同时，还应按照包装物的种类设置明细账，进行明细核算。包装物数量不大的企业，可以将包装物并入“原材料”科目内核算。

企业应当采用一次转销法或者五五摊销法对包装物进行摊销，计入相关资产的成本或者当期损益。

（1）企业购入、自制、委托外单位加工等方式取得并已验收入库的包装物，比照“原材料”科目的相关规定进行会计处理。

（2）企业生产领用包装物，借记“生产成本”科目，贷记“周转材料——包装物”科目；随同商品出售但不单独计价的包装物，应于包装物发出时，作为包装费用，借记“销售费用”科目，贷记“周转材料——包装物”科目；随同商品出售并单独计价的包装物，应于包装物发出时，借记“其他业务成本”科目，贷记“周转材料——包装物”科目。

（3）出租、出借包装物。

①出租出借时的处理。

出租、出借包装物，在第一次领用新包装物时，如果金额不大，可以采用一次转销法结转成本，借记“其他业务成本”（出租包装物）、“销售费用”（出借包装物）科目，贷记“周转材料——包装物”科目。

出租、出借包装物频繁、数量多、金额大的企业，出租、出借包装物的成本，也可以采用五五摊销法方法计算出租、出借包装物的摊销价值。在这种情况下，领用包装物时，将包装物成本的50%，借记“其他业务成本”（出租包装物）、“销售费用”（出借包装物）科目，贷记“周转材料——包装物”科目；包装物报废时，再摊销其价值的另一半。当然，如果有残料价值，应当收回，借记“原材料——废料”科目，贷记“其他业务成本”“销售费用”等科目。

②租金的处理。

企业随同货物销售而出租出借包装物收到的出租包装物的租金，借记“库存现金”“银行存款”等科目，贷记“其他业务收入”“应交税费——应交增值税（销项税额）”等科目。

③押金的处理。

收到出租、出借包装物的押金，借记“库存现金”“银行存款”等科目，贷记“其他应付款”科目；退回押金时，作相反的会计处理。

对于逾期未退包装物，按没收的押金，借记“其他应付款”科目，按应交的增值税，贷记“应交税费——应交增值税（销项税额）”科目，按其差额，贷记“其他业务收入”科目。这部分没收的押金收入应交的消费税等税费，借记“税金及附加”科目，贷记“应交税费——应交消费税”等科目。

对于逾期未退包装物而没收的加收押金，应转作“营业外收入”处理，企业应按加收的押金，借记“其他应付款”科目，按应交的增值税、消费税等税费，贷记“应交税费——应交增值税（销项税额）”“应交税费——应交消费税”等科目，按其差额，贷记“营业外收入——逾期包装物押金没收利得”科目。

④出租、出借的包装物，不能使用而报废时，按其残料价值，借记“原材料”等科目，贷记“其他业务成本”（出租包装物）、“销售费用”（出借包装物）等科目。

⑤采用计划成本进行日常核算的企业，月度终了，结转生产领用、出售、出租、出借所领用新包装物应分摊的成本差异，按实际成本大于计划成本的差异，借记“生产成本”“其他业务成本”“销售费用”等科目，贷记“材料成本差异”科目；实际成本小于计划成本的差异，则作相反的会计分录。

【涉税提示】

（1）根据增值税政策规定，纳税人为销售货物而出租出借包装物收取的押金，单独记账核算的，不并入销售额征税。超过1年（含1年）以上仍不退还的均并入销售额征税。但对因逾期未收回包装物不再退还的押金，应按所包装货物的适用税率征收增值税。

对销售除啤酒、黄酒外的其他酒类产品而收取的包装物押金，无论是否返还以及会计上如何核算，均应并入当期销售额征税。

（2）根据消费税政策规定，应税消费品连同包装物销售的，无论包装物是否单独计价以及在会计上如何核算，均应并入应税消费品的销售额中缴纳消费税。如果包装物不作价随同产品销售，而是收取押金，此项押金则不应并入应税消费品的销售额中征税。但对因逾期未收回的包装物不再退还的或者已收取的时间超过12个月的押金，应并入应税消费品的销售额，按照应税消费品的适用税率缴纳消费税。

对既作价随同应税消费品销售，又另外收取押金的包装物的押金，凡纳税人在规定的期限内没有退还的，均应并入应税消费品的销售额，按照应税消费品的适用税率缴纳消费税。

（3）根据企业所得税政策规定，企业提供固定资产、包装物或者其他有形资产的使用权取得的租金收入，应按交易合同或协议规定的承租人应付租金的日期确认收入的实现。其中，如果交易合同或协议中规定租赁期限跨年度，且租金提前一次性支付的，根据《中华人民共和国企业所得税法实施条例》第九条规定的收入与费用配比原则，出租人可对上述已确认的收入，在租赁期内，分期均匀计入相关年度收入。

【例 12－25】华丰公司有关包装物收发的经济业务及应作的会计处理如下：

（1）生产领用包装物一批，实际成本为 2 400 元。

借：生产成本　　2 400

　　贷：周转材料——包装物　　2 400

（2）企业销售产品时，领用不单独计价的包装物，实际成本为 1 300 元。

借：销售费用　　1 300

　　贷：周转材料——包装物　　1 300

（3）企业销售产品时，领用单独计价的包装物，实际成本为 600 元。

借：其他业务成本　　600

　　贷：周转材料——包装物　　600

（4）仓库发出新包装物一批，随同货物销售出租给购货单位，实际成本为 6 000 元，收到租金 1 000 元，存入银行，采用一次转销法结转成本。租金收入适用的增值税税率为 13%。

借：其他业务成本　　6 000

　　贷：周转材料——包装物　　6 000

同时，收到租金：

借：银行存款　　1 000

　　贷：其他业务收入　　884.96

　　　　应交税费——应交增值税（销项税额）　　115.04

（5）出借给购货单位使用新包装物一批，实际成本为 4 000 元，收到押金 800 元，存入银行，采用一次转销法结转成本。

借：销售费用　　4 000

　　贷：周转材料——包装物　　4 000

同时，收到押金：

借：银行存款　　800

　　贷：其他应付款　　800

（6）出借包装物逾期未退，按规定没收其押金 800 元。

借：其他应付款　　800

　　贷：其他业务收入　　707.96

　　　　应交税费——应交增值税（销项税额）　　92.04

（7）出租包装物收回后，不能继续使用而报废，收回残料入库，价值 600 元。

借：原材料　　600

　　贷：其他业务成本　　600

【例 12－26】某酒厂于 2024 年 3 月销售白酒 10 吨，不含税单价为 50 000 元/吨，取得随同产品销售单独计价的包装物不含税收入 8 000 元，另收取包装物押金 1 130 元，约定 6 个月后返还包装物，如果逾期未能归还，则没收押金。白酒和包装物适用的增值税税率为 13%，白酒消费税从价比例税率为 20%，从量定额税率为每 500 克 0.5 元。则该酒厂应作如下会计处理：

（1）销售产品，收到货款时：

借：银行存款　　574 040

　　贷：主营业务收入　　500 000

　　　　其他业务收入　　8 000

　　　　应交税费——应交增值税（销项税额）　　66 040

（2）计提消费税时：

该酒厂应缴纳的消费税 $=10\times50\ 000\times20\%+10\times1\ 000\ 000\div500\times0.5+8\ 000\times20\%=111\ 600$（元）

借：税金及附加　　111 600

　　贷：应交税费——应交消费税　　111 600

（3）收取押金时：

借：银行存款　　1 130

　　贷：其他应付款　　1 130

（4）计提押金的增值税时：

借：销售费用　　130

　　贷：应交税费——应交增值税（销项税额）　　130

（5）到期返还押金时：

借：其他应付款　　1 130

　　贷：银行存款　　1 130

（6）包装物逾期未归还，没收押金时：

借：其他应付款　　1 130

　　贷：其他业务收入　　1 130

该酒厂应缴纳的消费税 = 1 130 ÷（1 + 13%）× 20% = 200（元）

（7）计提没收押金的消费税时：

借：税金及附加　　200

　　贷：应交税费——应交消费税　　200

三、库存商品

库存商品包括库存的外购商品、自制商品产品、存放在门市部准备出售的商品、发出展览的商品以及寄存在外的商品等。工业企业接受外来原材料加工制造的代制品和为外单位加工修理的代修品，在制造和修理完成验收入库后，视同企业的产品，属于库存商品。

企业应设置“库存商品”科目，核算库存的各种商品的实际成本（或进价）或计划成本（或售价），并按库存商品的种类、品种和规格及存放地点设置明细账。存放在本企业所属门市部准备销售的商品，送交展览会展出的商品，以及已发出尚未办理托收手续的商品，都应在该科目下单设明细账进行核算。

（一）工业企业库存商品的核算

工业企业的库存商品主要指产成品，在特殊情况下，也有少量的外购商品。

1. 工业企业的产成品一般应按实际成本进行核算。在这种情况下，产成品的收入、发出和销售，平时只记数量不记金额；月度终了，计算入库产成品的实际成本；对发出和销售的产成品，可以采用先进先出法、加权平均法、个别计价法等方法确定其实际成本。核算方法一经确定，不得随意变更。如需变更，应在财务报表附注中予以说明。

产成品种类比较多的企业，也可以按计划成本进行日常核算。

2. 工业企业生产完成验收入库的产成品，按实际成本，借记“库存商品”科目，贷记“生产成本”等科目；采用计划成本核算的企业，按计划成本，借记“库存商品”科目，按实际成本，贷记“生产成本”等科目，按计划成本与实际成本的差异，借记或贷记“产品成本差异”科目。

工业企业对外销售产成品（包括采用分期收款方式销售产成品），满足收入确认条件的，应在商品发出后，按实际成本，借记“主营业务成本”科目，贷记“库存商品”科目；商品销售不满足收入确认条件但已发出商品的，应按发出商品的实际成本（或进价）或计划成本（或售价），借记“发出商品”科目，贷记“库存商品”科目。采用其他销售方式销售的产成品，结转成本时，借记“主营业务成本”科目，贷记“库存商品”科目。采用计划成本核算的企业，还应分摊计划成本与实际成本的差异。

3. 工业企业购入、委托外单位加工库存商品等，比照“原材料”“委托加工物资”科目的相关规定进行会计处理。

（二）商品流通企业库存商品的核算

商品流通企业的库存商品主要指外购或委托加工完成验收入库用于销售的各种商品。

1. 库存商品采用进价核算的企业

（1）购入的商品未到但发票账单已到，应先通过“在途物资”等科目核算，在商品到达验收入库后，按商品进价，借记“库存商品”科目，贷记“在途物资”等科目；企业委托外单位加工收回的商品，按商品进价，借记“库存商品”科目，贷记“委托加工物资”科目。

（2）购入的商品已经到达并已验收入库，同时收到发票账单，但尚未支付货款和运杂费或尚未开出承兑商业汇票的，借记“库存商品”“应交税费——应交增值税（进项税额）”等科目，贷记“应付账款”等科目。

（3）购入商品与发票账单同时到达，商品验收入库，同时支付货款和运杂费或开出承兑商业汇票，借记“库存商品”“应交税费——应交增值税（进项税额）”等科目，贷记“银行存款”“应付票据”等科目。

（4）购入的商品已经到达并已验收入库，尚未收到发票账单的，月末按暂估价值入账，借记“库存商品”科目，贷记“应付账款——暂估应付账款”科目；下月初用红字作同样的会计分录予以冲回，以便下月付款或开出承兑商业汇票后，比照上述第（3）项进行处理。

（5）企业销售发出的商品，结转销售成本时，可按先进先出法、加权平均法、个别计价法、毛利率法等方法计算已销商品的销售成本，核算方法一经确定，不得随意变更。如需变更，应在财务报表附注中予以说明。企业结转发出商品的成本，借记“主营业务成本”科目，贷记“库存商品”科目。

2. 库存商品采用售价金额核算的企业

售价金额核算法，是指平时商品的购进、储存、销售均按售价记账，售价与进价的差额通过“商品进销差价”科目反映，期末计算进销差价率和本期已销商品应分摊的进销差价，并据以调整本期销售成本。“商品进销差价”科目应按商品类别或实物负责人设置明细账，进行明细核算。有关计算公式为：

$$\text{商品进销差价率}=\frac{\text{月末分摊前“商品进销差价”科目余额}}{\text{“库存商品”科目月末余额}+\text{“委托代销商品”科目月末余额}+\text{“发出商品”科目月末余额}+\text{本月“主营业务收入”科目贷方发生额}}\times 100\%$$

$$\text{本月销售商品应分摊的商品进销差价}=\text{本月“主营业务收入”科目贷方发生额}\times\text{商品进销差价率}$$

$$\text{本月销售商品的实际成本}=\text{本月商品销售收入}-\text{本月销售商品应分摊的商品进销差价}$$

公式中“主营业务收入”，是指采用售价进行商品日常核算的销售商品所取得的收入。

商品进销差价率还可以按下列公式计算：

$$\text{商品进销差价率}=\frac{\text{期初库存商品进销差价}+\text{当期发生的商品进销差价}}{\text{期初库存商品售价}+\text{当期发生的商品售价}}\times 100\%$$

$$=1-\text{销售成本率}$$

式中“当期发生的商品进销差价”包括当期购进、委托加工收回、销售退回等原因发生的库存商品的进销差价，“当期发生的商品售价”包括当期购进商品的售价、销售退回商品的售价等。

委托代销商品可以采用上月商品进销差价率计算应分摊的商品进销差价。企业的商品进销差价率各月之间比较均衡的，也可以采用上月商品进销差价率计算分摊本月销售商品应分摊的商品进销差价。企业无论采用当月商品进销差价率还是上月商品进销差价率计算分摊商品进销差价，均应在年度终了，对商品进销差价进行核实调整。

（1）购入的商品，在商品到达验收入库后，按商品售价，借记“库存商品”科目，按商品进价，贷记“在途物资”等科目，按商品售价与进价的差额，贷记“商品进销差价”科目；企业委托外单位加工收回的商品，按商品售价，借记“库存商品”科目，按委托加工商品的进价，贷记“委托加工物资”科目，按商品售价与进价的差额，贷记“商品进销差价”科目。其他形式的购入业务，可比照上述“1. 库存商品采用进价核算的企业”第（2）项至第（4）项进行处理，并将售价与进价的差额确认为“商品进销差价”。

（2）企业销售发出的商品，平时结转销售成本时可按商品售价结转，借记“主营业务成本”科目，贷记“库存商品”科目。月度终了，应按商品进销差价率计算分摊本月已销商品应分摊的进销差价，借记“商品进销差价”科目，贷记“主营业务成本”科目。

【例 12－27】大商超市采用售价法进行库存商品的日常核算。2024 年 4 月末，大商超市的库存商品余额为 100 000 元，委托代销商品的余额为 50 000 元，发出商品的余额为 50 000 元，主营业务收入的贷方余额为 500 000 元，分摊前的商品进销差价的余额为 100 000 元。计算 2024 年 4 月销售商品应分摊的商品进销差价，作如下会计处理：

商品进销差价率＝100 000÷（100 000＋50 000＋50 000＋500 000）×100%＝14%

已销商品应分摊的商品进销差价＝500 000×14%＝70 000（元）

借：商品进销差价　　　　70 000

　　贷：主营业务成本　　　　70 000

四、发出商品

发出商品，是指企业已经发出，但尚未实现收入的产品、商品和物资。

企业应设置“发出商品”科目，核算企业商品销售未满足收入确认条件但已发出商品的实际成本（或进价）或计划成本（或售价）。对于未满足收入确认条件的发出商品，应按发出商品的实际成本（或进价）或计划成本（或售价）在商品发出时记入“发出商品”科目的借方；发出商品满足收入确认条件时，记入“发出商品”科目的贷方；发出商品如发生退回，应按退回商品的实际成本（或进价）或计划成本（或售价），记入“发出商品”科目的贷方；该科目期末借方余额，反映企业发出商品的实际成本（或进价）或计划成本（或售价）。该科目应当按照购货单位、商品类别和品种进行明细核算。

企业委托其他单位代销的商品，也在“发出商品”科目核算，对采用支付手续费方式委托其他单位代销的商品，企业也可以另设“委托代销商品”

科目，并按照受托单位进行明细核算。

对于未满足收入确认条件的发出商品，应按发出商品的实际成本（或进价）或计划成本（或售价），借记“发出商品”科目，贷记“库存商品”科目。

发出商品发生退回的，应按退回商品的实际成本（或进价）或计划成本（或售价），借记“库存商品”科目，贷记“发出商品”科目。

发出商品满足收入确认条件时，应结转销售成本，借记“主营业务成本”科目，贷记“发出商品”科目。采用计划成本或售价核算的，还应结转应分摊的产品成本差异或商品进销差价。

发出商品如发生退回，应按退回商品的实际成本（或进价）或计划成本（或售价），借记“库存商品”科目，贷记“发出商品”科目。

【例 12－28】 华丰公司于 2024 年 4 月 8 日向星远公司销售产品一批，成本为 200 000 元，增值税专用发票上注明的售价为 300 000 元，增值税税额为 39 000 元。华丰公司在产品销售以后，得知星远公司资金周转发生暂时困难，短期内无法收回货款，因此暂不确认收入。则华丰公司应作如下会计处理：

借：发出商品	200 000	
贷：库存商品		200 000
借：应收账款	39 000	
贷：应交税费——应交增值税（销项税额）		39 000

第五节　存货清查

存货清查，是指通过对存货的实地盘点，确定存货的实有数量，并与账面结存数核对，从而确定存货实存数与账面结存数是否相符的一种专门方法。

一、存货数量的确定方法

企业确定存货的实物数量有两种方法：一种是实地盘存制，一种是永续盘存制。

1. 实地盘存制

实地盘存制，又称定期盘存制，是指企业平时只在账簿中登记存货的增加数，不记减少数，期末根据清点所得的实存数，计算本期存货的减少数。

2. 永续盘存制

永续盘存制，又称账面盘点制，是指企业设置各种有数量、有金额的存货明细账，根据有关出入库凭证，逐日逐笔登记材料、产品、商品等的收发领退数量和金额，随时结出账面结存数量和金额。采用永续盘存制，可以随时掌握各种存货的收发、结存情况，有利于存货的各项管理。

为了核对存货账面记录，永续盘存制亦要求进行存货的实物盘点。盘点可定期或不定期进行，通常在生产经营活动的间隙盘点。会计年度终了，应进行一次全面的盘点清查，并编制盘点表，保证账物相符，如有不符应及时查明原因并及时处理。

在实际中，我国存货的核算一般采用永续盘存制。但不论采用何种方法，前后期应保持一致。

二、存货清查的核算

企业存货应当定期盘点，每年至少盘点一次。盘点结果如果与账面记录不符，应于期末前查明原因，并根据企业的管理权限，经股东会或董事会或经理（厂长）会议或类似机构批准后，在期末结账前处理完毕。

盘盈或盘亏的存货，如在期末结账前尚未经批准，应在对外提供财务会计报告时先按规定进行处理，并在财务报表附注中做出说明，如果其后批准处理的金额与已处理的金额不一致，应按其差额调整财务报表相关项目的年初数。

企业应设置“待处理财产损溢——待处理流动资产损溢”科目，核算在存货清查过程中待查明原因的各项存货盘盈、盘亏和毁损的价值。该科目处理前的借方余额，反映企业尚未处理的各种流动资产的净损失；处理前的贷方余额，反映企业尚未处理的各种流动资产的净溢余；期末处理后该科目应无余额。

（一）存货盘盈的核算

企业发生存货盘盈时，借记“原材料”“库存商品”等科目，贷记“待处理财产损溢——待处理流动资产损溢”科目。报经批准后处理时，借记“待处理财产损溢——待处理流动资产损溢”科目，贷记“管理费用”科目。

【涉税提示】

从企业所得税角度看，盘盈属于资产溢余，形成的收入属于企业所得税收入，应计入应纳税所得额。企业对盘盈的存货经批准后，冲减管理费用，增加了利润总额，从而增加了应纳税所得额。二者处理的结果一致。

【例12－29】华丰公司在财产清查中盘盈材料1 000千克，实际单位成本为60元/千克，经查属于材料收发计量方面的错误。则华丰公司应作如下会计处理：

（1）批准调账前：

借：原材料　　60 000

　　贷：待处理财产损溢——待处理流动资产损溢　　60 000

（2）批准后：

借：待处理财产损溢——待处理流动资产损溢　　60 000

　　贷：管理费用　　60 000

（二）存货盘亏的核算

企业对盘亏、毁损的各种存货，借记“待处理财产损溢——待处理流动资产损溢”科目，贷记“原材料”“库存商品”“应交税费——应交增值税（进项税额转出）”“应交税费——应交消费税”等科目。采用计划成本（或售价）核算的，还应当同时结转成本差异（或商品进销差价）。已计提存货跌价准备的，还应同时结转跌价准备。

报经批准后处理时，应当先减去残料价值、可以收回的保险赔偿和过失人的赔偿，借记“原材料”“其他应收款”等科目，贷记“待处理财产损溢——待处理流动资产损溢”科目；剩余净损失，属于自然灾害等非常损失部分，借记“营业外支出——非常损失”科目，贷记“待处理财产损溢——待处理流动资产损溢”科目；属于计量收发差错和管理不善等一般经营损失部分，借记“管理费用”科目，贷记“待处理财产损溢——待处理流动资产损溢”科目。

【涉税提示】

（1）根据增值税政策规定，非正常损失，是指因管理不善造成货物被盗、丢失、霉烂变质，以及因违反法律法规造成货物或者不动产被依法没收、销毁、拆除的情形。

非正常损失的购进货物，非正常损失的在产品、产成品所耗用的购进货物，其进项税额不得从销项税额中抵扣。

（2）根据企业所得税政策规定，企业向税务机关申报扣除资产损失，仅需填报企业所得税年度纳税申报表《资产损失税前扣除及纳税调整明细表》，不再报送资产损失相关资料。相关资料由企业留存备查。未经申报的资产损失不得税前扣除。

【例 12－30】华丰公司采用实际成本法对存货进行计价，期末盘点存货时发现 60 000 元的原材料发生霉烂变质，系管理不善造成，其已抵扣的进项税额为 10 200 元。经批准的处理意见是：由保管员赔偿 10%，其余部分计入本期损益。则华丰公司应作如下会计处理：

（1）批准调账前：

借：待处理财产损溢——待处理流动资产损溢　　67 800

　　贷：原材料　　60 000

　　　　应交税费——应交增值税（进项税额转出）　　7 800

（2）批准后：

借：其他应收款　　6 780

　　管理费用　　61 020

　　贷：待处理财产损溢——待处理流动资产损溢　　67 800

【税务处理】

计入当期损益的存货变质损失 61 020 元，属于存货发生的非正常损失，企业专项申报后可以在企业所得税前扣除。申报存货损失时，需填写《资产损失税前扣除及纳税调整明细表》，不再报送存货损失相关资料，相关资料由企业留存备查。

【例 12－31】沿用【例 12－30】，假设期末盘点存货时发现 60 000 元的原材料超过保质期（非管理不善造成），经批准计入本期损益。则华丰公司应作如下会计处理：

（1）批准调账前：

借：待处理财产损溢——待处理流动资产损溢　　60 000

　　贷：原材料　　60 000

（2）批准后：

借：管理费用　　60 000

　　贷：待处理财产损溢——待处理流动资产损溢　　60 000

【税务处理】

计入当期损益的存货损失 60 000 元，属于存货发生的正常损失，由企业采取清单申报方式在当年企业所得税税前扣除。

第十三章 固定资产

【本章提要】本章主要介绍固定资产的核算及涉税处理。

固定资产应当按照成本进行初始计量。不同渠道取得的固定资产，其成本构成也不相同。固定资产有关的后续支出，满足固定资产确认条件的，应当资本化计入固定资产成本，否则应当在发生时计入当期损益。固定资产折旧可选用的方法包括年限平均法、工作量法、双倍余额递减法和年数总和法等。资产负债表日，固定资产的可收回金额低于其账面价值的，应当计提固定资产减值准备。固定资产处置和清查，应按规定的会计处理方法进行处理。

对固定资产进行核算所使用的会计科目主要有“固定资产”“累计折旧”“固定资产减值准备”“在建工程”“工程物资”“固定资产清理”“资产减值损失”“资产处置损益”等，这些会计科目与财务报表项目的关系如图 13－1 所示。

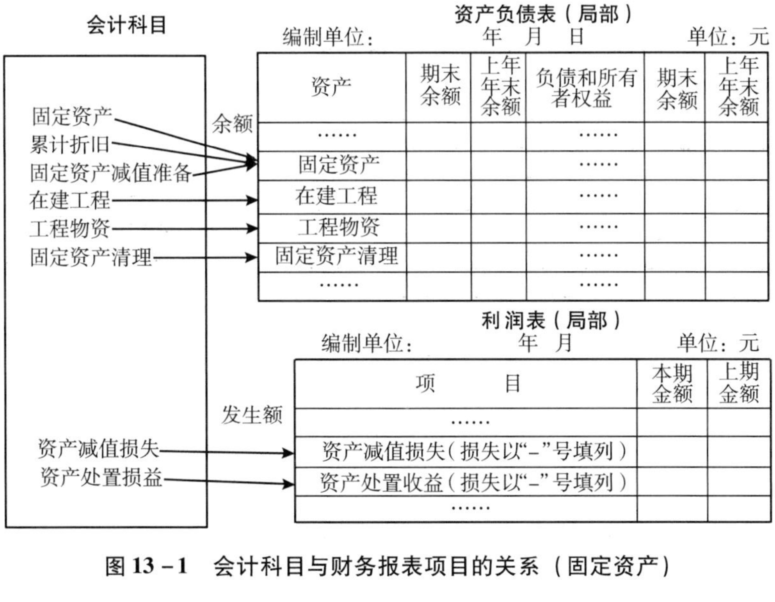

图 13－1 会计科目与财务报表项目的关系（固定资产）

第一节 固定资产的确认和初始计量

一、固定资产的确认

固定资产，是指同时具有下列特征的有形资产：①为生产商品、提供劳务、出租或经营管理而持有的；②使用寿命超过一个会计年度。

第一，固定资产是为生产商品、提供劳务、出租或经营管理而持有。这意味着企业持有的固定资产是企业的劳动工具或手段，而不是直接用于出售的产品。其中“出租”的固定资产，是指用以出租的机器设备类固定资产，不包括以经营租赁方式出租的建筑物，后者属于企业的投资性房地产，不属于固定资产。

第二，固定资产使用寿命超过一个会计年度。这意味着固定资产属于长期资产，随着使用和磨损，通过计提折旧方式逐渐减少账面价值。

第三，固定资产为有形资产。这一特征将固定资产与无形资产区别开来。有些无形资产可能同时符合固定资产的其他特征，如无形资产为生产商品、提供劳务而持有，使用寿命超过一个会计年度，但由于其没有实物形态，所以不属于固定资产。

工业企业所持有的工具、用具、备品备件、维修设备等资产，施工企业所持有的模板、挡板、架料等周转材料，以及地质勘探企业所持有的管材等资产，尽管该类资产具有固定资产的某些特征，例如，使用期限超过一年，也能够带来经济利益，但由于数量多，单价低，考虑到成本效益原则，在实务中，通常确认为存货。但符合固定资产定义和确认条件的，如企业（民用航空运输）的高价周转件等，应当确认为固定资产。对于构成固定资产的各组成部分，如果各自具有不同使用寿命或者以不同方式为企业提供经济利益，适用不同折旧率或折旧方法的，该各组成部分实际上是以独立的方式为企业提供经济利益，因此，企业应当分别将各组成部分确认为单项固定资产。例如，飞机的引擎如果与飞机机身具有不同的使用寿命，适用不同折旧率或折旧方法，则企业应当将其确认为单项固定资产。

固定资产的使用寿命，是指企业使用固定资产的预计期间，或者该固定资产所能生产产品或提供劳务的数量。通常情况下，固定资产的使用寿命，是指使用固定资产的预计期间，如自用房屋建筑物的使用寿命或使用年限。某些机器设备或运输设备等固定资产，其使用寿命往往以该固定资产所能生产产品或提供劳务的数量来表示，例如，发电设备按其预计发电量估计使用寿命，汽车或飞机等按其预计行驶里程估计使用寿命。

由于企业的经营内容与规模等各不相同，固定资产的价值标准并不强求绝对一致，各企业应根据本企业的具体情况加以确定。

固定资产在符合定义的前提下，应当同时满足以下两个条件，才能加以确认。

（1）与该固定资产有关的经济利益很可能流入企业；

（2）该固定资产的成本能够可靠地计量。

与固定资产有关的经济利益是否很可能流入企业，主要是看与该固定资产所有权相关的风险和报酬是否转移到了企业。通常情况下，取得固定资产的所有权是判断与固定资产所有权相关的风险和报酬转移到企业的一个重要标志。但是，所有权是否转移，不是判断与固定资产所有权相关的风险和报酬转移到企业的唯一标志，在有些情况下，某项固定资产的所有权虽然不属于企业，但是，企业能够控制与该项固定资产有关的经济利益流入企业，这就意味着与该固定资产所有权相关的风险和报酬实质上已转移到企业，就应将该项固定资产予以确认。例如，融资租入的固定资产，企业虽然不拥有固定资产的所有权，但与固定资产所有权相关的风险和报酬实质上已转移到了企业（承租人），因此，符合固定资产确认的第一个条件。企业的环保设备和安全设备等资产，虽然不能直接为企业带来经济利益，却有助于企业从其他相关资产的使用获得未来经济利益或者获得更多的未来经济利益，也应确认为固定资产，但这类资产与相关资产的账面价值之和不能超过这两类资产可收回金额总额。

固定资产是企业进行生产经营活动的主要劳动资料。企业应根据企业会计准则的规定和企业的实际情况，制定固定资产目录、分类方法、固定资产折旧年限、折旧方法等，作为进行固定资产核算的依据。固定资产目录一经确定不得随意变更，如确需变更的，变更时应按《企业会计准则第28号——会计政策、会计估计变更和差错更正》的规定进行处理。

【涉税提示】

在固定资产的界定上，会计与税法有以下区别：①增值税政策将会计中的固定资产分为使用期限超过12个月的机器、机械、运输工具，以及其他与生产经营有关的设备、工具、器具等有形动产（固定资产）和不动产，且分别适用不同的增值税税率。②企业所得税法规定的固定资产与会计概念基本一致，但有两点差异：一是已出租的建筑物会计上列为投资性房地产，企业所得税法中仍列为固定资产；二是企业所得税法未就固定资产的确认作出具体、明确的规定。

二、固定资产的初始计量

固定资产的初始计量，是指固定资产取得时入账价值的确定。固定资产在取得时，应当按照成本进行初始计量，已入账的固定资产成本也称为固定资产原价（或原值，下同）。固定资产的成本，包括企业为购建某项固定资产并使之达到预定可使用状态前所发生的一切合理的、必要的支出。这些支出既有直接发生的，如购置固定资产的价款、运杂费、包装费和安装成本等；也有间接发生的，如应分摊的借款利息、外币借款折算差额以及应分摊的其他间接费用等。对于特定行业的固定资产，确定其成本时，还应考虑预计弃置费用因素。

固定资产取得时的成本应当根据不同的取得方式分别确定，如表13－1所示。

表13－1　　固定资产入账价值确定

取得渠道	入账价值	备注
1. 外购的固定资产	外购固定资产的成本，包括购买价款、相关税费（不含可抵扣的增值税进项税额）、使固定资产达到预定可使用状态前所发生的可归属于该项资产的运输费、装卸费、安装费和专业人员服务费等	购买固定资产的价款超过正常信用条件延期支付，实质上具有融资性质的，固定资产的成本以购买价款的现值为基础确定。实际支付的价款与购买价款的现值之间的差额，除按规定应予资本化的部分外，应当在信用期内确认为财务费用，计入当期损益
2. 自行建造的固定资产	按建造该项资产达到预定可使用状态前所发生的必要支出，作为入账价值	包括工程用物资成本、人工成本、应予资本化的借款费用、缴纳的相关税费、应分摊的其他间接费用等

续表

取得渠道	入账价值	备注
3. 投资者投入的固定资产	按照投资合同或协议约定的价值确定，但合同或协议约定价值不公允的除外	在不公允的情况下，按固定资产的公允价值入账；还应包括应支付的相关税费
4. 盘盈的固定资产	按照重置成本作为入账价值	
5. 经批准无偿调入的固定资产	企业从有关部门无偿取得的固定资产，符合政府补助条件的，按取得固定资产的公允价值计量；公允价值不能可靠取得的，按照名义金额计量	名义金额为1元

根据表13－1，应注意下列问题：

1. 固定资产的入账价值中，还应当包括企业为取得固定资产而缴纳的契税、耕地占用税、车辆购置税等相关税费。

2. 企业购置计算机硬件所附带的、未单独计价的软件，与所购置的计算机硬件一并作为固定资产核算；单独计价的，作为无形资产核算。

3. 固定资产的入账价值确定后，一般不再进行调整。但下列情况除外：①根据国家规定对固定资产价值重新估价；②增加补充设备或改良装置；③将固定资产的一部分拆除；④根据实际价值调整原来的暂估价值；⑤发现原记固定资产价值有错误。

4. 应当计入固定资产成本的借款费用，按《企业会计准则第17号——借款费用》的规定处理。

5. 确定固定资产成本时，应当考虑弃置费用因素。

弃置费用通常是指根据国家法律和行政法规、国际公约等规定，企业承担的环境保护和生态恢复等义务所确定的支出，如油气资产、核电站核设施等的弃置和恢复环境义务等。企业应当根据《企业会计准则第13号——或有事项》的规定，按照现值计算确定应计入固定资产成本的金额和相应的预计负债。油气资产的弃置费用，应当按照《企业会计准则第27号——石油天然气开采》及其应用指南的规定处理。

6. 下列各项满足固定资产确认条件的，也列入固定资产。

（1）企业（航空）的高价周转件；

（2）企业（建造承包商）为保证施工和管理的正常进行而购建的各种临时设施；

（3）企业为开发新产品、新技术购置的符合固定资产定义和确认条件的设备。

三、固定资产取得的核算

（一）科目设置

1.“固定资产”科目

“固定资产”科目，核算企业持有的固定资产原价。该科目借方登记由于各种原因增加的固定资产的原价；贷方登记由于各种原因减少的固定资产的原价；期末借方余额，反映企业固定资产的账面原价。同时，企业应当设置“固定资产登记簿”和“固定资产卡片”，按固定资产类别、使用部门和每项固定资产进行明细核算。

2.“工程物资”科目

“工程物资”科目，核算企业为在建工程准备的各种物资的成本，包括工程用材料、尚未安装的设备以及为生产准备的工器具等。该科目借方登记企业购入为工程准备的物资的实际成本；贷方登记领用工程物资的实际成本；期末借方余额，反映企业为在建工程准备的各种物资的成本。该科目可按“专用材料”“专用设备”“工器具”等进行明细核算。工程物资发生减值的，可以单独设置“工程物资减值准备”科目，比照“固定资产减值准备”科目进行处理。

3.“在建工程”科目

“在建工程”科目，核算企业基建、更新改造等在建工程发生的支出。该科目借方登记企业自营建造、安装工程所发生的各项支出以及预付、补付出包工程的价款等；贷方登记已经验收交付使用的固定资产的实际成本；期末借方余额，反映企业尚未达到预定可使用状态的在建工程的成本。该科目可按“建筑工程”“安装工程”“在安装设备”“待摊支出”以及单项工程等进行明细核算。在建工程发生减值的，可以单独设置“在建工程减值准备”科目，比照“固定资产减值准备”科目进行处理。

企业新增的固定资产，应根据实物验收清单、固定资产交接单或固定资产移交清册等凭证登记入账。

（二）购入固定资产的核算

企业购入的固定资产分为不需要安装的固定资产和需要安装的固定资产两种情形。

1. 购入不需要安装的固定资产

企业购入不需要安装的固定资产的成本，为企业实际支付的购买价款、包装费、运杂费、保险费、装卸费、专业人员服务费和相关税费（不含可抵扣的增值税进项税额，下同）等。企业应按计入固定资产成本的金额，借记“固定资产”科目，按当月已认证的可抵扣增值税额，借记“应交税费——应交增值税（进项税额）”科目，按当月未认证的可抵扣增值税额，借记“应交税费——待认证进项税额”科目，按照应付或实际支付的金额，贷记“银行存款”“应付账款”“应付票据”等科目。

如果购入固定资产发生退货，则需要作相反的会计处理。

【涉税提示】

自2009年1月1日起，增值税一般纳税人购进（包括接受捐赠、实物投资）或者自制（包括改扩建、安装）固定资产发生的进项税额，可根据增值税政策的相关规定从销项税额中抵扣。

自2019年4月1日起，增值税一般纳税人取得不动产或者不动产在建工程的进项税额不再分2年抵扣，可根据增值税政策的相关规定从当期销项税额中抵扣。

购入的固定资产专用于简易计税方法计税项目、免征增值税项目、集体福利和个人消费，以及不符合增值税法规定抵扣的其他情形，其进项税额不得从销项税额中抵扣，不得抵扣的增值税额应计入固定资产成本。

2. 购入需要安装的固定资产

需要安装的固定资产，是指购入的需要经过安装以后才能交付使用的固定资产。企业应按购入时支付的买价、相关税费、装卸费、包装费、运输费以及安装工程中发生的安装费等，借记“在建工程”科目，按当月已认证的可抵扣增值税额，借记“应交税费——应交增值税（进项税额）”科目，按当月未认证的可抵扣增值税额，借记“应交税费——待认证进项税额”科目，按照应付或实际支付的金额，贷记“银行存款”“应付账款”“应付票据”等科目，安装完工达到预定可使用状态后，借记“固定资产”科目，贷记“在建工程”科目。

【例 13－1】华丰公司购入需要安装的生产设备一套，取得的增值税专用发票上注明的价款为 500 000 元，增值税税额为 65 000 元，款项以银行存款支付，该增值税专用发票于当月确认。设备由华丰公司自行安装，在安装过程中领用原材料 30 000 元，支付工资 40 000 元。安装完工交付生产使用，则华丰公司应作如下会计处理：

（1）购入设备时：

借：在建工程　　500 000
　　应交税费——应交增值税（进项税额）　　65 000
　　贷：银行存款　　565 000

（2）领用材料，支付工资时：

借：在建工程　　70 000
　　贷：原材料　　30 000
　　　　应付职工薪酬　　40 000

（3）设备安装完毕交付使用，确定入账价值＝500 000＋70 000＝570 000（元）。

借：固定资产　　570 000
　　贷：在建工程　　570 000

3. 以一笔款项购入多项没有单独标价的固定资产

以一笔款项购入多项没有单独标价的固定资产，应当按照各项固定资产的公允价值比例对总成本进行分配，分别确定各项固定资产的成本。

【例 13－2】2024 年 4 月 21 日，华丰公司向利达公司一次购入 3 套不同型号且具有不同生产能力的设备 A、B 和 C。华丰公司为该批设备共支付货款 2 500 000 元，增值税进项税额 325 000 元，保险费 8 500 元，装卸费 1 500 元，全部以银行存款转账支付，取得的增值税专用发票于当月确认；假定 A、B 和 C 设备分别满足固定资产定义及确认条件，公允价值分别为 780 000 元、1 170 000 元和 650 000 元。假定不考虑其他相关税费，则华丰公司应作会计处理如下：

（1）确认计入固定资产成本的金额，包括购买价款、保险费、装卸费等，即：

应计入固定资产成本的金额 = 2 500 000 + 8 500 + 1 500 = 2 510 000（元）

（2）确定A、B和C的价值分配比例。

A设备应分配的固定资产价值比例 = 780 000 ÷（780 000 + 1 170 000 + 650 000）× 100% = 30%

B设备应分配的固定资产价值比例 = 1 170 000 ÷（780 000 + 1 170 000 + 650 000）× 100% = 45%

C设备应分配的固定资产比例 = 650 000 ÷（780 000 + 1 170 000 + 650 000）× 100% = 25%

（3）确定A、B和C设备各自的成本。

A设备的成本 = 2 510 000 × 30% = 753 000（元）

B设备的成本 = 2 510 000 × 45% = 1 129 500（元）

C设备的成本 = 2 510 000 × 25% = 627 500（元）

（4）会计分录。

借：固定资产——A设备	753 000	
——B设备	1 129 500	
——C设备	627 500	
应交税费——应交增值税（进项税额）	325 000	
贷：银行存款		2 835 000

4. 购入固定资产超过正常信用条件延期支付价款

购入固定资产超过正常信用条件延期支付价款（如分期付款购买）、实质上具有融资性质的，固定资产的成本应以各期付款额的现值之和确定。企业应按所购固定资产应付购买价款的现值，借记“固定资产”或“在建工程”科目，按应支付的金额，贷记“长期应付款”科目，按其差额，借记“未确认融资费用”科目。如涉及增值税进项税额抵扣的，还应按相关规定进行账务处理。

固定资产购买价款的现值，应当按照各期支付的购买价款选择恰当的折现率进行折现后的金额加以确定。折现率是反映当前市场货币时间价值和延期付款债务特定风险的利率。该折现率实质上是供货企业的必要报酬率。各期实际支付的价款与购买价款的现值之间的差额，符合《企业会计准则第17号——借款费用》中规定的资本化条件的，应当计入固定资产成本，其余部分应当在信用期间内确认为财务费用，计入当期损益。

采用实际利率法分期摊销未确认融资费用时，借记“财务费用”“在建工程”等科目，贷记“未确认融资费用”科目。

【涉税提示】

外购固定资产进行初始计量时会计与税法之间的差异，主要表现在购买固定资产的价款超过正常信用条件延期支付，企业会计准则规定固定资产的成本以购买价款的现值为基础确定；而税法不区分是否具有融资性质，均以购买价款和支付的相关税费作为计税基础。

【例 13－3】2024 年 1 月 1 日，华丰公司与新瑞公司签订一项购货合同，华丰公司从新瑞公司购入一台需要安装的大型机器设备。合同约定，华丰公司采用分期付款方式支付价款。该设备不含税价款共计 1 800 000 元，首期款项 300 000 元于 2024 年 1 月 1 日支付，其余款项在 2024—2028 年的年末分期平均支付，每年的付款日期为当年 12 月 31 日。新瑞公司适用的增值税税率为 13%，假定华丰公司均在合同约定的日期支付款项并收到增值税专用发票，且于当月确认，不考虑其他因素。

2024 年 1 月 1 日，设备如期运抵华丰公司并开始安装，共发生安装费 30 000 元，已用银行存款付讫。2024 年 12 月 31 日，设备达到预定可使用状态并办理竣工结算。

假定适用的折现率为 10%，据此计算购买价款的现值为 1 437 240 元。则华丰公司应作如下会计处理：

（1）2024 年 1 月 1 日：

借：在建工程	1 437 240	
未确认融资费用	362 760	
贷：长期应付款		1 800 000
借：长期应付款	300 000	
应交税费——应交增值税（进项税额）	39 000	
贷：银行存款		339 000

（2）确定信用期间未确认融资费用的分摊额，如表 13－2 所示。

表 13－2　　华丰公司未确认融资费用分摊表　　单位：元

日期	分期付款额	确认的融资费用	应付本金减少额	应付本金余额
(1)	(2)	(3)＝期初（5）×10%	(4)＝(2)－(3)	期末（5）＝期初（5）－(4)
2024 年 1 月 1 日	300 000			1 137 240①
2024 年 12 月 31 日	300 000	113 724	186 276	950 964
2025 年 12 月 31 日	300 000	95 096.40	204 903.60	746 060.40
2026 年 12 月 31 日	300 000	74 606.04	225 393.96	520 666.44
2027 年 12 月 31 日	300 000	52 066.64	247 933.36	272 733.08
2028 年 12 月 31 日	300 000	27 266.92②	272 733.08③	0
合计	1 800 000	362 760	1 137 240	

注：①1 137 240＝1 437 240－300 000。②尾数调整：27 266.92＝300 000－272 733.08。③272 733.08为最后一期应付本金余额。

（3）2024 年 12 月 31 日：

2024 年 1 月 1 日—12 月 31 日为设备的安装期间，未确认融资费用的分摊额符合资本化条件，计入固定资产成本。

借：在建工程　　113 724

　　贷：未确认融资费用　　113 724

借：长期应付款　　300 000

　　应交税费——应交增值税（进项税额）　　39 000

　　贷：银行存款　　339 000

借：在建工程　　30 000

　　贷：银行存款　　30 000

借：固定资产　　1 580 964

　　贷：在建工程　　1 580 964

固定资产的成本＝1 437 240＋113 724＋30 000＝1 580 964（元）

（4）2025 年 12 月 31 日：

2025 年 1 月 1 日至 2028 年 12 月 31 日，设备已经达到预定可使用状态，未确认融资费用的分摊额不再符合资本化条件，应计入当期损益。

①2025 年 12 月 31 日：

借：财务费用　　95 096.40

　　贷：未确认融资费用　　95 096.40

借：长期应付款　　300 000
　　应交税费——应交增值税（进项税额）　　39 000
　　贷：银行存款　　339 000

②2026 年 12 月 31 日：

借：财务费用　　74 606.04
　　贷：未确认融资费用　　74 606.04

借：长期应付款　　300 000
　　应交税费——应交增值税（进项税额）　　39 000
　　贷：银行存款　　339 000

③2027 年 12 月 31 日：

借：财务费用　　52 066.64
　　贷：未确认融资费用　　52 066.64

借：长期应付款　　300 000
　　应交税费——应交增值税（进项税额）　　39 000
　　贷：银行存款　　339 000

④2028 年 12 月 31 日：

借：财务费用　　27 266.92
　　贷：未确认融资费用　　27 266.92

借：长期应付款　　300 000
　　应交税费——应交增值税（进项税额）　　39 000
　　贷：银行存款　　339 000

【税务处理】

（1）2024 年 12 月 31 日，该固定资产的入账价值为 1 580 964 元，计税基础为 1 830 000 元（1 800 000 + 30 000），二者之间产生的差异为 249 036 元（1 830 000 − 1 580 964），为尚未摊销的未确认融资费用。

（2）自 2025 年起，每年摊销的未确认融资费用应随同该项固定资产折旧的会计与税法差异一并进行纳税调整。

【涉税提示】

税法对外购的固定资产，以购买价款和支付的相关税费以及直接归属于使该资产达到预定用途发生的其他支出为计税基础，不采用现值。因此，购买固定资产的价款超过正常信用条件延期支付的其会计成本小于计税基础。

5. 购入固定资产进项税额不得抵扣的处理

企业购入固定资产，用于简易计税方法计税项目、免征增值税项目、集体福利或个人消费等，其进项税额按照现行增值税制度规定不得从销项税额中抵扣的，取得增值税专用发票时，应借记“固定资产”“在建工程”等科目，借记“应交税费——待认证进项税额”科目，贷记“银行存款”“长期应付款”等科目；经税务机关认证后，根据有关“进项税额”“进项税额转出”专栏及“待认证进项税额”明细科目的核算内容，先转入“进项税额”专栏，借记“应交税费——应交增值税（进项税额）”科目，贷记“应交税费——待认证进项税额”科目；按现行增值税制度规定转出时，记入“进项税额转出”专栏，借记“固定资产”“在建工程”等科目，贷记“应交税费——应交增值税（进项税额转出）”科目。

（三）自行建造固定资产的核算

自行建造固定资产的成本，由建造该项资产达到预定可使用状态前所发生的必要支出构成。包括工程用物资成本、人工成本、缴纳的相关税费、应予资本化的借款费用以及应分摊的间接费用等。

企业自行建造固定资产按其营建方式不同分为自营建造和出包建造两种方式。无论采用何种方式，所建工程都应当按照实际发生的支出确定其工程成本并单独核算。

1. 自营方式建造固定资产

企业以自营方式建造固定资产，意味着企业自行组织工程物资采购、自行组织施工人员从事工程施工，其成本应当按照直接材料、直接人工、直接机械施工费等计量。

企业为在建工程准备的各种物资，应当按照实际支付的买价、运输费、保险费等相关费用，作为实际成本，并按照各种专项物资的种类进行明细核算。工程完工后，剩余的工程物资转为本企业存货的，按其实际成本或计划成本进行结转。工程完工后发生的工程物资盘盈、盘亏、报废、毁损，计入当期营业外收支。

自营在建工程领用工程物资、原材料或库存商品，借记“在建工程”科目，贷记“工程物资”“原材料”“库存商品”等科目。采用计划成本核算的，应同时结转应分摊的成本差异。建设期间发生的工程物资盘亏、报废及毁损净损失，借记“在建工程”科目，贷记“工程物资”科目；盘盈的工程物资或处置净收益作相反的会计分录。在建工程完工已领出的剩余物资应办理退库手续，借记“工程物资”科目，贷记“在建工程”科目。

在建工程应负担的职工薪酬，借记“在建工程”科目，贷记“应付职工薪酬”科目。

辅助生产部门为工程提供的水、电、设备安装、修理、运输等劳务，借记“在建工程”科目，贷记“生产成本——辅助生产成本”等科目。

在建工程发生的借款费用满足借款费用资本化条件的，借记“在建工程”科目，贷记“长期借款”“应付利息”等科目。

在建工程进行负荷联合试车发生的费用，借记“在建工程”科目，贷记“银行存款”“原材料”等科目；试车形成的产品或副产品对外销售或转为库存商品的，借记“银行存款”“库存商品”等科目，贷记“在建工程”科目，涉及增值税的，还应进行相应的账务处理。

由于自然灾害等原因造成的在建工程报废或毁损，减去残料价值和过失人或保险公司等赔款后的净损失，借记“营业外支出——非常损失”科目，贷记“在建工程”科目。

在建工程达到预定可使用状态时，结转在建工程成本，借记“固定资产”等科目，贷记“在建工程”科目。

【例 13－4】华丰公司于 2023 年 1 月 5 日开始自行建造仓库一座，购入工程物资取得增值税专用发票，注明价款 600 000 元，增值税税额为 78 000 元，该专用发票于当月确认。假设 2023 年 6 月 5 日，仓库完工交付使用，实际使用工程物资 580 000 元，其余转为存货；另外还领用了华丰公司生产使用的原材料一批，实际成本 10 000 元，当初购进时对应的增值税进项税额为 1 300 元；发生工程人员工资 50 000 元。假设不考虑其他相关税费，则华丰公司应作如下会计处理：

（1）购入工程物资时：

借：工程物资	600 000	
应交税费——应交增值税（进项税额）	78 000	
贷：银行存款		678 000

（2）工程领用物资时：

借：在建工程——仓库	580 000	
贷：工程物资		580 000

（3）工程领用原材料时：

借：在建工程——仓库　　10 000

　　贷：原材料　　10 000

（4）分配工程人员工资时：

借：在建工程——仓库　　50 000

　　贷：应付职工薪酬——工资　　50 000

（5）工程完工交付使用时：

借：固定资产　　640 000

　　贷：在建工程——仓库　　640 000

（6）剩余工程物资转为企业存货时：

借：原材料　　20 000

　　贷：工程物资　　20 000

【涉税提示】

企业为建造固定资产（无论是动产还是不动产）购进的工程物资如果取得了增值税专用发票，增值税专用发票上注明的增值税额可以抵扣；建造过程中领用生产用原材料，不作进项税额转出处理；建造过程中领用本企业自产产品，按企业所得税、增值税法规规定，均不作视同销售处理。

高危行业企业按照国家规定提取的安全生产费，应当计入相关产品的成本或当期损益，同时记入“专项储备”科目。企业使用提取的安全生产费时，属于费用性支出的，直接冲减专项储备。企业使用提取的安全生产费形成固定资产的，应当通过“在建工程”科目归集所发生的支出，待安全项目完工达到预定可使用状态时确认为固定资产；同时，按照形成固定资产的成本冲减专项储备，并确认相同金额的累计折旧。该固定资产在以后期间不再计提折旧。“专项储备”科目期末余额在资产负债表所有者权益项下“减：库存股”和“盈余公积”之间增设“专项储备”项目反映。企业提取的维简费和其他具有类似性质的费用，比照上述规定处理。

2. 出包方式建造固定资产

在出包方式下，企业通过招标方式将工程项目发包给建造承包商，由建造承包商（即施工企业）组织工程项目施工。采用出包方式建造固定资产，企业要与建造承包商签订建造合同，企业是建造合同的甲方，负责筹集资金和组织管理工程建设，通常称为建设单位，建造承包商是建造合同的乙方，负责建筑安装工程施工任务。

企业以出包方式建造固定资产，其成本由建造该项固定资产达到预定可使用状态前所发生的必要支出构成，包括发生的建筑工程支出、安装工程支出以及需分摊计入各固定资产价值的待摊支出。

（1）建筑工程、安装工程支出。由于建筑工程、安装工程采用出包方式发包给建造承包商承建，因此，工程的具体支出，如人工费、材料费、机械使用费等，由建造承包商核算。对于发包企业而言，建筑工程支出、安装工程支出是构成在建工程成本的重要内容，结算的工程价款计入在建工程成本。

（2）待摊支出。待摊支出，是指在建设期间发生的，不能直接计入某项固定资产价值、而应由所建造固定资产共同负担的相关费用，包括为建造工程发生的管理费、可行性研究费、临时设施费、公证费、监理费、应负担的税金、符合资本化条件的借款费用、建设期间发生的工程物资盘亏、报废及毁损净损失，以及负荷联合试车费等。企业为建造固定资产通过出让方式取得土地使用权而支付的土地出让金不计入在建工程成本，应确认为无形资产（土地使用权）。

企业发包的在建工程，应按合理估计的发包工程进度和合同规定结算的进度款，借记“在建工程”“应交税费——应交增值税（进项税额）”或“应交税费——待认证进项税额”等科目，贷记“银行存款”“预付账款”等科目。将设备交付建造承包商建造安装时，借记“在建工程”科目，贷记“工程物资”科目。企业为建造固定资产发生的待摊支出，借记“在建工程——待摊支出”科目，贷记“银行存款”“应付职工薪酬”“长期借款”等科目。工程完成时，按合同规定补付的工程款，借记“在建工程”科目，贷记“银行存款”科目。

在建工程达到预定可使用状态时，首先计算分配待摊支出，待摊支出的分配率可按下列公式计算：

$$\begin{matrix}\text{待摊费用}\\\text{分配率}\end{matrix}=\frac{\text{累计发生的待摊费用}}{\begin{matrix}\text{建筑工}\\\text{程支出}\end{matrix}+\begin{matrix}\text{安装工}\\\text{程支出}\end{matrix}+\begin{matrix}\text{在安装}\\\text{设备支出}\end{matrix}}\times 100\%$$

$$\begin{matrix}\times\times\text{工程应}\\\text{分配的待摊支出}\end{matrix}=\left(\begin{matrix}\times\times\text{工程的}\\\text{建筑工程支出}\end{matrix}+\begin{matrix}\text{安装工程}\\\text{支出}\end{matrix}+\begin{matrix}\text{在安装}\\\text{设备支出}\end{matrix}\right)\times\text{分配率}$$

其次，计算确定已完工的固定资产成本：

房屋、建筑物等固定资产成本 = 建筑工程支出 + 应分摊的待摊支出

$$\text{需要安装设备的成本} = \text{设备成本} + \text{为设备安装发生的基础、支座等建筑工程支出} + \text{安装工程支出} + \text{应分摊的待摊支出}$$

在建工程达到预定可使用状态时，企业应当计算各项交付使用固定资产的成本，编制交付使用固定资产明细表，并借记“固定资产”科目，贷记“在建工程”科目。

对于已达到预定可使用状态的固定资产，尚未办理竣工决算的，应当自达到预定可使用状态之日起，根据工程预算、造价或者工程实际成本等，按照暂估价值确认为固定资产，并计提固定资产折旧。待办理竣工决算手续后，再调整原来的暂估价值，但不需调整原已计提的折旧额。

【例 13－5】2023 年 3 月 2 日，华丰公司将一幢新建厂房工程出包给甲公司承建，按合同规定先向甲公司预付工程款 700 000 元，以银行存款支付；2023 年 8 月 8 日，工程达到预定可使用状态后，收到甲公司有关工程结算单据；该项工程实际支出 981 000 元，通过银行补付 281 000 元，取得的增值税专用发票上注明的金额为 900 000 元，增值税税额为 81 000 元，该增值税专用发票均于当月确认。2023 年 8 月 20 日，工程经验收后交付使用。则华丰公司应作如下会计处理：

（1）预付款时：

借：预付账款　　700 000
　　贷：银行存款　　700 000

（2）补付工程款时：

借：在建工程——新厂房工程　　900 000
　　应交税费——应交增值税（进项税额）　　81 000
　　贷：银行存款　　281 000
　　　　预付账款　　700 000

（3）工程验收，交付使用时：

借：固定资产　　900 000
　　贷：在建工程——新厂房工程　　900 000

【涉税提示】

自行建造的固定资产在初始计量时会计与税法的差异主要表现在以下两方面：

（1）计量固定资产会计成本与计税基础的方法不同。

企业会计准则以固定资产“达到预定可使用状态前所发生的必要支出”确定固定资产的入账价值，此后的费用直接计入当期损益；税法以固定资产“竣工结算前发生的支出”为计税基础。但是企业固定资产投入使用后，由于工程款项尚未结清未取得全额发票的，可暂按合同规定的金额计入固定资产计税基础计提折旧，待发票取得后进行调整。该项调整应在固定资产投入使用后12个月内进行。

（2）固定资产计提折旧的依据不同。

企业会计准则按照固定资产的入账价值计提折旧，税法按照固定资产的计税基础计提折旧。

（四）投资者投入固定资产的核算

企业应按照确定的固定资产的成本，借记“固定资产”或“在建工程”科目，按可抵扣的增值税额，借记“应交税费——应交增值税（进项税额）”或“应交税费——待认证进项税额”等科目，按照投资合同或协议约定的固定资产价值在其注册资本中所占的份额，贷记“实收资本”或“股本”科目，按照确定的固定资产的成本和可抵扣的增值税额与确认为实收资本或股本之间的差额，贷记“资本公积”科目，按应支付的其他相关税费，贷记“银行存款”等科目。

【例13－6】华丰公司收到利飞公司投入机器设备一台，经专业资产评估师进行评估，该设备原价为140 000元，净值为120 000元，投资合同或协议约定的价值（等于公允价值）为120 000元，占其注册资本228万元的5%。利飞公司向华丰公司开具了增值税专用发票，注明的价款为120 000元，增值税税额为15 600元。则华丰公司应作如下会计处理：

借：固定资产	120 000	
应交税费——应交增值税（进项税额）	15 600	
贷：实收资本		114 000
资本公积——资本溢价		21 600

（五）盘盈固定资产的核算

企业在财产清查中盘盈的固定资产，作为前期差错处理。盘盈的固定资产通过“以前年度损益调整”科目核算。

盘盈的固定资产，应按以下规定确定其入账价值：若同类或类似固定资产存在活跃市场的，按同类或类似固定资产的市场价格，减去按该项资产的新旧程度估计的价值损耗后的余额，作为入账价值；若同类或类似固定资产不存在活跃市场的，按该项固定资产的预计未来现金流量的现值，作为入账价值。按此确定的入账价值，借记“固定资产”科目，贷记“以前年度损益调整”科目。

（六）无偿调入固定资产的核算

企业从有关部门无偿取得的固定资产，符合政府补助条件的，按《企业会计准则第 16 号——政府补助》的规定处理，按取得固定资产的公允价值借记“固定资产”科目，同时贷记“递延收益”科目，并在固定资产使用寿命内平均分配，记入“营业外收入”或“其他收益”科目。但是，公允价值不能可靠取得的，按照名义金额计量，按照名义金额计量的政府补助，直接计入当期损益。

（七）固定资产弃置费用的核算

弃置费用的金额与其现值比较，通常相差较大，需要考虑货币时间价值。对于这些特殊行业的特定固定资产，企业应当根据《企业会计准则第 13 号——或有事项》规定，按照现值计算确定应计入固定资产成本的金额和相应的预计负债。在固定资产的使用寿命内按照预计负债的摊余成本和实际利率计算确定的利息费用应计入财务费用。一般企业的固定资产发生的报废清理费用不属于弃置费用，应当在发生时作为固定资产处置费用处理。

固定资产存在弃置义务的，应在取得固定资产时，按预计弃置费用的现值，借记“固定资产——预计弃置费用”科目，贷记“预计负债”科目；在该项固定资产的使用寿命内，计算确定各期应负担的利息费用，借记“财务费用”科目，贷记“预计负债”科目。

【涉税提示】

进行税务处理时，对会计上因或有事项确认的预计负债，由于实际尚未发生（除法律、行政法规另有规定外），不应当计入固定资产的计税基础。因此，固定资产的计税基础不含弃置费用。

【例 13 -7】经国家审批，某企业计划建造一个核电站，其主体设备核反应堆将会对当地的生态环境产生一定的影响。根据法律规定，该企业应在该项设备使用期满后将其拆除，并对造成的污染进行整治。2023 年 12 月 31 日，该项设备建造完成并交付使用，建造成本共 40 000 000 元，预计使用寿命 10 年，预计弃置费用为 600 000 元。10 年后，该企业用银行存款支付弃置费用 600 000 元。假定折现率（即为实际利率）为 10%，（*F/A*，10%，10）=0.385 5。则该企业各年的会计处理与税务处理为（假定不考虑折旧）：

（1）计算已完工的固定资产的成本。

2023 年 12 月 31 日，弃置费用的现值 =600 000 ×0.385 5 =231 300（元）。

固定资产入账价值 =40 000 000 +231 300 =40 231 300（元）

借：固定资产　　40 231 300

　　贷：在建工程　　40 000 000

　　　　预计负债　　231 300

【税务处理】

该固定资产的账面价值为 40 231 300 元，计税基础为 40 000 000 元，二者之间产生的应纳税暂时性差异为 231 300 元（40 231 300 -40 000 000）；同时预计负债的账面价值为 231 300 元，计税基础为零，二者之间产生的可抵扣暂时性差异为 231 300 元（231 300 -0）。这一情况对当期所得税费用的影响为 0。

对于固定资产账面价值与计税基础之间的差额在固定资产使用的以后各年将通过固定资产折旧进行纳税调整，10 年累计调整增加应纳税所得额 231 300元。

（2）计算第 1 年应负担的利息 =231 300 ×10% =23 130（元）。

借：财务费用　　23 130

　　贷：预计负债　　23 130

【税务处理】

该企业调整增加应纳税所得额 23 130 元。

（3）计算第 2 年应负担的利息 =（231 300 +23 130）×10% =25 443（元）。

借：财务费用　　25 443

　　贷：预计负债　　25 443

【税务处理】

该企业调整增加应纳税所得额 25 443 元。

（4）第3—10年的预计负债会计处理同第1年和第2年。

【税务处理】

至此，该企业因弃置费用计入固定资产入账价值而调整增加的应纳税所得额累计为231 300元，按照预计负债的摊余成本和实际利率计算确定的利息费用而调整增加的应纳税所得额10年累计为368 700元，合计为600 000元（231 300 + 368 700），为暂时性差异。

（5）固定资产报废并支付弃置费用时：

借：固定资产清理　　100 000

　　预计负债　　600 000

　　贷：银行存款　　700 000

【税务处理】

弃置费用在实际发生时准予在计算企业年度应纳税所得额时扣除，该企业调整减少应纳税所得额600 000元。至此，因确认弃置费用而形成的暂时性差异对企业所得税的影响全部转回。

第二节　固定资产的后续计量和期末计量

一、固定资产折旧

折旧，是指在固定资产使用寿命内，按照确定的方法对应计折旧额进行系统分摊。

应计折旧额，是指应当计提折旧的固定资产的原价扣除其预计净残值后的金额。已计提减值准备的固定资产，还应当扣除已计提的固定资产减值准备累计金额。

（一）影响固定资产折旧的因素

影响固定资产折旧的因素主要有以下三点：

1. 固定资产的原价

固定资产的原价为固定资产的入账价值，是计提固定资产折旧的重要基数。

2. 预计净残值

预计净残值，是指假定固定资产预计使用寿命已满并处于使用寿命终了时的预期状态，企业目前从该项资产处置中获得的扣除预计处置费用后的金额。固定资产的净残值是固定资产使用期满时的回收额，在计提折旧时，应从固定资产原价中扣除。

3. 预计使用寿命

企业确定固定资产使用寿命，应当考虑下列因素：

（1）预计生产能力或实物产量。

（2）预计有形损耗和无形损耗。

（3）法律或者类似规定对资产使用的限制。例如，对于使用权资产，《企业会计准则第21号——租赁》规定，承租人能够合理确定租赁期届满时将会取得租赁资产所有权的，应当在租赁资产剩余使用寿命内计提折旧；如果无法确定租赁期届满时能够取得租赁资产所有权的，应当在租赁期与租赁资产剩余使用寿命两者中孰短的期间内计提折旧。

【涉税提示】

企业所得税政策规定了固定资产的最低折旧年限，以及固定资产折旧因税会折旧年限不同造成的折旧金额不等形成的差异的具体处理办法。

企业在2018年1月1日至2027年12月31日期间新购进的设备、器具，单位价值不超过500万元的，允许一次性计入当期成本费用在计算应纳税所得额时扣除，不再分年度计算折旧（简称一次性税前扣除政策）。

4. 固定资产减值准备

固定资产计提减值准备后，应当在剩余使用寿命内根据调整后的固定资产账面价值（账面原价扣减累计折旧和累计减值准备后的金额）和预计净残值重新计算确定折旧率和折旧额。

【涉税提示】

企业按会计规定提取的固定资产减值准备，不得税前扣除，其折旧仍按税法确定的固定资产计税基础计算扣除。

5. 折旧方法

企业应当根据固定资产的性质和消耗方式，合理地确定固定资产的预计使用年限和预计净残值，并根据所含经济利益预期实现方式、科技发展、环境及其他因素，选择合理的固定资产折旧方法。

固定资产的使用年限、预计净残值、折旧方法一经选定，不得随意变更。如需变更，应当在财务报表附注中予以说明。

企业应定期或至少应当于每年年度终了复核固定资产的使用寿命、预计净残值和折旧方法，如果使用寿命预计数与原先估计数有差异的，应当调整固定资产使用寿命；预计净残值预计数与原先估计数有差异的，应当调整预计净残值；与固定资产有关的经济利益预期实现方式有重大改变的，应当改变固定资产折旧方法。固定资产使用寿命、预计净残值和折旧方法的改变应当作为会计估计变更，按企业会计准则的有关规定进行会计处理。

（二）固定资产折旧的计提范围

企业应当对所有固定资产计提折旧。但是，已提足折旧仍继续使用的固定资产和单独计价入账的土地除外。

固定资产应当按月计提折旧，并根据用途计入相关资产的成本或者当期损益。固定资产应在达到预定可使用状态时开始计提折旧，终止确认时或划分为持有待售非流动资产时停止计提折旧。为了简化核算，当月增加的固定资产，当月不计提折旧，从下月起计提折旧；当月减少的固定资产，当月仍计提折旧，从下月起不计提折旧。

已达到预定可使用状态但尚未办理竣工决算的固定资产，应当按照估计价值确认其成本，并计提折旧；待办理竣工决算手续后，再按实际成本调整原来的暂估价值，但不需要调整原已计提的折旧额。

固定资产提足折旧后，不论能否继续使用，均不再计提折旧；提前报废的固定资产，也不再补提折旧。提足折旧，是指已经提足该项固定资产的应计折旧额。

【涉税提示】

在计提固定资产折旧的范围上，会计与税法存在差异。企业会计准则规定，企业应当对除已提足折旧仍继续使用的固定资产和按照规定单独估价入账的土地外所有固定资产计提折旧。而税法规定，纳税人对房屋、建筑物以外未投入使用的固定资产、与经营活动无关的固定资产和其他不得计算折旧扣除的固定资产不允许提取折旧。

（三）固定资产的折旧方法

固定资产折旧方法可分为年限平均法、工作量法、双倍余额递减法、年数总和法。

1. 年限平均法

年限平均法又称直线法，是指将固定资产的应计折旧额均衡地分摊到其预计使用寿命内的一种方法。采用该种方法计算的折旧额每期均是等额的。计算公式如下：

$$年折旧率=(1-预计净残值率)\div预计使用年限\times100\%$$

$$月折旧率=年折旧率\div12$$

$$月折旧额=固定资产原价\times月折旧率$$

其中：

$$预计净残值率=预计净残值\div原价\times100\%$$

$$预计净残值=预计残值收入-预计清理费用$$

2. 工作量法

工作量法又称作业量法，是根据固定资产在使用期间完成的总的工作量平均计算折旧的一种方法。计算公式如下：

$$单位工作量折旧额=[固定资产原价\times(1-预计净残值率)]\div预计总工作量$$

$$某项固定资产月折旧额=该项固定资产当月工作量\times单位工作量折旧额$$

【例13-8】华丰公司的一辆运货卡车的原价为600 000元，预计总行驶里程为50万公里，预计其报废时的净残值率为5%，本月行驶4 000公里。则该辆卡车当月计提的折旧额为：

单位里程折旧额=[600 000×(1-5%)]÷500 000=1.14（元/公里）

本月折旧额=1.14×4 000=4 560（元）

3. 双倍余额递减法

双倍余额递减法，是指在不考虑固定资产预计净残值的情况下，根据每期期初固定资产原价减去累计折旧后的金额（即固定资产净值）和双倍的直线法折旧率计算固定资产折旧的一种方法。应用这种方法计算折旧额时，由于每期期初固定资产净值没有减去预计净残值，所以在计算固定资产折旧额时，应在其折旧年限到期前的两年期间，将固定资产净值减去预计净残值后的余额平均摊销。计算公式如下：

年折旧率 = 2 ÷ 预计使用年限（年）× 100%

年折旧额 = 期初固定资产账面净值 × 年折旧率

月折旧率 = 年折旧率 ÷ 12

月折旧额 = 期初固定资产账面净值 × 月折旧率

或　　月折旧额 = 年折旧额 ÷ 12

【例 13 - 9】华丰公司有一台机器设备原价为 300 000 元，预计使用寿命为 5 年，预计净残值率为 4%。按双倍余额递减法计算折旧，每年折旧额计算如下：

年折旧率 = 2 ÷ 5 × 100% = 40%

第一年应提的折旧额 = 300 000 × 40% = 120 000（元）

第二年应提的折旧额 =（300 000 - 120 000）× 40% = 72 000（元）

第三年应提的折旧额 =（180 000 - 72 000）× 40% = 43 200（元）

从第四年起改按年限平均法（直线法）计提折旧：

第四年、第五年应提的折旧额 =（64 800 - 300 000 × 4%）÷ 2 = 26 400（元）

4. 年数总和法

年数总和法又称年限合计法，是指将固定资产的原价减去预计净残值后的余额，乘以一个以固定资产尚可使用寿命为分子、以预计使用寿命逐年数字之和为分母的逐年递减的分数计算每年的折旧额。计算公式如下：

年折旧率 = 尚可使用年限 ÷ 预计使用寿命的年数总和 × 100%

月折旧率 = 年折旧率 ÷ 12

月折旧额 =（固定资产原价 - 预计净残值）× 月折旧率

【例 13 - 10】沿用【例 13 - 9】，采用年数总和法计算的各年折旧额。每年折旧额计算如下：

固定资产原价 - 预计净残值 = 300 000 - 300 000 × 4% = 288 000（元）

第一年应提的折旧额 = 288 000 × 5/15 = 96 000（元）

第二年应提的折旧额 = 288 000 × 4/15 = 76 800（元）

第三年应提的折旧额 = 288 000 × 3/15 = 57 600（元）

第四年应提的折旧额 = 288 000 × 2/15 = 38 400（元）

第五年应提的折旧额 = 288 000 × 1/15 = 19 200（元）

【涉税提示】

在固定资产折旧方面会计与税法规定存在一系列差异。税务人员应从以下方面分析企业会计核算中存在的差异，并要求纳税人按税法规定进行纳税调整。①企业会计准则规定，固定资产应计折旧总额是应当计提折旧的固定资产的入账价值扣除其预计净残值后的金额。已计提减值准备的固定资产，还应当扣除已计提的固定资产减值准备累计金额。而税法规定固定资产计提折旧的总额为固定资产的计税成本。②企业会计准则规定固定资产折旧是在固定资产使用寿命内，按照确定的方法对应计折旧额进行系统分摊。而税法对不同类别固定资产的最短折旧年限有原则性规定。此外还规定，2018 年 1 月 1 日至 2027 年 12 月 31 日期间企业新购进的设备、器具，单位价值不超过 500 万元的，可选择享受一次性税前扣除政策，不再分年度计算折旧。单位价值超过 500 万元的固定资产，仍按照《中华人民共和国企业所得税法》及其实施条例和相关企业所得税政策规定的折旧年限和折旧方法分年度计算折旧。③企业会计准则规定企业可以在规定范围内自行选择固定资产折旧方法；而税法规定，固定资产折旧的计算原则上采用直线法，采用加速折旧法的必须符合税法规定。自 2019 年 1 月 1 日起，固定资产加速折旧优惠的行业范围，扩大至全部制造业领域。④企业会计准则规定预计净残值一经确定，不得随意变更，但如果年度终了复核预计净残值预计数与原先估计数有差异的，应当调整预计净残值。税法规定预计净残值一经确定，不得变更。⑤按企业会计准则的规定，已计提固定资产减值准备的固定资产在计提折旧时，应当按固定资产账面原价减去累计折旧和已计提的减值准备后，按尚可使用年限，重新计算确定折旧率或折旧额；对于已全额计提固定资产减值准备的，不再计提折旧。按税法规定，企业按会计规定提取的固定资产减值准备，不得税前扣除，其折旧仍按税法确定的固定资产计税基础计算扣除。

（四）固定资产折旧的账务处理

企业应设置“累计折旧”科目，核算企业固定资产的累计折旧。该科目贷方登记计提的固定资产折旧额；借方登记因处置、报废、盘亏等原因减少固定资产而相应转销的已提折旧额；期末贷方余额，反映企业固定资产的累计折旧额。该科目可按固定资产的类别或项目进行明细核算。

企业按月计提的固定资产折旧，应根据用途，借记“制造费用”“销售费用”“管理费用”“研发支出”“其他业务成本”等科目，贷记“累计折旧”科目；对未使用、不需用固定资产提取的折旧记入“管理费用”科目。但对于自行建造固定资产过程中使用的固定资产，其计提的折旧应计入在建工程成本。

在实际工作中，固定资产折旧的计算是通过编制“固定资产折旧计算表”进行的。该表是固定资产折旧总分类核算的依据。其编制方法是：根据上月已提折旧额，加减上月增加和减少的固定资产应计提的折旧额计算编制。该表可由会计部门编制，也可由各使用部门编制后，再由会计部门进行汇总编制固定资产折旧汇总计算表。

【例 13－11】 华丰公司某月的固定资产折旧计算如表 13－3 所示。

表 13－3　　月固定资产折旧计算表　　单位：元

使用部门	固定资产项目	上月折旧	上月增加		上月减少		本月计提	分配费用
			原价	折旧	原价	折旧		
A 车间	厂房 机器设备 其他设备 小计	3 000 15 000 900 18 900					3 000 15 000 900 18 900	制造费用
B 车间	厂房 机器设备 小计	2 000 12 000 14 000	40 000	200			2 000 12 200 14 200	制造费用
厂部管理部门	房屋建筑 运输工具 小计	1 200 1 500 2 700					1 200 1 500 2 700	管理费用
合计		35 600					35 800	

根据表 13－3 作如下会计处理：

借：制造费用——A 车间　　18 900

　　　　　——B 车间　　14 200

　　管理费用　　2 700

　　贷：累计折旧　　35 800

二、固定资产的后续支出

固定资产的后续支出，是指固定资产使用过程中发生的更新改造支出、修理费用、房屋的装修费等。后续支出的处理原则为：固定资产的更新改造等后续支出，符合固定资产确认条件的，应当计入固定资产成本，如有被替换的部分，应扣除其账面价值；不符合固定资产确认条件的，应当在发生时计入当期损益（管理费用或销售费用）。

企业以经营租赁方式租入的固定资产发生的改良支出，应予以资本化，作为长期待摊费用，合理进行摊销。

（一）资本化的后续支出

固定资产发生资本化的后续支出时，一般应将该固定资产的原价、已计提的累计折旧和减值准备转销，将其账面价值转入在建工程，并停止计提折旧。发生的可资本化的后续支出，通过“在建工程”科目核算（发生的变价收入亦通过“在建工程”科目核算）。在固定资产发生的后续支出完工并达到预定可使用状态时，再从在建工程转为固定资产，并按重新确定的使用寿命、预计净残值和折旧方法计提折旧。

【例 13－12】华丰公司有关固定资产更新改造的资料如下：

（1）2021 年 12 月，该公司自行建成了一条生产线。建造成本为 600 000 元，采用年限平均法计提折旧，预计净残值为 0，预计使用年限为 6 年。

（2）2024 年 1 月 1 日，由于生产的产品适销对路，现有生产线的生产能力已难以满足公司生产发展的需要，但新建生产线成本过高，周期过长，于是该公司决定对现有生产线进行改扩建，以提高其生产能力。

（3）2024 年 1 月 1 日—3 月 31 日，经过 3 个月的改扩建，完成了对这条生产线的改扩建工程，共发生支出 260 000 元，全部以银行存款支付。2024 年 3 月 31 日改扩建工程已达到预定可使用状态。

（4）该生产线改扩建工程达到预定可使用状态后，大大提高了生产能力，预计使用年限在原来预计 6 年的基础上延长了 4 年零 3 个月，即为 10 年零 3 个月。假定改扩建后的生产线的预计净残值仍为 0，折旧方法仍为年限平均法。

（5）为简化计算过程，整个过程不考虑其他相关税费；华丰公司按年度计提固定资产折旧。

本例中，由于对生产线的改扩建支出，生产线的生产能力提高，其使用寿命延长，所以，此项后续支出应增加固定资产的账面价值。华丰公司应作如下会计处理：

（1）2022 年 1 月 1 日—2023 年 12 月 31 日两年间，即固定资产后续支出发生前，该条生产线年折旧额 = 600 000 ÷ 6 = 100 000（元），各年计提固定资产折旧的会计处理为：

借：制造费用　　100 000

　　贷：累计折旧　　100 000

（2）2024 年 1 月 1 日，固定资产的账面价值 = 600 000 – (100 000 × 2) = 400 000（元），固定资产转入改扩建工程时的会计处理为：

借：在建工程　　400 000

　　累计折旧　　200 000

　　贷：固定资产　　600 000

（3）2024 年 1 月 1 日—3 月 31 日，固定资产后续支出发生时的会计处理为：

借：在建工程　　260 000

　　贷：银行存款　　260 000

（4）2024 年 3 月 31 日，生产线改扩建工程达到预定可使用状态，将后续支出资本化后的固定资产账面价值 = 400 000 + 260 000 = 660 000（元），会计处理为：

借：固定资产　　660 000

　　贷：在建工程　　660 000

（5）2024 年 3 月 31 日，生产线改扩建工程达到预定可使用状态，转为固定资产后，按重新确定的使用寿命、预计净残值和折旧方法计提折旧，每月计提固定资产折旧额 = 660 000 ÷ 8 ÷ 12 = 6 875（元）。

2024 年 4 月 1 日—12 月 31 日 9 个月期间，应计提固定资产折旧额 = 6 875 × 9 = 61 875（元），会计处理为：

借：制造费用　　61 875

　　贷：累计折旧　　61 875

企业发生的一些固定资产后续支出可能涉及替换原固定资产的某组成部分，当发生的后续支出符合固定资产确认条件时，应在将后续支出计入固定资产成本的同时，将被替换部分的账面价值扣除。

对固定资产进行定期检查发生的大修理费用，有确凿证据表明符合固定资产确认条件的部分，应予资本化计入固定资产成本；不符合固定资产确认条件的，应当费用化，计入当期损益。固定资产在定期大修理间隔期间，照提折旧。

（二）费用化的后续支出

与固定资产有关的修理费用等后续支出，不符合固定资产确认条件的，应当根据不同情况分别在发生时计入当期管理费用或销售费用。

企业生产车间（部门）和行政管理部门等发生的固定资产修理费用等后续支出计入管理费用；企业专设销售机构的，其发生的与专设销售机构相关的固定资产修理费用等后续支出，计入销售费用。固定资产更新改造支出不满足固定资产的确认条件，在发生时直接计入当期管理费用或销售费用。

【涉税提示】

会计与税法对固定资产的后续支出处理的异同点主要表现在以下三个方面：

（1）对已足额提取折旧的固定资产的改建支出和租入固定资产的改建支出。会计与税法的处理方法相同，均作为长期待摊费用。

（2）企业所得税法上的固定资产大修理支出，在会计上一般作为固定资产更新改造支出，计入固定资产成本，并按有关规定计提折旧；企业所得税法作为长期待摊费用，按照固定资产尚可使用年限分期摊销；如果会计计提的折旧额与按企业所得税法规定摊销的金额不相等，应作纳税调整。

（3）对不符合固定资产确认条件的固定资产修理费用，进行会计处理时，在发生时计入当期损益；进行税务处理时，在发生当期税前扣除。二者处理方法一致。

【例 13－13】 2024 年 1 月 3 日，华丰公司对现有的一台生产用机器设备进行修理，修理过程中领用本公司原材料一批，实际成本为 94 000 元，应支付维修人员的工资为 28 000 元。

本例中，由于对机器设备的维修，仅仅是为了维护固定资产的正常使用而发生的，因此，应将该项固定资产后续支出在其发生时确认为费用。则华丰公司应作如下会计处理：

借：管理费用	122 000	
贷：原材料		94 000
应付职工薪酬		28 000

三、固定资产的期末计量

企业的固定资产应当在期末时按照账面价值与可收回金额孰低原则计量。企业应当在期末或者至少在每年年度终了，对固定资产逐项进行检查，如果其可收回金额（资产的销售净价与预期从该资产的持续使用和使用寿命结束时的处置中形成的现金流量的现值两者之中的较高者）低于账面价值的，应当将可收回金额低于其账面价值的差额作为固定资产减值准备。固定资产减值准备的确认与计算，详见本书下册“第十七章　资产减值”。

企业应设置“固定资产减值准备”科目，核算企业固定资产发生减值时计提的减值准备。该科目贷方登记在资产负债表日计提的固定资产减值准备；借方登记处置固定资产时结转的已计提的固定资产减值准备；期末贷方余额，反映企业已提取但尚未转销的固定资产减值准备。

资产负债表日，固定资产发生减值的，按应减记的金额，借记“资产减值损失”科目，贷记“固定资产减值准备”科目。

固定资产减值损失一经确认，在以后会计期间不得转回。

资产减值损失确认后，应当按照该项固定资产调整后的应计折旧额（调整后的账面价值扣除预计净残值）以及尚可使用寿命重新计算确定折旧率和折旧额，以使该固定资产在剩余使用寿命内，系统地分摊调整后的应计折旧额。

【涉税提示】

企业按会计规定提取的固定资产减值准备，不得税前扣除，其折旧仍按税法确定的固定资产计税基础计算扣除。

根据税法规定，企业计提的固定资产减值准备应在当期进行纳税调增。由于企业会计准则规定固定资产减值损失确认后，在以后会计期间不得转回，减值固定资产的折旧应当在未来期间作相应调整，即未来期间按计提减值准备后的账面价值计提折旧；而企业所得税法规定仍按原入账价值（计税基础）计提折旧在税前扣除，因此，应在未来的每一期间按企业所得税法规定对减值固定资产的折旧调整减少应纳税所得额。到固定资产处置或报废时，按最初调整增加的应纳税所得额与每期调整减少的应纳税所得额之和的差额，调整减少处置或报废当期的应纳税所得额。

【例 13-14】金利公司为一家生产性企业，有关业务资料如下：

（1）2018 年 12 月 31 日，金利公司购置了一台不需安装的设备，取得的增值税专用发票上注明的价款为 800 000 元，增值税税额为 136 000 元，款项以银行存款支付。

（2）在考虑相关因素的基础上，金利公司预计该设备的使用寿命为 10 年，预计净残值为 0，采用年限平均法计提折旧。

（3）2022 年 12 月 31 日，金利公司在进行检查时发现，该设备已发生减值，估计可收回金额为 420 000 元。

（4）2023 年 12 月 31 日，金利公司在进行检查时发现，以前期间据以计提固定资产减值的各种因素发生变化，对该公司产生有利影响，目前市场上该类设备的销售净价为 380 000 元。

（5）假设该设备在 2020 年 12 月 31 日以前没有计提固定资产减值准备；该设备一直采用年限平均法计提折旧（与税法规定相同）；预计净残值始终为 0；预计使用寿命没有发生变更；使用期满报废（不考虑其他相关税费）。

金利公司应作如下会计处理：

（1）2018 年 12 月 31 日，取得固定资产：

借：固定资产　　800 000

　　应交税费——应交增值税（进项税额）　　136 000

　　贷：银行存款　　936 000

（2）2019—2022 年，每年分别计提固定资产折旧 = 800 000 ÷ 10 = 80 000（元）。

借：制造费用　　80 000

　　贷：累计折旧　　80 000

2022 年固定资产计提折旧后的账面价值 = 800 000 − 80 000 × 4 = 480 000（元）

（3）2022 年年末，由于固定资产的可收回金额 420 000 元，小于账面价值480 000元，其差额为 60 000 元，应计提固定资产减值准备 60 000 元。

借：资产减值损失 60 000

　　贷：固定资产减值准备 60 000

（4）2023 年计提固定资产折旧 = 420 000 ÷ 6 = 70 000（元）。

借：制造费用 70 000

　　贷：累计折旧 70 000

2023 年 12 月 31 日，虽然影响固定资产减值的各种因素发生变化，但固定资产减值损失一经确认，不得转回。

（5）2024 年至固定资产使用的最后一年，每年分别计提固定资产折旧 = 420 000 ÷ 6 = 70 000（元）。

借：制造费用 70 000

　　贷：累计折旧 70 000

（6）使用期满报废时，转销固定资产减值准备和已提折旧：

借：固定资产减值准备 60 000

　　累计折旧 740 000

　　贷：固定资产 800 000

【税务处理】

（1）2022 年年末计提的固定资产减值准备 60 000 元不得在税前扣除，申报年度企业所得税时作纳税调整增加处理。

（2）2023 年至固定资产使用的最后一年每年会计计提折旧为 70 000 元，税法允许税前扣除折旧为 80 000 元（800 000 ÷ 10），每年应调整减少应纳税所得额 10 000 元，合计调减 60 000 元。

第三节 固定资产处置和清查

一、固定资产处置

固定资产处置，是指因固定资产出售、转让、报废和毁损、对外投资、非货币性资产交换、债务重组等原因减少的固定资产。固定资产满足下列条件之一的，应当予以终止确认：

（1）该固定资产处于处置状态。处于处置状态的固定资产不再用于生产商品、提供劳务、出租或经营管理，因此不再符合固定资产的定义，应予终止确认。

（2）该固定资产预期通过使用或处置不能产生经济利益。固定资产的确认条件之一是“与该固定资产有关的经济利益很可能流入企业”，如果一项固定资产预期通过使用或处置不能产生经济利益，那么它就不再符合固定资产的定义和确认条件，应予终止确认。

企业处置固定资产，应通过“固定资产清理”科目核算。“固定资产清理”科目，核算企业因出售、报废和毁损等原因转入清理的固定资产账面价值及其在清理过程中所发生的清理费用和清理收入等，期末借方或贷方余额反映企业尚未清理完毕的固定资产清理净损失或净收益。该科目应按被清理的固定资产设置明细账，进行明细核算。

（一）固定资产出售、报废和毁损的会计处理

出售、报废和毁损等原因减少的固定资产，按减少的固定资产账面价值，借记“固定资产清理”科目，按已提折旧，借记“累计折旧”科目，按已计提的减值准备，借记“固定资产减值准备”科目，按固定资产原价，贷记“固定资产”科目。

清理过程中发生的费用以及应交的税金，借记“固定资产清理”科目，贷记“银行存款”“应交税费”等科目。对于已抵扣进项税额的固定资产报废、毁损产生的损失，属于增值税政策所规定的非正常损失的，应转出相应的增值税进项税额。

收回出售固定资产的价款、残料价值和变价收入等，借记“银行存款”“原材料”等科目，贷记“固定资产清理”科目；应当由保险公司或过失人赔偿的损失，借记“其他应收款”“银行存款”等科目，贷记“固定资产清理”科目。出售固定资产涉及增值税的按现行增值税制度规定计算的销项税额（或采用简易计税方法计算的应纳增值税额），贷记“应交税费——应交增值税（销项税额）”或“应交税费——简易计税”科目（小规模纳税人应贷记“应交税费——应交增值税”科目）。

固定资产清理后的净收益，借记“固定资产清理”科目，贷记“资产处置损益”科目；固定资产清理后的净损失，区别情况处理：属于生产经营期间由于自然灾害等非正常原因造成的损失，借记“营业外支出——非常损失”

科目，贷记“固定资产清理”科目；属于生产经营期间正常的处理损失，借记“资产处置损益”科目，贷记“固定资产清理”科目。

【涉税提示】

（1）固定资产处置中涉及的主要税种有增值税、企业所得税、契税、印花税。

企业销售本企业已使用过的固定资产，按规定应纳的增值税，应借记“固定资产清理”科目，贷记“应交税费——应交增值税（销项税额）”或“应交税费——简易计税”科目（小规模纳税人应贷记“应交税费——应交增值税”科目）。

企业毁损、报废固定资产产生的损失，一要注意是否需要转出增值税进项税额，二要注意该损失能否在企业所得税税前扣除。

（2）纳税人销售使用过的动产固定资产，计提增值税时注意以下两点。

①自2009年1月1日起，纳税人销售自己使用过的2009年1月1日以后购进或者自制的固定资产，按照适用税率征收增值税。

②自2014年7月1日起，一般纳税人销售自己使用过的固定资产，以下4种情形按照简易办法依照3%征收率减按2%征收增值税：

A. 在本地区扩大增值税抵扣范围以前购进或者自制的固定资产；

B. 属于不得抵扣且未抵扣进项税额的固定资产；

C. 纳税人购进或者自制固定资产时为小规模纳税人，认定为一般纳税人后销售该固定资产；

D. 增值税一般纳税人发生按简易办法征收增值税应税行为，销售其按照规定不得抵扣且未抵扣进项税额的固定资产。

（3）纳税人转让其取得的不动产，计算缴纳增值税时应区分是一般纳税人还是小规模纳税人，对于一般纳税人转让其2016年4月30日前取得的不动产，可以选择适用简易计税方法计税，也可以选择适用一般计税方法计税，转让其2016年5月1日后取得的不动产，适用一般计税方法；小规模纳税人转让其取得的不动产，按简易计税方法计税。

【例13－15】华丰公司出售一座建筑物（2016年4月30日前自建），选择适用简易计税方法缴纳增值税，原价4 000 000元，已使用6年，已计提折旧800 000元，未计提减值准备；支付清理费用70 000元，出售收入为3 990 000元（含税），适用的增值税征收率为5%。则华丰公司应作如下会计处理：

（1）注销出售固定资产的原价和已提折旧：

借：固定资产清理　　3 200 000
　　累计折旧　　800 000
　　贷：固定资产　　4 000 000

（2）支付清理费用：

借：固定资产清理　　70 000
　　贷：银行存款　　70 000

（3）收到价款：

计算应缴增值税 =3 990 000 ÷（1 +5%）×5% =190 000（元）

借：银行存款　　3 990 000
　　贷：固定资产清理　　3 800 000
　　　　应交税费——简易计税　　190 000

（4）结转清理净收益：

借：固定资产清理　　530 000
　　贷：资产处置损益　　530 000

【例 13 –16】 2024 年 2 月 5 日，华丰公司出售一台已使用的生产设备，原价为 800 000 元，已计提折旧 100 000 元，实际出售价格为 565 000 元（含增值税），适用的增值税税率为 13%。则华丰公司应作如下会计处理：

（1）出售固定资产转入清理：

借：固定资产清理　　700 000
　　累计折旧　　100 000
　　贷：固定资产　　800 000

（2）收到出售设备价款：

借：银行存款　　565 000
　　贷：固定资产清理　　500 000
　　　　应交税费——应交增值税（销项税额）　　65 000

（3）结转出售设备净损失：

借：资产处置损益　　200 000
　　贷：固定资产清理　　200 000

（二）其他方式减少的固定资产

其他方式减少的固定资产，如以固定资产清偿债务、以非货币资产交换换出固定资产、投资转出固定资产、无偿调出固定资产等，分别按照债务重组、非货币资产交换等准则的规定进行核算。

二、固定资产清查

企业对固定资产应当定期或者至少每年实地盘点一次。对盘盈、盘亏的固定资产，应当查明原因，写出书面报告，并根据企业的管理权限，经股东会或董事会，或经理（厂长）会议或类似机构批准后，在期末结账前处理完毕。例如，盘盈、盘亏的固定资产，在期末结账前尚未经批准的，在对外提供财务会计报告时应按上述规定进行处理，并在财务报表附注中作出说明；如果其后批准处理的金额与已处理的金额不一致，应按其差额调整财务报表相关项目的年初数。

（一）盘盈的固定资产

盘盈的固定资产，应按以下规定确定其入账价值：如果同类或类似固定资产存在活跃市场的，按同类或类似固定资产的市场价格，减去按该项资产的新旧程度估计的价值损耗后的余额，作为入账价值；若同类或类似固定资产不存在活跃市场的，按该项固定资产的预计未来现金流量的现值，作为入账价值。按此确定的入账价值，借记“固定资产”科目，贷记“以前年度损益调整”科目。

【涉税提示】

固定资产盘盈属于税法界定的资产溢余收入，在申报企业所得税时，应调整增加应纳税所得额，并入发现差错年度的税款计算中。另外，根据税法规定，盘盈的固定资产，以同类固定资产的重置完全价值为计税基础。因此，按此方法确认价值后所计提的折旧额可以在税前扣除。

【例 13－17】2023 年 12 月，华丰公司对企业全部的固定资产进行清查，盘盈一台 8 成新的车床，该设备同类产品市场价格 50 000 元。假设适用企业所得税税率为25%，法定盈余公积提取比例为10%。则华丰公司应作如下会计处理：

（1）固定资产盘盈时：

借：固定资产　　40 000

　　贷：以前年度损益调整　　40 000

（2）计提应交所得税：

借：以前年度损益调整　　10 000

　　贷：应交税费——应交所得税　　10 000

（3）将“以前年度损益调整”科目余额转入“利润分配——未分配利润”科目：

借：以前年度损益调整　　30 000

　　贷：利润分配——未分配利润　　30 000

（4）计提法定盈余公积：

借：利润分配——未分配利润　　3 000

　　贷：盈余公积——法定盈余公积　　3 000

（二）盘亏的固定资产

企业应设置“待处理财产损溢——待处理固定资产损溢”科目，核算企业在固定资产清查过程中盘亏固定资产的净值。该科目处理前的借方余额反映企业尚未处理的各种固定资产的净损失，期末处理后该科目应无余额。

在财产清查中发现盘亏的固定资产，按盘亏固定资产账面价值，借记“待处理财产损溢——待处理固定资产损溢”科目，按已提折旧，借记“累计折旧”科目，按该项固定资产已计提的减值准备，借记“固定资产减值准备”科目，按固定资产原价，贷记“固定资产”科目。按管理权限报经批准后处理时，按可收回的保险赔偿或过失人赔偿，借记“其他应收款”科目，按应计入营业外支出的金额，借记“营业外支出——盘亏损失”科目，贷记“待处理财产损溢——待处理固定资产损溢”科目。涉及增值税进项税额的应按相应规定进行处理。

【涉税提示】

盘亏的固定资产，如果购置时已抵扣进项税额，并且该损失属于增值税政策所规定的非正常损失的，其对应的进项税额应该转出。

固定资产盘亏损失，年度汇算时企业填报企业所得税年度纳税申报表《资产损失税前扣除及纳税调整明细表》后，可以在税前扣除。

【例 13-18】 2024 年 4 月 30 日，华丰公司在财产清查中，发现其于 2023 年 4 月购入的一台设备盘亏，经查属于管理不善造成。该设备原价为 130 000 元，已提折旧为 26 000 元，购进时已抵扣进项税额 16 900 元，该设备适用的增值税税率为 13%。则华丰公司应作如下会计处理：

借：待处理财产损溢——待处理固定资产损溢　　117 520

　　累计折旧　　26 000

　　贷：固定资产　　130 000

　　　　应交税费——应交增值税（进项税额转出）　　13 520

注：（130 000 - 26 000）×13% = 13 520（元）

按规定程序批准后：

借：营业外支出——盘亏损失　　117 520

　　贷：待处理财产损溢——待处理固定资产损溢　　117 520

【税务处理】

2024 年年终申报企业所得税时，对盘亏损失 117 520 元填报企业所得税年度纳税申报表《资产损失税前扣除及纳税调整明细表》后，可以在税前扣除。

第十四章　无形资产和其他资产

【本章提要】 本章主要介绍无形资产和其他资产的核算及涉税处理。

无形资产应当按照成本进行初始计量。不同渠道取得的无形资产，其成本构成也不相同。企业内部研究开发项目所发生的支出应区分研究阶段支出和开发阶段支出。研究阶段的支出，应当于发生时计入当期损益；开发阶段的支出，满足资本化条件的，才能确认为无形资产。使用寿命有限的无形资产应按规定的方法进行摊销，使用寿命不确定的无形资产不应进行摊销。资产负债表日，无形资产的可收回金额低于其账面价值的，应当计提无形资产减值准备。无形资产处置，应按规定的会计处理方法进行处理。

其他资产，是指除流动资产、以摊余成本计量的金融资产、以公允价值计量且其变动计入其他综合收益的金融资产、长期股权投资、固定资产、无形资产等以外的资产，主要包括长期待摊费用和其他长期资产。

对无形资产和其他资产进行核算所使用的会计科目主要有“无形资产”“累计摊销”“无形资产减值准备”“研发支出”“长期待摊费用”“资产减值损失”“资产处置损益”等，这些会计科目与财务报表项目的关系如图 14 – 1 所示。

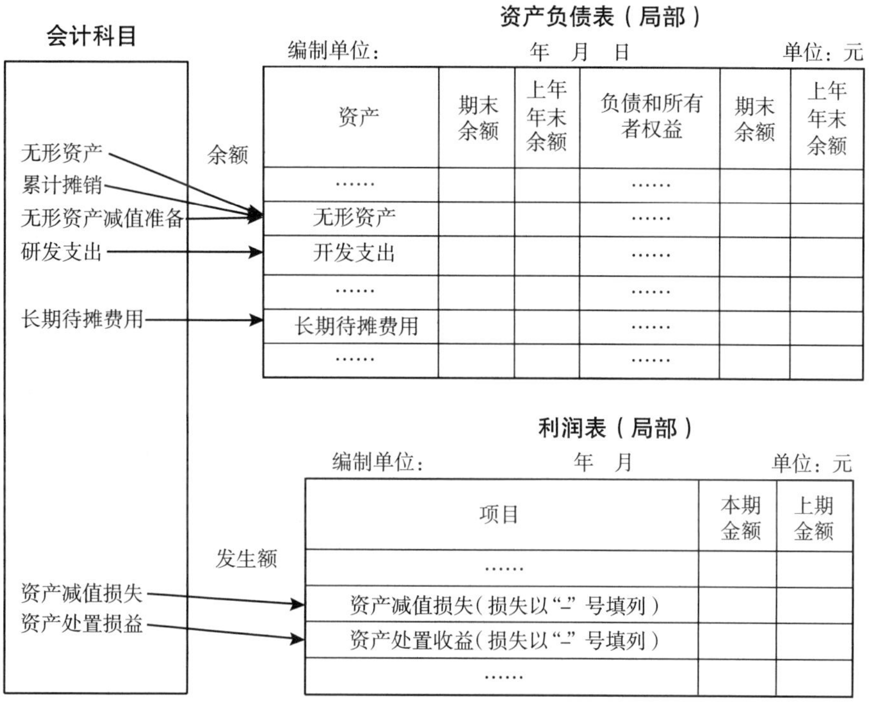

图 14－1　会计科目与财务报表项目的关系（无形资产和其他资产）

第一节　无形资产的确认和初始计量

一、无形资产的确认

（一）无形资产的概念

无形资产，是指企业拥有或者控制的没有实物形态的可辨认非货币性资产。主要包括专利权、非专利技术、商标权、著作权、土地使用权、特许权等。

1. 专利权

专利权，是国家专利主管机关根据发明人的申请，经审查认为其发明创造符合法律规定，授予发明人于一定期限内制造或专卖其发明创造成果的一种特有权利。包括发明专利权、实用新型专利权和外观设计专利权。任何单位或个人，未经专利权人许可，均不得制造或出卖其专利。专利权可以转让所有权或使用权。专利权作为技术成果，既有价值，又有使用价值，根据价值和使用价值确定价格。

2. 非专利技术

非专利技术，也称专有技术，是指不为外界所知的技术知识，如独立的设计、造型、配方、生产工艺等工艺诀窍、技术秘密以及经营管理知识经验等。它没有在专利机关登记注册，依靠保密手段进行垄断。因此，它不受法律保护，也没有有效期，只要不泄露，并有经济效益，即可有效地使用并可有偿转让。

3. 商标权

商标，是指用各种文字或图案标注在商品上的标记。商标应向商标机关申请注册，以取得专用权。商标权，指专门在某类指定的商品或产品上使用特定的名称或图案的权利。商标权具有垄断性和时间性，但期满后可申请延续使用，因此也可以说是无限期的。商标权在一定程度上起到维护企业使用商标的作用，能给企业带来经济效益。商标可作为商品转让。

4. 著作权

著作权又称版权，它是在法律规定的有效期内，依法赋予作家、艺术家或者出版社等对其作品出版、重印、复制、翻译等权利，以维护创作出版者的权利。著作权包括作品署名权、发表权、修改权和保护作品完整权，还包括复制权、发行权、出租权、展览权、表演权、放映权、广播权、信息网络传播权、摄制权、改编权、翻译权、汇编权以及应当由著作权人享有的其他权利。

5. 土地使用权

土地使用权，指国家准许某企业在一定期间内对国有土地享有开发、利用、经营的权利。根据《中华人民共和国土地管理法》的规定，我国土地实行公有制，任何单位和个人不得侵占、买卖或者以其他形式非法转让。企业取得土地使用权的方式包括行政划拨取得、外购取得及投资者投资取得。

6. 特许权

特许权又称经营特许权、专营权，指企业在某一地区经营或销售某种特定商品的权利或是特许人将自己的商标、商号、产品、专利、技术秘密、配方、经营管理模式等无形资产以特许经营合同的形式授予被特许人（受许人）使用的权利。在我国，特许权通常有两种形式：一是由政府机构授权，准许特定企业使用公共财产，或在一定地区享有经营某种特许业务的权利，如准许航空公司在政府规定的航线上，利用国有的机场设施，经营客货运业务；二是一家企业有期限地或永久地授予另一家企业使用其商标、商号、专利权、专有技术等专有权利，按照合同规定，在特许者统一的业务模式下从事经营活动，并向特许人支付相应费用，如连锁店分店使用总店的名称等。

（二）无形资产的确认条件

无形资产应当在符合定义的前提下，同时满足以下两个条件时，才能予以确认：

1. 与该无形资产有关的经济利益很可能流入企业；
2. 该无形资产的成本能够可靠地计量。

企业应能够控制无形资产所产生的经济利益，即企业拥有无形资产的法定所有权，或企业与他人签订了协议，使得企业的相关权利受到法律的保护。

企业在判断无形资产产生的经济利益是否可能流入企业时，应当对无形资产在预计使用寿命内可能存在的各种经济因素作出合理估计，并且应当有明确证据支持。

商誉是企业合并成本大于合并取得被购买方各项可辨认资产、负债公允价值份额的差额，其存在无法与企业自身分离，不具有可辨认性。企业自创商誉以及内部产生的品牌、报刊名等，不应确认为无形资产。

企业合并取得的无形资产，通常按照合同或法律规定产生的权利加以确认；某些并非合同或法律规定的权利，但能够与被购买企业的其他资产区分并单独出售或转让的，应当确认为无形资产。所取得的无形资产中，公允价值能够单独可靠计量的，应当单独确认为无形资产。

【涉税提示】

在无形资产的确认上，会计与税法有以下区别：①税法中的无形资产包括商誉。而会计上，由于商誉的存在无法与企业自身分离，不具有可辨认性，不能确认为无形资产。②已出租的土地使用权和持有并准备增值后转让的土地使用权，会计上按照《企业会计准则第3号——投资性房地产》进行处理，而税法将土地使用权划分为无形资产。③增值税政策对自然资源使用权和其他权益性无形资产所包括的内容作了界定。

二、无形资产的初始计量

（一）无形资产的初始计量方法

无形资产应当按照成本进行初始计量，即以取得无形资产并使之达到预定用途而发生的全部支出作为无形资产的成本。无形资产的取得方式不同，其成本的具体确定方法也不尽相同。

1. 外购的无形资产

外购无形资产的成本，包括购买价款、相关税费以及直接归属于使该项资产达到预定用途所发生的其他支出。但不含按照税法规定可以抵扣的增值税进项税额。

如果购买无形资产的价款超过正常信用条件延期支付，实质上具有融资性质，无形资产的成本以购买价款的现值为基础确定。实际支付的价款与购买价款的现值之间的差额作为未确认融资费用，符合资本化条件的，应予以资本化。除此之外，应当在信用期间内采用实际利率法进行摊销，作为利息费用计入当期损益。

2. 投资者投入的无形资产

投资者投入的无形资产，应当按照投资合同或协议约定的价值确定，但合同或协议约定价值不公允的除外，即此时应按无形资产的公允价值入账。如果涉及相关税费，还应按照税法规定进行相应会计处理。

3. 自行开发取得的无形资产

企业内部自行开发的无形资产，其成本包括自某无形项目满足无形资产确认条件后至达到预定用途前所发生的符合资本化条件的支出总额，但是对于以前期间已经费用化的支出不再调整。

4. 土地使用权的处理

企业取得的土地使用权通常应当按照取得时所支付的价款及相关税费确认为无形资产，但改变土地使用权用途，用于赚取租金或资本增值的，应当将其转为投资性房地产。

土地使用权用于自行开发建造厂房等建筑物的，相关的土地使用权与建筑物应当分别进行处理。外购土地及建筑物支付的价款应当在建筑物与土地使用权之间进行分配；难以合理分配的，应当全部作为固定资产核算。

房地产开发企业取得土地使用权用于建造对外出售的房屋建筑物，相关的土地使用权账面价值应当计入所建造的房屋建筑物成本。

5. 接受政府补助取得的无形资产

企业接受政府补助而取得的无形资产，应按照所取得的无形资产的公允价值入账，如果公允价值不能可靠取得，也可以按照名义金额入账。

（二）无形资产取得的核算

企业应设置“无形资产”科目，核算企业持有的无形资产成本。该科目借方登记取得的无形资产的实际成本；贷方登记无形资产转出的成本；期末借方余额，反映企业持有的无形资产的成本。该科目可按无形资产项目进行明细核算。

1. 购入的无形资产

企业外购无形资产的成本，包括购买价款、进口关税和其他税费以及直接归属于使该项资产达到预定用途所发生的其他支出。实际购入时，按应计入资产成本的金额，借记“无形资产”科目，按当月已认证的可抵扣增值税额，借记“应交税费——应交增值税（进项税额）”科目，按当月未认证的可抵扣增值税额，借记“应交税费——待认证进项税额”科目，按应付或实际支付的金额，贷记“应付账款”“银行存款”等科目。

购入无形资产超过正常信用条件延期支付价款、实质上具有融资性质的，按所购无形资产购买价款的现值，借记“无形资产”科目，按应支付的金额，贷记“长期应付款”科目，按其差额，借记“未确认融资费用”科目。涉及增值税的，还应按照税法规定进行相应的会计处理。

【涉税提示】

通常情况下，外购无形资产的初始计量与计税基础是一致的。但在会计上，对于购买无形资产的价款超过正常信用条件（一般指付款期 3 年以上）延期支付，实质上具有融资性质，无形资产初始成本按购买价款的现值计算；而税法上以历史成本计价，即不考虑资金的时间价值因素，不需要区分是否具有融资性质，均以购买价款和支付的相关税费作为计税基础。由此产生的差异对所得税的影响应按税法规定进行纳税调整。

【例 14－1】2023 年 2 月 3 日，华丰公司从东丰公司购买一项专利权，取得的增值税专用发票上注明的价款为 300 000 元，增值税税额为 18 000 元，款项已通过银行转账支付，该增值税专用发票于当月确认。则华丰公司应作如下会计处理：

借：无形资产——专利权　　300 000

　　应交税费——应交增值税（进项税额）　　18 000

　　贷：银行存款　　318 000

【例 14－2】2022 年 1 月 8 日，华丰公司从方圆公司购买一项商标权，由于华丰公司资金周转比较紧张，经与方圆公司协议采用分期付款方式支付款项。协议规定，该项商标权总计 3 000 000 元（不含税），每年年末付款 1 000 000 元，3 年付清。假定银行同期贷款利率为 10%，3 年期年金现值系数为 2.4869；未确认融资费用采用实际利率法摊销，方圆公司适用的增值税税率为 6%。则华丰公司应作如下会计处理：

无形资产购买价款的现值＝1 000 000×2.4869＝2 486 900（元）

未确认融资费用＝3 000 000－2 486 900＝513 100（元）

第一年应确认的融资费用＝2 486 900×10%＝248 690（元）

第二年应确认的融资费用＝（2 486 900－1 000 000＋248 690）×10%＝173 559（元）

第三年应确认的融资费用＝513 100－248 690－173 559＝90 851（元）

（1）2022 年 1 月 8 日：

借：无形资产——商标权　　2 486 900

　　未确认融资费用　　513 100

　　贷：长期应付款　　3 000 000

（2）2022 年年底支付货款和增值税款时：

借：长期应付款　　1 000 000

　　应交税费——应交增值税（进项税额）　　60 000

　　贷：银行存款　　1 060 000

借：财务费用　　248 690

　　贷：未确认融资费用　　248 690

（3）2023 年年底支付货款和增值税款时：

借：长期应付款　　1 000 000

　　应交税费——应交增值税（进项税额）　　60 000

贷：银行存款　　1 060 000

借：财务费用　　173 559

贷：未确认融资费用　　173 559

（4）2024 年年底支付货款和增值税款时：

借：长期应付款　　1 000 000

应交税费——应交增值税（进项税额）　　60 000

贷：银行存款　　1 060 000

借：财务费用　　90 851

贷：未确认融资费用　　90 851

【税务处理】

（1）华丰公司购入商标权的计税基础 3 000 000 元，会计成本 2 486 900 元，差异 513 100 元，在未来无形资产摊销时作纳税调减。

（2）税法不允许确认未确认融资费用，因此，华丰公司第一年纳税调增 248 690 元，第二年纳税调增 173 559 元，第三年纳税调增 90 851 元。

2. 投资者投入的无形资产

投资者投入的无形资产，应当按照投资合同或协议约定的价值作为成本，但合同或协议约定价值不公允的除外。具体来说，投资者投入的无形资产，应当按照投资合同或协议约定的价值和支付的相关税费，借记“无形资产”科目，按照投资合同或协议约定的价值在其注册资本中所占的份额，贷记“实收资本”或“股本”科目，按照投资合同或协议约定的价值与确认为实收资本或股本的差额，贷记“资本公积”科目，按应支付的相关税费，贷记“银行存款”“应交税费”等科目。涉及按照税法规定可抵扣的增值税进项税额的，还应借记“应交税费——应交增值税（进项税额）”或“应交税费——待认证进项税额”科目。

【例 14－3】华丰公司接受顺达公司以其所拥有的专利权作为出资，双方协议约定的价值（等于公允价值）为 2 000 万元，已办妥相关手续，并支付印花税等相关税费 8 万元。华丰公司接受顺达公司投资后的注册资本为 10 000 万元，顺达公司投资持股比例为 20%。则华丰公司应作如下会计处理：

借：无形资产　　20 080 000

贷：实收资本　　20 000 000

银行存款　　80 000

3. 自行开发的无形资产

（1）研究阶段与开发阶段的区分。

企业内部研究开发项目的支出，应当区分研究阶段支出与开发阶段支出分别进行核算。

①研究阶段。

研究，是指为获取并理解新的科学或技术知识而进行的独创性的有计划调查。研究阶段是探索性的，为进一步开发活动进行资料及相关方面的准备，已进行的研究活动将来是否会转入开发、开发后是否会形成无形资产等均具有较大的不确定性。因此，企业内部研究开发项目研究阶段的支出，应当于发生时计入当期损益。

②开发阶段。

开发，是指在进行商业性生产或使用前，将研究成果或其他知识应用于某项计划或设计，以生产出新的或具有实质性改进的材料、装置、产品等。相对于研究阶段而言，开发阶段应当是已完成研究阶段的工作，在很大程度上具备了形成一项新产品或新技术的基本条件。

开发阶段的支出，如果能够证明满足无形资产的定义及相关确认条件，才能确认为无形资产。

（2）开发阶段相关支出资本化的条件。

企业内部研究开发项目开发阶段的支出，必须同时满足下列条件的，才能确认为无形资产：

①完成该无形资产以使其能够使用或者出售在技术上具有可行性。判断无形资产的开发在技术上是否具有可行性，应当以目前阶段的成果为基础，并提供相关证据和材料，证明企业进行开发所需的技术条件等已经具备，不存在技术上的障碍或者其他不确定性。

②具有完成该无形资产并使用或出售的意图，即企业能够说明其开发无形资产的目的。

③无形资产能够为企业带来未来经济利益，包括能够证明运用该无形资产生产的产品存在市场或无形资产自身存在市场；无形资产将在内部使用的，应当证明其有用性。

④有足够的技术、财务资源和其他资源支持，以完成该无形资产的开发，并有能力使用或出售该无形资产。

⑤归属于该无形资产开发阶段的支出能够可靠地计量。企业对于开发活

动发生的支出应单独核算，如发生的开发人员的工资、材料费等，在企业同时从事多项开发活动的情况下，所发生的支出同时用于支持多项开发活动的，应按照一定的标准在各项开发活动之间进行分配，无法明确分配的，应予费用化计入当期损益，不计入开发活动的成本。

（3）研发支出会计处理原则。

根据《企业会计准则第6号——无形资产》规定，企业内部研究开发项目发生的支出，按下列规定处理：

①企业研究阶段的支出全部费用化，计入当期损益（管理费用）。

②开发阶段的支出符合资本化条件的，才能确认为无形资产；不符合资本化条件的计入当期损益（管理费用）。

③无法区分研究阶段支出和开发阶段支出的，应当将其所发生的研发支出全部费用化，计入当期损益（管理费用）。

（4）内部开发无形资产成本的计量。

内部开发形成的无形资产成本，由可直接归属于该资产的创造、生产并使该资产能够以管理层预定的方式运作的所有必要支出组成。可直接归属于该资产的成本包括：开发该无形资产时耗费的材料、劳务成本、注册费、在开发该无形资产过程中使用的其他专利权和特许权的摊销，按照《企业会计准则第17号——借款费用》的规定资本化的利息支出，以及为使该无形资产达到预定用途前所发生的其他费用。在开发无形资产过程中发生的除上述可直接归属于无形资产开发活动的其他销售费用、管理费用等间接费用，无形资产达到预定用途前发生的可辨认的无效和初始运作损失，为运行该无形资产发生的培训支出等不构成无形资产的开发成本。

内部开发无形资产的支出仅包括在满足资本化条件的时点至无形资产达到预定用途前发生的支出总额，对于同一项无形资产在开发过程中达到资本化条件之前已经费用化计入当期损益的支出不再进行调整。

（5）账务处理。

企业应设置“研发支出”科目，核算企业进行研究与开发无形资产过程中发生的各项支出。该科目应当按照研究开发项目，分别“费用化支出”与“资本化支出”进行明细核算。

企业自行开发无形资产发生的研发支出，不满足《企业会计准则第6号——无形资产》规定的资本化条件的，借记“研发支出——费用化支出”科目，满足《企业会计准则第6号——无形资产》规定的资本化条件的，借记“研发支出——资本化支出”科目，贷记“原材料”“银行存款”“应付职工薪酬”等科目。

企业以其他方式取得的正在进行的研究开发项目，应按确定的金额，借记“研发支出——资本化支出”科目，贷记“银行存款”等科目。以后发生的研发支出，比照企业自行开发无形资产发生的研发支出进行处理。

研究开发项目达到预定用途形成无形资产的，应按“研发支出——资本化支出”科目的余额，借记“无形资产”科目，贷记“研发支出——资本化支出”科目。期末，企业应将“研发支出——费用化支出”科目归集的金额转入“管理费用”科目，借记“管理费用”科目，贷记“研发支出——费用化支出”科目。

“研发支出”科目期末借方余额，反映企业正在进行中的研究开发项目中满足资本化条件的支出。

【涉税提示】

对企业发生的研发支出进行加计扣除时，必须符合企业所得税政策中有关研究开发费用税前加计扣除政策的规定，对不符合加计扣除条件的，不能加计扣除。加计扣除时，企业开展研发活动中实际发生的研发费用，未形成无形资产计入当期损益的，在按规定据实扣除的基础上，自2023年1月1日起，再按照实际发生额的100%在税前加计扣除；形成无形资产的，自2023年1月1日起，按照无形资产成本的200%在税前摊销。集成电路企业和工业母机企业开展研发活动中实际发生的研发费用，未形成无形资产计入当期损益的，在按规定据实扣除的基础上，在2023年1月1日至2027年12月31日期间，再按照实际发生额的120%在税前扣除；形成无形资产的，在上述期间按照无形资产成本的220%在税前摊销。

【例14－4】2023年1月1日，华丰公司的董事会批准研发某项新技术，该公司董事会认为，该项目具有可靠的技术和财务等资源的支持，并且一旦研发成功将降低该公司的生产成本。该公司在研究开发过程中领用生产用原材料一批，实际成本6 000 000元；应负担的职工薪酬3 000 000元；用银行存款支付其他费用2 000 000元，总计11 000 000元。其中，符合资本化条件的支出为5 000 000元。2023年12月31日，该项新技术已经达到预定用途。

本例中，华丰公司经董事会批准研发某项新型技术，并认为完成该项新型技术无论从技术上，还是财务等方面都能够得到可靠的资源支持，并且一旦研发成功将降低公司的生产成本。因此，符合条件的开发费用可以资本化。

华丰公司在开发该项新型技术时，累计发生了 11 000 000 元的研究与开发支出，其中符合资本化条件的开发支出为 5 000 000 元。

华丰公司应作如下会计处理：

（1）发生研发支出：

借：研发支出——费用化支出　　6 000 000

　　　　　　——资本化支出　　5 000 000

　贷：原材料　　6 000 000

　　　应付职工薪酬　　3 000 000

　　　银行存款　　2 000 000

（2）2023 年 12 月 31 日，该项新技术已经达到预定用途：

借：管理费用　　6 000 000

　　无形资产　　5 000 000

　贷：研发支出——费用化支出　　6 000 000

　　　　　　　——资本化支出　　5 000 000

【税务处理】

企业发生的研发支出，在申报 2023 年企业所得税时，作如下处理：①费用化支出，据实扣除，并允许加计扣除 100%，即 6 000 000 元，作纳税调减；②资本化支出，从投入使用的当月起，在据实摊销的基础上，多摊 100%，同样作纳税调减。

4. 企业取得的土地使用权

企业取得的土地使用权，通常应当按照取得时所支付的价款及相关税费确认为无形资产。土地使用权用于自行开发建造厂房等地上建筑物时，土地使用权的账面价值不与地上建筑物合并计算其成本，而仍作为无形资产进行核算，土地使用权与地上建筑物分别进行摊销和提取折旧。但下列情况除外：

（1）房地产开发企业取得的土地使用权用于建造对外出售的房屋建筑物，相关的土地使用权的账面价值应当计入所建造的房屋建筑物成本。

（2）企业外购的房屋建筑物，实际支付的价款中包括土地以及建筑物的价值，则应当对支付的价款按照合理的方法（如公允价值比例）在土地和地上建筑物之间进行分配；如果确实无法在地上建筑物与土地使用权之间进行合理分配的，应当全部作为固定资产，按照固定资产确认和计量的规定进行处理。

（3）企业改变土地使用权的用途，将其用于出租或增值目的时，应将其转为投资性房地产进行核算。

【例 14－5】2023 年 1 月 1 日，华丰公司购入一块土地的使用权，以银行存款转账支付 9 000 000 元。该公司在该土地上自行建造厂房，建造工程中领用工程物资 10 000 000 元，分配的工资费用 5 000 000 元，用银行存款支付其他相关费用 10 000 000 元。2023 年 9 月 1 日，该工程已经完工并达到预定可使用状态。为简化核算，不考虑其他相关税费。则华丰公司应作如下会计处理：

（1）支付土地使用权转让金时：

借：无形资产——土地使用权	9 000 000	
贷：银行存款		9 000 000

（2）发生的自行建造厂房支出：

借：在建工程	25 000 000	
贷：工程物资		10 000 000
应付职工薪酬		5 000 000
银行存款		10 000 000

（3）厂房完工达到预定可使用状态时：

借：固定资产	25 000 000	
贷：在建工程		25 000 000

【税务处理】

按照企业会计准则核算的房屋原价为 25 000 000 元。而根据《财政部 国家税务总局关于安置残疾人就业单位城镇土地使用税等政策的通知》（财税〔2010〕121 号）规定，对按照房产原值计税的房产，无论会计上如何核算，房产原值均应包含地价。

5. 接受政府补助取得的无形资产

收到无形资产时，借记“无形资产”科目，贷记“递延收益”等科目。

第二节　无形资产的后续计量和期末计量

一、无形资产的后续计量

（一）无形资产后续计量的原则

无形资产初始确认和计量后，在其后使用该项无形资产期间应以成本减去累计摊销额和累计减值损失后的余额计量。要确定无形资产在使用过程中的累计摊销额，基础是估计其使用寿命，只有使用寿命有限的无形资产才需要在估计的使用寿命内采用系统合理的方法进行摊销；对于使用寿命不确定的无形资产则不需要摊销，但需要每年进行减值测试。

企业应当于取得无形资产时分析判断其使用寿命。无形资产的使用寿命为有限或确定的，应当估计该使用寿命的年限或者构成使用寿命的产量等类似计量单位数量；无法预见无形资产为企业带来经济利益期限的，应当视为使用寿命不确定的无形资产。

1. 估计无形资产使用寿命应考虑的因素

无形资产的使用寿命包括法定寿命和经济寿命两个方面，有些无形资产的使用寿命受法律、规章或合同的限制，称为法定寿命。例如，我国法律规定发明专利权有效期为 20 年，商标权的有效期为 10 年。经济寿命，是指无形资产可以为企业带来经济利益的年限。由于受技术进步、市场竞争等因素的影响，无形资产的经济寿命往往短于法定寿命，因此，在估计无形资产的使用寿命时，应当综合考虑各方面相关因素的影响，合理确定无形资产的使用寿命。

确定无形资产的经济使用寿命，通常应考虑以下因素：

（1）运用该资产生产的产品通常的寿命周期、可获得的类似资产使用寿命的信息；

（2）技术、工艺等方面的现阶段情况及对未来发展趋势的估计；

（3）以该资产生产的产品或提供服务的市场需求情况；

（4）现在或潜在的竞争者预期采取的行动；

（5）为维持该资产产生未来经济利益能力的预期维护支出，以及企业预计支付有关支出的能力；

（6）对该资产控制期限的相关法律规定或类似限制，如特许使用期、租赁期等；

（7）与企业持有其他资产使用寿命的关联性等。

2. 无形资产使用寿命的确定

源自合同性权利或其他法定权利取得的无形资产，其使用寿命不应超过合同性权利或其他法定权利的期限。例如，企业以支付土地出让金方式取得一块土地的使用权，如果企业准备持续持有，在50年期间内没有计划出售，该块土地使用权预期为企业带来未来经济利益的期间为50年。但如果企业使用无形资产的预期期限短于合同性权利或其他法定权利规定的期限的，则应当按照企业预期使用的期限确定其使用寿命。

如果合同性权利或其他法定权利能够在到期时因续约等延续，当有证据表明企业续约不需要付出重大成本时，续约期才能够包括在使用寿命的估计中。下列情况一般说明企业无须付出重大成本即可延续合同性权利或其他法定权利：有证据表明合同性权利或法定权利将被重新延续，如果在延续之前需要第三方同意，则还需有第三方将会同意的证据；有证据表明为获得重新延续所必需的所有条件将被满足，以及企业为延续持有无形资产付出的成本相对于预期从重新延续中流入企业的未来经济利益相比不具有重要性。如果企业在延续无形资产持有期间时付出的成本与预期流入企业的未来经济利益相比具有重要性，本质上来看是企业获得了一项新的无形资产。

合同或法律没有明确规定使用年限或有效年限的无形资产，企业应当综合各方面情况，如聘请相关专家进行论证或与同行业的情况进行比较以及企业的历史经验等，以确定无形资产为企业带来未来经济利益的期限，如果经过这些努力确实无法合理确定无形资产为企业带来经济利益的期限的，才能将其作为使用寿命不确定的无形资产。例如，企业通过公开拍卖取得一项出租车运营许可，按照所在地规定，以现有出租车运营许可为限，不再授予新的运营许可，而且在旧的出租车报废以后，其运营许可可用于新的出租车。企业估计在有限的未来，其将持续经营出租车行业。对于该运营许可，其为企业带来未来经济利益的期限从目前情况看无法可靠估计，应视为使用寿命不确定的无形资产。

3. 无形资产使用寿命的复核

企业至少应当于每年年度终了，对使用寿命有限的无形资产的使用寿命及摊销方法进行复核。如果有证据表明无形资产的使用寿命及摊销方法与以前估计不同的，应当改变摊销年限和摊销方法，并按照会计估计变更进行处理。

企业应当在每个会计期间对使用寿命不确定的无形资产的使用寿命进行复核。如果有证据表明无形资产的使用寿命是有限的，应当估计其使用寿命，视为会计估计变更，按使用寿命有限的无形资产的处理原则进行处理。

（二）使用寿命有限的无形资产的摊销

使用寿命有限的无形资产，应在其预计的使用寿命内采用系统合理的方法对应摊销金额进行摊销。应摊销金额，是指无形资产的成本扣除残值后的金额。已计提减值准备的无形资产，还应扣除已计提的无形资产减值准备累计金额。使用寿命有限的无形资产，其残值一般为零。

1. 摊销期和摊销方法

企业摊销无形资产，应当自无形资产可供使用时起，至不再作为无形资产确认时止。即无形资产摊销的起始和停止日期为：当月增加的无形资产，当月开始摊销；当月减少的无形资产，当月不再摊销。

在无形资产的使用寿命内系统地分摊其应摊销金额，存在多种方法。这些方法包括直线法、产量法等。对某项无形资产摊销所使用的方法应依据从资产中获取的预期未来经济利益的预计消耗（实现）方式来选择，并一致地运用于不同会计期间，例如，受技术陈旧因素影响较大的专利权和专有技术等无形资产，可采用类似固定资产加速折旧的方法进行摊销；有特定产量限制的特许经营权或专利权，应采用产量法进行摊销。无法可靠确定预期实现方式的，应当采用直线法摊销。

2. 残值的确定

使用寿命有限的无形资产，其残值应当视为零，但下列情况除外：

（1）有第三方承诺在无形资产使用寿命结束时愿意以一定的价格购买该无形资产；

（2）可以根据活跃市场得到预计残值信息，并且该市场在无形资产使用寿命结束时很可能存在。

例如，某企业取得一项专利技术，法律保护期间为 20 年，企业预计运用该专利生产的产品在未来 15 年内会为企业带来经济利益。就该项专利技术，第三方向企业承诺在5年内以其取得之日公允价值的60%购买该项专利权。从企业管理层目前的持有计划来看，准备在5年内将其出售给第三方，该项专利技术应在企业持有其5年内摊销，残值为该专利在取得之日公允价值的60%。

无形资产的残值意味着在其经济寿命结束之前企业预计将会处置该无形资产，并且从该处置中取得的利益。估计无形资产的残值应以资产处置时的可收回金额为基础，此时的可收回金额是指在预计出售日，出售一项使用寿命已满且处于类似使用状况下同类无形资产预计的处置价格（扣除相关税费）。残值确定以后，在持有无形资产的期间，至少应于每年年末进行复核，预计其残值与原估计金额不同的，应按照会计估计变更进行处理。如果无形资产的残值重新估计以后高于其账面价值的，无形资产不再摊销，直至残值降至低于账面价值时再恢复摊销。

3. 无形资产摊销的账务处理

企业应当按月对无形资产进行摊销。无形资产的摊销金额一般应当计入当期损益，但如果某项无形资产所包含的经济利益是通过所生产的产品或其他资产实现的，其摊销金额应当计入相关产品或资产的成本。例如，某项专门用于生产过程中的专利技术，其摊销费应构成所生产产品成本的一部分，计入制造该产品的制造费用。

无形资产摊销时，应根据无形资产的使用情况作不同的账务处理。

（1）如果无形资产是为生产商品或提供劳务而持有，应将该无形资产摊销额计入制造费用。如果该无形资产仅为生产一种商品或提供一种劳务服务，期末，应将制造费用中核算的无形资产摊销额直接转入该产品的生产成本或该劳务的劳务成本。如果该无形资产为生产多种商品或提供多种劳务服务，期末，将制造费用中核算的无形资产摊销额按一定方法分配计入多种产品的生产成本或多种劳务的劳务成本。

（2）如果无形资产是为租赁而持有，由于租赁无形资产取得的收入计入其他业务收入，根据配比原则，无形资产的摊销额计入其他业务成本。

（3）如果无形资产是为其他目的而持有，此时没有办法将该无形资产摊销额归入某个特定产品成本或者劳务成本，也不能与其他业务收入相配比，就将该无形资产摊销额计入管理费用等，遵循时间配比原则，在计算损益时一次性扣除。

企业应当设置“累计摊销”科目，核算企业对使用寿命有限的无形资产计提的累计摊销。企业按期（月）计提无形资产摊销，借记“管理费用”“其他业务成本”“制造费用”等科目，贷记“累计摊销”科目。处置无形资产还应同时结转累计摊销。该科目期末贷方余额，反映企业无形资产累计摊销额。该科目应按无形资产项目进行明细核算。

【涉税提示】

对使用寿命确定的无形资产，会计与税法的差异主要表现在：

(1) 税法只允许采用直线法对无形资产进行摊销，会计允许根据与无形资产有关的经济利益的预期实现方式选择摊销方法。

(2) 税法规定了最低摊销年限不得低于10年，会计没有此项规定。企业应根据税法规定的年限计算允许税前扣除的摊销额，并进行纳税调整。

(3) 对于残值，在特定情况下，会计上要求对无形资产摊销时考虑预计残值，而税法不要求在计算摊销时保留残值。

【例14-6】华丰公司管理用一项无形资产，价值360 000元，法律规定有效期为10年。每月摊销额为3 000元（360 000÷10÷12），应作如下会计处理：

借：管理费用　　3 000

　　贷：累计摊销　　3 000

【税务处理】

对于法律规定或者合同约定了使用年限的无形资产，税法要求按照规定或者约定的使用年限分期摊销，与会计处理一致。

（三）使用寿命不确定的无形资产的减值测试

对于使用寿命不确定的无形资产，在持有期间内不需要进行摊销，但应当在每个会计期间进行减值测试。如果测试表明已发生减值，应计提相应的减值准备，借记“资产减值损失”科目，贷记“无形资产减值准备”科目。

【涉税提示】

对使用寿命不确定的无形资产，会计上不进行摊销，需要计提减值准备的，相应计提减值准备。而税法采用直线法摊销，摊销年限不得少于10年，计提的减值准备不得税前扣除。因此，在税法摊销年限内，应当分期调整减少应纳税所得额。

二、无形资产的期末计量

企业应当在资产负债表日判断无形资产是否存在可能发生减值的迹象。无形资产存在减值迹象的，应当估计其可收回金额。可收回金额的计量结果表明，无形资产的可收回金额低于其账面价值的，应当将无形资产的账面价值减记至可收回金额，减记的金额确认为资产减值损失，计入当期损益，同时计提相应的资产减值准备。无形资产减值准备的确认与计算，详见本书下册“第十七章　资产减值”。

企业应设置“无形资产减值准备”科目核算企业无形资产的减值准备。该科目贷方登记企业发生无形资产减值时计提的准备额；借方登记处置无形资产时结转的减值准备。该科目期末贷方余额，反映企业已计提但尚未转销的无形资产减值准备。该科目可按无形资产项目进行明细核算。

资产负债表日，无形资产发生减值的，按应减记的金额，借记“资产减值损失”科目，贷记“无形资产减值准备”科目。处置无形资产还应同时结转减值准备。

无形资产减值损失一经确认，在以后会计期间不得转回。

无形资产减值损失确认后，减值资产的摊销费用应当在未来期间作相应调整，以使该资产在剩余使用寿命内，系统地分摊调整后的资产账面价值（扣除预计净残值）。

【涉税提示】

按照税法规定，计提的无形资产减值准备，不得在税前扣除。企业计提无形资产减值准备时，应调整增加应纳税所得额，以后处置无形资产时再作相反的纳税调整。

【例 14－7】华丰公司以 650 000 元购入一项商标权，预计摊销期限为 10 年。但在使用了 3 年后，由于市场情况发生了变化，该新产品的市场份额大幅降低。基于稳健性考虑，该公司为此项无形资产计提减值准备 196 000 元。第 4 年初该公司将其出售，取得的增值税专用发票上注明的价格为 120 000

元，税额为7 200元。则华丰公司应作如下会计处理：

（1）计提无形资产减值准备时：

借：资产减值损失　　196 000

　　贷：无形资产减值准备　　196 000

（2）出售无形资产时：

商标权已摊销价值 = 650 000 ÷ 10 × 3 = 195 000（元）

应交增值税额 = 120 000 × 6% = 7 200（元）

借：银行存款　　127 200

　　无形资产减值准备　　196 000

　　累计摊销　　195 000

　　资产处置损益　　139 000

　　贷：无形资产　　650 000

　　　　应交税费——应交增值税（销项税额）　　7 200

【税务处理】

（1）计提的无形资产减值准备不得在税前扣除，年终申报企业所得税时应调增应纳税所得额196 000元。

（2）无形资产处置时，税法确认的处置损失335 000元［127 200 −（650 000 − 195 000）− 7 200］，会计确认的损失139 000元，在年终申报企业所得税时调减应纳税所得额196 000元（335 000 − 139 000）。

第三节　无形资产的处置

无形资产的处置，主要是指无形资产出售、对外出租、对外捐赠，或者是无法为企业带来未来经济利益时，应予终止确认并转销。其中，无形资产对外捐赠可比照无形资产的报废进行会计处理。

一、无形资产出售

企业出售无形资产时，按实际取得的转让收入，借记"银行存款"等科目，按已计提的累计摊销，借记"累计摊销"科目，原已计提减值准备的，借记"无形资产减值准备"科目，按无形资产的账面余额，贷记"无形资产”科目，按照增值税政策计算的增值税，贷记“应交税费——应交增值税（销项税额）”等科目，按应支付的其他相关税费，贷记“银行存款”等科目，按其差额，贷记“资产处置损益”科目。

【涉税提示】

增值税政策中销售无形资产，是指转让无形资产所有权或者使用权的业务活动。销售无形资产的税率分为两档：一是转让技术、商标、著作权、商誉、自然资源使用权（不包括土地使用权）和其他权益性无形资产税率为6%；二是转让土地使用权税率自2019年4月1日起为9%。

符合条件的技术转让所得免征、减征企业所得税，纳税人提供技术转让、技术开发和与之相关的技术咨询、技术服务免征增值税。

【例14-8】华丰公司以375 000元购入的专利权，在使用了3年后以320 000元的价格出售。该项专利权的摊销期为15年，累计摊销75 000元，适用增值税税率为6%。则华丰公司应作如下会计处理：

应交增值税 = 320 000 × 6% = 19 200（元）

借：银行存款	320 000	
累计摊销	75 000	
贷：无形资产		375 000
应交税费——应交增值税（销项税额）		19 200
资产处置损益		800
借：应交税费——应交增值税（减免税款）	19 200	
贷：其他收益		19 200

【税务处理】

该公司800元技术转让所得，免征企业所得税，19 200元免征增值税。

二、无形资产出租

企业将所拥有的无形资产的使用权让渡给他人，并收取租金，在满足收入确认条件的情况下，应确认相关的收入和费用。

出租无形资产取得租金收入时，按照实际收到的款项，借记“银行存款”等科目，按照实现的收入，贷记“其他业务收入”科目，按照增值税政策规定计算的增值税，贷记“应交税费——应交增值税（销项税额）”等科目；摊销出租无形资产的成本及发生与出租有关的各种费用支出时，借记“其他业务成本”科目，贷记“累计摊销”等科目。

【例 14－9】 华丰公司将一项商标权出租给胜利公司使用，期限 3 年。该商标权的账面余额为 60 万元，摊销期限为 10 年。出租合同约定，胜利公司每年支付租金 127 200 元。华丰公司本月已取得租金收入 10 600 元存入银行。则华丰公司应作如下会计处理：

借：银行存款	10 600	
贷：其他业务收入		10 000
应交税费——应交增值税（销项税额）		600
借：其他业务成本	5 000	
贷：累计摊销		5 000

三、无形资产报废

当无形资产出现下列情况时，表明该无形资产已不能为企业带来经济利益，应将其报废并予转销，其账面价值转作当期损益：①某项无形资产已被其他新技术等所替代，并且已不能为企业带来经济利益；②某项无形资产已超过法律保护期限，并且已不能为企业带来经济利益；③其他足以证明某项无形资产已经丧失了使用价值和转让价值的情形。

转销时，应按无形资产已计提的累计摊销，借记“累计摊销”科目；已计提减值准备的，按已提的减值准备，借记“无形资产减值准备”科目；按其账面余额，贷记“无形资产”科目；按其差额，借记“营业外支出”科目。

【例 14－10】 2023 年 12 月 31 日，华丰公司某项专利权的账面余额为 6 000 000元（假设账面余额与计税基础一致）。该专利权的摊销期限为 10 年，采用直线法进行摊销，已摊销 5 年。该专利权的残值为零，已累计计提减值准备 1 600 000 元。假定以该专利权生产的产品已没有市场，预期不能再为该公司带来经济利益。不考虑其他相关因素，则华丰公司应作如下会计处理：

借：累计摊销	3 000 000
无形资产减值准备	1 600 000

营业外支出——处置非流动资产损失　　　　1 400 000

贷：无形资产——专利权　　　　6 000 000

【税务处理】

对无形资产报废损失，企业年终申报企业所得税时，填报企业所得税年度纳税申报表《资产损失税前扣除及纳税调整明细表》后，可以在税前扣除。

企业所得税法确认的无形资产报废损失为 3 000 000 元（6 000 000 - 3 000 000），而会计确认的损失为 1 400 000 元，二者的差额为 1 600 000 元，是报废无形资产已提的减值准备。由于提取无形资产减值准备时已调整增加应纳税所得额，无形资产报废时应调整减少相应的应纳税所得额。因此，2023 年申报企业所得税时，应调整减少应纳税所得额 1 600 000 元。

第四节　其 他 资 产

其他资产，是指不能包括在货币资金、以公允价值计量且其变动计入当期损益的金融资产、应收及预付款项、存货、以摊余成本计量的金融资产、以公允价值计量且其变动计入其他综合收益的金融资产、长期股权投资、固定资产、无形资产、投资性房地产等之内的其他资产，主要包括长期待摊费用和其他长期资产等。

一、长期待摊费用

长期待摊费用，是指企业已经发生但应由本期和以后各期负担的分摊期限在 1 年以上（不含 1 年）的各项费用，如以经营租赁方式租入的固定资产发生的改良支出等。应当由本期负担的借款利息、租金等，不得作为长期待摊费用处理。长期待摊费用应该单独核算，在费用项目的受益期限内分期平均摊销，若不能使以后的会计期间受益，应当将尚未摊销的该项目的摊余价值全部转入当期损益。

经营租赁方式租入固定资产改良支出，是指能增加租入固定资产的效用或延长其使用寿命的改装、翻修、改建等支出，应在租赁期限与预计可使用年限两者孰短的期限内平均摊销。

企业应设置“长期待摊费用”科目，核算企业已经发生但应由本期和以后各期负担的分摊期限在 1 年以上的各项费用，如以经营租赁方式租入的固定资产发生的改良支出等。该科目借方登记企业发生的各项长期待摊费用，贷方登记企业各期摊销转出的各项长期待摊费用。期末借方余额，反映企业尚未摊销完毕的长期待摊费用。该科目可按费用项目进行明细核算。

企业发生的长期待摊费用时，借记“长期待摊费用”科目，贷记“银行存款”“原材料”等科目。涉及按照税法规定可抵扣的增值税进项税额，还应当借记“应交税费——应交增值税（进项税额）”或“应交税费——待认证进项税额”科目。

摊销长期待摊费用时，借记“管理费用”“销售费用”等科目，贷记“长期待摊费用”科目。

【涉税提示】

税法对长期待摊费用的内容及摊销期限作了明确规定。税务人员应关注企业长期待摊费用的内容及摊销期限与税法规定有无不一致的情况，若有不一致的情况，应按税法规定进行纳税调整。

二、其他长期资产

其他长期资产一般包括国家批准储备的各种物资、银行冻结存款、临时设施及诉讼中财产等。企业可以根据资产的性质及特点单独设置相关科目进行核算。

第十五章　投资性房地产

【本章提要】本章主要介绍投资性房地产的核算及涉税处理。

投资性房地产，是指为赚取租金或资本增值，或者两者兼有而持有的房地产。主要包括已出租的土地使用权、持有并准备增值后转让的土地使用权和已出租的建筑物。

投资性房地产应当按照成本进行初始计量。不同渠道取得的无形资产，其成本构成也不相同。企业通常应当采用成本模式对投资性房地产进行后续计量，满足特定条件时也可采用公允价值模式对投资性房地产进行后续计量。企业有确凿证据表明房地产用途发生改变的，应当将投资性房地产转换为其他资产或者将其他资产转换为投资性房地产。企业出售、转让、报废投资性房地产或者发生投资性房地产毁损，应当将处置收入扣除其账面价值和相关税费后的金额计入当期损益。

对投资性房地产进行核算所使用的会计科目主要有“投资性房地产”“投资性房地产累计折旧（摊销）”“投资性房地产减值准备”“其他业务收入”“其他业务成本”“公允价值变动损益”“资产减值损失”等，这些会计科目与财务报表项目的关系如图 15－1 所示。

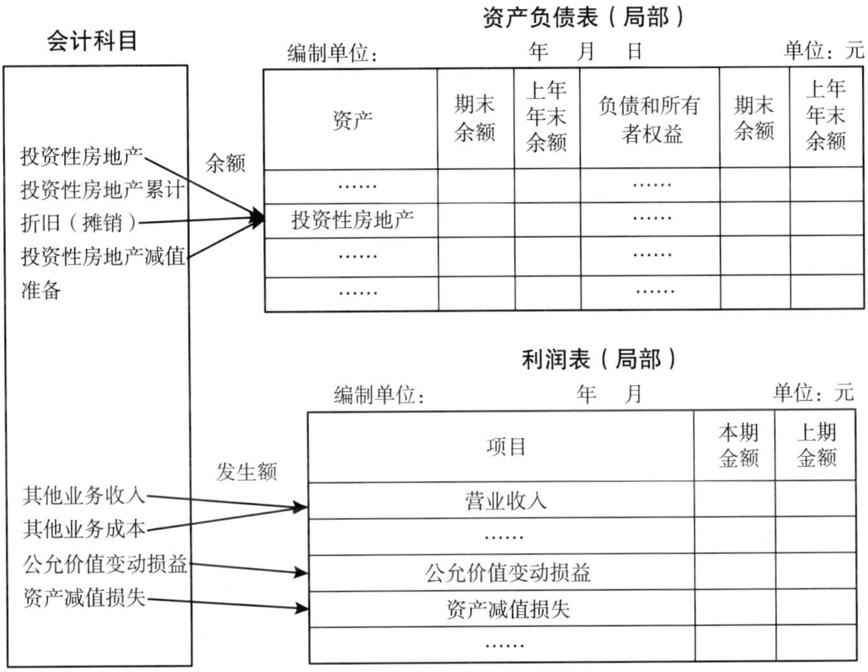

图 15－1　会计科目与财务报表项目的关系（投资性房地产）

第一节　投资性房地产的确认和初始计量

一、投资性房地产的概念和范围

（一）投资性房地产的概念

房地产是土地和房屋及其权属的总称。其中，土地指土地使用权，房屋指土地上的房屋等建筑物及构筑物。随着社会主义市场经济的发展和完善，房地产市场日益活跃，企业持有的房地产除了用作自身管理、生产经营活动场所和对外销售之外，还将房地产用于赚取租金或增值收益的活动。

投资性房地产，是指为赚取租金或资本增值，或者两者兼有而持有的房地产，主要包括已出租的土地使用权、持有并准备增值后转让的土地使用权和已出租的建筑物。投资性房地产应当能够单独计量和出售。

（二）投资性房地产的范围

1. 已出租的土地使用权

已出租的土地使用权，是指企业通过出让或转让方式取得的，以经营租赁方式出租的土地使用权。企业计划用于出租但尚未出租的土地使用权不属于此类。

对于以经营租赁方式租入土地使用权再转租给其他单位的，不能确认为投资性房地产。

2. 持有并准备增值后转让的土地使用权

持有并准备增值后转让的土地使用权，是指企业取得的、准备增值后转让的土地使用权。按照国家有关规定认定的闲置土地，不属于持有并准备增值后转让的土地使用权。

3. 已出租的建筑物

已出租的建筑物，是指企业拥有产权，以经营租赁方式出租的建筑物，包括自行建造或开发活动完成后用于出租的建筑物，以及处于建造或开发过程中将来用于出租的建筑物。企业在判断和确认已出租的建筑物时，应把握以下要点：

（1）用于出租的建筑物，是指企业拥有产权的建筑物。企业以经营租赁方式租入再转租给其他单位的建筑物，不能确认为投资性房地产。

（2）已出租的建筑物是企业已经与其他方签订了租赁协议，约定以经营租赁方式出租的建筑物。一般应自租赁协议规定的租赁期开始日起，经营租出的建筑物才属于已出租的建筑物。通常情况下，对企业持有以备经营出租的空置建筑物或在建建筑物，如果董事会或类似机构作出书面决议，明确表明将其用于经营出租且持有意图短期内不再发生变化的，即使尚未签订租赁协议，也应视为投资性房地产。这里的空置建筑物，是指企业新购入、自行建造或开发完成但尚未使用的建筑物，以及不再用于日常生产经营活动且经整理后达到可经营出租状态的建筑物。

（3）企业将建筑物出租，按租赁协议向承租人提供的相关辅助服务在整个协议中不重大的，应当将该建筑物确认为投资性房地产。例如，企业将办公楼出租并向承租人提供保安、维修等辅助服务，应当将该建筑物确认为投资性房地产。

（三）不属于投资性房地产的项目

1. 自用房地产，即为生产商品、提供劳务或者经营管理而持有的房地产。例如，企业生产经营用的厂房和办公楼属于固定资产；企业经营用的土地使用权属于无形资产。自用房地产的特征在于服务于企业自身的生产经营活动。例如，企业拥有并自行经营的旅馆饭店，其经营目的主要是通过提供客房服务赚取服务收入，该旅馆饭店不确认为投资性房地产。

2. 作为存货的房地产，通常指房地产开发企业在正常经营过程中销售或为销售而正在开发的商品房和土地。

实务中，存在某项房地产部分自用或作为存货出售、部分用于赚取租金或资本增值的情形，因此，如果不同用途的部分能够单独计量的，应当分别确认为固定资产（或无形资产、存货）和投资性房地产；不能够单独计量和出售的、用于赚取租金或资本增值的部分，不确认为投资性房地产。例如，甲企业建造了一栋商住两用楼盘，一层出租给一家大型超市，已签订经营租赁合同；其余楼层均为普通住宅，正在公开销售中。在这种情况下，如果一层商铺能够单独计量，应当确认为甲企业的投资性房地产，其余楼层为甲企业的存货，即开发产品。

【涉税提示】

税法中没有专门规定投资性房地产的概念。按企业会计准则确认的投资性房地产，企业所得税法上可以区分为房屋、建筑物和土地使用权。其中，房屋、建筑物归入固定资产，在计算应纳税所得额时，按照《企业所得税法》及其实施条例的规定计算固定资产折旧并扣除；土地使用权应归入无形资产，在计算应纳税所得额时，按照《企业所得税法》及其实施条例的规定计算无形资产摊销费用并扣除。

根据现行增值税政策规定，会计上确认的投资性房地产属于增值税中的无形资产或不动产，企业取得时可以按规定抵扣增值税进项税额，且自2019年4月1日起纳税人取得不动产或者不动产在建工程的进项税额不再分2年抵扣，出租、出售时应按规定计算缴纳增值税。

二、投资性房地产的确认

某个项目确认为投资性房地产，首先应当符合投资性房地产的概念，其次要同时满足下列条件，才能予以确认：

1. 与该投资性房地产有关的经济利益很可能流入企业；
2. 该投资性房地产的成本能够可靠地计量。

对已出租的土地使用权、已出租的建筑物，其作为投资性房地产的确认时点为租赁期开始日，即土地使用权、建筑物进入出租状态、开始赚取租金的日期。对持有并准备增值后转让的土地使用权，其作为投资性房地产的确认时点为企业将自用土地使用权停止自用，准备增值后转让的日期。

三、投资性房地产的初始计量

投资性房地产应当按照成本进行初始计量。

（一）外购的投资性房地产

外购的房地产只有在购入的同时开始出租，才能作为投资性房地产加以确认。外购投资性房地产的成本，包括购买价款、相关税费和可直接归属于该资产的其他支出。

企业购入房地产，自用一段时间之后再改为出租或用于资本增值的，应先将外购的房地产确认为固定资产或无形资产，自租赁开始日或用于资本增值之日，再从固定资产或无形资产转换为投资性房地产。

（二）自行建造的投资性房地产

自行建造或开发完成的房地产，只有在自行建造或开发活动完成的同时开始对外出租，才能将自行建造或开发完成的房地产确认为投资性房地产。自行建造投资性房地产的成本，由建造该项资产达到预定可使用状态前所发生的必要支出构成，包括土地开发费、建筑成本、安装成本、应予以资本化的借款费用、支付的其他费用和分摊的间接费用等。建造过程中发生的非正常损失，直接计入当期损益，不计入建造成本。

企业自行建造房地产达到预定可使用状态后一段时间才对外出租的，应先将自行建造的房地产确认为固定资产、无形资产或存货，自租赁开始日起，再从固定资产、无形资产或存货转换为投资性房地产。

（三）以其他方式取得的投资性房地产

以其他方式取得的投资性房地产的成本，按照相关企业会计准则的规定确定。

【涉税提示】

在进行税务处理时，投资性房地产以历史成本为计税基础。具体操作时，企业应区分为房屋、建筑物和土地使用权，分别按照税法的相关规定确定其计税基础。

第二节　投资性房地产的后续计量

企业通常应当采用成本模式对投资性房地产进行后续计量，满足特定条件时也可采用公允价值模式对投资性房地产进行后续计量。但同一企业只能采用一种模式对所有投资性房地产进行后续计量，不得同时采用两种计量模式。

一、采用成本模式进行后续计量的投资性房地产

在成本模式下，企业应当按照《企业会计准则第 4 号——固定资产》和《企业会计准则第 6 号——无形资产》的规定，对投资性房地产进行计量，计提折旧或摊销；存在减值迹象的，应当按照《企业会计准则第 8 号——资产减值》的规定进行处理。

（一）科目设置

企业应当设置“投资性房地产”科目，核算采用成本模式计量的投资性房地产的成本。该科目借方登记投资性房地产的成本，贷方登记转换和处置的投资性房地产的账面余额。该科目期末余额在借方，反映企业采用成本模

式计量的投资性房地产的成本。该科目可按投资性房地产类别和项目进行明细核算。

采用成本模式计量时，投资性房地产的累计折旧或累计摊销，可以单独设置“投资性房地产累计折旧（摊销）”科目，比照“累计折旧”等科目进行处理。投资性房地产发生减值的，可以单独设置“投资性房地产减值准备”科目，比照“固定资产减值准备”等科目进行处理。

（二）会计处理

1. 企业外购、自行建造等取得的投资性房地产，按应计入投资性房地产成本的金额，借记“投资性房地产”科目，按当月已认证的可抵扣增值税额，借记“应交税费——应交增值税（进项税额）”科目，按当月未认证的可抵扣增值税额，借记“应交税费——待认证进项税额”科目，按照应付或实际支付的金额，贷记“银行存款”“应付账款”“在建工程”等科目。

2. 按期（月）对投资性房地产计提折旧或进行摊销，借记“其他业务成本”科目，贷记“投资性房地产累计折旧（摊销）”科目。

3. 取得的租金收入，按照实际收到的款项，借记“银行存款”等科目，按照实现的收入，贷记“其他业务收入”科目，按照增值税政策规定计算的增值税，贷记“应交税费——应交增值税（销项税额）”等科目。

4. 与投资性房地产有关的后续支出，比如改扩建和装修支出，满足投资性房地产确认条件的，应当将其资本化，计入投资性房地产的成本。投资性房地产进入改良和装修阶段后，应当将其账面价值转入改扩建工程。借记“投资性房地产——在建”“投资性房地产累计折旧（摊销）”等科目，贷记“投资性房地产”科目。发生资本化的改良或装修支出，通过“投资性房地产——在建”科目归集，借记“投资性房地产——在建”科目，贷记“银行存款”“应付账款”等科目，改良或装修期间不计提折旧或摊销。改良或装修完成后，继续用于投资性房地产的，应当从在建工程转入投资性房地产，借记“投资性房地产”科目，贷记“投资性房地产——在建”科目。

与投资性房地产有关的后续支出，比如日常维护支出，不满足投资性房地产确认条件的，应当将其费用化，在发生时计入当期损益。企业在发生费用化的后续支出时，借记“其他业务成本”等科目，贷记“银行存款”等科目。

5. 投资性房地产存在减值迹象的，应当按照《企业会计准则第 8 号——资产减值》的有关规定，经减值测试后发生减值的，应当计提减值准备，借记“资产减值损失”科目，贷记“投资性房地产减值准备”科目。如果已经计提减值准备的投资性房地产的价值得以恢复的，不得转回。

【涉税提示】

（1）投资性房地产按成本进行后续计量时，其税务处理应比照企业所得税法关于固定资产、无形资产的有关规定处理。

（2）企业所得税法对租金收入的确认，如果租赁期限跨年度，且租金提前一次性支付的，根据收入与费用配比原则，在租赁期内可以分期均匀计入相关年度收入。根据增值税政策规定，对租赁服务采取预收款方式的，其纳税义务发生时间为收到预收款的当天。

（3）企业计提的投资性房地产减值准备，不得在税前扣除。企业计提投资性房地产减值准备时，应调整增加应纳税所得额，以后处置无形资产时再作相反的纳税调整。

【例 15 -1】2021 年 3 月，华丰公司计划购入一栋写字楼用于对外出租。3 月20 日，华丰公司与博大公司签订了经营租赁合同，约定自该写字楼购买日起将其出租给博大公司，为期 3 年。6 月 5 日，华丰公司购入写字楼，取得的增值税专用发票上注明的价款为 2 400 万元，增值税税额为 216 万元，款项以银行存款支付，该增值税专用发票于当月通过增值税发票选择确认平台进行了勾选确认。假定不考虑其他因素，则华丰公司应作如下会计处理：

借：投资性房地产——写字楼　　24 000 000

　　应交税费——应交增值税（进项税额）　　2 160 000

　　贷：银行存款　　26 160 000

【税务处理】

华丰公司购入写字楼用于出租，会计入账价值与税法计税基础一致，均为 24 000 000 元。

【例 15 -2】沿用【例 15 -1】，华丰公司按照直线法计提折旧，该写字楼使用寿命为 20 年，预计净残值为零。按照租赁合同，博大公司每月支付租金 16 万元（不含税），适用的增值税税率为 9%。则华丰公司应作如下会计处理：

（1）计提折旧时：

每月计提的折旧额＝2 400÷20÷12＝10（万元）

借：其他业务成本　　100 000

　　贷：投资性房地产累计折旧（摊销）　　100 000

（2）确认租金时：

借：银行存款（或其他应收款）　　174 400

　　贷：其他业务收入　　160 000

　　　　应交税费——应交增值税（销项税额）　　14 400

【税务处理】

华丰公司按直线法计提折旧的金额与税法一致，无须调整。

【例15－3】华丰公司在拥有使用权的一块土地上自行建造一幢办公楼并准备用于出租。该土地使用权成本2 400万元，该办公楼建设期间投入工程物资3 400万元，支付在建工程人员薪酬200万元。假定无相关税费，现该办公楼完工达到预定可使用状态并开始出租。则华丰公司应作如下会计处理：

（1）领用工程物资时：

借：在建工程　　34 000 000

　　贷：工程物资　　34 000 000

（2）发生在建工程人员薪酬时：

借：在建工程　　2 000 000

　　贷：应付职工薪酬　　2 000 000

（3）工程完工并用于出租时：

借：投资性房地产——办公楼　　36 000 000

　　　　　　　　——土地使用权　　24 000 000

　　贷：在建工程　　36 000 000

　　　　无形资产　　24 000 000

【税务处理】

华丰公司自行建造办公楼并用于出租，会计入账价值与税法计税基础一致，均为60 000 000元。

【例15－4】沿用【例15－1】，假设2024年6月5日，华丰公司与博大公司签订的经营租赁合同到期，该写字楼的账面原价为2 400万元，已提折旧360万元。假设为了提高该写字楼的租金收入，华丰公司决定在租赁期满后对该写字楼进行装修，并与祥瑞公司签订了经营租赁合同，约定装修完成时将该写字楼出租给祥瑞公司。6月30日，该写字楼装修完成，共发生支出280万元，即日按照租赁合同出租给祥瑞公司。则华丰公司应作如下会计处理：

（1）2024年6月5日，投资性房地产转入装修工程：

借：投资性房地产——写字楼（在建）　20 400 000

　　投资性房地产累计折旧　3 600 000

　　贷：投资性房地产——写字楼　24 000 000

（2）核算装修支出：

借：投资性房地产——写字楼（在建）　2 800 000

　　贷：银行存款　2 800 000

（3）2024年6月30日，装修完工：

借：投资性房地产——写字楼　23 200 000

　　贷：投资性房地产——写字楼（在建）　23 200 000

【例15－5】沿用【例15－4】，假设该办公楼装修后其使用寿命为20年，2024年12月这栋写字楼发生减值迹象，经减值测试，其可收回金额为2 000万元。则华丰公司应作如下会计处理：

2024年7—12月华丰公司应计提折旧额＝［（23 200 000÷20）÷12］×6＝580 000（元）（分录略）

2024年12月华丰公司应计提资产减值准备＝23 200 000－580 000－20 000 000＝2 620 000（元）

借：资产减值损失　2 620 000

　　贷：投资性房地产减值准备　2 620 000

【税务处理】

华丰公司2024年计提的投资性房地产减值准备属于税法规定的未经核定的准备金支出，不允许在税前扣除，华丰公司在办理2024年度企业所得税申报时，应调整增加应纳税所得额2 620 000元。

二、采用公允价值模式进行后续计量的投资性房地产

（一）采用公允价值模式计量投资性房地产的前提条件

企业存在确凿证据表明其投资性房地产的公允价值能够持续可靠取得的，

可以对投资性房地产采用公允价值模式进行后续计量。采用公允价值模式计量的投资性房地产，应当同时满足下列条件：

1. 投资性房地产所在地有活跃的房地产交易市场，意味着投资性房地产可以在房地产交易市场中直接交易。

所在地，一般是指投资性房地产所在的大中型城市、城区。活跃市场，是指同时具有下列特征的市场：①市场交易对象具有同质性；②可随时找到自愿交易的买方和卖方；③市场价格信息是公开的。

2. 企业能够从活跃的房地产交易市场上取得同类或类似房地产的市场价格及其他相关信息，从而对投资性房地产的公允价值作出合理的估计。

同类或类似的房地产，对建筑物而言，是指所处地理位置和地理环境相同、性质相同、结构类型相同或相近、新旧程度相同或相近、可使用状况相同或相近的建筑物；对土地使用权而言，是指同一城区、同一位置区域、所处地理环境相同或相近、可使用状况相同或相近的土地。

（二）采用公允价值模式计量投资性房地产的会计处理

1. 科目设置

企业采用公允价值模式计量投资性房地产的，应设置“投资性房地产”科目核算，并分别“成本”“公允价值变动”进行明细核算。其中“投资性房地产——成本”明细科目，核算投资性房地产的成本；“投资性房地产——公允价值变动”明细科目，核算投资性房地产公允价值与账面价值之间的差额。该科目的期末借方余额，反映投资性房地产的公允价值。

采用公允价值模式计量的，不对投资性房地产计提折旧或进行摊销，也不进行减值测试，应当以资产负债表日投资性房地产的公允价值为基础调整其账面价值，公允价值与原账面价值之间的差额计入当期损益。

2. 会计处理

（1）企业外购、自行建造等取得的投资性房地产，按应计入投资性房地产成本的金额，借记“投资性房地产——成本”科目，贷记“银行存款”“在建工程”等科目。

（2）资产负债表日，投资性房地产的公允价值高于其账面余额的差额，借记“投资性房地产——公允价值变动”科目，贷记“公允价值变动损益”科目；公允价值低于其账面余额的差额作相反的会计分录。

（3）取得的租金收入，按照实际收到的款项，借记“银行存款”等科目，按照实现的收入，贷记“其他业务收入”科目，按照增值税政策规定计算的增值税，贷记“应交税费——应交增值税（销项税额）”等科目。

（4）与投资性房地产有关的后续支出，比如改扩建和装修支出，满足投资性房地产确认条件的，应当将其资本化，计入投资性房地产的成本。投资性房地产进入改良和装修阶段后，借记“投资性房地产——在建”科目，贷记“投资性房地产——成本”“投资性房地产——公允价值变动”科目。改良或装修完成后，继续用于投资性房地产的，借记“投资性房地产——成本”科目，贷记“投资性房地产——在建”科目。

与投资性房地产有关的后续支出，比如日常维护支出，不满足投资性房地产确认条件的，应当将其费用化，在发生时计入当期损益。其会计处理与采用成本模式计量相同。

【例 15－6】2022 年 12 月 20 日，华丰公司将一栋开发完成的厂房出租给新明公司，该厂房总造价为 400 万元。华丰公司采用公允价值模式计量，2023 年年底，该厂房的公允价值为 500 万元。2024 年年底，该厂房的公允价值为 450 万元。假定税法规定按 20 年计提折旧，不考虑预计净残值，华丰公司每年实现的会计利润均为 500 万元。则华丰公司应作如下会计处理：

（1）2022 年 12 月 20 日，厂房建成，按实际发生的成本入账：

借：投资性房地产——成本　　4 000 000

　　贷：在建工程　　4 000 000

（2）2023 年 12 月 31 日：

借：投资性房地产——公允价值变动　　1 000 000

　　贷：公允价值变动损益　　1 000 000

（3）2024 年 12 月 31 日：

借：公允价值变动损益　　500 000

　　贷：投资性房地产——公允价值变动　　500 000

【税务处理】

（1）2022 年 12 月 20 日取得投资性房地产时，会计成本为 400 万元，计税基础也为 400 万元，二者一致，不存在差异。

（2）2023 年华丰公司按税法规定应计提折旧 20 万元（400÷20），不确认房价上涨产生的所得 100 万元。因此，华丰公司在办理 2023 年度企业所得税申报时，应调整减少应纳税所得额 120 万元（20＋100）。

（3）2024年华丰公司按税法规定应计提折旧20万元，不确认资产跌价产生的损失50万元。因此，华丰公司在办理2024年度企业所得税申报时，应调整增加应纳税所得额30万元（50－20）。

【涉税提示】

在投资性房地产按公允价值模式计量时，会计与税法存在明显的差异。会计上在年末按投资性房地产的公允价值调整其账面价值，差额计入损益，不计提折旧或摊销；而税法是以历史成本确定投资性房地产的计税基础，不确认公允价值变化所产生的所得，并对投资性房地产计提折旧或摊销。因此，应按税法规定进行纳税调整。纳税调整方法是：将“公允价值变动损益”科目的金额，从利润总额中剔除，同时对税法折旧或摊销额作纳税调减处理。

三、投资性房地产后续计量模式的变更

企业对投资性房地产的计量模式一经确定，不得随意变更。成本模式转为公允价值模式的，应当作为会计政策变更，按照《企业会计准则第28号——会计政策、会计估计变更和差错更正》处理。企业应将计量模式变更时公允价值与账面价值之间的差额，调整期初留存收益。企业变更投资性房地产计量模式时，应当按照计量模式变更日投资性房地产的公允价值，借记“投资性房地产——成本”科目，按照已计提的累计折旧或累计摊销，借记“投资性房地产累计折旧（摊销）”科目，已计提减值准备的，还应同时借记“投资性房地产减值准备”科目，按账面余额，贷记“投资性房地产”科目，按照公允价值与其账面价值之间的差额，贷记或借记“利润分配——未分配利润”“盈余公积”科目。

已采用公允价值模式计量的投资性房地产，不得从公允价值模式转为成本模式。

【涉税提示】

投资性房地产从成本模式转为公允价值模式，会计与税法存在以下差异：①转换时，其公允价值与账面价值的差额税法不确认所得，由于会计处理是调整期初留存收益，不影响当期损益，因此无须作纳税调整。②投资性房地

产转换为公允价值模式计量后，公允价值变动，税法不予确认，企业应按照税法规定进行纳税调整。③转换为公允价值模式后，会计不再计提折旧，而税法仍应计提折旧，两者的差异需要进行纳税调整。

【例 15－7】银河公司于 2022 年 6 月建成一栋写字楼，2022 年 7 月将其租赁给金星公司使用，并一直采用成本模式进行后续计量。预计该写字楼的使用年限为 50 年，按年限平均法计提折旧，预计净残值为零。2023 年 12 月 31 日，银河公司认为，出租给金星公司使用的写字楼所在地的房地产交易市场比较成熟，具备了采用公允价值模式计量的条件，决定对该项投资性房地产从成本模式转换为公允价值模式计量。该写字楼的原造价为 18 000 000 元，已计提折旧 540 000 元，账面价值为 17 460 000 元。2023 年 12 月 31 日，该写字楼的公允价值为 19 000 000 元。假设银河公司按净利润的 10% 计提盈余公积。2024 年 12 月 31 日，该写字楼的公允价值为 19 200 000 元。则银河公司应作如下会计处理：

（1）2023 年 12 月 31 日：

借：投资性房地产——成本	19 000 000	
投资性房地产累计折旧（摊销）	540 000	
贷：投资性房地产——写字楼		18 000 000
盈余公积		154 000
利润分配——未分配利润		1 386 000

（2）2024 年 12 月 31 日：

借：投资性房地产——公允价值变动	200 000	
贷：公允价值变动损益		200 000

【税务处理】

（1）税法以历史成本确定投资性房地产的计税基础，在转换日该投资性房地产的计税基础为 17 460 000 元。成本模式转为公允价值模式时，其公允价值与账面价值的差额税法不予确认，由于会计处理是调整期初留存收益，不影响当期损益，因此无须作纳税调整。

（2）持有投资性房地产期间公允价值的变动，税法不予确认，银河公司在办理 2024 年度企业所得税申报时，应将“公允价值变动损益”科目的金额从利润总额中剔除，应调整减少应纳税所得额 200 000 元。

（3）按税法规定，该投资性房地产 2024 年应计提折旧为 360 000 元

（18 000 000 ÷ 50），而会计折旧为 0，据此，银河公司在办理 2024 年度企业所得税申报时，应调整减少应纳税所得额 360 000 元。

第三节　投资性房地产的转换和处置

一、投资性房地产的转换

（一）投资性房地产的转换形式

房地产的转换，实质上是因房地产用途发生改变而对房地产进行的重新分类。企业有确凿证据表明房地产用途发生改变，满足下列条件之一的，应当将投资性房地产转换为其他资产或者将其他资产转换为投资性房地产。

1. 投资性房地产开始自用

投资性房地产开始自用，是指投资性房地产转为自用房地产，就是将原来用于赚取租金或资本增值的房地产改为用于生产商品、提供劳务或者经营管理。例如，企业将出租的厂房收回，用于生产本企业的产品。

2. 作为存货的房地产，改为出租

作为存货的房地产，改为出租，通常指房地产开发企业将其持有的开发产品以经营租赁的方式出租，相应地由存货转换为投资性房地产。

3. 自用土地使用权停止自用，用于赚取租金或资本增值

自用土地使用权停止自用，用于赚取租金或资本增值，即企业将原本用于生产商品、提供劳务或者经营管理的土地使用权改用于赚取租金或资本增值，相应地由无形资产转换为投资性房地产。

4. 自用建筑物停止自用，改为出租

自用建筑物停止自用，改为出租，即企业将原本用于生产商品、提供劳务或者经营管理的建筑物改用于出租，相应地由固定资产转换为投资性房地产。

5. 经营出租的房地产重新对外销售

房地产企业将用于经营出租的房地产重新开发用于对外销售，从投资性房地产转为存货。

（二）投资性房地产转换日的确定

转换日的确定关系到资产的确认时点和入账价值，因此非常重要。转换日，是指房地产的用途发生改变、状态相应发生改变的日期。转换日的确定标准主要包括：

（1）投资性房地产开始自用，转换日，是指房地产达到自用状态，企业开始将房地产用于生产商品、提供劳务或者经营管理的日期。

（2）投资性房地产转换为存货，转换日为租赁期届满、企业董事会或类似机构作出书面决议明确表明将其重新开发用于对外销售的日期。

（3）作为存货的房地产改为出租，或者自用建筑物或土地使用权停止自用改为出租，转换日通常为租赁期开始日。租赁期开始日，是指承租人有权行使其使用租赁资产权利的日期。

（三）房地产转换的会计处理

1. 投资性房地产转换为非投资性房地产

（1）采用成本模式进行后续计量的投资性房地产转换为非投资性房地产。

①采用成本模式进行后续计量的投资性房地产转换为自用房地产。

企业将采用成本模式进行后续计量的投资性房地产转为自用时，应按其在转换日的账面余额、累计折旧、减值准备等，分别转入“固定资产”“累计折旧”“固定资产减值准备”等科目。按投资性房地产的账面余额，借记“固定资产”或“无形资产”科目，贷记“投资性房地产”科目；按已提的折旧或摊销，借记“投资性房地产累计折旧（摊销）”科目，贷记“累计折旧”或“累计摊销”科目；原已计提减值准备的，借记“投资性房地产减值准备”科目，贷记“固定资产减值准备”或“无形资产减值准备”科目。

【例15－8】2024年1月30日，华丰公司将出租在外的厂房收回，开始用于本公司生产商品。该厂房的账面价值为3 000万元，其原价为5 000万元，累计已提折旧为2 000万元。假设华丰公司采用成本模式计量。则华丰公司应作如下会计处理：

借：固定资产	50 000 000	
投资性房地产累计折旧（摊销）	20 000 000	
贷：投资性房地产		50 000 000

累计折旧　　20 000 000

②采用成本模式进行后续计量的投资性房地产转换为存货。

企业将采用成本模式进行后续计量的投资性房地产转换为存货时，应当按照该项房地产在转换日的账面价值，借记“开发产品”科目，按照已计提的折旧或摊销，借记“投资性房地产累计折旧（摊销）”科目，原已计提减值准备的，借记“投资性房地产减值”科目，按其账面余额，贷记“投资性房地产”科目。

（2）采用公允价值模式进行后续计量的投资性房地产转换为非投资性房地产。

①采用公允价值模式进行后续计量的投资性房地产转换为自用房地产。

采用公允价值模式计量的投资性房地产转换为自用房地产时，应当以其转换当日的公允价值作为自用房地产的账面价值，公允价值与原账面价值的差额计入当期损益。

企业应按投资性房地产在转换日的公允价值，借记“固定资产”或“无形资产”科目，按该项投资性房地产的成本，贷记“投资性房地产——成本”科目，按该项投资性房地产的累计公允价值变动，贷记或借记“投资性房地产——公允价值变动”科目，按其差额，贷记或借记“公允价值变动损益”科目。

【例 15－9】2023 年 12 月 15 日，华丰公司将出租在外的写字楼收回，开始作为办公楼用于本公司的行政管理，当日该写字楼的公允价值为 500 万元。该项房地产在转换前采用公允价值模式计量，账面价值为 485 万元，其中，成本为 450 万元，公允价值变动为增值 35 万元。则华丰公司应作如下会计处理：

借：固定资产　　5 000 000

　　贷：投资性房地产——成本　　4 500 000

　　　　　　　　　　——公允价值变动　　350 000

　　　　公允价值变动损益　　150 000

【税务处理】

（1）记入“公允价值变动损益”科目的金额 150 000 元，税法不予确认，应从利润总额中剔除，华丰公司在办理 2023 年度企业所得税申报时，调整减少应纳税所得额 150 000 元。

（2）税法按固定资产的历史成本确定计税基础为 4 500 000 元，与会计账面价值 5 000 000 元之间存在差异。

②采用公允价值模式进行后续计量的投资性房地产转换为存货。

企业将采用公允价值模式计量的投资性房地产转换为存货时，应当以其转换当日的公允价值作为存货的账面价值，公允价值与原账面价值的差额计入当期损益。

在转换日，企业应按该项投资性房地产的公允价值，借记“开发产品”等科目，按该项投资性房地产的成本，贷记“投资性房地产——成本”科目，按该项投资性房地产的累计公允价值变动，贷记或借记“投资性房地产——公允价值变动”科目，按其差额，贷记或借记“公允价值变动损益”科目。

【例 15－10】大华公司将其开发的部分写字楼用于对外经营租赁，并采用公允价值模式进行后续计量。2024 年 1 月 15 日，因租赁期满，大华公司将出租的写字楼收回，用于对外销售。收回当日的公允价值为 2 900 万元；原账面价值为 2 800 万元，其中，成本为 2 500 万元，公允价值变动增值为 300 万元。则大华公司应作如下会计处理：

借：开发产品	29 000 000	
贷：投资性房地产——成本		25 000 000
——公允价值变动		3 000 000
公允价值变动损益		1 000 000

【税务处理】

（1）记入“公允价值变动损益”科目的金额 1 000 000 元，税法不予确认，应从利润总额中剔除，该企业在办理 2024 年度企业所得税申报时，调整减少应纳税所得额 1 000 000 元。

（2）税法按固定资产的历史成本确定计税基础为 25 000 000 元，与会计账面价值 29 000 000 元之间存在差异。

2. 非投资性房地产转换为投资性房地产

（1）非投资性房地产转换为采用成本模式进行后续计量的投资性房地产。

自用房地产或存货转换为采用成本模式计量的投资性房地产，应当将房地产转换前的账面价值作为转换后的入账价值。

①作为存货的房地产转换为投资性房地产。

企业将作为存货的房地产转换为采用成本模式计量的投资性房地产时，应按其在转换日的账面价值，借记“投资性房地产”科目，按其账面余额，贷记“开发产品”等科目。已计提跌价准备的，还应同时结转跌价准备。

②自用房地产转换为投资性房地产。

企业将自用的土地使用权或建筑物等转换为采用成本模式计量的投资性房地产时，应按其在转换日的原价、累计折旧、减值准备等，分别转入“投资性房地产”“投资性房地产累计折旧（摊销）”“投资性房地产减值准备”科目。按房地产的账面余额，借记“投资性房地产”科目，贷记“固定资产”或“无形资产”科目；按已计提的折旧或摊销，借记“累计折旧”或“累计摊销”科目，贷记“投资性房地产累计折旧（摊销）”科目；原已计提减值准备的，按已计提的减值准备，借记“固定资产减值准备”或“无形资产减值准备”科目，贷记“投资性房地产减值准备”科目。

【涉税提示】

企业将非投资性房地产转换为采用成本模式计量的投资性房地产，企业所得税法不视同销售确认收入，与会计处理一致。

（2）非投资性房地产转换为采用公允价值模式进行后续计量的投资性房地产。

①作为存货的房地产转换为投资性房地产。

企业将作为存货的房地产转换为采用公允价值模式计量的投资性房地产时，应按其在转换日的公允价值，借记“投资性房地产——成本”科目，原已计提跌价准备的，借记“存货跌价准备”科目，按其账面余额，贷记“开发产品”等科目。同时，转换日的公允价值小于账面价值的，按其差额，借记“公允价值变动损益”科目；转换日的公允价值大于账面价值的，按其差额，贷记“其他综合收益”科目。当该项投资性房地产处置时，因转换计入其他综合收益的部分应转入当期损益。

②自用房地产转换为投资性房地产。

企业将自用的土地使用权或建筑物等转换为采用公允价值模式计量的投资性房地产时，按其在转换日的公允价值，借记“投资性房地产——成本”科目，按已计提的累计折旧或累计摊销，借记“累计折旧”或“累计摊销”科目；原已计提减值准备的，借记“固定资产减值准备”“无形资产减值准备”科目；按其账面余额，贷记“固定资产”或“无形资产”科目。同时，转换日的公允价值小于账面价值的，按其差额，借记“公允价值变动损益”科目；转换日的公允价值大于账面价值的，按其差额，贷记“其他综合收益”

科目。当该项投资性房地产处置时，因转换计入其他综合收益的部分应转入当期损益。

【例 15－11】华丰公司有一栋办公楼用于本公司的行政管理。2024 年 6 月 10 日，华丰公司与海信公司签订了经营租赁协议，将这栋办公楼整体出租给海信公司使用，租赁开始日为 2024 年 7 月 1 日，为期 5 年。2024 年 7 月 1 日这栋办公楼的账面原值为 3 500 万元，已提折旧 200 万元，公允价值为 3 200 万元。假设转换后华丰公司采用公允价值模式计量。则华丰公司应作如下会计处理：

借：投资性房地产——成本	32 000 000	
累计折旧	2 000 000	
公允价值变动损益	1 000 000	
贷：固定资产		35 000 000

【税务处理】

华丰公司将自用房地产转换为投资性房地产时，记入“公允价值变动损益”科目借方 1 000 000 元，税法不予确认，华丰公司在办理 2024 年度企业所得税申报时，应调整增加应纳税所得额 1 000 000 元。同时，华丰公司应按税法规定对该栋办公楼计提折旧，在申报企业所得税时应调整减少应纳税所得额。

【涉税提示】

企业如果存在投资性房地产转换业务，在进行税务处理时，应按照《国家税务总局关于企业处置资产所得税处理问题的通知》（国税函〔2008〕828 号）规定，将非投资性房地产转为采用公允价值模式计量的投资性房地产，作为内部处置资产，不视同销售确认收入，相关资产的计税基础延续计算。因此，对于转换日房地产的公允价值小于账面价值的差额，即借记“公允价值变动损益”科目的金额，应调整增加应纳税所得额。如果转换日房地产的公允价值大于账面价值，因会计处理的结果不影响应纳税所得额，无须作纳税调整。

二、投资性房地产的处置

当投资性房地产被处置，或者永久退出使用且预计不能从其处置中取得经济利益时，应当终止确认该项投资性房地产。

企业出售、转让、报废投资性房地产或者发生投资性房地产毁损，应当将处置收入扣除其账面价值和相关税费后的金额计入当期损益。进行账务处理时，将实际收到的处置收入记入“其他业务收入”科目，处置投资性房地产的账面价值记入“其他业务成本”科目。

（一）采用成本模式计量的投资性房地产处置

处置采用成本模式计量的投资性房地产时，应按实际收到的金额，借记“银行存款”等科目，贷记“其他业务收入”科目；按该项投资性房地产的账面价值，借记“其他业务成本”科目；按该项投资性房地产的累计折旧或累计摊销，借记“投资性房地产累计折旧（摊销）”科目；按该项投资性房地产的账面余额，贷记“投资性房地产”科目；已计提减值准备的，还应借记“投资性房地产减值准备”科目。出售投资性房地产涉及增值税的按现行增值税制度规定计算的销项税额（或采用简易计税方法计算的应纳增值税额），贷记“应交税费——应交增值税（销项税额）”或“应交税费——简易计税”科目（小规模纳税人应贷记“应交税费——应交增值税”科目）。

【例 15 -12】华丰公司将其出租的一栋写字楼（2016 年 4 月 30 日前自建）确认为投资性房地产，采用成本模式计量。租赁期满后，华丰公司将其出售给海信公司，选择适用简易计税方法缴纳增值税，合同价款为 3 800 万元（不含税），海信公司已用银行存款付清。出售时该写字楼的账面余额为 3 500 万元，已提折旧 500 万元（假设等于税法折旧）。适用的增值税征收率为 5%，印花税按产权转移书据所载金额万分之五贴花。则华丰公司应作如下会计处理：

借：银行存款	39 900 000	
贷：其他业务收入		38 000 000
应交税费——简易计税		1 900 000
借：其他业务成本	30 000 000	
投资性房地产累计折旧（摊销）	5 000 000	
贷：投资性房地产		35 000 000
借：管理费用	19 000	
贷：银行存款		19 000

（二）采用公允价值模式计量的投资性房地产处置

处置采用公允价值模式计量的投资性房地产时，应按实际收到的金额，借记“银行存款”等科目，贷记“其他业务收入”科目，出售投资性房地产涉及增值税的按现行增值税制度规定计算的销项税额（或采用简易计税方法计算的应纳增值税额），贷记“应交税费——应交增值税（销项税额）”或“应交税费——简易计税”科目（小规模纳税人应贷记“应交税费——应交增值税”科目）；按该项投资性房地产的账面价值，借记“其他业务成本”科目，按其成本，贷记“投资性房地产——成本”科目，按其累计公允价值变动，贷记或借记“投资性房地产——公允价值变动”科目。同时，按该项投资性房地产的公允价值变动，借记或贷记“公允价值变动损益”科目，贷记或借记“其他业务收入”科目。按该项投资性房地产在转换日计入其他综合收益的金额，借记“其他综合收益”科目，贷记“其他业务收入”科目。

【例 15－13】2022 年 6 月 10 日，新世纪房地产开发公司与星河公司签订了一项经营租赁协议，协议约定将其开发的成本为 5 800 万元的一栋写字楼出租给星河公司使用，采用公允价值模式计量，租赁开始日为 2022 年 6 月 30 日，租赁期 2 年。按税法规定确认该写字楼的使用年限为 20 年。

（1）2022 年 6 月 30 日该写字楼的账面余额为 5 800 万元，公允价值为 6 000万元。

（2）2022 年 12 月 31 日该写字楼的公允价值为 6 300 万元。

（3）2023 年 12 月 31 日该写字楼的公允价值为 6 100 万元。

（4）2024 年 6 月 30 日租赁期满，新世纪房地产开发公司收回该写字楼，并以 6 500 万元的价格出售，出售款项已收讫。出售不动产适用的增值税征收率为 5%，印花税按产权转移书据所载金额万分之五贴花。

则新世纪房地产开发公司应作如下会计处理（假设不考虑折旧因素）：

（1）2022 年 6 月 30 日，存货转为投资性房地产：

借：投资性房地产——成本	60 000 000	
贷：开发产品		58 000 000
其他综合收益		2 000 000

（2）2022 年 12 月 31 日，公允价值变动增值 300 万元：

借：投资性房地产——公允价值变动	3 000 000	
贷：公允价值变动损益		3 000 000

（3）2023 年 12 月 31 日，公允价值变动减值 200 万元：

借：公允价值变动损益　　2 000 000

　贷：投资性房地产——公允价值变动　　2 000 000

（4）2024 年 6 月 30 日，出售投资性房地产：

借：银行存款　　68 250 000

　贷：其他业务收入　　65 000 000

　　应交税费——简易计税　　3 250 000

借：其他业务成本　　61 000 000

　贷：投资性房地产——成本　　60 000 000

　　投资性房地产——公允价值变动　　1 000 000

借：管理费用　　32 500

　贷：银行存款　　32 500

同时，将投资性房地产累计公允价值变动转入其他业务收入。

累计公允价值变动＝公允价值变动增值－公允价值变动减值＝300－200＝100（万元）

借：公允价值变动损益　　1 000 000

　贷：其他业务收入　　1 000 000

同时，将转换时原计入其他综合收益的部分收入转入其他业务收入：

借：其他综合收益　　2 000 000

　贷：其他业务收入　　2 000 000

【税务处理】

（1）2022 年 6 月 30 日，该投资性房地产的会计成本为 60 000 000 元，计税基础为 58 000 000 元，二者之间存在差异。2022 年 12 月 31 日记入“公允价值变动损益”科目贷方 3 000 000 元，税法不予确认，该公司在办理 2022 年度企业所得税申报时，调整减少应纳税所得额 3 000 000 元。

（2）该公司在办理 2023 年度企业所得税申报时，调整增加应纳税所得额 2 000 000 元。

（3）投资性房地产在 2022 年、2023 年、2024 年按税法规定计算的折旧分别为 1 450 000 元（58 000 000 ÷ 20 ÷ 2）、2 900 000 元（58 000 000 ÷ 20）和 1 450 000 元（58 000 000 ÷ 20 ÷ 2），允许在税前扣除，而会计计提的折旧为 0，因此，2022 年、2023 年、2024 年应分别调整减少应纳税所得额 1 450 000元、2 900 000 元和 1 450 000 元，3 年共调整减少应纳税所得额

5 800 000元。

（4）2024年6月30日，出售投资性房地产时，会计确认的转让损益为6 967 500元（65 000 000－61 000 000＋1 000 000＋2 000 000－32 500）。税法确认的转让财产所得为12 767 500元［65 000 000－（58 000 000－5 800 000）－32 500］。该公司在办理2024年度企业所得税申报时，调整增加应纳税所得额5 800 000元（12 767 500－6 967 500）。

需要注意的是，对于将投资性房地产作为主营业务的企业，应通过“主营业务收入”和“主营业务成本”科目核算相关的损益。

第十六章　长期股权投资

【本章提要】本章主要介绍长期股权投资的核算及涉税处理。

长期股权投资，是指投资方对被投资单位实施控制、重大影响的权益性投资，以及对其合营企业的权益性投资，包括：①投资方能够对被投资单位实施控制的权益性投资，即对子公司投资。②投资方与其他合营方一同对被投资单位实施共同控制且对被投资单位净资产享有权利的权益性投资，即对合营企业投资。③投资方对被投资单位具有重大影响的权益性投资，即对联营企业投资。

长期股权投资的核算，主要包括长期股权投资的初始计量、后续计量、长期股权投资核算方法的转换及处置等。长期股权投资的初始计量，分为企业合并形成的长期股权投资和其他方式取得的长期股权投资，不同方式取得的长期股权投资其初始投资成本的确定方法也不相同。长期股权投资的后续计量，根据投资方对被投资单位的控制情况和影响程度不同，分别采用成本法或权益法核算。长期股权投资采用成本法核算时，持有期间被投资单位宣告分派的现金股利或利润，投资方按应享有的份额确认为投资收益。长期股权投资采用权益法核算时，投资方应先调整长期股权投资的初始投资成本；持有投资期间，因被投资单位实现净损益和其他综合收益而产生的所有者权益的变动，投资方应当按照应享有的份额，增加或减少长期股权投资的账面价值，同时确认投资损益和其他综合收益；被投资单位宣告分派的利润或现金股利，投资方按照计算应享有的部分，相应减少长期股权投资的账面价值；被投资单位除净损益、其他综合收益以及利润分配以外的因素导致的其他所有者权益变动，投资方按照持股比例计算应享有或承担的份额，相应调整长期股权投资的账面价值，同时确认资本公积（其他资本公积）。长期股权投资在持有期间，投资比例变化会导致其核算方法由一种方法转为另一种方法，不同核算方法之间的转换其会计处理也不相同。

资产负债表日，长期股权投资可收回金额低于其账面价值的，应当计提长期股权投资减值准备。长期股权投资处置时，其账面价值与实际取得价款之间的差额，计入当期损益。

对长期股权投资进行核算所使用的会计科目主要有“长期股权投资”“长期股权投资减值准备”“应收股利”“投资收益”“其他综合收益”“资本公积”“资产减值损失”等，这些会计科目与财务报表项目的关系如图16－1所示。

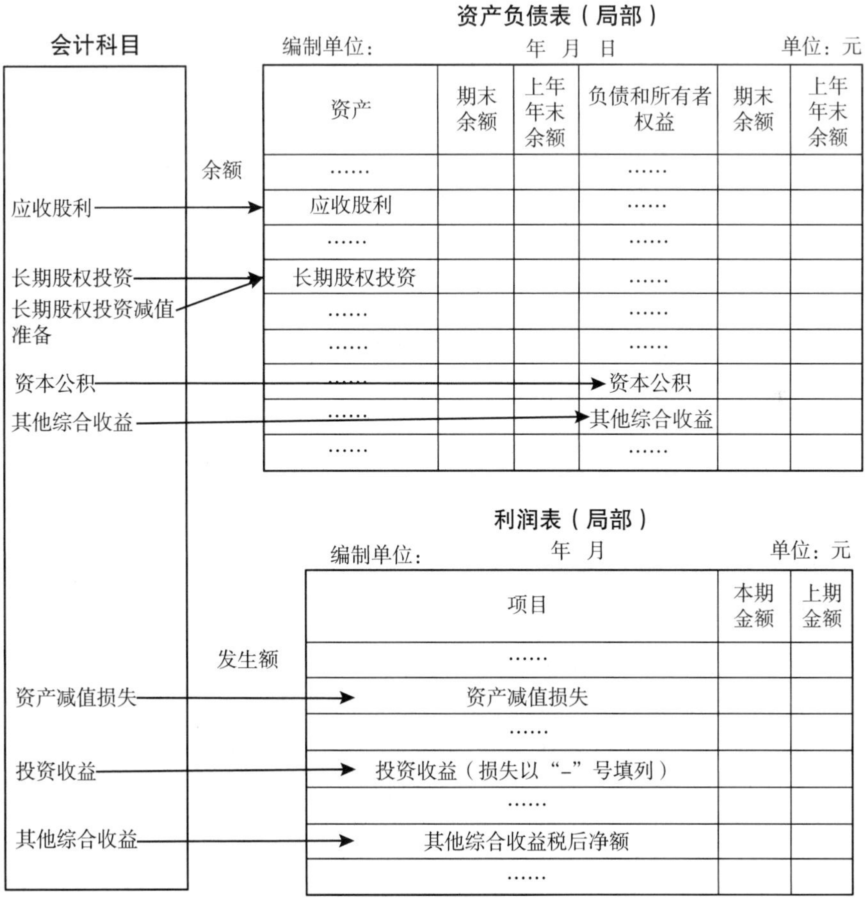

图16－1　会计科目与财务报表项目的关系（长期股权投资）

第一节　长期股权投资概述

一、股权投资

投资是企业为了获得收益或实现资本增值向被投资单位投放资金的经济行为。企业对外进行的投资，可以有不同的分类。从性质上划分，可以分为债权性投资与权益性投资等。

股权投资，又称权益性投资，是指通过付出现金或非现金资产等取得被投资单位的股份或股权，享有一定比例的权益份额代表的资产。投资企业享有被投资单位的股权，相应地享有被投资单位净资产有关份额，通过自被投资单位分得现金股利或利润以及待被投资单位增值后出售等获利。权益性投资按对被投资单位的控制情况和影响程度划分，可以分为对子公司投资、对合营企业投资、对联营企业投资和不具有控制、共同控制、重大影响的权益性投资。

长期股权投资，是指投资方（或表述为投资企业）对被投资单位实施控制、重大影响的权益性投资，以及对其合营企业的权益性投资。

二、长期股权投资的范围

明确界定长期股权投资的范围，是对长期股权投资进行正确确认、计量和报告的前提。长期股权投资包括以下三个方面：

1. 投资方能够对被投资单位实施控制的权益性投资，即对子公司投资。控制，是指投资方拥有对被投资单位的权力，通过参与被投资单位的相关活动而享有可变回报，并且有能力运用对被投资单位的权力影响其回报金额。控制的定义包含三项基本要素：一是投资方拥有对被投资方的权力；二是因参与被投资方的相关活动而享有可变回报；三是有能力运用对被投资方的权力影响其回报金额。在判断投资方是否能够控制被投资方时，当且仅当投资方具备上述三要素时，才能表明投资方能够控制被投资方。

投资方能够对被投资方实施控制的具体情况包括以下两种：

（1）投资方拥有被投资方半数以上表决权。这种情况通常包括如下三种情形：

①投资方直接持有被投资方半数以上表决权；

②投资方间接持有被投资方半数以上表决权；

③投资方以直接和间接方式合计持有被投资方半数以上表决权。

（2）投资方持有被投资方半数或以下表决权，但能满足下列条件之一的，也视为投资方能够控制被投资方：

①通过与被投资方其他投资者之间的协议，拥有被投资方半数以上表决权。

②根据公司章程或协议，有权决定被投资方的财务和经营政策。

③有权任免被投资方的董事会或类似机构的多数成员。

④在被投资方的董事会或类似机构占多数表决权。

2. 投资方与其他合营方一同对被投资单位实施共同控制且对被投资单位净资产享有权利的权益性投资，即对合营企业投资。共同控制，是指按照相关约定对某项安排所共有的控制，并且该安排的相关活动必须经过分享控制权的参与方一致同意后才能决策。在判断是否存在共同控制时，应当首先判断所有参与方或参与方组合是否集体控制该安排，其次再判断该安排相关活动的决策是否必须经过这些集体控制该安排的参与方一致同意。合营安排，是指一项由两个或两个以上的参与方共同控制的安排，分为共同经营和合营企业。合营企业，是指合营方仅对该安排的净资产享有权利的合营安排。

3. 投资方对被投资单位具有重大影响的权益性投资，即对联营企业投资。重大影响，是指投资方对被投资单位的财务和经营政策有参与决策的权力，但并不能够控制或者与其他方一起共同控制这些政策的制定。实务中，较为常见的重大影响体现为在被投资单位的董事会或类似权力机构中派有代表，通过在被投资单位财务和经营决策制定过程中的发言权实施重大影响。投资方直接或通过子公司间接持有被投资单位20%以上但低于50%的表决权股份时，一般认为对被投资单位具有重大影响，除非有明确的证据表明该种情况下不能参与被投资单位的生产经营决策，不形成重大影响。

企业通常可以通过以下一种或几种情形来判断是否对被投资单位具有重大影响：

（1）在被投资单位的董事会或类似权力机构中派有代表。在这种情况下，由于在被投资单位的董事会或类似权力机构中派有代表，并相应享有实质性的参与决策权，投资方可以通过该代表参与被投资单位财务和经营政策的制定，达到对被投资单位施加重大影响。

（2）参与被投资单位财务和经营政策制定过程。在这种情况下，在制定政策过程中可以为其自身利益提出建议和意见，从而可以对被投资单位施加重大影响。

（3）与被投资单位之间发生重要交易。有关的交易因对被投资单位的日常经营具有重要性，进而一定程度上可以影响到被投资单位的生产经营决策。

（4）向被投资单位派出管理人员。在这种情况下，管理人员有权力主导被投资单位的相关活动，从而能够对被投资单位施加重大影响。

（5）向被投资单位提供关键技术资料。因被投资单位的生产经营需要依赖投资方的技术或技术资料，表明投资方对被投资单位具有重大影响。

存在上述一种或多种情形并不意味着投资方一定对被投资单位具有重大影响。企业需要综合考虑所有事实和情况来作出恰当的判断。例如，在确定能否对被投资单位施加重大影响时，除考虑直接或间接持有被投资单位的表决权股份外，还应当考虑投资方和其他方持有的被投资单位当期可转换公司债券、当期可执行认股权证、股份期权等潜在表决权因素。

《企业会计准则第 2 号——长期股权投资》规定：①该准则未予规范的其他权益性投资（即不具有控制、共同控制和重大影响的权益性投资），投资性主体对不纳入合并财务报表的子公司的权益性投资，风险投资机构、共同基金以及类似主体（如投资连结保险产品）持有的、在初始确认时按《企业会计准则第 22 号——金融工具确认和计量》的规定确认为以公允价值计量且其变动计入当期损益的金融资产，适用《企业会计准则第 22 号——金融工具确认和计量》；②投资方对联营企业的权益性投资，其中一部分通过风险投资机构、共同基金、信托公司或包括投连险基金在内的类似主体间接持有的，无论以上主体是否对这部分投资具有重大影响，投资方都可以按照《企业会计准则第 22 号——金融工具确认和计量》的有关规定，将间接持有的该部分投资划分为“以公允价值计量且其变动计入当期损益”的金融资产，但对其余直接持有的投资应采用权益法核算。

【涉税提示】

会计上的长期股权投资属于企业所得税法中的权益性投资。但是，企业所得税法中的权益性投资不一定是会计上的长期股权投资，还可能是会计上的以公允价值计量且其变动计入当期损益的金融资产和以公允价值计量且其变动计入其他综合收益的金融资产。

三、科目设置

（一）“长期股权投资”科目

为了核算企业持有的采用成本法和权益法核算的长期股权投资，应设置“长期股权投资”总账科目并按被投资单位进行明细核算。采用权益法核算的企业，还应当分别设置“投资成本”“损益调整”“其他综合收益”“其他权益变动”明细科目进行明细核算。该科目期末借方余额，反映企业长期股权投资的价值。

（二）“长期股权投资减值准备”科目

为核算企业长期股权投资发生减值时计提的减值准备，应设置“长期股权投资减值准备”总账科目并按被投资单位进行明细核算。资产负债表日，企业确定长期股权投资发生减值的，按应减记的金额，借记“资产减值损失”科目，贷记“长期股权投资减值准备”科目。处置长期股权投资时，应同时结转已计提的长期股权投资减值准备。该科目期末贷方余额，反映企业已计提但尚未转销的长期股权投资减值准备。

此外，为核算企业应收取的现金股利和应收取其他单位分配的利润，应设置“应收股利”总账科目并按照被投资单位进行明细核算。为科目核算企业根据《企业会计准则第 2 号——长期股权投资》确认的投资收益或投资损失，应设置“投资收益”总账科目并按照投资项目进行明细核算。

第二节　长期股权投资的初始计量

长期股权投资在取得时，应按初始投资成本入账。长期股权投资初始投资成本的确定，应区分企业合并形成的长期股权投资和其他方式取得的长期股权投资两种情况。

一、企业合并形成的长期股权投资的初始计量

企业合并，是指将两个或者两个以上单独的企业合并形成一个报告主体的交易或事项。企业合并可分为同一控制下的企业合并和非同一控制下的企业合并。企业合并形成的长期股权投资，应分别同一控制下控股合并与非同一控制下控股合并确定其初始投资成本。

（一）同一控制下的企业合并形成的长期股权投资

参与合并的企业在合并前后均受同一方或相同的多方最终控制且该控制并非暂时性的，为同一控制下的企业合并。对于同一控制下的企业合并，在合并日取得对其他参与合并企业控制权的一方为合并方，参与合并的其他企业为被合并方。从能够对参与合并各方在合并前及合并后均实施最终控制的一方来看，最终控制方在企业合并前及合并后能够控制的资产并没有发生变化。也就是说，合并方对被合并方的长期股权投资的成本，代表的是在被合并方账面所有者权益中享有的份额。因此，在同一控制下的企业合并，合并方在企业合并中取得的资产和负债，应当按照合并日其在被合并方的账面价值计量。合并方取得的净资产账面价值与支付的合并对价账面价值（或发行股份面值总额）的差额，应当调整资本公积（仅指资本溢价或股本溢价）；资本公积不足冲减的，调整留存收益。

合并日，是指合并方实际取得对被合并方控制权的日期。

1. 长期股权投资初始投资成本的确定

（1）合并方以支付现金、转让非现金资产或承担债务方式作为合并对价的，应当在合并日按照所取得的被合并方所有者权益在最终控制方合并财务报表中的账面价值的份额作为长期股权投资的初始投资成本。长期股权投资初始投资成本与支付的现金、转让的非现金资产以及所承担债务账面价值（含应缴纳的增值税，下同）之间的差额，应当调整资本公积（资本溢价或股本溢价）；资本公积（资本溢价或股本溢价）的余额不足冲减的，调整留存收益。

（2）合并方以发行权益性证券作为合并对价的，应当在合并日按照所取得的被合并方所有者权益在最终控制方合并财务报表中的账面价值的份额作为长期股权投资的初始投资成本。按照发行股份的面值总额作为股本，长期

股权投资初始投资成本与所发行股份面值总额之间的差额，应当调整资本公积（资本溢价或股本溢价）；资本公积（资本溢价或股本溢价）的余额不足冲减的，调整留存收益。

在企业合并中，合并方为进行企业合并发生的各项直接相关费用，包括为进行企业合并而支付的审计、法律服务、评估咨询等中介费用以及其他相关管理费用，应当于发生时计入当期损益（管理费用）。与发行权益性工具作为合并对价直接相关的交易费用，应当冲减资本公积（资本溢价或股本溢价），资本公积（资本溢价或股本溢价）不足冲减的，依次冲减盈余公积和未分配利润。与发行债务性工具作为合并对价直接相关的交易费用，应当计入债务性工具的初始确认金额。

在按照合并日应享有被合并方所有者权益的账面价值的份额确定长期股权投资的初始投资成本时，还应当考虑以下五个方面内容：

①合并前合并方与被合并方采用的会计政策、会计期间应当一致。企业合并前合并方与被合并方采用的会计政策、会计期间不同的，应基于重要性原则，首先按照合并方的会计政策、会计期间对被合并方资产、负债的账面价值进行调整，在此基础上计算确定被合并方的所有者权益账面价值，并计算确定长期股权投资的初始投资成本。

②被合并方的所有者权益账面价值，是指被合并方的所有者权益相对于最终控制方而言的账面价值，即同一控制下的企业合并形成的长期股权投资，其初始投资成本是合并日按照持股比例与被合并方所有者权益在最终控制方合并财务报表上的账面价值计算的结果，也就是合并方在合并日所取得的被合并方所有者权益在最终控制方合并财务报表上的账面价值中享有的份额。

③同一控制下的企业合并形成的长期股权投资，如果被合并方按照改制时确定的资产、负债经评估确认的价值调整资产、负债账面价值的，合并方应当按照取得被合并方经评估确认的净资产的份额，作为长期股权投资的初始投资成本。

④如果被合并方本身编制合并财务报表的，被合并方的所有者权益的账面价值应当以其合并财务报表为基础确定。

⑤被合并方在合并日的净资产账面价值为负数的，长期股权投资成本按零确定，同时在备查簿中予以登记。如果被合并方在被合并以前，是最终控制方通过非同一控制下的企业合并所控制的，则合并方长期股权投资的初始

投资成本还应包含相关的商誉金额。

（3）通过多次交易，分步取得同一控制下被投资单位的股权，最终形成企业合并的，应当按照《企业会计准则第33号——合并财务报表》的有关规定，判断多次交易是否属于一揽子交易。属于一揽子交易的，合并方应当将各项交易作为一项取得控制权的交易进行会计处理。不属于一揽子交易的，取得控制权日，在合并方的个别财务报表中，应当以按持股比例计算的合并日应享有被合并方所有者权益在最终控制方合并财务报表中的账面价值的份额作为该项投资的初始投资成本。初始投资成本与其合并前股权投资账面价值加上合并日进一步取得股份新支付对价的账面价值之和的差额，调整资本公积（资本溢价或股本溢价），资本公积（资本溢价或股本溢价）的余额不足冲减的，冲减留存收益。

合并日之前持有的股权投资，因采用权益法核算或按《企业会计准则第22号——金融工具确认和计量》核算而确认的其他综合收益，暂不进行会计处理，直至处置该项投资时采用与被投资单位直接处置相关资产或负债相同的基础进行会计处理；因采用权益法核算而确认的被投资单位净资产中除净损益、利润分配和其他综合收益以外的所有者权益其他变动，暂不进行会计处理，直至处置该项投资时转入当期损益。

2. 账务处理

同一控制下企业合并形成的长期股权投资，应在合并日按确认的初始投资成本，借记“长期股权投资”科目，按享有被投资单位已宣告但尚未发放的现金股利或利润，借记“应收股利”科目，按支付的合并对价的账面价值（或发行股份的面值总额），贷记或借记有关资产类、负债类、“股本”科目，按其差额，贷记“资本公积——资本溢价（或股本溢价）”科目；如为借方差额，借记“资本公积——资本溢价（或股本溢价）”科目，资本公积（资本溢价或股本溢价）不足冲减的，应依次借记“盈余公积”“利润分配——未分配利润”科目。

【涉税提示】

（1）企业所得税中的股权收购与会计中的控股合并类似。在税法上，股权收购视情况分别适用一般性税务处理和特殊性税务处理，适用特殊性税务处理时，计税基础为被收购股权的原有计税基础；适用一般性税务处理时，计税基础为其公允价值。而同一控制下的企业合并取得的长期股权投资的会计成本是按照合并日被合并方所有者权益在最终控制方合并财务报表中的账面价值的份额确定。

（2）企业如果以存货、固定资产、无形资产等非现金资产为合并对价对外投资，应按增值税政策规定计算缴纳增值税。

（3）以非货币性资产对外投资，应当视同销售计算资产转让所得，确认的资产转让所得，可在不超过5年期限内分期均匀计入相应年度的应纳税所得额，取得被投资企业的股权，应以非货币性资产的原计税成本为计税基础，加上每年确认的非货币性资产转让所得，逐年进行调整。

【例16-1】甲、乙两家公司同属丙公司的子公司，且在合并前采用相同的会计政策。甲公司于2024年8月1日以银行存款1 000万元购买丙公司持有的乙公司60%的股份。合并日，丙公司合并财务报表中的乙公司所有者权益的账面价值为2 000万元。假定甲、乙两家公司都受丙公司同一控制。则甲公司应作如下会计处理：

长期股权投资＝20 000 000×60%＝12 000 000（元）

借：长期股权投资　　12 000 000

　　贷：银行存款　　10 000 000

　　　　资本公积——资本溢价　　2 000 000

【税务处理】

甲公司的股权收购行为不符合特殊性税务处理条件，只能采取一般性税务处理。该长期股权投资的会计成本为12 000 000元，而计税基础为实际支付的价款10 000 000元，两者之间存在差异。

【例16-2】2024年6月30日，P公司向同一集团内S公司的原股东A公司定向增发1 000万股普通股（每股面值为1元，市价为4.68元），取得S公司100%的股权，相关手续于当日完成，并能够对S公司实施控制。合并后S公司仍维持其独立法人资格继续经营。S公司之前为A公司于2023年以非同一控制下企业合并的方式收购的全资子公司。合并日，S公司财务报表中净资产的账面价值为2 200万元，A公司合并财务报表中的S公司净资产账面价值为4 000万元（含商誉500万元）。假定P公司和S公司都受A公司同一控制，A公司持有S公司股权的账面价值为3 200万元，其计税基础与账面价值保持一致。不考虑相关税费等其他因素影响。

本例中，P公司在合并日应确认对S公司的长期股权投资，初始投资成本为应享有S公司在A公司合并财务报表中的净资产账面价值的份额及相关商誉4 000万元。则P公司应作如下会计处理：

借：长期股权投资——投资成本　　40 000 000

　　贷：股本　　10 000 000

　　　　资本公积——股本溢价　　30 000 000

【税务处理】

若P公司股权收购行为符合并选择特殊性税务处理，P公司取得S公司股权的计税基础为3 200万元，会计成本为4 000万元，税会之间存在差异。

若P公司股权收购行为符合选择一般性税务处理，P公司取得S公司股权的计税基础为4 680万元，会计成本为4 000万元，税会之间存在差异。

（二）非同一控制下的企业合并形成的长期股权投资

参与合并的各方在合并前后不受同一方或相同的多方最终控制的，为非同一控制下的企业合并。非同一控制下的企业合并，在购买日取得对其他参与合并企业控制权的一方为购买方，参与合并的其他企业为被购买方。购买日，是指购买方实际取得对被购买方控制权的日期。

1. 长期股权投资初始投资成本确定

非同一控制下的企业合并，购买方在购买日应当按照《企业会计准则第20号——企业合并》确定的合并成本作为长期股权投资的初始投资成本。购买方在计量合并成本时应当区别下列情况：

（1）一次交易实现非同一控制下的企业合并，企业合并成本包括购买方付出的资产、发生或承担的负债、发行的权益性工具或债务性工具的公允价值之和。作为企业合并对价付出的资产、发生或承担的负债在购买日的公允价值与其账面价值之间的差额，应作为资产处置损益，计入合并当期损益。

（2）通过多次交易分步实现非同一控制下的企业合并的，若属于一揽子交易的，合并方应当将各项交易作为一项取得控制权的交易进行会计处理；若不属于一揽子交易的，在购买方的个别财务报表中，应当按照原持有的股权投资的账面价值加上新增投资成本之和，作为改按成本法核算的初始投资成本，并按照长期股权投资核算方法转换的规定进行会计处理。

购买方为企业合并发生的审计、法律服务、评估咨询等中介费用以及其他相关管理费用，应当于发生时计入当期损益（管理费用）；购买方作为合并对价发行的权益性工具或债务性工具的交易费用（如手续费、佣金等），应当计入权益性工具或债务性工具的初始确认金额。

【涉税提示】

会计上，同一控制下的企业合并形成的长期股权投资，按照合并日所取得的被合并方所有者权益在最终控制方合并财务报表中的账面价值的份额作为其初始投资成本；非同一控制下的企业合并形成的长期股权投资，按照合并成本确定长期股权投资初始投资成本，即购买方付出的资产、发生或承担的负债、发行的权益性工具或债务性工具的公允价值之和。

税法上，同一控制下的企业合并与非同一控制下的企业合并，收购企业取得被收购企业股权的计税基础确定方法相同。适用特殊性税务处理时，计税基础为被收购股权的原有计税基础；适用一般性税务处理时，计税基础为其公允价值。

2. 账务处理

非同一控制下企业合并形成的长期股权投资，购买方以支付现金、转让非现金资产或承担债务方式等作为合并对价的，应在购买日按照《企业会计准则第20号——企业合并》确定的合并成本，借记“长期股权投资”科目，按享有被投资单位已宣告但尚未发放的现金股利或利润，借记“应收股利”科目，按支付合并对价的账面价值，贷记或借记有关资产、负债科目，按发生的与资产处置直接相关费用，贷记“银行存款”等科目，按其差额，贷记“资产处置损益”或“投资收益”等科目，或借记“资产处置损益”或“投资收益”等科目。购买方以发行权益性证券作为合并对价的，应在购买日按照发行的权益性证券的公允价值，借记“长期股权投资”科目，按照发行的权益性证券的面值总额，贷记“股本”科目，按其差额，贷记“资本公积——资本溢价（或股本溢价）”科目。购买方为企业合并发生的审计、法律服务、评估咨询等中介费用以及其他相关管理费用，应当于发生时借记“管理费用”科目，贷记“银行存款”等科目。

非同一控制下企业合并涉及以库存商品等作为合并对价的，应按库存商品的公允价值，贷记“主营业务收入”或“其他业务收入”科目，并同时结转相关的成本。涉及以固定资产作为合并对价的，应通过“固定资产清理”科目核算。涉及增值税的还应进行相应的处理。以公允价值计量且其变动计入其他综合收益的金融资产持有期间公允价值变动形成的其他综合收益应一并转入投资收益，借记“其他综合收益”科目，贷记“投资收益”科目。

【例 16－3】甲、乙两家公司属非同一控制下的独立公司。甲公司于 2024 年 7 月 1 日以本公司的生产设备（该生产设备 2020 年购入）对乙公司投资，取得乙公司 60% 的股份。该固定资产原值 15 000 000 元，已提折旧 4 000 000 元（会计折旧与税法折旧一致），在投资当日该固定资产的公允价值为 12 500 000 元（不含税）。该投资 5 年内不对外转让。则甲公司应作如下会计处理：

借：固定资产清理	11 000 000	
累计折旧	4 000 000	
贷：固定资产		15 000 000
借：长期股权投资	14 125 000	
贷：固定资产清理		12 500 000
应交税费——应交增值税（销项税额）		1 625 000
借：固定资产清理	1 500 000	
贷：资产处置损益		1 500 000

【税务处理】

（1）该固定资产投资产生的非货币性资产转让所得 150 万元，可在不超过 5 年期限内，分期均匀计入相应年度的应纳税所得额，按规定计算缴纳企业所得税。因此，在 2024 年进行企业所得税申报时，应调整减少应纳税所得额 120 万元，2025 年、2026 年、2027 年、2028 年进行企业所得税申报时，应分别调整增加应纳税所得额 30 万元。

（2）甲公司取得被投资企业的股权，应以非货币性资产的原计税成本为计税基础，加上每年确认的非货币性资产转让所得，逐年进行调整。2024 年的计税基础为 1 292. 5 万元（1 100 + 162. 5 + 30）、2025 年的计税基础为 1 322. 5万元（1 292. 5 + 30）、2026 年的计税基础为 1 352. 5 万元（1 322. 5 + 30）、2027 年的计税基础为 1 382. 5 万元（1 352. 5 + 30）、2028 年的计税基础为 1 412. 5 万元（1 382. 5 + 30）。

【例 16－4】2024 年 8 月 31 日，A 公司取得 B 公司 70% 的股权，取得该部分股权后能够对 B 公司实施控制。为核实 B 公司的资产价值，A 公司聘请资产评估机构对 B 公司的资产进行评估，支付评估费用 50 万元。合并中，A 公司支付的有关资产在购买日的账面价值与公允价值如表 16－1 所示。假定合并前 A 公司与 B 公司不存在任何关联方关系，不考虑相关税费等其他因素影响。

表 16－1　　购买日 A 公司支付有关资产的账面价值与公允价值　　单位：元

项目	账面价值	公允价值
土地使用权（自用）	40 000 000	64 000 000
专利技术	16 000 000	20 000 000
银行存款	16 000 000	16 000 000
合计	72 000 000	10 000 000

注：A 公司用作合并对价的土地使用权和专利技术原价为 6 400 万元，至企业合并发生时已累计摊销 800 万元。

本例中，因 A 公司与 B 公司在合并前不存在任何关联方关系，应作为非同一控制下的企业合并处理。A 公司对于合并形成的对 B 公司的长期股权投资，应作如下会计处理：

借：长期政权投资——投资成本　　100 000 000
　　管理费用　　500 000
　　累计摊销　　8 000 000
　　贷：无形资产　　64 000 000
　　　　银行存款　　16 500 000
　　　　资产处置损益　　28 000 000

【税务处理】

A 公司的股权收购行为不符合特殊性税务处理条件，只能采取一般性税务处理。该长期股权投资的计税基础与会计成本一致，均为 10 000 万元。

二、其他方式取得的长期股权投资的初始计量

除企业合并形成的长期股权投资以外，以其他方式取得的长期股权投资，主要是指以支付现金取得的长期股权投资，以发行权益性证券取得的长期股权投资，投资者投入的长期股权投资，以债务重组、非货币性资产交换等方

式取得的长期股权投资。由于取得的方式不同，长期股权投资初始投资成本的确定也各不相同。

（一）以支付现金取得的长期股权投资

以支付现金取得的长期股权投资，应当按照实际支付的购买价款作为初始投资成本。初始投资成本包括与取得长期股权投资直接相关的费用、税金及其他必要支出。但实际支付的价款或对价中包含的被投资单位已宣告但尚未发放的现金股利或利润，应作为应收项目处理，不构成取得长期股权投资的成本。企业按规定确认初始投资成本时，借记“长期股权投资”科目，按实际支付的全部价款，贷记“银行存款”科目。实际支付的价款中包含的应享有的被投资单位已宣告但尚未发放的现金股利或利润，应借记“应收股利”科目。

【例 16－5】华丰公司以银行存款 500 万元在公开的股票市场上购买吉利公司 2 万股股票，同时支付相关税费 60 万元，取得吉利公司 30% 的股份。吉利公司的可辨认净资产公允价值为 1 800 万元。则华丰公司应作如下会计处理：

借：长期股权投资——投资成本　　5 600 000

　贷：银行存款　　5 600 000

（二）以发行权益性证券取得的长期股权投资

以发行权益性证券取得的长期股权投资，应当按照发行权益性证券的公允价值作为初始投资成本，但不包括应自被投资单位收取的已宣告但尚未发放的现金股利或利润。

投资方所发行权益性证券（权益性工具）的公允价值，应按《公允价值计量》等相关准则确定。为发行权益性证券支付给有关证券承销机构等的手续费、佣金等与权益性证券发行直接相关的费用，不构成取得长期股权投资的成本。该部分费用应自权益性证券的溢价发行收入中扣除，溢价收入不足冲减的，应依次冲减盈余公积和未分配利润。

企业应当按照权益性证券的公允价值，借记“长期股权投资”科目，按权益性证券的面值，贷记“股本”科目，按权益性证券的公允价值与其面值之间的差额，贷记“资本公积——资本溢价（或股本溢价）”科目。发行权益性证券支付给证券承销机构的手续费、佣金等与权益性证券发行直接相关的费用，应当冲减“资本公积——资本溢价（或股本溢价）”科目，资本公积（资本溢价或股本溢价）不足冲减的，借记“盈余公积”“利润分配——未分配利润”科目。

【例 16－6】 2024 年 8 月 1 日，华丰公司与利达公司达成协议，约定华丰公司以增发的权益性证券作为对价向利达公司投资。当日，华丰公司权益性证券增发成功，共增发普通股股票 120 万股，每股面值 1 元，每股市场价格 5 元。华丰公司向证券承销机构支付手续费、佣金 1.8 万元；取得利达公司 20% 的股份，利达公司的可辨认净资产公允价值为 2 800 万元。华丰公司应作如下会计处理：

借：长期股权投资——投资成本	6 000 000	
贷：股本		1 200 000
资本公积——股本溢价		4 800 000

发行权益性证券过程中支付的手续费、佣金，应冲减权益性证券的溢价发行收入，会计处理如下：

借：资本公积——股本溢价	180 000	
贷：银行存款		180 000

（三）投资者投入的长期股权投资

投资者投入的长期股权投资，应当按照投资合同或协议约定的价值作为初始投资成本，但合同或协议约定的价值不公允的除外（即此时以公允价值作为初始投资成本）。投资者投入的长期股权投资，是指投资者以其持有的对第三方的投资作为出资投入企业，接受投资的单位原则上应当按照投资各方在投资合同或协议中约定的价值作为取得投资的初始投资成本，但有明确证据表明合同或协议中约定的价值不公允的除外。

在确定投资者投入的长期股权投资的公允价值时，有关权益性投资存在活跃市场的，应当参照活跃市场中的市价确定其公允价值；在有关权益性投资不存在活跃市场，无法按照市场信息确定其公允价值的情况下，应当按照一定的估值技术等合理的方法确定的价值作为其公允价值。

投资方应当按照投资合同或协议约定的价值加上应支付的相关税费等，借记“长期股权投资”科目，按照支付的相关税费，贷记“银行存款”等科目，按照持有的对第三方投资的公允价值，贷记“长期股权投资”科目。被投资单位应当按照投资合同或协议约定的价值加上应支付的相关税费等，借记“长期股权投资”科目，按照投资方出资构成实收资本（或股本）的部分，贷记“实收资本”或“股本”等科目，按照支付的相关税费，贷记“银行存款”等科目，按照上述借贷方之间的差额，调整“资本公积”科目。

【例 16 -7】 A 公司设立时，其主要出资方之一甲公司以其持有的对 B 公司的长期股权投资（占 B 公司注册资本的 40%）作为出资投入 A 公司。投资各方在投资合同中约定，作为出资的该项长期股权投资作价 4 000 万元，该作价是按照 B 公司股票的市价经考虑相关调整因素后确定的。A 公司注册资本为 16 000 万元，甲公司出资占 A 公司注册资本的 20%。取得该项投资后，A 公司根据其持股比例，能够派人参与 B 公司的财务和生产经营决策。

（1）甲公司对取得的 A 公司的长期股权投资，应进行的账务处理如下：

借：长期股权投资——投资成本（A 公司）　　40 000 000

　　贷：长期股权投资——B 公司　　40 000 000

（2）A 公司对于甲公司投入的该项长期股权投资，应进行的账务处理如下：

借：长期股权投资——投资成本（B 公司）　　40 000 000

　　贷：实收资本　　32 000 000

　　　　资本公积——资本溢价　　8 000 000

一般而言，投资者投入的长期股权投资应根据法律、法规的要求进行评估作价，在公开交易中，投资者投入的长期股权投资的公允价值，与所发行证券（工具）的公允价值不存在重大差异。如有确凿证据表明，取得长期股权投资的公允价值比所发行证券（工具）的公允价值更加可靠的，以投资者投入的长期股权投资的公允价值为基础确定其初始投资成本。投资方通过发行债务性证券（债务性工具）取得长期股权投资的，比照通过发行权益性证券（权益性工具）处理。

（四）企业进行公司制改制

企业进行公司制改制时，对资产、负债的账面价值按照评估价值调整的，长期股权投资应以评估价值作为改制时的认定成本，并将其与原账面价值的差额记入“资本公积——资本溢价（或股本溢价）”科目。

三、投资成本中包含的已宣告但尚未发放的现金股利或利润的处理

企业无论以何种方式取得的长期股权投资，取得投资时，对于投资成本中包含的被投资单位已经宣告但尚未发放的现金股利或利润，应作为应收项目单独核算，不构成取得的长期股权投资的初始成本。即企业在支付对价取得长期股权投资时，对于实际支付的价款中包含的被投资单位已经宣告但尚未发放的现金股利或利润，应作为预付款，构成企业的一项债权，其与取得的对被投资单位的长期股权投资应作为两项金融资产。

【涉税提示】

不论以什么方式取得的长期股权投资，其计税基础的确定方法相同。但不同方式取得的长期股权投资，其会计成本的确定方法不同。当会计按实际支付的购买价款或付出资产的公允价值或发行权益性证券的公允价值确定成本时，与税法没有差异；否则，会产生差异。

第三节　长期股权投资的后续计量和期末计量

长期股权投资在持有期间，根据投资方对被投资单位的影响程度，应当分别采用成本法或权益法进行核算。

一、长期股权投资核算的成本法

（一）成本法的适用范围

成本法，是指投资按初始投资成本计价的方法。长期股权投资的成本法适用于投资方能够对被投资单位实施控制的长期股权投资。

投资方能够对被投资单位实施控制的，被投资单位为其子公司。投资方应当将子公司纳入合并财务报表的合并范围。投资方在判断对被投资单位是否具有控制时，应综合考虑直接持有的股权和通过子公司间接持有的股权。

在个别财务报表中，投资方进行成本法核算时，应仅考虑直接持有的股权份额。

（二）成本法的核算

采用成本法核算的长期股权投资，其核算方法如下：

1. 初始投资时，长期股权投资按照初始投资成本计量，除追加投资和收回投资外不得调整长期股权投资的账面价值。追加投资时，按照确认初始投资成本的方法确定追加投资的成本，并相应地调增长期股权投资的账面价值。

2. 除取得投资时实际支付的价款或对价中包含的已宣告但尚未发放的现金股利或利润外，投资方应当按照享有被投资单位宣告分派的现金股利或利润（不管是取得投资前还是取得投资后实现的），确认为当期投资收益，借记“应收股利”等科目，贷记“投资收益”科目。

3. 子公司将未分配利润或盈余公积转增股本（实收资本），且未向投资方提供等值现金股利或利润的选择权时，投资方并没有获得收取现金股利或利润的权力，该项交易通常属于子公司自身权益结构的重分类，投资方不应确认相应的投资收益。

【涉税提示】

被投资单位宣告分派的现金股利或利润，投资方根据应享有的份额确认为投资收益，如果属于免税收入，投资方在年度企业所得税申报时，应调整减少应纳税所得额。

【例 16-8】2023 年 4 月 1 日，华丰公司购入方明公司股份 1 000 000 股（占方明公司股本的 60%），每股价格 12.12 元，另支付相关中介费用 32 000 元。华丰公司取得该部分股权后，能够有权力主导方明公司的相关活动并获得可变回报。2023 年 5 月 12 日，方明公司宣告分派 2022 年度的现金股利，每股 0.2 元。华丰公司应作如下会计处理：

（1）2023 年 4 月 1 日购入时：

借：长期股权投资——方明公司	12 120 000	
贷：银行存款		12 120 000
借：管理费用	32 000	
贷：银行存款		32 000

（2）2023 年 5 月 12 日宣告分派现金股利时：

借：应收股利　　200 000

　　贷：投资收益　　200 000

【税务处理】

华丰公司持有长期股权投资超过 12 个月，其分回的现金股利 200 000 元属于免税收入，在 2023 年申报企业所得税时，应调整减少应纳税所得额。长期股权投资的计税基础为 12 152 000 元。

二、长期股权投资核算的权益法

（一）权益法的适用范围

权益法，是指投资最初以初始投资成本计量，在投资持有期间根据投资方享有被投资单位所有者权益的份额的变动对投资的账面价值进行调整的方法。

长期股权投资的权益法适用于投资方对联营企业和合营企业的长期股权投资。

投资方对联营企业的权益性投资，其中一部分通过风险投资机构、共同基金、信托公司或包括投连险基金在内的类似主体间接持有的，无论以上主体是否对这部分投资具有重大影响，投资方都可以按照《企业会计准则第 22 号——金融工具确认和计量》的有关规定，对间接持有的该部分投资选择以公允价值计量且其变动计入当期损益，并对其余直接持有的部分采用权益法核算。当然，投资方也可以不做这种选择，而对持有的全部投资采用权益法核算。

联营企业，是指投资方能够对其施加重大影响的被投资单位。合营企业，是指合营方仅对合营安排的净资产享有权利的合营安排。合营安排，是指一项由两个或两个以上的参与方共同控制的安排。投资方在判断对被投资单位是否具有共同控制、重大影响时，应综合考虑直接持有的股权和通过子公司间接持有的股权。在综合考虑直接持有的股权和通过子公司间接持有的股权后，如果认定投资方在被投资单位拥有共同控制或重大影响，在个别财务报表中，投资方进行权益法核算时，应仅考虑直接持有的股权份额并按权益法核算；在合并财务报表中，投资方进行权益法核算时，应同时考虑直接持有和间接持有的份额。

（二）权益法的核算

按照权益法核算的长期股权投资，一般会计处理为：

（1）初始投资或追加投资时，按照初始投资成本或追加投资的投资成本，增加长期股权投资的账面价值。

比较初始投资成本与投资时应享有被投资单位可辨认净资产公允价值的份额，前者大于后者的，不调整长期股权投资账面价值；前者小于后者的，应当按照二者之间的差额调增长期股权投资的账面价值，同时计入取得投资当期损益。

（2）持有投资期间，随着被投资单位所有者权益的变动相应调整增加或减少长期股权投资的账面价值，并分别以下情况处理：

对于因被投资单位实现净损益和其他综合收益而产生的所有者权益的变动，投资方应当按照应享有的份额，增加或减少长期股权投资的账面价值，同时确认投资损益和其他综合收益；

对于被投资单位宣告分派的利润或现金股利计算应分得的部分，相应减少长期股权投资的账面价值；

对于被投资单位除净损益、其他综合收益以及利润分配以外的因素导致的其他所有者权益变动，相应调整长期股权投资的账面价值，同时确认资本公积（其他资本公积）。

在持有投资期间，被投资单位编制合并财务报表的，应当以合并财务报表中净利润、其他综合收益和其他所有者权益变动中归属于被投资单位的金额为基础进行会计处理。

1. 初始投资成本的调整

采用权益法核算长期股权投资时，对于取得投资时投资成本与应享有被投资单位可辨认净资产公允价值份额之间的差额，应区别情况分别处理。

（1）长期股权投资的初始投资成本大于投资时应享有被投资单位可辨认净资产公允价值份额的，不调整已确认的初始投资成本。该部分差额本质上是投资企业在取得投资过程中通过购买作价体现出的，与所取得股权份额相对应的商誉及被投资单位不符合确认条件的资产价值。

（2）长期股权投资的初始投资成本小于投资时应享有被投资单位可辨认净资产公允价值份额的，两者之间的差额体现为双方在交易作价过程中转让方的让步，该部分经济利益流入应作为收益处理，计入取得当期的营业外收入，同时调整增加长期股权投资的初始投资成本。进行会计处理时，按其差额借记“长期股权投资——投资成本”科目，贷记“营业外收入”科目。

【涉税提示】

权益法下的长期股权投资的涉税政策与成本法相同。长期股权投资的初始投资成本无论大于还是小于投资时应享有被投资单位可辨认净资产公允价值的份额，都不影响长期股权投资计税基础的确定。长期股权投资的初始投资成本小于投资时应享有被投资单位可辨认净资产公允价值份额的，其差额也不应当计入当期损益。会计上计入当期损益的，在计算应纳税所得额时应进行纳税调整。

【例 16－9】 2024 年 3 月 1 日，甲公司以银行存款 400 万元向丙公司投资，占丙公司有表决权股份的 25%。在丙公司的生产经营过程中，所有股东均按持股比例行使表决权，甲公司在取得丙公司股权后，能够对丙公司施加重大影响，采用权益法核算。当日丙公司可辨认净资产公允价值为 1 550 万元。假定被投资单位各项可辨认资产、负债的公允价值与其账面价值相同。则甲公司应作如下会计处理：

借：长期股权投资——投资成本　　4 000 000

　　贷：银行存款　　4 000 000

此时，长期股权投资的初始投资成本为 400 万元，大于投资时应享有被投资单位可辨认净资产公允价值份额 387.5 万元（1 550 × 25%），不调整已确认的初始投资成本。

假定本例中，投资当日丙公司可辨认净资产公允价值为 1 700 万元。则甲公司应作如下会计处理：

借：长期股权投资——投资成本　　4 000 000

　　贷：银行存款　　4 000 000

此时，长期股权投资的初始投资成本仍为 400 万元，小于应享有被投资单位可辨认净资产公允价值的份额为 425 万元（1 700 × 25%），应将其差额 25 万元（425 － 400）调整增加长期股权投资的初始投资成本，并计入当期损益。

借：长期股权投资——投资成本　　250 000

　　贷：营业外收入　　250 000

【税务处理】

该长期股权投资的会计成本为425万元，计税基础为400万元。会计记入“营业外收入”科目的25万元，企业所得税不予确认，甲公司进行年度企业所得税申报时，应调整减少应纳税所得额。

2. 投资损益的确认

投资方取得长期股权投资后，应当按照应享有或应分担的被投资单位实现的净利润或发生净亏损的份额，确认为当期投资收益，同时调整长期股权投资的账面价值。资产负债表日，企业应按被投资单位实现的净利润（以取得投资时被投资单位可辨认净资产的公允价值为基础计算）中企业享有的份额，借记“长期股权投资——损益调整”科目，贷记“投资收益”科目。被投资单位发生净亏损作相反的会计分录，但以“长期股权投资”科目的账面价值减记至零为限。

投资方在确认应享有被投资单位净损益的份额时，在被投资单位账面净利润的基础上，应考虑以下因素的影响进行适当调整：

（1）被投资单位采用的会计政策及会计期间与投资方不一致的，应当按照投资方的会计政策及会计期间对被投资单位的财务报表进行调整，在此基础上确定被投资单位的损益。

（2）以取得投资时被投资单位固定资产、无形资产等的公允价值为基础计提的折旧额或摊销额，以及有关资产以取得时的公允价值为基础计算的资产减值准备金额等对被投资单位净利润的影响进行调整后确认。

被投资单位个别利润表中的净利润是以其持有的资产、负债账面价值和有关资产减值准备为基础持续计算的，而投资方在取得投资时，是以被投资单位有关资产、负债的公允价值为基础确定投资成本的，长期股权投资的投资收益所代表的是被投资单位资产、负债在公允价值计量的情况下在未来期间通过经营产生的损益中归属于投资方的部分。取得投资时有关资产、负债的公允价值与其账面价值不同的，未来期间，在计算归属于投资方应享有的净损益时，应以投资时被投资单位有关资产、负债的公允价值为基础计算确定，从而产生了需要对被投资单位账面净利润进行调整的情况。

在进行有关调整时，应考虑重要性原则，不具重要性的项目可不予调整。符合下列条件之一的，投资方可以以被投资单位的账面净利润为基础，计算确认投资损益，同时应在财务报表附注中说明不能按照企业会计准则规定进行核算的原因：

①投资方无法合理确定取得投资时被投资单位各项可辨认资产等的公允价值；

②投资时被投资单位可辨认资产的公允价值与其账面价值相比，两者之间的差额不具重要性的；

③其他原因导致无法取得被投资单位的有关资料，不能按照企业会计准则中规定的原则对被投资单位的净损益进行调整的。

（3）在评估投资方对被投资单位是否具有重大影响时，应当考虑潜在表决权的影响，但在确定应享有的被投资单位实现的净损益、其他综合收益和其他所有者权益变动的份额时，潜在表决权所对应的权益份额不应予以考虑。

（4）在确认应享有或应分担的被投资单位净利润（或亏损）额时，法规或章程规定不属于投资企业的净损益应当予以剔除后计算。如果被投资单位发行了分类为权益的可累积优先股等类似的权益工具，无论被投资单位是否宣告分配优先股股利，投资方计算应享有被投资单位的净利润时，均应将归属于其他投资方的累积优先股股利予以扣除。

【例 16－10】沿用【例 16－9】，假定在长期股权投资的初始投资成本大于投资时应享有被投资单位可辨认净资产公允价值份额的情况下，取得投资当年被投资单位实现净利润 120 万元。投资方与被投资单位均以公历年度作为会计年度，两者之间采用的会计政策相同。由于投资时被投资单位各项可辨认资产、负债的公允价值与其账面价值相同，且假定投资方与被投资单位未发生任何内部交易，不需要对被投资单位实现的净损益进行调整，投资方应确认的投资收益为 30 万元（120×25%）。

【例 16－11】甲企业于 2024 年 1 月 1 日取得对联营企业乙公司 30% 的股权，取得投资时被投资单位的固定资产公允价值为 1 000 万元，账面价值为 600 万元，固定资产的预计使用年限为 10 年，净残值为零，按照直线法计提折旧。乙公司 2024 年度利润表中净利润为 500 万元，其中，乙公司当期利润表中已按其账面价值计算扣除的固定资产折旧费用为 60 万元。甲企业采用权益法核算该项长期股权投资。

根据直线法，按照取得投资时固定资产的公允价值计算确定的折旧费用为 100 万元，不考虑所得税影响，按该固定资产的公允价值计算的净利润为

460 万元［500 -（100 - 60）］，因此，甲企业应确认的投资收益为 138 万元（460 ×30%）。

【例 16 - 12】甲公司于 2024 年 1 月 5 日购入乙公司 30% 的股份，购买价款为 3 000 万元，并自取得投资之日起派人参与乙公司的财务和生产经营决策。取得投资当日，乙公司可辨认净资产公允价值为 9 000 万元，除表 16 - 2 所列项目外，乙公司其他资产、负债的公允价值与账面价值相同。假定乙公司于 2024 年实现净利润 600 万元，其中，在甲公司取得投资时的账面存货本年度对外出售 60%。甲公司与乙公司的会计年度及采用的会计政策相同。固定资产、无形资产均按直线法提取折旧或摊销，预计净残值均为零。假定甲、乙公司间未发生任何内部交易。

表 16 - 2　　甲公司购入乙公司资产项目　　单位：万元

项目	账面原价	已提折旧或摊销	公允价值	乙公司预计使用年限	甲公司取得投资后剩余使用年限
存货	650		850		
固定资产	1 200	300	1 500	20	15
无形资产	950	190	1 000	10	8
合计	2 800	490	3 350		

甲公司在确定其应享有的投资收益时，应在乙公司实现净利润的基础上，根据取得投资时乙公司有关资产的账面价值与其公允价值差额的影响进行调整（假定不考虑乙公司所得税影响）：

存货账面价值与公允价值的差额应调整增加的营业成本 =（850 - 650）× 60% =120（万元）

固定资产公允价值与账面价值差额应调整增加的折旧额 =1 500 ÷15 - 900 ÷ 15 =40（万元）

无形资产公允价值与账面价值差额应调整增加的摊销额 =1 000 ÷8 - 760 ÷ 8 =30（万元）

调整后的净利润 =600 - 120 - 40 - 30 =410（万元）

甲公司应享有份额 =410 ×30% =123（万元）

确认投资收益的账务处理如下：

借：长期股权投资——损益调整　　1 230 000

　贷：投资收益　　1 230 000

（5）投资方计算确认应享有或应分担被投资单位的净损益时，对于投资方与联营企业、合营企业之间发生的未实现内部交易损益按照应享有的比例计算归属于投资方的部分，应当予以抵销，在此基础上确认投资收益。投资方与被投资单位发生的未实现内部交易损失，其中按照《企业会计准则第8号——资产减值》等的有关规定属于资产减值损失的，应当全额确认。投资方对于纳入合并范围的子公司与其联营企业、合营企业之间发生的内部交易损益，也应当按照这一原则进行抵销，在此基础上确认投资收益。

投资方与其联营企业和合营企业之间的未实现内部交易损益抵销与投资方与子公司之间的未实现内部交易损益抵销有所不同，母子公司之间的未实现内部交易损益在合并财务报表中是全额抵销的（无论是全资子公司还是非全资子公司），而投资方（或是纳入投资方合并财务报表范围的子公司）与其联营企业和合营企业之间的未实现内部交易损益抵销仅仅是投资方享有联营企业或合营企业的权益份额。

未实现内部交易损益在以后期间实现的，应在实现当期确认投资收益时予以追加确认。

上述未实现内部交易损益的抵销既包括顺流交易也包括逆流交易，其中，顺流交易，是指投资方向其联营企业或合营企业出售资产；逆流交易，是指联营企业或合营企业向投资方出售资产。当该未实现内部交易损益体现在投资方或其联营企业、合营企业持有的资产账面价值中时，相关的损益在计算确认投资损益时应予抵销。

①对于联营企业或合营企业向投资方出售资产的逆流交易，在该交易存在未实现内部交易损益的情况下（即有关资产未对外部独立第三方出售），投资方在采用权益法计算确认应享有联营企业或合营企业的投资损益时，应抵销该未实现内部交易损益的影响。当投资方自其联营企业或合营企业购买资产时，在将该资产出售给外部独立的第三方之前，不应确认联营企业或合营企业因该交易产生的损益中本企业应享有的部分。

因逆流交易产生的未实现内部交易损益，在未对外部独立第三方出售之前，体现在投资方持有资产的账面价值当中。

【例16－13】甲企业于2024年1月取得乙公司20%有表决权股份，能够对乙公司施加重大影响。假定甲企业取得该项投资时，乙公司各项可辨认资产、负债的公允价值与其账面价值相同。2024 年 8 月，乙公司将其成本为 300 万元的某商品以 700 万元的价格出售给甲企业，甲企业将取得的该商品作为存货。至 2024 年资产负债表日，甲企业仍未对外出售该存货。乙公司 2024 年实现净利润为 3 000 万元。假定不考虑所得税因素。

甲企业在按照权益法确认应享有乙公司 2024 年净损益时，应作如下处理：

（1）乙公司 2024 年抵销未实现内部交易损益后的净利润 = 3 000 -（700 - 300）= 2 600（万元）。

（2）作会计处理。

损益调整 = 26 000 000 × 20% = 5 200 000（元）

借：长期股权投资——损益调整　　5 200 000

　贷：投资收益　　5 200 000

假定在 2025 年，甲企业将该商品以 700 万元的价格向外部独立第三方出售，因该部分内部交易损益已经实现，甲企业在确认应享有乙公司 2025 年净损益时，应考虑将原未确认的该部分内部交易损益计入投资损益，即应在考虑其他因素计算确定的投资损益基础上调整增加 80 万元（400 × 20%）。

【涉税提示】

（1）甲企业按照权益法确认应享有乙公司 2024 年净损益 520 万元，税法不认可，甲企业进行年度企业所得税申报时，作纳税调减处理；

（2）甲企业在确认应享有乙公司 2025 年净损益时，调整增加的 80 万元，税法不认可，甲企业进行年度企业所得税申报时，作纳税调减处理。

②对于投资方向联营企业或合营企业出售资产的顺流交易，在该交易存在未实现内部交易损益的情况下（即有关资产未向外部独立第三方出售），投资方在采用权益法计算确认应享有联营企业或合营企业的投资损益时，应抵销该未实现内部交易损益的影响，同时调整对联营企业或合营企业长期股权投资的账面价值。当投资方向联营企业或合营企业出售资产，同时有关资产由联营企业或合营企业持有时，投资方因出售资产应确认的损益仅限于与联营企业或合营企业其他投资者交易的部分。即在顺流交易的情况下，投资方出售资产给其联营企业或合营企业产生的损益中，按照持股比例计算确定归属于本企业的部分不予确认。

【例16－14】甲公司持有乙公司有表决权股份的30%，能够对乙公司生产经营施加重大影响。2024年11月，甲公司将其账面价值为600万元的商品以900万元的价格出售给乙公司，乙公司将取得的商品作为管理用固定资产核算，预计其使用寿命为10年、净残值为0。假定甲公司取得该项投资时，乙公司各项可辨认资产、负债的公允价值与其账面价值相同，两者在以前期间未发生过内部交易。乙公司2024年实现净利润为1 000万元。假定不考虑所得税影响。

甲公司在该项交易中实现利润＝900－600＝300（万元），其中的90万元（300×30%）是针对甲公司持有的对联营企业乙公司的权益份额，在采用权益法计算确认投资损益时应予抵销，同时应考虑相关固定资产折旧对损益的影响。乙公司取得的该项固定资产在2024年度因计提折旧而对投资损益产生的影响＝300÷10÷12×1＝2.5（万元），因此，甲公司应当进行的会计处理为：

损益调整＝(10 000 000－3 000 000＋25 000)×30%＝2 107 500（元）

借：长期股权投资——损益调整　　2 107 500

　　贷：投资收益　　2 107 500

【例16－15】2021年1月，甲公司取得乙公司20%有表决权的股份，能够对乙公司施加重大影响。2024年，甲公司将其账面价值为400万元的商品以320万元的价格出售给乙公司。2024年资产负债表日，该批商品尚未对外部第三方出售。假定甲公司取得该项投资时，乙公司各项可辨认资产、负债的公允价值与其账面价值相同，两者在以前期间未发生过内部交易。乙公司2024年净利润为1 000万元。不考虑相关税费等其他因素影响。

甲公司在确认应享有乙公司2024年净损益时，如果有证据表明该商品交易价格320万元与其账面价值400万元之间的差额为减值损失的，不应予以抵销。甲公司应当进行以下会计处理：

损益调整＝10 000 000×20%＝2 000 000（元）

借：长期股权投资——损益调整　　2 000 000

　　贷：投资收益　　2 000 000

应当注意的是，投资方与联营企业、合营企业之间发生投出或出售资产的交易构成业务的，应当按照《企业会计准则第20号——企业合并》《企业会计准则第33号——合并财务报表》的有关规定进行会计处理。

3. 取得现金股利或利润的处理

投资方按照被投资单位宣告分派的利润或现金股利计算应享有的部分，相应减少长期股权投资的账面价值。在被投资单位宣告分派现金股利或利润时，借记“应收股利”科目，贷记“长期股权投资——损益调整”科目；自被投资单位取得的现金股利或利润超过已确认损益调整的部分，应视同投资成本的收回，冲减长期股权投资的账面价值。

【涉税提示】

进行税务处理时，投资方按照被投资单位宣告分派的利润或现金股利计算应分得的部分，不应减少长期股权投资的计税基础，应确认为股息所得，并按税法规定确定是否免征企业所得税。

4. 超额亏损的处理

投资方确认被投资单位发生的净亏损，应当以长期股权投资的账面价值以及其他实质上构成对被投资单位净投资的长期权益减记至零为限，投资方负有承担额外损失义务的除外。

其他实质上构成对被投资单位净投资的长期权益，通常是指长期应收项目。例如，投资方对被投资单位的长期债权，该债权没有明确的清收计划、且在可预见的未来期间不准备收回的，实质上构成对被投资单位的净投资，但不包括投资方与被投资单位之间因销售商品、提供劳务等日常活动所产生的长期债权。

投资企业在确认应分担被投资单位发生的净亏损时，应当按照以下顺序进行处理：

第一，冲减长期股权投资的账面价值。

第二，长期股权投资的账面价值不足以冲减的，应当以其他实质上构成对被投资单位净投资的长期权益账面价值为限继续确认投资损失，冲减长期应收项目等的账面价值。

第三，经过上述处理，按照投资合同或协议约定投资方仍承担额外义务的，应按预计承担的义务确认预计负债，计入当期投资损失。

投资方在实务操作过程中，根据被投资单位发生的净亏损确认投资损失时，应借记“投资收益”科目，贷记“长期股权投资——损益调整”科目；在长期股权投资的账面价值减记至零以后，考虑其他实质上构成对被投资单位净投资的长期权益，继续确认的投资损失，应借记“投资收益”科目，贷记“长期应收款”等科目；因投资合同或协议约定导致投资方需要承担额外义务的，按照《企业会计准则第13号——或有事项》的规定，对于符合确认条件的义务，应确认为当期损失，同时确认预计负债，借记“投资收益”科目，贷记“预计负债”科目。除上述情况外仍未确认的应分担被投资单位的损失，应在账外备查登记。

被投资单位以后实现净利润的，投资方在将其收益分享额弥补账外备查登记的未确认的亏损分担额后，按与上述相反的顺序处理，恢复确认收益分享额，即依次减记已确认预计负债的账面余额、恢复其他实质上构成对被投资单位净投资的长期权益及长期股权投资的账面价值，同时确认投资收益。即应当按顺序分别借记“预计负债”“长期应收款”“长期股权投资”等科目，贷记“投资收益”科目。

【涉税提示】

进行税务处理时，投资方不能确认被投资单位发生的净亏损，被投资单位发生的净亏损只能用被投资单位以后年度的所得弥补。企业对外投资期间，长期股权投资的计税基础保持不变。投资方确认了被投资单位发生的净亏损的，应按照税法规定进行纳税调整。

【例16－16】2022年1月1日，华丰公司支付银行存款500 000元购买新意公司的普通股股票，取得新意公司35%的表决权，采用权益法核算。2022年1月1日，新意公司的所有者权益总额为1 380 000元；2022年度新意公司实现净利润550 000元；2023年2月，新意公司宣告分派现金股利350 000元，2023年度发生净亏损2 100 000元；2024年度新意公司实现净利润850 000元。假定2022年1月1日新意公司可辨认净资产的公允价值等于其账面价值，华丰公司无其他实质上构成对新意公司净投资的长期权益，且不存在承担额外损失的义务。则华丰公司应作如下会计处理：

（1）购入新意公司的股票时：

借：长期股权投资——投资成本　　500 000

　　贷：银行存款　　500 000

（2）2022年，新意公司实现利润时：

损益调整＝550 000×35%＝192 500（元）

借：长期股权投资——损益调整　　192 500
　　贷：投资收益　　192 500

2022 年 12 月 31 日长期股权投资账面余额 = 500 000 + 192 500 = 692 500(元)

（3）2024 年新意公司宣告分派现金股利时：

应收股利 = 350 000 × 35% = 122 500（元）

借：应收股利——新意公司　　122 500
　　贷：长期股权投资——损益调整　　122 500

2023 年 2 月长期股权投资账面余额 = 692 500 − 122 500 = 570 000（元）

（4）2023 年度发生净亏损时：

华丰公司应负担的亏损金额 = 2 100 000 × 35% = 735 000（元）

未记录的亏损负担金额 = 735 000 − 570 000 = 165 000（元）

借：投资收益　　570 000
　　贷：长期股权投资——损益调整　　570 000

此时的长期股权投资账面余额为 0。

（5）2024 年度新意公司实现净利润时：

华丰公司实现的股权投资收益 = 850 000 × 35% = 297 500（元）

可恢复长期股权投资金额 = 297 500 − 165 000 = 132 500（元）

借：长期股权投资——损益调整　　132 500
　　贷：投资收益　　132 500

【税务处理】

（1）购入新意公司的股票时，长期股权投资的会计成本为 500 000 元，计税基础为 500 000 元，两者一致。且持有期间长期股权投资的计税基础不变。

（2）2022 年，新意公司实现利润时会计确认投资收益 192 500 元，税法不确认，新意公司进行年度企业所得税申报时，作纳税调减处理。此时，长期股权投资的账面价值为 692 500 元，而计税基础仍为 500 000 元。

（3）2023 年，新意公司宣告分派现金股利 122 500 元，会计冲减长期股权投资的账面价值，但税法应确认为投资收益。由于符合免税条件，因此，新意公司进行年度企业所得税申报时，不作纳税调整处理。此时，长期股权投资的账面价值为 570 000 元，而计税基础仍为 500 000 元。

（4）2023 年度发生净亏损时会计确认投资损失 570 000 元，而税法不认可，新意公司进行年度新意公司所得税申报时，应调整增加应纳税所得额570 000元。此时，长期股权投资的账面价值为0，而计税基础仍为500 000 元。

（5）2024 年度新意公司实现净利润时会计确认投资收益 132 500 元，税法不确认，新意公司进行年度企业所得税申报时，作纳税调减处理。此时，长期股权投资的账面价值为 132 500 元，而计税基础仍为 500 000 元。

5. 被投资单位其他综合收益变动的处理

其他综合收益，是指根据企业会计准则规定未在损益中确认的各项利得和损失扣除所得税影响后的净额。主要情形有以下四种：

（1）以公允价值计量且其变动计入其他综合收益的金融资产的公允价值变动；

（2）金融资产重分类形成的利得或损失；

（3）存货或自用房地产转换为采用公允价值模式计量的投资性房地产形成的利得或损失；

（4）外币财务报表折算差额。

被投资单位其他综合收益发生变动的，投资方应当按照归属于本企业的部分，相应调整长期股权投资的账面价值，同时增加或减少其他综合收益。

【例 16－17】 甲企业持有乙企业 30% 的股份，能够对乙企业施加重大影响。当期乙企业因持有的以公允价值计量且其变动计入其他综合收益的金融资产公允价值的变动计入其他综合收益的金额为 600 万元，除该事项外，乙企业当期实现的净损益为 3 200 万元。假定甲企业与乙企业适用的会计政策、会计期间相同，投资时乙企业各项可辨认资产、负债的公允价值与其账面价值亦相同。双方在当期及以前期间未发生任何内部交易。不考虑所得税影响因素，则甲企业在确认应享有被投资单位所有者权益的变动时，应作如下会计处理：

借：长期股权投资——损益调整　　9 600 000
　　　　　　　　——其他综合收益　　1 800 000
　贷：投资收益　　　　9 600 000
　　　其他综合收益　　1 800 000

6. 被投资单位除净损益、其他综合收益和利润分配以外所有者权益其他变动的处理

被投资单位除净损益、其他综合收益和利润分配以外所有者权益其他变

动的主要情形有以下六种：

（1）被投资单位增资扩股等原因而增加资本溢价或股本溢价；

（2）被投资单位资产评估等所引起的所有者权益变动；

（3）被投资单位收到专项拨款形成资本公积；

（4）被投资单位因以权益结算的股份支付形成资本公积；

（5）被投资单位发行可转换公司债券中包含的权益成分形成资本公积；

（6）被投资单位与上述类型事项相关的计入所有者权益项目的所得税影响形成资本公积。

投资方对于被投资单位除净损益、其他综合收益和利润分配以外所有者权益的其他变动，按照持股比例计算应享有或承担的份额，调整长期股权投资的账面价值，同时计入资本公积（其他资本公积），并在备查簿中予以登记。即投资方按其持股比例计算应享有或承担的份额，借记或贷记“长期股权投资——其他权益变动”科目，贷记或借记“资本公积——其他资本公积”科目，并在备查簿中予以登记。投资方在后续处置股权投资，但对剩余股权仍采用权益法核算时，应按处置比例将这部分资本公积转入当期投资收益；对剩余股权终止权益法核算时，将这部分资本公积全部转入当期投资收益。

【例 16－18】 2022 年 3 月 20 日，A、B、C 公司分别以现金 300 万元、300 万元和 400 万元出资设立 D 公司，分别持有 D 公司 30%、30%、40% 的股权。A 公司对 D 公司具有重大影响，采用权益法对有关长期股权投资进行核算。D 公司自设立日起至 2024 年 1 月 1 日实现净损益 1 000 万元，除此以外，无其他影响净资产的事项。2024 年 1 月 1 日，经 A、B、C 公司协商，B 公司对 D 公司增资 500 万元，增资后 D 公司净资产为 2 500 万元，A、B、C 公司分别持有 D 公司 25%、40%、35% 的股权，相关手续于当日完成。假定 A 公司与 D 公司适用的会计政策、会计期间相同，双方在当期及以前期间未发生其他内部交易。不考虑相关税费等其他因素影响。

本例中，2024 年 1 月 1 日，B 公司对 D 公司增资前，D 公司的净资产账面价值为 2 000 万元，A 公司应享有 D 公司权益的份额为 600 万元（2 000 × 30%）。B 公司单方面增资后，D 公司的净资产增加 500 万元，A 公司应享有 D 公司权益的份额为 625 万元（2 500 × 25%）。A 公司享有的权益变动 25 万元（625 － 600），属于 D 公司除净损益、其他综合收益和利润分配以外所有者权益的其他变动。A 公司对 D 公司的长期股权投资的账面价值应调增25万元，并相应调整“资本公积——其他资本公积”，作如下会计处理：

借：长期股权投资——其他权益变动　　250 000

　　贷：资本公积——其他资本公积　　250 000

【涉税提示】

对长期股权投资进行税务处理时，应注意以下四点：

（1）无论企业采用成本法还是权益法核算，在股权持有期间，长期股权投资的计税基础保持不变，但投资方追加投资或收回投资除外。

（2）权益法下，每年年末会计按照应享有或应分担被投资单位实现净利润或发生净亏损的份额确认投资损益。税法规定在被投资方作出利润分配决定时确认股息、红利等权益性投资收益，二者之间的差异需按税法规定进行纳税调整。

（3）进行纳税调整时注意税法对股息、红利等权益性投资收益作了免税规定。

（4）股权持有期间，因会计对长期股权投资账面价值的调整，使其账面价值与计税基础出现差额，形成暂时性差异。该差异在转让或者处置长期股权投资时将全部转回。

7. 股票股利的处理

当被投资单位实现净利润但现金不足时，为了满足股东的要求，通常派发股票股利。派发股票股利，一不会使被投资单位所有者权益总额发生变动，而仅仅是所有者权益各项目内部结构发生调整；二不需要被投资单位拿出现金，因此，被投资单位不发生资产的变动。

被投资单位分派的股票股利，投资方不作账务处理，但为了反映收到股票股利的情况，投资方应于除权日在备查簿中登记所增加的股数，以表明每股投资成本的减少，部分处置该项收到股票股利的投资时，应按投资成本与全部股份计算的平均每股成本，结转处置部分的成本。

【涉税提示】

进行税务处理时，被投资方分派的股票股利，或者用留存收益转增资本（股本），应视同“先分配、再投资”进行处理。投资方应当按照股本（实收资本）的公允价值调整长期股权投资的计税基础，并确认红利权益性投资收益，同时按税法规定符合免税条件的享受免税优惠。

8. 被投资单位编制合并财务报表情况下的处理

在持有投资期间，被投资单位编制合并财务报表的，应当以合并财务报表中净利润、其他综合收益和其他所有者权益变动中归属于被投资单位的金额为基础进行会计处理。

三、长期股权投资的期末计量

投资方应当关注长期股权投资的账面价值是否大于享有被投资单位所有者权益账面价值的份额等类似情况。出现类似情况时，投资方应当按照《企业会计准则第8号——资产减值》对长期股权投资进行减值测试，可收回金额低于长期股权投资账面价值的，应当计提减值准备。长期股权投资的减值准备在提取以后，不允许转回。

资产负债表日，企业根据《企业会计准则第8号——资产减值》确定长期股权投资发生减值的，按应减记的金额，借记“资产减值损失”科目，贷记“长期股权投资减值准备”科目。处置长期股权投资时，应同时结转已计提的长期股权投资减值准备。

【例16－19】2024年12月31日，华丰公司占甲公司有表决权股份的70%，对甲公司实施控制。该长期股权投资的账面价值为3 000万元。由于没有公开市场价格且不能可靠计量其公允价值，按照市场收益率计算，截至2024年年底该长期股权投资预计未来现金流量现值为2 480万元。则华丰公司应作如下会计处理：

长期股权投资减值金额＝3 000－2 480＝520（万元）

借：资产减值损失　　5 200 000

　　贷：长期股权投资减值准备　　5 200 000

【税务处理】

计提的长期股权投资减值准备属于税法的未经核定的准备金支出，不允许在税前扣除，企业进行年度企业所得税申报时，应调增应纳税所得额520万元。此时，长期股权投资的账面价值减少了，而其计税基础不变。

第四节　长期股权投资核算方法的转换及处置

一、长期股权投资核算方法的转换

（一）公允价值计量转权益法核算

原持有的对被投资单位的股权投资（不具有控制、共同控制或重大影响的），按照《企业会计准则第 22 号——金融工具确认和计量》进行会计处理的，因追加投资等原因导致持股比例上升，能够对被投资单位施加共同控制或重大影响但不构成控制的，在转按权益法核算时，投资方应当按照《企业会计准则第 22 号——金融工具确认和计量》确定的原股权投资的公允价值加上为取得新增投资而应支付对价的公允价值，作为改按权益法核算的初始投资成本。原持有的股权投资分类为以公允价值计量且其变动计入当期损益的金融资产的，其公允价值与原账面价值之间的差额，计入改按权益法核算的当期损益；原持有的股权投资分类为以公允价值计量且其变动计入其他综合收益的金融资产的，其公允价值与原账面价值之间的差额，以及原计入其他综合收益的累计公允价值变动应当转入改按权益法核算的留存收益。同时，将支付对价的公允价值与其账面价值的差额计入当期损益，并按资产的类别进行相应的会计处理。

然后，比较上述计算所得的初始投资成本，与按照追加投资后全新的持股比例计算确定的应享有被投资单位在追加投资日可辨认净资产公允价值份额之间的差额，前者大于后者的，不调整长期股权投资的账面价值；前者小于后者的，差额应调整长期股权投资的账面价值，并计入当期营业外收入。

【例 16 – 20】 2023 年 2 月，A 公司以 600 万元现金自非关联方处取得 B 公司 10% 的股权。A 公司根据《企业会计准则第 22 号——金融工具确认和计量》将其划分为以公允价值计量且其变动计入其他综合收益的金融资产。2024 年 1 月 2 日，A 公司又以 1 200 万元的现金自另一非关联方处取得 B 公司 12% 的股权，相关手续于当日完成。当日，B 公司可辨认净资产公允价值总额为 8 000 万元，A 公司对 B 公司的以公允价值计量且其变动计入其他综合收益的金融资产的账面价值（等于公允价值）为 1 000 万元，计入其他综合收益的累计公允价值变动为400万元。取得该部分股权后，按照B公司章程规定，A公司能够对B公司施加重大影响，对该项股权投资转为采用权益法核算。不考虑相关税费等其他因素影响。

本例中，2024年1月2日，A公司原持有10%股权的公允价值为1 000万元，为取得新增投资而支付对价的公允价值为1 200万元，因此，A公司对B公司22%股权的初始投资成本为2 200万元。

A公司对B公司新持股比例为22%，应享有B公司可辨认净资产公允价值的份额为1 760万元（8 000×22%）。由于初始投资成本（2 200万元）大于应享有B公司可辨认净资产公允价值的份额（1 760万元），因此，A公司无须调整长期股权投资的成本。

2024年1月2日，A公司确认对B公司的长期股权投资时，作如下会计处理：

借：长期股权投资——投资成本	22 000 000	
贷：其他权益工具投资		10 000 000
银行存款		12 000 000
借：其他综合收益	4 000 000	
贷：盈余公积		400 000
利润分配——未分配利润		3 600 000

（二）公允价值计量或权益法核算转成本法核算

投资方原持有的对被投资单位不具有控制、共同控制或重大影响的按照《企业会计准则第22号——金融工具确认和计量》进行会计处理的权益性投资，或者原持有对联营企业、合营企业的长期股权投资，因追加投资等原因，能够对被投资单位实施控制的，应按企业合并形成的长期股权投资进行会计处理。

1. 多次交易分步取得同一控制被投资单位股权的会计处理方法

（1）确定同一控制下企业合并形成的长期股权投资的初始投资成本。在合并日，根据合并后应享有被合并方净资产在最终控制方合并财务报表中的账面价值的份额，确定长期股权投资的初始投资成本。

（2）长期股权投资初始投资成本与合并对价账面价值之间的差额的处理。合并日长期股权投资的初始投资成本，与达到合并前的长期股权投资账面价值加上合并日进一步取得股份新支付对价的账面价值之和的差额，调整资本公积（资本溢价或股本溢价），资本公积不足冲减的，冲减留存收益。

（3）合并日之前持有的股权投资，因采用权益法核算或按照《企业会计准则第22号——金融工具确认和计量》核算而确认的其他综合收益，暂不进行会计处理，直至处置该项投资时采用与被投资单位直接处置相关资产或负债相同的基础进行会计处理；因采用权益法核算而确认的被投资单位净资产中除净损益、其他综合收益和利润分配以外的所有者权益其他变动，暂不进行会计处理，直至处置该项投资时转入当期损益。

【例16－21】2022年1月1日，H公司取得同一控制下的A公司25%的股份，实际支付款项6 000万元，能够对A公司施加重大影响。相关手续于当日办理完毕。当日，A公司可辨认净资产账面价值为22 000万元（假定与公允价值相等）。2022年度及2023年度，A公司共实现净利润1 000万元，无其他所有者权益变动。2024年1月1日，H公司以定向增发2 000万股普通股（每股面值为1元，每股公允价值为4.5元）的方式购买同一控制下另一企业所持有的A公司40%股权，相关手续于当日完成。进一步取得投资后，H公司能够对A公司实施控制。当日，A公司在最终控制方合并财务报表中的净资产的账面价值为23 000万元。假定H公司和A公司采用的会计政策和会计期间相同，均按照10%的比例提取盈余公积。H公司和A公司一直受同一最终控制方控制。上述交易不属于一揽子交易。不考虑相关税费等其他因素影响。H公司有关会计处理如下：

（1）确定合并日长期股权投资的初始投资成本。

合并日追加投资后H公司持有A公司股权比例为65%（25%＋40%）。

合并日H公司享有A公司在最终控制方合并财务报表中净资产的账面价值份额为14 950万元（23 000×65%）。

（2）长期股权投资初始投资成本与合并对价账面价值之间的差额的处理。

原25%的股权投资采用权益法核算，在合并日的原账面价值为6 250万元（6 000＋1 000×25%）。

追加投资（40%）所支付对价的账面价值为2 000万元。

合并对价账面价值为8 250万元（6 250＋2 000）。长期股权投资初始投资成本与合并对价账面价值之间的差额为6 700万元（14 950－8 250）。

借：长期股权投资——投资成本　　149 500 000

　　贷：长期股权投资——投资成本　　60 000 000

　　　　　　　　　　——损益调整　　2 500 000

股本　　20 000 000

资本公积（股本溢价）　　67 000 000

2. 多次交易分步实现非同一控制下企业合并的会计处理

（1）在个别财务报表中，应当以原持有的股权投资的账面价值加上新增投资成本之和，作为按成本法核算的初始投资成本。新增投资成本为支付对价的公允价值，公允价值与账面价值的差额计入新增投资的当期损益。

（2）原持有的股权投资按照《企业会计准则第22号——金融工具确认和计量》的规定进行会计处理的（注：应在购买日先确认该股权投资已实现的公允价值变动），原计入其他综合收益的累计公允价值变动应当全部转入留存收益。

（3）原持有的股权投资采用权益法核算的，已经确认的其他综合收益暂不进行会计处理，待处置该项投资时采用与被投资单位直接处置相关资产或负债相同的基础进行会计处理；已经确认的被投资单位除净损益、其他综合收益和利润分配以外的所有者权益其他变动暂不进行会计处理，待处置该项投资时相应转入处置期间的当期损益。

【例16－22】甲公司于2022年1月1日对乙公司投资，占乙公司注册资本的20%。甲公司采用权益法对乙公司进行核算。至2023年12月31日，甲公司对乙公司投资的账面价值为300万元，其中，投资成本200万元（假定投资成本即计税基础），其他综合收益100万元。2024年1月5日，甲公司又用银行存款对乙公司追加投资600万元，取得乙公司40%的股权。自此，甲公司持有乙公司60%的股份，改为成本法核算。2024年3月1日，乙公司宣布分派2023年度的现金股利80万元。

（1）将权益法下长期股权投资的账面价值，加上新增投资成本转为成本法下的初始投资成本。作如下会计处理：

借：长期股权投资——乙公司　　9 000 000

　　贷：长期股权投资——投资成本（乙公司）　　2 000 000

　　　　　　　　　　——损益调整（乙公司）　　1 000 000

　　　　银行存款　　6 000 000

原确认的其他综合收益100万元，不作会计处理。

（2）乙公司宣布分派现金股利时：

应收股利＝800 000×60%＝480 000（元）

借：应收股利　　480 000

贷：投资收益　　480 000

【例16－23】 2022年1月1日，A公司以每股5元的价格购入某上市公司B公司的股票100万股，并由此持有B公司2%的股权。A公司与B公司不存在关联方关系。A公司将对B公司的投资作为以公允价值计量且其变动计入其他综合收益的金融资产进行会计处理。2024年1月1日，A公司以现金1.75亿元为对价，向B公司大股东收购B公司50%的股权，相关手续于当日完成。假设A公司购买B公司2%的股权和后续购买50%的股权不构成一揽子交易，A公司取得B公司控制权之日为2024年1月1日，B公司当日股价为每股7元，B公司可辨认净资产的公允价值为2亿元，不考虑相关税费等其他因素影响。

购买日前，A公司持有对B公司的股权投资作为以公允价值计量且其变动计入其他综合收益的金融资产进行会计处理，购买日前A公司原持有以公允价值计量且其变动计入其他综合收益的金融资产的账面价值为700万元(7×100)。

本次追加投资应支付对价的公允价值为17 500万元。购买日对子公司按成本法核算的初始投资成本为18 200万元（17 500＋700）。

购买日前A公司原持有以公允价值计量且其变动计入其他综合收益的金融资产相关的其他综合收益为200万元[（7－5）×100]，购买日该其他综合收益转入购买日所属当期投资收益。

借：长期股权投资——投资成本　　182 000 000
　　贷：其他权益工具投资　　7 000 000
　　　　银行存款　　175 000 000
借：其他综合收益　　2 000 000
　　贷：盈余公积　　200 000
　　　　利润分配——未分配利润　　1 800 000

（三）权益法核算转公允价值计量

原持有的对被投资单位具有共同控制或重大影响的长期股权投资，因部分处置等原因导致持股比例下降，不能再对被投资单位实施共同控制或重大影响的，应按处置比例结转应终止确认的长期股权投资成本；同时应改按《企业会计准则第22号——金融工具确认和计量》对剩余股权投资进行会计处理，其在丧失共同控制或重大影响之日的公允价值与账面价值之间的差额计入当期损益。原采用权益法核算的其他综合收益应当在终止采用权益法核算时，按其全额采用与被投资单位直接处置相关资产或负债相同的基础进行会计处理；因被投资单位除净损益、其他综合收益和利润分配以外的其他所有者权益变动而确认的所有者权益其他变动，应当在终止采用权益法核算时全部转入当期损益。

【例 16－24】 甲公司持有乙公司 30% 的有表决权股份，能够对乙公司施加重大影响，对该股权投资采用权益法核算。2024 年 10 月，甲公司将该项投资中的 50% 出售给非关联方，取得价款 1 800 万元。相关手续于当日完成，甲公司无法再对乙公司施加重大影响，将剩余股权投资转为以公允价值计量且其变动计入其他综合收益的金融资产。出售时，该项长期股权投资的账面价值为 3 200 万元，其中，投资成本为 2 600 万元，损益调整为 300 万元，其他综合收益为 200 万元（性质为被投资单位的以公允价值计量且其变动计入其他综合收益的金融资产的累计公允价值变动），除净损益、其他综合收益和利润分配外的其他所有者权益变动为 100 万元；剩余股权的公允价值为 1 800 万元。不考虑相关税费等其他因素影响。则甲公司应作如下会计处理：

（1）确认有关股权投资的处置损益。

借：银行存款　　18 000 000

　　贷：长期股权投资——投资成本　　13 000 000

　　　　　　　　　　——损益调整　　1 500 000

　　　　　　　　　　——其他综合收益　　1 000 000

　　　　　　　　　　——其他权益变动　　500 000

　　　　投资收益　　2 000 000

（2）由于终止采用权益法核算，将原确认的相关其他综合收益全部转入当期损益。

借：其他综合收益　　2 000 000

　　贷：投资收益　　2 000 000

（3）由于终止采用权益法核算，将原计入资本公积的其他所有者权益变动全部转入当期损益。

借：资本公积——其他资本公积　　1 000 000

　　贷：投资收益　　1 000 000

（4）剩余股权投资转为以公允价值计量且其变动计入其他综合收益的金融资产，当天公允价值为 1 800 万元，账面价值为 1 600 万元，两者差异应计入当期投资收益。

借：其他权益工具投资——成本　　18 000 000
　　贷：长期股权投资——投资成本　　13 000 000
　　　　　　　　　　——损益调整　　1 500 000
　　　　　　　　　　——其他综合收益　　1 000 000
　　　　　　　　　　——其他权益变动　　500 000
　　　　投资收益　　2 000 000

（四）成本法核算转权益法核算

因处置投资等原因导致对被投资单位由能够实施控制转为具有重大影响或者与其他投资方一起实施共同控制的，首先应按处置投资的比例结转应终止确认的长期股权投资成本。若存在当初因追加投资而使核算方法转换为成本法时形成的未进行会计处理的“其他综合收益”和“所有者权益其他变动”的，应对“其他综合收益”和“所有者权益其他变动”按比例结转，结转的部分比照“权益法核算转公允价值核算”中的方法进行会计处理。

然后，比较剩余长期股权投资的成本与按照剩余持股比例计算原投资时应享有被投资单位可辨认净资产公允价值的份额，前者大于后者的，属于投资作价中体现的商誉部分，不调整长期股权投资的账面价值；前者小于后者的，在调整长期股权投资成本的同时，调整留存收益。

对于原取得投资时至处置投资时（转为权益法核算）之间被投资单位实现净损益（扣除已宣告发放的现金股利和利润）中投资方应享有的份额，一方面应当调整长期股权投资的账面价值，同时，对于原取得投资时至处置投资当期期初被投资单位实现的净损益中应享有的份额，调整留存收益，对于处置投资当期期初至处置投资之日被投资单位实现的净损益中应享有的份额，调整当期损益；在被投资单位其他综合收益变动中应享有的份额，在调整长期股权投资账面价值的同时，应当计入其他综合收益；除净损益、其他综合收益和利润分配外的其他原因导致被投资单位其他所有者权益变动中应享有的份额，在调整长期股权投资账面价值的同时，应当计入相应的所有者权益项目（“资本公积——其他资本公积”）。

【例 16－25】 A 公司原持有 B 公司 60% 的股权，能够对 B 公司实施控制。2024 年 11 月 6 日，A 公司对 B 公司的长期股权投资的账面价值为 6 000 万元，未计提减值准备，A 公司将其持有的对 B 公司长期股权投资中的 1/3 出售给非关联方，取得价款 3 600 万元，当日被投资单位可辨认净资产公允价值总额为 16 000 万元。相关手续于当日完成，A 公司不再对 B 公司实施控制，但具有重大影响。A 公司原取得 B 公司 60% 股权时，B 公司可辨认净资产公允价值总额为 9 000 万元（假定公允价值与账面价值相同）。自 A 公司取得对 B 公司长期股权投资后至部分处置投资前，B 公司实现净利润 5 000 万元，其中，自 A 公司取得投资日至 2024 年年初实现净利润 4 000 万元。假定 B 公司一直未进行利润分配，除所实现净损益外，B 公司未发生其他计入所有者权益的交易或事项；A 公司按净利润的 10% 提取盈余公积。不考虑相关税费等其他因素影响。

本例中，在出售 20% 的股权后，A 公司对 B 公司的持股比例为 40%，对 B 公司施加重大影响。因此，A 公司对 B 公司长期股权投资应由成本法改为按照权益法核算。有关会计处理如下：

（1）确认长期股权投资处置损益。

借：银行存款　　36 000 000

　　贷：长期股权投资　　20 000 000

　　　　投资收益　　16 000 000

（2）调整长期股权投资账面价值。

剩余长期股权投资的账面价值为 4 000 万元，与原投资时应享有被投资单位可辨认净资产公允价值份额之间的差额 400 万元（4 000 - 9 000 × 40%）为商誉，该部分商誉的价值不需要对长期股权投资的成本进行调整。

处置投资以后按照持股比例计算享有被投资单位自购买日至处置投资日期初之间实现的净损益为 1 600 万元（4 000 × 40%），应调整增加长期股权投资的账面价值，同时调整留存收益；享有被投资单位自处置期初至处置日之间实现的净损益为 400 万元，应调整增加长期股权投资的账面价值，同时计入当期投资收益。A 公司应作以下会计处理：

借：长期股权投资——损益调整　　20 000 000

　　贷：盈余公积　　1 600 000

　　　　利润分配——未分配利润　　14 400 000

　　　　投资收益　　4 000 000

长期股权投资自成本法转为权益法后，未来期间应当按照《企业会计准则第 2 号——长期股权投资》规定计算确认应享有被投资单位实现的净损益、其他综合收益和所有者权益其他变动的份额。

（五）成本法核算转公允价值计量

原持有的对被投资单位具有控制的长期股权投资，因部分处置等原因导致持股比例下降，不能再对被投资单位实施控制、共同控制或重大影响的，应按处置投资的比例结转应终止确认的长期股权投资成本；同时应改按《企业会计准则第22号——金融工具确认和计量》对剩余股权投资进行会计处理，在丧失控制之日的公允价值与账面价值之间的差额计入当期投资收益。若存在当初因追加投资而使核算方法转换为成本法时形成的未进行会计处理的“其他综合收益”和“所有者权益其他变动”的，应全额结转“其他综合收益”和“所有者权益其他变动”，并比照“权益法核算转公允价值计量”中的方法进行会计处理。

【例16－26】甲公司持有乙公司60%的有表决权股份，能够对乙公司实施控制，对该股权投资采用成本法核算。2024年10月，甲公司将该项投资中的80%出售给非关联方，取得价款8 000万元。相关手续于当日完成，甲公司无法再对乙公司实施控制，也不能施加共同控制或重大影响，将剩余股权投资转为以公允价值计量且其变动计入当期损益的金融资产。出售时，该项长期股权投资的账面价值为8 000万元，剩余股权投资的公允价值为2 000万元。不考虑相关税费等其他因素影响。

甲公司有关会计处理如下：

（1）确认有关股权投资的处置损益。

借：银行存款 80 000 000

　　贷：长期股权投资 64 000 000

　　　　投资收益 16 000 000

（2）剩余股权投资转为以公允价值计量且其变动计入当期损益的金融资产，当天公允价值为2 000万元，账面价值为1 600万元，两者差异应计入当期投资收益。

借：交易性金融资产 20 000 000

　　贷：长期股权投资 16 000 000

　　　　投资收益 4 000 000

投资方部分处置权益法核算的长期股权投资，剩余股权仍采用权益法核算的，原权益法核算的相关其他综合收益应当采用与被投资单位直接处置相关资产或负债相同的基础处理并按比例结转，因被投资单位除净损益、其他综合收益和利润分配以外的其他所有者权益变动而确认的所有者权益其他变动，应当按比例结转计入当期投资收益。投资方部分处置成本法核算的长期股权投资，剩余股权仍采用成本法核算的，若存在当初因追加投资而使核算方法转换为成本法时形成的未进行会计处理的“其他综合收益”和“所有者权益其他变动”的，应按比例结转“其他综合收益”和“所有者权益其他变动”，并比照上述方法进行会计处理。

当投资方由非投资性主体转变为投资性主体时，其对自转变日起不再纳入合并财务报表范围的子公司采用公允价值计量且其变动计入当期损益，转变日公允价值和原账面价值的差额计入所有者权益。

当投资方由投资性主体转变为非投资性主体时，其对自转变日起开始纳入合并财务报表范围的子公司采用成本法进行后续计量。转变日的公允价值为成本法核算的初始成本。

二、长期股权投资的处置

投资方持有长期股权投资的过程中，由于各方面的考虑，决定将所持有的对被投资单位的股权全部或部分对外出售时，应相应结转与所售股权相对应的长期股权投资的账面价值，一般情况下，出售所得价款与处置长期股权投资账面价值之间的差额，应确认为处置损益。

投资方部分处置权益法核算的长期股权投资，剩余股权仍采用权益法核算的，原权益法核算的相关其他综合收益应当采用与被投资单位直接处置相关资产或负债相同的基础处理并按比例结转，因被投资方除净损益、其他综合收益和利润分配以外的其他所有者权益变动而确认的所有者权益，应当按比例结转入当期投资收益。

投资方全部处置权益法核算的长期股权投资时，原权益法核算的相关其他综合收益应当在终止采用权益法核算时采用与被投资单位直接处置相关资产或负债相同的基础进行会计处理，因被投资单位除净损益、其他综合收益和利润分配以外的其他所有者权益变动而确认的所有者权益，应当在终止采用权益法核算时全部转入当期投资收益。

也就是说，采用权益法核算的长期股权投资，原计入其他综合收益（不能结转损益的除外）或资本公积（其他资本公积）中的金额，如处置后因具有重大影响或共同控制仍然采用权益法核算的，在处置时也应进行结转，将与所出售股权所对应的部分在处置时自其他综合收益或资本公积转入当期损益。如处置后对相关投资终止采用权益法的，原计入其他综合收益（不能结转损益的除外）或资本公积（其他资本公积）中的金额应全部结转。

【例 16－27】 A 公司持有 B 公司 40% 的股权并采用权益法核算。2024 年 7 月 1 日，A 公司将 B 公司 20% 的股权出售给第三方 C 公司，对剩余 20% 的股权仍采用权益法核算。A 公司取得 B 公司股权至 2024 年 7 月 1 日，确认的相关其他综合收益为 400 万元（其中：350 万元为按比例享有的 B 公司以公允价值计量且其变动计入其他综合收益的金融资产的公允价值变动，50 万元为按比例享有的 B 公司重新计量设定受益计划净负债或净资产所产生的变动），享有 B 公司除净损益、其他综合收益和利润分配以外的其他所有者权益变动为 100 万元。不考虑相关税费等其他因素影响。

A 公司原持有股权相关的其他综合收益和其他所有者权益变动应按如下方法进行会计处理：

（1）其他综合收益。

①转入当期损益。

350 万元的其他综合收益属于被投资单位以公允价值计量且其变动计入其他综合收益的金融资产的公允价值变动，由于剩余股权仍继续采用权益法核算，因此，应按处置比例（20%/40%）相应结转计入当期投资收益，其金额为 175 万元（350÷2）。

②转入其他的权益科目。

50 万元的其他综合收益属于被投资单位重新计量设定受益计划净负债或净资产所产生的变动，由于剩余股权仍继续采用权益法核算，因此，应按处置比例（20%/40%）并按照被投资单位处置相关资产或负债相同的基础进行会计处理。

（2）其他所有者权益变动。

由于剩余股权仍继续采用权益法核算，因此，应按处置比例（20%/40%）相应结转计入当期投资收益，其金额为 50 万元（100÷2）。

假设，2024 年 12 月，A 公司再向第三方公司处置 B 公司 15% 的股权，剩余 5% 股权作为以公允价值计量且其变动计入其他综合收益的金融资产，按《企业会计准则第 22 号——金融工具确认和计量》进行会计处理。A 公司原持有股权相关的其他综合收益和其他所有者权益变动应按以下方法进行会计处理：

（1）其他综合收益。

①转入当期损益。

处置后的剩余股权改按《企业会计准则第22号——金融工具确认和计量》进行会计处理，其他综合收益175万元属于被投资单位以公允价值计量且其变动计入其他综合收益的金融资产的公允价值变动，应在转换日全部结转，同时计入当期投资收益。

②转入其他的权益科目。

处置后的剩余股权改按《企业会计准则第22号——金融工具确认和计量》进行会计处理，其他综合收益25万元属于被投资单位重新计量设定受益计划净负债或净资产所产生的变动，按照被投资单位处置相关资产或负债相同的基础进行会计处理。

（2）其他所有者权益变动。

由于剩余股权改按《企业会计准则第22号——金融工具确认和计量》进行会计处理，因此，应在转换日全部结转，计入当期投资收益50万元。

【涉税提示】

（1）在通常情况下，股权转让方需要一次性确认股权转让损益；股权转让行为如果符合股权收购特殊税务处理条件的，股权转让方可以暂不确认股权转让所得或损失。

（2）股权投资损失可以一次性税前扣除，但不能自行扣除，需要向税务机关申报。企业向税务机关申报扣除股权投资损失，仅需填报企业所得税年度纳税申报表，不需要报送股权投资损失的相关资料，相关资料由企业留存备查。

（3）处置长期股权投资时，按税法规定计算的股权转让所得或损失，与按会计规定计算确认的损益不相等的，应按税法规定进行纳税调整。

【例16－28】甲公司拥有乙公司有表决权股份的30%，对乙公司有重大影响。2023年12月30日，甲公司出售乙公司的全部股权，所得价款2 300万元存入银行。截至该年年底，该项长期股权投资的账面价值为2 000万元，其中：投资成本1 500万元（假定投资成本即计税基础），损益调整400万元，其他综合收益200万元，其他权益变动100万元，长期股权投资减值准备200

万元。假设不考虑相关税费，则甲公司应作如下会计处理：

借：银行存款　　23 000 000

　　长期股权投资减值准备　　2 000 000

　　贷：长期股权投资——投资成本（乙公司）　　15 000 000

　　　　——损益调整（乙公司）　　4 000 000

　　　　——其他综合收益（乙公司）　　1 000 000

　　　　——其他权益变动（乙公司）　　2 000 000

　　　　投资收益　　3 000 000

同时将原记入“其他综合收益”和“资本公积——其他资本公积”科目的金额转入投资收益。

借：其他综合收益　　1 000 000

　　资本公积——其他资本公积　　2 000 000

　　贷：投资收益　　3 000 000

【税务处理】

（1）税法确认的股权转让所得为8 000 000元（23 000 000－15 000 000），而会计确认的投资收益为6 000 000元，甲公司进行年度企业所得税申报时，应调增应纳税所得额2 000 000元。

（2）长期股权投资减值准备在计提时作了纳税调增，实际发生时经向税务机关申报可以在税前扣除，甲公司进行年度企业所得税申报时，应调减应纳税所得额200万元。

第十七章 资 产 减 值

【本章提要】本章主要介绍资产可收回金额计量的方法，资产减值损失的确认、计量、会计处理及涉税处理。

资产减值，是指资产的可收回金额低于其账面价值，通常情况下，有确凿证据表明资产存在减值迹象时应当进行减值测试。资产可收回金额应当根据资产的公允价值减去处理费用后的净额与资产预计未来现金流量的现值两者之间较高者确定。可收回金额的计量结果表明，资产的可收回金额低于其账面价值的，应当将资产的账面价值减记至可收回金额，减记的金额确认为资产减值损失，计入当期损益，同时计提相应的资产减值准备。资产减值损失一经确认，在以后会计期间不得转回；已经计提的资产减值准备，需要等到资产处置时才可转出。

对资产减值进行核算所使用的会计科目主要有“资产减值损失”“固定资产减值准备”“在建工程减值准备”“投资性房地产减值准备”“无形资产减值准备”“商誉减值准备”“长期股权投资减值准备”等，这些会计科目与财务报表项目的关系如图 17－1 所示。

第一节 资产减值概述

资产的主要特征之一是它能够为企业带来经济利益，如果资产不能够为企业带来经济利益或者带来的经济利益低于其账面价值，那么，该资产就不能再予确认，或者不能再以原账面价值予以确认，否则不符合资产的定义，也无法反映资产的实际价值，其结果会导致企业资产虚增和利润虚增。因此，当企业资产的可收回金额低于其账面价值时，即表明资产发生了减值，企业应当确认资产减值损失，并把资产的账面价值减记至可收回金额。

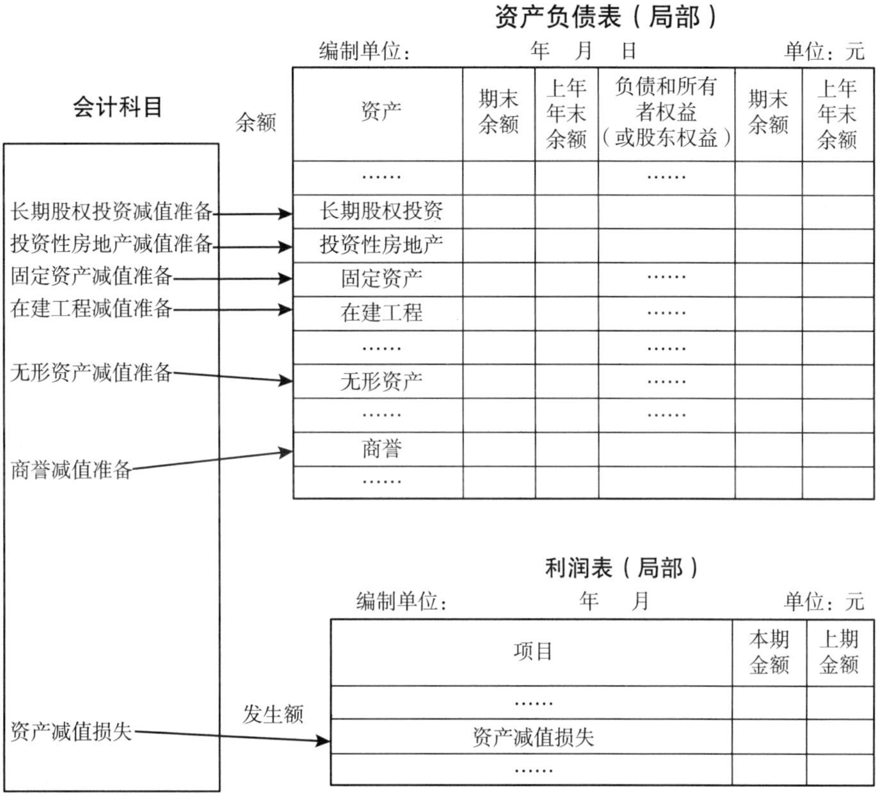

图 17－1　会计科目与财务报表项目的关系（资产减值）

一、资产减值范围

企业所有的资产在发生减值时，原则上都应当对所发生的减值损失及时加以确认和计量，因此，资产减值包括所有资产的减值。但是，由于有关资产特性不同，其减值会计处理也有所差别，因而所适用的具体准则也不尽相同。例如，应收款项和贷款、以摊余成本计量的金融资产、以公允价值计量且其变动计入其他综合收益的金融资产的减值，适用《企业会计准则第 22 号——金融工具确认和计量》；存货、消耗性生物资产的减值，分别适用《企业会计准则第 1 号——存货》和《企业会计准则第 5 号——生物资产》；采用公允价值模式进行后续计量的投资性房地产的减值，适用《企业会计准则第 3 号——投资性房地产》；未探明石油天然气矿区权益的减值，适用《企业会计准则第 27 号——石油天然气开采》；合同形成的资产、递延所得税资产、融资租赁中出租人未担保余值等资产的减值，分别适用《企业会计准则第 14 号——收入》《企业会计准则第18号——所得税》和《企业会计准则第21号——租赁》。这些资产减值的会计处理由相关章节阐述，本章不涉及有关内容。

本章涉及的主要是除上述资产以外的资产，这些资产通常属于企业非流动资产，具体包括：①对子公司、联营企业和合营企业的长期股权投资；②采用成本模式进行后续计量的投资性房地产；③固定资产；④生产性生物资产；⑤无形资产；⑥商誉；⑦探明石油天然气矿区权益和井及相关设施。

二、资产减值的迹象与测试

（一）资产减值迹象的判断

企业在资产负债表日应当判断资产是否存在可能发生减值的迹象，主要可从外部信息来源和内部信息来源两方面加以判断：

从企业外部信息来源来看，如果出现下列情况均属于资产可能发生减值的迹象：①资产的市价在当期大幅度下跌，其跌幅明显高于因时间的推移或者正常使用而预计的下跌；②企业经营所处的经济、技术或者法律等环境以及资产所处的市场在当期或者将在近期发生重大变化，从而对企业产生不利影响；③市场利率或者其他市场投资报酬率在当期已经提高，从而影响企业计算资产预计未来现金流量现值的折现率，导致资产可收回金额大幅度降低；④企业所有者权益（净资产）的账面价值远高于其市值等。企业需要据此估计其资产的可收回金额，决定是否需要确认减值损失。

从企业内部信息来源来看，如果出现下列情况均属于资产可能发生减值的迹象：①有证据表明资产已经陈旧过时或者其实体已经损坏；②资产已经或者将被闲置、终止使用或者计划提前处置；③企业内部报告的证据表明资产的经济绩效已经低于或者将低于预期，如资产所创造的净现金流量或者实现的营业利润远远低于原来的预算或者预计金额、资产发生的营业损失远远高于原来的预算或者预计金额、资产在建造或者收购时所需的现金支出远远高于最初的预算、资产在经营或者维护中所需的现金支出远远高于最初的预算等。

需要说明的是，上述列举的资产减值迹象并不能穷尽所有的减值迹象，企业应当根据实际情况来认定资产可能发生减值的迹象。

（二）资产减值的测试

如果有确凿证据表明资产存在减值迹象的，企业应当在资产负债表日进行减值测试，估计资产的可收回金额。资产存在减值迹象是资产是否需要进行减值测试的必要前提，但因企业合并形成的商誉和使用寿命不确定的无形资产除外，对于这些资产，无论是否存在减值迹象，都应当至少于每年年度终了进行减值测试。其原因是，因企业合并所形成的商誉和使用寿命不确定的无形资产在后续计量中不再进行摊销，但是考虑到这些资产的价值和产生的未来经济利益有较大的不确定性，为了避免资产价值高估，及时确认商誉和使用寿命不确定的无形资产的减值损失，如实反映企业财务状况和经营成果，企业至少应当于每年年度终了进行减值测试。另外，对于尚未达到可使用状态的无形资产，由于其价值具有较大的不确定性，也应当每年进行减值测试。

企业在判断资产减值迹象以决定是否需要估计资产可收回金额时，应当遵循重要性原则。根据这一原则，企业资产存在下列情况的，可以不估计其可收回金额：

（1）以前报告期间的计算结果表明，资产可收回金额远高于其账面价值，之后又没有发生消除这一差异的交易或者事项的，企业在资产负债表日可以不需重新估计该资产的可收回金额。

（2）以前报告期间的计算与分析表明，资产可收回金额对于《企业会计准则第8号——资产减值》中所列示的一种或者多种减值迹象反应不敏感，在本报告期间又发生了减值迹象的，企业在资产负债表日可以不需因为上述减值迹象的出现而重新估计该资产的可收回金额。比如，在当期市场利率或者其他市场投资报酬率提高的情况下，如果企业计算资产未来现金流量现值时所采用的折现率不大可能受到该市场利率或者其他市场投资报酬率提高的影响；或者即使会受到影响，但以前期间的可收回金额敏感性分析表明，该资产预计未来现金流量也很可能相应增加，因而不大可能导致资产的可收回金额大幅度下降，企业可以不必对资产可收回金额进行重新估计。

第二节 资产可收回金额的计量

一、估计资产可收回金额的基本方法

企业资产存在减值迹象的，应当估计其可收回金额，然后将所估计的资产可收回金额与其账面价值相比较，以确定资产是否发生了减值，以及是否

需要计提资产减值准备并确认相应的减值损失。在估计资产可收回金额时，原则上应当以单项资产为基础，如果企业难以对单项资产的可收回金额进行估计的，应当以该资产所属的资产组为基础确定资产组的可收回金额。本章中的资产除特别指明外，既包括单项资产，也包括资产组。有关资产组的认定将在本章“第三节　资产减值损失的确认与计量”中阐述。

资产可收回金额估计，应当根据其公允价值减去处置费用后的净额与资产预计未来现金流量的现值两者之间较高者确定。因此，要估计资产的可收回金额，通常需要同时估计该资产的公允价值减去处置费用后的净额和资产预计未来现金流量的现值。但是，在下列情况下，可以有例外或者作特殊考虑：

（1）资产的公允价值减去处置费用后的净额与资产预计未来现金流量的现值，只要有一项超过了资产的账面价值，就表明资产没有发生减值，不需再估计另一项金额。

（2）没有确凿证据或者理由表明，资产预计未来现金流量现值显著高于其公允价值减去处置费用后的净额的，可以将资产的公允价值减去处置费用后的净额视为资产的可收回金额。对于企业持有待售的资产往往属于这种情况，即该资产在持有期间（处置之前）所产生的现金流量可能很少，其最终取得的未来现金流量往往就是资产的处置净收入，因此，在这种情况下，以资产公允价值减去处置费用后的净额作为其可收回金额是适宜的，因为资产的未来现金流量现值不大会显著高于其公允价值减去处置费用后的净额。

（3）资产的公允价值减去处置费用后的净额如果无法可靠估计的，应当以该资产预计未来现金流量的现值作为其可收回金额。

二、资产的公允价值减去处置费用后的净额的估计

资产的公允价值减去处置费用后的净额，通常反映的是资产如果被出售或者处置时可以收回的净现金收入。其中，处置费用，是指可以直接归属于资产处置的增量成本，包括与资产处置有关的法律费用、相关税费、搬运费以及为使资产达到可销售状态所发生的直接费用等，但是，财务费用和所得税费用等不包括在内。

企业在估计资产的公允价值减去处置费用后的净额时，应当按照下列顺序进行：

首先，在存在资产销售协议的情况下，应当根据交易中资产的销售协议

价格减去可直接归属于该资产处置费用的金额确定资产的公允价值减去处置费用后的净额。这是估计资产的公允价值减去处置费用后的净额的最佳方法，企业应当优先采用这一方法。但是，在实务中，企业的资产往往都是内部持续使用的，取得资产的销售协议价格并不容易，为此，需要采用其他方法估计资产的公允价值减去处置费用后的净额。

其次，在资产不存在销售协议但存在活跃市场的情况下，应当根据该资产的市场价格减去处置费用后的金额确定。资产的市场价格通常应当按照资产的买方出价确定。但是，如果难以获得资产在估计日的买方出价的，企业可以以资产最近的交易价格作为其公允价值减去处置费用后的净额的估计基础，其前提是资产的交易日和估计日之间，有关经济、市场环境等没有发生重大变化。

最后，在既不存在资产销售协议又不存在资产活跃市场的情况下，企业应当以可获取的最佳信息为基础，根据在资产负债表日如果处置资产的话，熟悉情况的交易双方自愿进行公平交易愿意提供的交易价格减去资产处置费用后的金额，估计资产的公允价值减去处置费用后的净额。在实务中，该金额可以参考同行业类似资产的最近交易价格或者结果进行估计。

如果企业按照上述要求仍然无法可靠估计资产的公允价值减去处置费用后的净额的，应当以该资产预计未来现金流量的现值作为其可收回金额。

三、资产预计未来现金流量的现值的估计

资产预计未来现金流量的现值，应当按照资产在持续使用过程中和最终处置时所产生的预计未来现金流量，选择恰当的折现率对其进行折现后的金额加以确定。因此，预计资产未来现金流量的现值，主要应当综合考虑以下因素：①资产的预计未来现金流量；②资产的使用寿命；③折现率。其中，资产使用寿命的预计与《固定资产》《无形资产》等相关准则规定的使用寿命预计方法相同。以下重点阐述资产未来现金流量和折现率的预计方法。

（一）预计资产未来现金流量

1. 预计资产未来现金流量的基础

为了估计资产未来现金流量的现值，需要首先预计资产的未来现金流量，为此，企业管理层应当在合理和有依据的基础上对资产剩余使用寿命内整个

经济状况进行最佳估计，并将资产未来现金流量的预计建立在经企业管理层批准的最近财务预算或者预测数据之上。但是，出于数据可靠性和便于操作等方面的考虑，建立在该预算或者预测基础上的预计现金流量最多涵盖5年，企业管理层如能证明更长的期间是合理的，可以涵盖更长的期间。其原因是，在通常情况下，要对期限超过5年的未来现金流量进行较为可靠的预测比较困难，即使企业管理层可以以超过5年的财务预算或者预测为基础对未来现金流量进行预计，企业管理层应当确保这些预计的可靠性，并提供相应的证明，比如根据过去的经验和实践，企业有能力而且能够对超过5年的期间作出较为准确的预测。

如果资产未来现金流量的预计还包括最近财务预算或者预测期之后的现金流量，企业应当以该预算或者预测期之后年份稳定的或者递减的增长率为基础进行估计。但是，企业管理层如能证明递增的增长率是合理的，可以以递增的增长率为基础进行估计。同时，所使用的增长率除了企业能够证明更高的增长率是合理的之外，不应当超过企业经营的产品、市场、所处的行业或者所在国家或者地区的长期平均增长率，或者该资产所处市场的长期平均增长率。在恰当、合理的情况下，该增长率可以是零或者负数。

需要说明的是，由于经济环境随时都在变化，资产的实际现金流量往往会与预计数有出入，而且预计资产未来现金流量时的假设也有可能发生变化，因此，企业管理层在每次预计资产未来现金流量时，应当首先分析以前期间现金流量预计数与现金流量实际数出现差异的情况，以评判当期现金流量预计所依据的假设的合理性。通常情况下，企业管理层应当确保当期现金流量预计所依据的假设与前期实际结果相一致。

2. 预计的资产未来现金流量应当包括的内容

预计的资产未来现金流量应当包括以下三项内容：

（1）资产持续使用过程中预计产生的现金流入。

（2）为实现资产持续使用过程中产生的现金流入所必需的预计现金流出（包括为使资产达到预定可使用状态所发生的现金流出）。该现金流出应当是可直接归属于或者可通过合理和一致的基础分配到资产中的现金流出，后者通常是指那些与资产直接相关的间接费用。

对于在建工程、开发过程中的无形资产等，企业在预计其未来现金流量时，就应当包括预期为使该类资产达到预定可使用（或者可销售）状态而发生的全部现金流出数。

（3）资产使用寿命结束时，处置资产所收到或者支付的净现金流量。该现金流量应当是在有序交易中，熟悉情况的交易双方自愿进行交易时，企业预期可从资产的处置中获取或者支付的、减去预计处置费用后的金额。

3. 预计资产未来现金流量应当考虑的因素

企业为了预计资产未来现金流量，应当综合考虑下列因素：

（1）以资产的当前状况为基础预计资产未来现金流量。

企业资产在使用过程中有时会因为修理、改良、重组等原因而发生变化，因此，在预计资产未来现金流量时，企业应当以资产的当前状况为基础，不应当包括与将来可能会发生的、尚未作出承诺的重组事项或者与资产改良有关的预计未来现金流量。具体包括以下四方面：

①重组通常会对资产的未来现金流量产生影响，有时还会产生较大影响，因此，对于重组的界定就显得十分重要。这里所指的重组，专门指企业制定和控制的，将显著改变企业组织方式、经营范围或者经营方式的计划实施行为。关于重组的具体界定和对已作出承诺的重组事项的判断标准，企业应当依据《企业会计准则第 13 号——或有事项》有关规定加以判断。

②企业已经承诺重组的，在确定资产的未来现金流量的现值时，预计的未来现金流入和流出数，应当反映重组所能节约的费用和由重组所带来的其他利益，以及因重组所导致的估计未来现金流出数。其中，重组所能节约的费用和由重组所带来的其他利益，通常应当根据企业管理层批准的最近财务预算或者预测数据进行估计；因重组所导致的估计未来现金流出数应当根据《企业会计准则第 13 号——或有事项》的规定所确认的因重组所发生的预计负债金额进行估计。

③企业在发生与资产改良（包括提高资产的营运绩效）有关的现金流出之前，预计的资产未来现金流量仍然应当以资产的当前状况为基础，不应当包括因与该现金流出相关的未来经济利益增加而导致的预计未来现金流入金额。

④企业未来发生的现金流出如果是为了维持资产正常运转或者资产正常产出水平而必要的支出或者属于资产维护支出，应当在预计资产未来现金流量时将其考虑在内。

（2）预计资产未来现金流量不应当包括筹资活动产生的现金流入或者流出以及与所得税收付有关的现金流量。

企业预计的资产未来现金流量，不应当包括筹资活动产生的现金流入或者流出以及与所得税收付有关的现金流量，究其原因：一是筹资活动与企业经营活动性质不同，其产生的现金流量不应纳入资产的预计现金流量，而且所筹集资金的货币时间价值已经通过折现因素予以考虑，所以与筹资成本有关的现金流出也不应包括在预计的资产未来现金流量中；二是折现率要求是以税前基础计算确定的，因此，现金流量的预计也必须建立在税前基础之上，这样可以有效避免在资产未来现金流量现值的计算过程中可能出现的重复计算等问题，以保证现值计算的正确性。

（3）对通货膨胀因素的考虑应当和折现率一致。

企业在预计资产未来现金流量和折现率时，考虑因一般通货膨胀而导致物价上涨的因素，应当采用一致的基础。如果折现率考虑了因一般通货膨胀而导致的物价上涨影响因素，资产预计未来现金流量也应予以考虑；反之，如果折现率没有考虑因一般通货膨胀而导致的物价上涨影响因素，资产预计未来现金流量也应当剔除这一影响因素。总之，在考虑通货膨胀因素的问题上，资产未来现金流量的预计和折现率的预计，应当保持一致。

（4）内部转移价格应当予以调整。

在一些企业集团里，出于集团整体战略发展的考虑，某些资产生产的产品或者其他产出可能是供其集团内部其他企业使用或者对外销售的，所确定的交易价格或者结算价格基于内部转移价格，而内部转移价格很可能与市场交易价格不同，在这种情况下，为了如实测算企业资产的价值，就不应当简单地以内部转移价格为基础预计资产未来现金流量，而应当采用在公平交易中企业管理层能够达成的最佳未来价格估计数进行预计。

4. 预计资产未来现金流量的方法

企业预计资产未来现金流量的现值，需要预计资产未来现金流量。预计资产未来现金流量，通常可以根据资产未来每期最有可能产生的现金流量进行预测。这种方法通常叫作传统法，它使用的是单一的未来每期预计现金流量和单一的折现率计算资产未来现金流量的现值。

【例 17－1】企业某固定资产剩余使用年限为 3 年，在正常的情况下，企业预计未来 3 年里该固定资产每年可为企业产生的净现金流量分别为 100 万元、50 万元、10 万元。该现金流量通常即为最有可能产生的现金流量，企业应以该现金流量的预计数为基础计算资产的现值。

但在实务中，有时影响资产未来现金流量的因素较多，情况较为复杂，带有很大的不确定性，因此，使用单一的现金流量可能并不会如实反映资产创造现金流量的实际情况。在这种情况下，企业应当采用期望现金流量法预计资产未来现金流量。

【例 17-2】 沿用【例 17-1】，假定利用该固定资产生产的产品受市场行情波动影响大，企业预计未来 3 年每年的现金流量情况如表 17-1 所示。

表 17-1　各年现金流量概率分布及发生情况　单位：万元

年度	产品行情好（30% 的可能性）	产品行情一般（60% 的可能性）	产品行情差（10% 的可能性）
第 1 年	150	100	50
第 2 年	80	50	20
第 3 年	20	10	0

在这种情况下，采用期望现金流量法比传统法就更为合理。在期望现金流量法下，资产未来现金流量应当根据每期现金流量期望值进行预计，每期现金流量期望值按照各种可能情况下的现金流量与其发生概率加权计算。按照表 17-1 提供的情况，企业应当计算资产每年的预计未来现金流量如下：

第 1 年的预计现金流量（期望现金流量）$=150\times30\%+100\times60\%+50\times10\%=110$（万元）

第 2 年的预计现金流量（期望现金流量）$=80\times30\%+50\times60\%+20\times10\%=56$（万元）

第 3 年的预计现金流量（期望现金流量）$=20\times30\%+10\times60\%+0\times10\%=12$（万元）

应当注意的是，如果资产未来现金流量的发生时间是不确定的，企业应当根据资产在每一种可能情况下的现值及其发生概率直接加权计算资产未来现金流量的现值。

（二）预计折现率

为了资产减值测试的目的，计算资产未来现金流量现值时所使用的折现率应当是反映当前市场货币时间价值和资产特定风险的税前利率。该折现率是企业在购置或者投资资产时所要求的必要报酬率。需要说明的是，如果在预计资产的未来现金流量时已经对资产特定风险的影响作了调整的，折现率的估计不需要考虑这些特定风险。如果用于估计折现率的基础是税后的，应当将其调整为税前的折现率，以便与资产未来现金流量的估计基础相一致。

在实务中，折现率的确定，应当先以该资产的市场利率为依据。如果该资产的利率无法从市场获得，可以使用替代利率估计。在估计替代利率时，企业应当充分考虑资产剩余寿命期间的货币时间价值和其他相关因素，比如，资产未来现金流量金额及其时间的预计离异程度、资产内在不确定性的定价等，如是资产预计未来现金流量已经对这些因素作了有关调整的，应当予以剔除。

在估计替代利率时，可以根据企业加权平均资金成本、增量借款利率或者其他相关市场借款利率作适当调整后确定。调整时，应当考虑与资产预计现金流量有关的特定风险以及其他有关政治风险、货币风险和价格风险等。

估计资产未来现金流量现值，通常应当使用单一的折现率。但是，如果资产未来现金流量的现值对未来不同期间的风险差异或者利率的期间结构反应敏感的，企业应当在未来各不同期间采用不同的折现率。

（三）计算资产预计未来现金流量现值

在预计了资产的未来现金流量和折现率后，资产未来现金流量的现值只需将该资产的预计未来现金流量按照预计的折现率在预计的资产剩余使用寿命内加以折现即可确定。计算公式如下：

$$\begin{array}{c}\text{资产预计未来}\\\text{现金流量的现值}\end{array} = \sum[\text{第 } t \text{ 年预计资产未来现金流量}/(1+\text{折现率})^t]$$

【例 17－3】甲公司于 2023 年年末对一艘远洋运输船舶进行减值测试，该船舶账面价值为 1.6 亿元，预计尚可使用年限为 8 年。

该船舶的公允价值减去处置费用后的净额难以确定，因此，甲公司需要通过计算其未来现金流量的现值确定资产的可收回金额。假定甲公司当初购置该船舶用的资金是银行长期借款资金，借款年利率为 15%，甲公司认为 15% 是该资产的最低必要报酬率，已考虑了与该资产有关的货币时间价值和特定风险。因此，在计算其未来现金流量现值时，使用 15% 作为其折现率（税前）。

甲公司管理层批准的财务预算显示：甲公司将于 2029 年更新该船舶的发动机系统，预计为此发生资本性支出为 1 500 万元，这一支出将降低该船舶运输油耗、提高使用效率等，因此，将提高资产的运营绩效。

为了计算该船舶在 2023 年年末未来现金流量的现值，甲公司必须先预计其未来现金流量。假定甲公司管理层批准的 2023 年年末的该船舶预计未来现金流量如表 17－2 所示。

表 17 –2　　未来现金流量预计　　单位：万元

年度	预计未来现金流量（不包括改良的影响金额）	预计未来现金流量（包括改良的影响金额）
2024	2 500	
2025	2 460	
2026	2 380	
2027	2 360	
2028	2 390	
2029	2 470	3 290
2030	2 500	3 280
2031	2 510	3 300

根据《企业会计准则第 8 号——资产减值》的规定，在 2023 年年末预计资产未来现金流量时，应当以资产当时的状况为基础，不应考虑与该资产改良有关的预计未来现金流量，因此，尽管 2029 年该船舶的发动机系统将进行更新以改良资产绩效，提高资产未来现金流量，但是在 2023 年年末对其进行减值测试时，则不应将其包括在内。即在 2023 年年末计算该资产未来现金流量的现值时，应当以不包括资产改良影响金额的未来现金流量为基础加以计算，如表 17 –3 所示。

表 17 –3　　现值的计算　　单位：万元

年度	预计未来现金流量（不包括改良的影响金额）	以折现率为 15% 的折现系数	预计未来现金流量现值
2024	2 500	0. 8696	2 174
2025	2 460	0. 7561	1 860
2026	2 380	0. 6575	1 565
2027	2 360	0. 5718	1 349
2028	2 390	0. 4972	1 188
2029	2 470	0. 4323	1 068
2030	2 500	0. 3759	940
2031	2 510	0. 3269	821
合计			10 965

由于在2023年年末，船舶的账面价值（尚未确认减值损失）为16 000万元，而其可收回金额为10 965万元，账面价值高于其可收回金额，因此，应当确认减值损失，并计提相应的资产减值准备。应确认的减值损失 = 16 000 - 10 965 = 5 035（万元）。

假定2024—2028年该船舶没有发生进一步减值的迹象，因此，不必再进行减值测试，无须计算其可收回金额。2029年，甲公司发生了1 500万元的资本性支出，改良了资产绩效，导致其未来现金流量增加，但由于《企业会计准则第8号——资产减值》不允许将以前期间已经确认的资产减值损失予以转回，因此，在这种情况下，也不必计算其可收回金额。

（四）预计资产外币未来现金流量及其现值

随着我国企业日益融入世界经济体系和国际贸易的大幅度增加，企业使用资产所收到的未来现金流量有可能为外币，在这种情况下，企业应当按照以下顺序确定资产未来现金流量的现值：

首先，应当以该资产所产生的未来现金流量的结算货币为基础预计其未来现金流量，并按照该货币适用的折现率计算资产的现值。

其次，将该外币现值按照计算资产未来现金流量现值当日的即期汇率进行折算，从而折现成按照记账本位币表示的资产未来现金流量的现值。

最后，在该现值基础上，比较资产公允价值减去处置费用后的净额以及资产的账面价值，以确定是否需要确认减值损失以及确认多少减值损失。

第三节　资产减值损失的确认与计量

一、一般资产减值损失的确认与计量

（一）资产减值损失确认与计量的一般原则

企业在对资产进行减值测试后，如果可收回金额的计量结果表明，资产的可收回金额低于其账面价值的，应当将资产的账面价值减记至可收回金额，减记的金额确认为资产减值损失，计入当期损益，同时，计提相应的资产减值准备。

资产减值损失确认后，减值资产的折旧或者摊销费用应当在未来期间作相应调整，以使该资产在剩余使用寿命内，系统地分摊调整后的资产账面价值（扣除预计净残值）。比如，已计提减值准备的固定资产应当按照该项资产的新的账面价值以及尚可使用寿命重新计算确定折旧率和折旧额；已计提减值准备的需要摊销的无形资产，应当按照该项资产的新的账面价值以及尚可使用寿命重新计算确定摊销额。

考虑到固定资产、无形资产、商誉等资产发生减值后，一方面价值回升的可能性比较小，通常属于永久性减值；另一方面从会计信息稳健性要求考虑，为了避免确认资产重估增值和操纵利润，资产减值损失一经确认，在以后会计期间不得转回。以前期间计提的资产减值准备，需要等到资产处置时才可转出。

【涉税提示】

对企业当期计提的资产减值准备，应在当期按企业所得税法规定调整增加应纳税所得额。

对固定资产和无形资产及类似资产，由于企业会计准则规定资产减值损失确认后，在以后会计期间不得转回，减值资产的折旧或者摊销费用应当在未来期间作相应调整，即未来期间按计提减值准备后的账面价值计提折旧或者摊销费用；而企业所得税法规定仍按原入账价值（计税基础）计提折旧或摊销费用在税前扣除，因此，应在未来的每一期间按企业所得税法规定对减值资产的折旧或者摊销费用调整减少应纳税所得额。到资产处置或报废时，按最初调整增加的应纳税所得额与每期调整减少的应纳税所得额之和的差额，调整减少处置或报废当期的应纳税所得额。

对长期股权投资及类似资产，根据企业会计准则规定，资产减值损失确认后，在以后会计期间不得转回，因此，由此调整增加的应纳税所得额，在资产处置前不需要作相反的纳税调整，但应在资产处置时，按结转的资产减值准备，相应调整减少应纳税所得额。

（二）资产减值损失的账务处理

为了正确核算企业确认的资产减值损失和计提的资产减值准备，企业应当设置“资产减值损失”科目，按照资产类别进行明细核算，反映各类资产在当期确认的资产减值损失金额；同时，应当根据不同的资产类别，分别设置“固定资产减值准备”“在建工程减值准备”“投资性房地产减值准备”“无形资产减值准备”“商誉减值准备”“长期股权投资减值准备”“生产性生物资产减值准备”等科目。这些科目的贷方登记发生减值时计提的减值准备，借方登记资产处置时应结转的已计提减值准备，期末贷方余额反映企业已计提但尚未转销的资产减值准备。

当企业确定资产发生了减值时，应当根据所确认的资产减值金额，借记“资产减值损失”科目，贷记“固定资产减值准备”“在建工程减值准备”“投资性房地产减值准备”“无形资产减值准备”“商誉减值准备”“长期股权投资减值准备”“生产性生物资产减值准备”等科目。在期末，企业应当将“资产减值损失”科目余额转入“本年利润”科目，结转后该科目应当没有余额。各资产减值准备科目累积每期计提的资产减值准备，在相关资产被处置时，应同时结转已计提的资产减值准备。

【例 17－4】沿用【例 17－3】，根据测试和计算结果，甲公司应确认的船舶减值损失为 5 035 万元。则甲公司应作账务处理如下：

借：资产减值损失——固定资产减值损失　　　　50 350 000

　　贷：固定资产减值准备　　　　　　　　　　　50 350 000

计提资产减值准备后，船舶的账面价值变为 10 965 万元，在该船舶剩余使用寿命内，甲公司应当以此为基础计提折旧。如果发生进一步减值时，再作进一步的减值测试。

【税务处理】

甲公司在 2023 年 12 月 31 日计提的固定资产减值准备不得在税前扣除，年终申报企业所得税时，应调整增加应纳税所得额 5 035 万元。

二、资产组的认定及减值处理

（一）资产组的认定

根据《企业会计准则第 8 号——资产减值》规定，如果有迹象表明一项资产可能发生减值的，企业应当以单项资产为基础估计其可收回金额。但是，在企业难以对单项资产的可收回金额进行估计的情况下，应当以该资产所属的资产组为基础确定资产组的可收回金额。

1. 资产组的定义

资产组是企业可以认定的最小资产组合，其产生的现金流入应当基本上独立于其他资产或者资产组。资产组应当由与创造现金流入相关的资产组成。

2. 认定资产组应当考虑的因素

（1）资产组的认定，应当以资产组产生的主要现金流入是否独立于其他资产或者资产组的现金流入为依据。因此，资产组能否独立产生现金流入是认定资产组的最关键因素。比如，企业的某一生产线、营业网点、业务部门等，如果能够独立于其他部门或者单位等创造收入、产生现金流，或者其创造的收入和现金流入绝大部分独立于其他部门或者单位的，并且属于可认定的最小的资产组合的，通常应将该生产线、营业网点、业务部门等认定为一个资产组。

【例 17－5】某矿业公司拥有一个煤矿，与煤矿的生产和运输相配套，建有一条专用铁路。该铁路除非报废出售，其在持续使用中，难以脱离煤矿相关的其他资产而产生单独的现金流入，因此，该公司难以对该专用铁路的可收回金额进行单独估计，该专用铁路和煤矿其他相关资产必须结合在一起，成为一个资产组，以估计该资产组的可收回金额。

（2）资产组的认定，应当考虑企业管理层对生产经营活动的管理或者监控方式（如是按照生产线、业务种类还是按照地区或者区域等）和对资产的持续使用或者处置的决策方式等。例如，企业各生产线都是独立生产、管理和监控的，那么各生产线很可能应当认定为单独的资产组；如果某些机器设备是相互关联、相互依存的，其使用和处置是一体化决策的，那么，这些机器设备很可能应当认定为一个资产组。

【例 17－6】甲家具制造有限公司有 A 和 B 两个生产车间，A 车间专门生产家具部件，生产完后由 B 车间负责组装并对外销售，该公司对 A 车间和 B 车间资产的使用和处置等决策是一体的，在这种情况下，A 车间和 B 车间通常应当认定为一个资产组。

3. 资产组认定后不得随意变更

资产组一经确定后，在各个会计期间应当保持一致，不得随意变更，即资产组的各项资产构成通常不能随意变更。例如，甲设备在 2023 年归属于 A 资产组，在无特殊情况下，该设备在 2024 年仍然应当归属于 A 资产组，而不能随意将其变更至其他资产组。

但是，如果由于企业重组、变更资产用途等原因，导致资产组构成确需变更的，企业可以进行变更，但企业管理层应当证明该变更是合理的，并应当在附注中作相应说明。

（二）资产组减值测试

资产组减值测试的原理和单项资产是一致的，即企业需要预计资产组的可收回金额和计算资产组的账面价值，并将两者进行比较，如果资产组的可收回金额低于其账面价值的，表明资产组发生了减值损失，应当予以确认。

1. 资产组账面价值和可收回金额的确定基础

资产组账面价值的确定基础应当与其可收回金额的确定方式相一致。因为这样的比较才有意义，否则，如果两者在不同的基础上进行估计和比较，就难以正确估算资产组的减值损失。

资产组的可收回金额在确定时，应当按照该资产组的公允价值减去处置费用后的净额与其预计未来现金流量的现值两者之间较高者确定。

资产组的账面价值则应当包括可直接归属于资产组与可以合理和一致地分摊至资产组的资产账面价值，通常不应当包括已确认负债的账面价值，但如不考虑该负债金额就无法确定资产组可收回金额的除外。这是因为在预计资产组的可收回金额时，既不包括与该资产组的资产无关的现金流量，也不包括与已在财务报表中确认的负债有关的现金流量。因此，为了与资产组可收回金额的确定基础相一致，资产组的账面价值也不应当包括这些项目。

资产组在处置时如要求购买者承担一项负债（如环境恢复负债等）、该负债金额已经确认并计入相关资产账面价值，而且企业只能取得包括上述资产和负债在内的单一公允价值减去处置费用后的净额的，为了比较资产组的账面价值和可收回金额，在确定资产组的账面价值及其预计未来现金流量的现值时，应当将已确认的负债金额从中扣除。

【例 17－7】甲公司在某山区经营一座某有色金属矿山，根据规定甲公司在该矿山完成开采后应当将该地区恢复原貌。恢复费用主要为山体表层复原费用（如恢复植被等），因为山体表层必须在矿山开发前挖走。因此，甲公司在山体表层被挖走后，确认了一项预计负债，并计入矿山成本，假定其金额为 500 万元。

2023 年 12 月 31 日，随着开采的进展，甲公司发现矿山中的有色金属储量远低于预期，因此，甲公司对该矿山进行了减值测试。考虑到该矿山的现金流量状况，整座矿山被认定为一个资产组。该资产组在2021年年末的账面价值为1 000万元（包括确认的恢复山体原貌的预计负债）。

矿山（资产组）如于2023年12月31日对外出售，买方愿意出价820万元（不包括恢复山体原貌成本，即已经扣减这一成本因素），预计处置费用为20万元，因此，该矿山的公允价值减去处置费用后的净额为800万元。

该矿山的预计未来现金流量的现值为1 200万元（包括恢复费用）。根据《企业会计准则第8号——资产减值》的要求，为了比较资产组的账面价值和可收回金额，在确定资产组的账面价值及其预计未来现金流量的现值时，应当将已确认的负债金额从中扣除。

在本例中，资产组的公允价值减去处置费用后的净额为800万元，该金额已经考虑了恢复费用。该资产组预计未来现金流量的现值在扣除了恢复费用后为700万元（1 200 - 500），因此，该资产组的可收回金额为800万元。资产组的账面价值在扣除了已确认的恢复原貌预计负债后的金额为500万元（1 000 - 500）。由于资产组的可收回金额大于其账面价值，所以资产组没有发生减值，不必确认减值损失。

2. 资产组减值的会计处理

根据减值测试的结果，资产组（包括资产组组合，在后述有关总部资产或者商誉的减值测试时涉及）的可收回金额如低于其账面价值的，应当确认相应的减值损失。减值损失金额应当按照以下顺序进行分摊：

首先，抵减分摊至资产组中商誉的账面价值；

然后，根据资产组中除商誉之外的其他各项资产的账面价值所占比重，按比例抵减其他各项资产的账面价值。

以上资产账面价值的抵减，应当作为各单项资产（包括商誉）的减值损失处理，计入当期损益。抵减后的各资产的账面价值不得低于以下三者之中最高者：该资产的公允价值减去处置费用后的净额（如可确定的）、该资产预计未来现金流量的现值（如可确定的）和零。因此而导致的未能分摊的减值损失金额，应当按照相关资产组中其他各项资产的账面价值所占比重进行分摊。

【例17-8】乙公司有一条甲生产线，该生产线生产光学器材，由A、B、C三部机器构成，成本分别为400 000元、600 000元、1 000 000元。使用年限为10年，净残值为零，以年限平均法计提折旧。各机器均无法单独产生现金流量，整条生产线构成完整的产销单位，属于一个资产组。由于甲生产线所生产的光学产品有替代产品上市，导致2023年乙公司光学产品的销路锐减40%，因此，乙公司对甲生产线进行减值测试。

2023年12月31日，A、B、C 3部机器的账面价值分别为200 000元、300 000元、500 000元。估计A机器的公允价值减去处置费用后的净额为150 000元，B、C机器都无法合理估计其公允价值减去处置费用后的净额以及未来现金流量的现值。

整条生产线预计尚可使用5年。经估计其未来5年的现金流量及其恰当的折现率后，得到该生产线预计未来现金流量的现值为600 000元。由于乙公司无法合理估计生产线的公允价值减去处置费用后的净额，乙公司以该生产线预计未来现金流量的现值为其可收回金额。

鉴于在2023年12月31日该生产线的账面价值为1 000 000元，而其可收回金额为600 000元，生产线的账面价值高于其可收回金额，该生产线已经发生了减值，因此，乙公司应当确认减值损失400 000元，并将该减值损失分摊到构成生产线的3部机器中。由于A机器的公允价值减去处置费用后的净额为150 000元，因此，A机器分摊了减值损失后的账面价值不应低于150 000元。具体分摊过程如表17－4所示。

表17－4　　资产组减值损失分摊　　单位：万元

项目	机器A	机器B	机器C	整个生产线（资产组）
账面价值	200 000	300 000	500 000	1 000 000
可收回金额				600 000
减值损失				400 000
减值损失分摊比率	20%	30%	50%	100%
分摊的减值损失	50 000*	120 000	200 000	370 000
分摊后账面价值	150 000	180 000	300 000	630 000
尚未分摊的减值损失				30 000
二次分摊比率		37.5%	62.5%	100%
二次分摊的减值损失		11 250	18 750	30 000
二次分摊后应确认的减值损失总额	50 000	131 250	218 750	400 000
二次分摊后的账面价值	150 000	168 750	281 250	600 000

注：按照分摊比例，机器A应当分摊减值损失80 000元（400 000×20%），但由于机器A的公允价值减去处置费用后的净额为150 000元，因此，机器A最多只能确认减值损失50 000元（200 000－150 000），未能分摊的减值损失30 000元（80 000－50 000），应当在机器B和机器C之间进行再分摊。

根据上述计算和分摊结果，构成甲生产线的机器 A、机器 B 和机器 C 应当分别确认减值损失 50 000 元、131 250 元和 218 750 元，账务处理如下：

借：资产减值损失——机器 A　　50 000
　　　　　　　　——机器 B　　131 250
　　　　　　　　——机器 C　　218 750
　贷：固定资产减值准备——机器 A　　50 000
　　　　　　　　　　——机器 B　　131 250
　　　　　　　　　　——机器 C　　218 750

【税务处理】

2023 年 12 月 31 日，乙公司计提的固定资产减值准备 40 万元不得在税前扣除，年终申报企业所得税时应调整增加应纳税所得额。

第十八章　流动负债

【本章提要】 本章主要介绍流动负债的核算及涉税处理。

流动负债主要包括短期借款、应付票据、应付账款、预收账款、应付职工薪酬、应交税费以及其他流动负债。

短期借款，是指企业向银行或其他金融机构等借入的期限在1年以下(含1年）的各种借款。其核算主要涉及短期借款的取得、偿还及利息的处理。应付票据，是指企业购买材料、商品、服务等而开出、承兑的商业汇票。其核算主要涉及应付票据的开出、偿还和转销的处理。应付账款，是指企业因购买材料、商品、服务等经营活动应支付的款项。应付账款一般按应付金额入账，其核算主要涉及应付账款的发生、偿还和转销的处理。预收账款，是指企业按照合同规定向购货单位预收的款项。预收账款按实际发生额进行确认和计量，其核算主要涉及收到和结清预收款的处理。应付职工薪酬，是指企业为获得职工提供的服务或解除劳动关系而应给予的各种形式的报酬或补偿。其核算主要涉及短期薪酬、离职后福利、辞退福利和其他长期职工福利的处理。应交税费，是指企业按照规定应缴纳的各种税费。其核算主要介绍增值税、消费税、资源税、土地增值税等的处理。其他流动负债主要包括应付利息、应付股利、其他应付款和以公允价值计量且其变动计入当期损益的金融负债等。

流动负债核算所使用的会计科目主要有“短期借款”“应付票据”“应付账款”“预收账款”“应付职工薪酬”“应交税费”“应付利息”“应付股利”“其他应付款”“交易性金融负债”等，这些会计科目与财务报表项目的关系如图18－1所示。

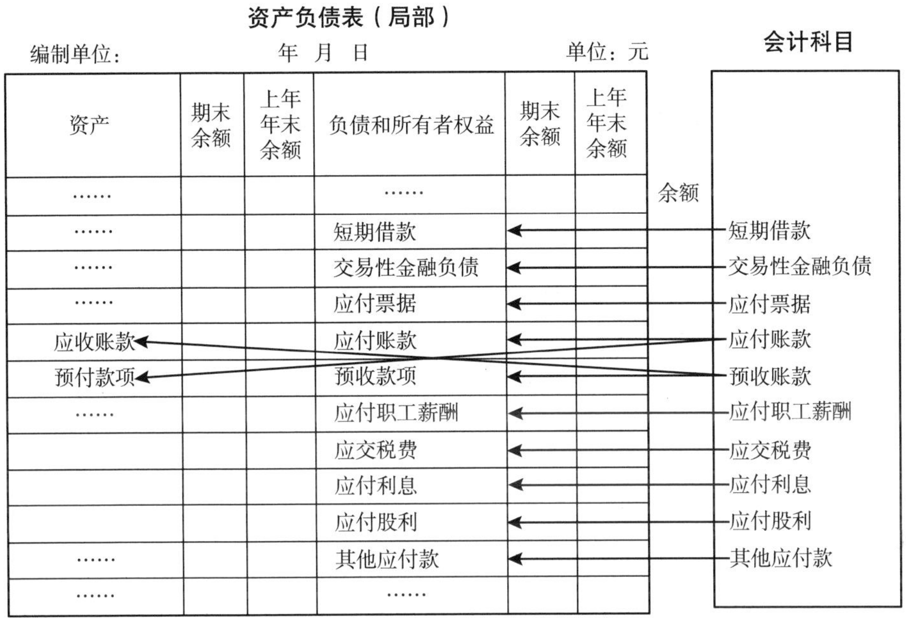

图 18－1　会计科目与财务报表项目的关系（流动负债）

需要说明的是：①“应付账款”所属明细账户期末贷方余额填入资产负债表“应付账款”项目，“应付账款”所属明细账户期末如有借方余额填入资产负债表“预付款项”项目。②“预收账款”所属明细账户期末贷方余额填入资产负债表“预收款项”项目，“预收账款”所属明细账户期末如有借方余额填入资产负债表“应收账款”项目。

第一节　短 期 借 款

一、短期借款的概念

短期借款，是指企业向银行或其他金融机构等借入的期限在 1 年以下（含 1 年）的各种借款，通常是为了满足正常生产经营的需要。

短期借款通常是带息的，企业应如实地反映短期借款的借入、利息的发生和本息的偿还情况。

二、短期借款的核算

（一）科目设置

企业应设置“短期借款”科目，核算短期借款的取得和偿还情况。该科目贷方登记取得借款的本金数额，借方登记偿还的短期借款，期末余额在贷方，反映企业尚未偿还的短期借款。该科目可按借款种类、贷款人和币种进行明细核算。

短期借款的利息不通过“短期借款”科目核算，应在“应付利息”科目核算。

（二）短期借款的核算

短期借款的核算主要涉及三个方面：一是短期借款取得的核算；二是短期借款利息的核算；三是短期借款偿还的核算。

1. 短期借款取得的核算

企业从银行或其他金融机构取得借款时，借记“银行存款”科目，贷记“短期借款”科目。

此外，银行承兑汇票到期，企业无力支付票款的，银行对企业作逾期贷款处理。企业应按应付票据的票面金额，借记“应付票据”科目，贷记“短期借款”科目。

企业持未到期的应收票据向银行贴现时，若不满足《企业会计准则第23号——金融资产转移》规定的金融资产终止确认条件，应按扣除其贴现息后的净额，借记“银行存款”科目，按贴现息部分，借记“财务费用”科目，按应收票据的到期值，贷记“短期借款”科目。

2. 短期借款利息的核算

短期借款的利息属于筹资费用，应当作为财务费用计入当期损益。

在实际工作中，银行一般于每季度末收取短期借款利息。因此，短期借款利息一般采取按月预提、按季支付的方式核算。企业每月预提利息时，借记“财务费用”科目，贷记“应付利息”科目。按季支付利息时，按已计提的利息金额，借记“应付利息”科目，按应付而尚未计提的利息金额，借记“财务费用”科目，按实际支付的利息金额，贷记“银行存款”科目。如果短期借款利息是在借款到期时连同本金一起归还，月末同样采用预提的方法核算。

如果短期借款利息数额不大，可以不采取预提的方法，而在实际支付或收到银行的计息通知时，直接计入当期损益，借记“财务费用”科目，贷记“银行存款”或“库存现金”科目。

【涉税提示】

根据企业所得税政策的有关规定，企业的利息支出应区分不同情况按不同标准在税前扣除，有的准予在税前扣除，有的不得在税前扣除，有的应按一定的标准在税前扣除。并且对企业在境内发生的属于增值税应税项目（如贷款服务）的支出，对方为已办理税务登记的增值税纳税人的，以发票作为税前扣除凭证。因此，企业的利息支出应当凭银行或其他金融机构开具的发票等予以税前扣除。根据增值税政策规定，利息支出对应的进项税额不得从销项税额中抵扣。

3. 短期借款偿还的核算

企业短期借款到期偿还本金时，借记“短期借款”科目，贷记“银行存款”科目。

【例 18－1】华丰公司于 2024 年 1 月 1 日向银行借入一笔生产经营用短期借款，共计 100 000 元，期限为 9 个月，年利率为 6%。根据借款协议，该笔借款的本金到期后一次归还；利息分月预提，按季支付。则华丰公司应作如下会计处理：

（1）1 月 1 日借入短期借款时：

借：银行存款	100 000	
贷：短期借款		100 000

（2）1 月末计提借款利息时：

本月应支付的利息金额＝100 000×6%÷12＝500（元）

借：财务费用	500	
贷：应付利息		500

2 月末计提借款利息的处理与 1 月相同。

（3）3 月末支付第一季度短期借款利息时：

借：财务费用	500	
应付利息	1 000	
贷：银行存款		1 500

第二季度、第三季度的会计处理同上。

（4）10月1日偿还银行借款本金时：

借：短期借款　　100 000

　　贷：银行存款　　100 000

【税务处理】

非金融企业向金融企业借款的利息支出，准予在税前扣除，与会计处理一致。非金融企业向非金融企业借款的利息支出，不超过按照金融企业同期同类贷款利率计算的数额的部分准予扣除；超过部分应在申报企业所得税时进行纳税调整。

第二节　应付及预收款项

应付及预收款项，是指企业在日常生产经营过程中发生的各项债务，包括应付款项和预收款项。应付款项包括应付账款、应付票据、应付职工薪酬、应付股利、应付利息和其他应付款等；预收款项，是指企业按照合同规定预收的款项，如预收的销货款等。

根据《企业会计准则第22号——金融工具确认和计量》规定，企业的应付账款、应付票据等应付款项均属于金融负债。而预收账款不是金融负债，因其导致的未来经济利益流出是商品或服务，不是交付现金或其他金融资产的合同义务。

应付职工薪酬不在本节介绍，在本章第三节详细讲解。

一、应付票据

（一）应付票据的概念

应付票据，是指企业购买材料、商品、服务等而开出、承兑的商业汇票，包括商业承兑汇票和银行承兑汇票。

企业应当设置应付票据备查簿，详细登记商业汇票的种类、号数、出票日期、到期日、票面金额、交易合同号、收款人姓名或单位名称，以及付款日期和金额等资料。应付票据到期结清时，应在应付票据备查簿中予以注销。

（二）应付票据的核算

企业应当设置“应付票据”科目，核算应付票据的发生、偿付等情况。该科目的贷方登记开出、承兑汇票的面值及带息票据的预提利息，借方登记已支付的票据金额，期末余额在贷方，反映企业开出的尚未到期的商业汇票的票面金额。企业应按债权人进行明细核算。

1. 发生应付票据

企业因购买材料、商品、服务等而开出、承兑的商业汇票，按应计入材料、商品等资产成本的金额，借记“材料采购”“在途物资”“库存商品”等科目，按当月已认证的可抵扣的增值税额，借记“应交税费——应交增值税（进项税额）”科目，按当月未认证的可抵扣增值税额，借记“应交税费——待认证进项税额”科目，按商业汇票的票面金额，贷记“应付票据”科目。企业以承兑的商业汇票抵付应付账款时，借记“应付账款”科目，贷记“应付票据”科目。如为带息应付票据，应在期末计提利息，计入当期财务费用，借记“财务费用”科目，贷记“应付票据”科目。

企业支付的银行承兑汇票的手续费，应当计入财务费用，借记“财务费用”科目，贷记“银行存款”科目。

2. 偿还应付票据

应付票据到期时，应按票据的票面金额，借记“应付票据”科目，贷记“银行存款”科目。

【例 18－2】华丰公司于 2023 年 9 月 1 日开出一张面值为 113 000 元、期限为 3 个月的银行承兑汇票，用以支付购买原材料的价款。取得的增值税专用发票上注明的材料价款为 100 000 元，增值税税额为 13 000 元，该增值税专用发票已于当月确认，用于申报抵扣。材料已验收入库，采用实际成本核算。该公司支付银行承兑汇票手续费 56.50 元。则华丰公司应作如下会计处理：

（1）开出、承兑的商业汇票时：

借：原材料　100 000

　　应交税费——应交增值税（进项税额）　13 000

　　贷：应付票据　113 000

（2）支付承兑手续费时：

借：财务费用　56.50

贷：银行存款　　56.50

（3）假设该银行承兑汇票为带息票据，票面利率为6%，2023年9月末计提利息时：

财务费用＝113 000×6%÷12＝565（元）

借：财务费用　　565

贷：应付票据　　565

（4）2023年10月末、11月末会计分录同上。

（5）如果到期支付票款：

应付票据＝113 000＋565×3＝114 695（元）

借：应付票据　　114 695

贷：银行存款　　114 695

3. 转销应付票据

应付票据到期时，如果企业不能如期支付票款，应当按照应付票据的种类分以下两种情况处理：

（1）如果是商业承兑汇票，企业应按应付票据的账面余额，借记“应付票据”科目，贷记“应付账款”科目。

（2）如果是银行承兑汇票，企业无力支付到期票款时，承兑银行除凭票向持票人无条件付款外，对出票人尚未支付的汇票金额转作逾期贷款处理，并按照每天万分之五计收利息，企业应按应付票据的账面余额，借记“应付票据”科目，贷记“短期借款”科目。

【例18－3】 华丰公司于2023年11月1日购入一批商品，取得的增值税专用发票上注明的货款为30 000元，增值税税额为3 900元，该增值税专用发票已于当月确认，用于申报抵扣；同时出具了一张期限为3个月、面值为33 900元的不带息商业汇票。则华丰公司应作如下会计处理：

（1）2023年11月1日购入商品时：

借：库存商品　　30 000

应交税费——应交增值税（进项税额）　　3 900

贷：应付票据　　33 900

（2）2024年2月1日到期付款时：

借：应付票据　　33 900

贷：银行存款　　33 900

（3）假设2024年2月1日到期华丰公司无力付款：

①该商业汇票如为商业承兑汇票：

借：应付票据　　33 900

　　贷：应付账款　　33 900

②该商业汇票如为银行承兑汇票：

借：应付票据　　33 900

　　贷：短期借款　　33 900

二、应付账款

（一）应付账款的确认和计量

应付账款，是指企业因购买材料、商品、服务等经营活动应支付的款项。

应付账款入账时间的确定，应以与所购买物资的控制权已经转移或所购买的服务已发生为标志。由于物资和发票账单的到达时间不同，应付账款的入账时间也不相同。

1. 在物资和发票账单同时到达的情况下，要区分两种情况处理：

（1）如果物资验收入库后仍未付款的，则按发票账单的金额记入“应付账款”科目；

（2）如果物资验收入库的同时支付货款的，则不通过“应付账款”科目核算。

2. 在物资和发票账单不同时到达的情况下，也要区分两种情况处理：

（1）在发票账单已到、物资未到的情况下，直接根据发票账单所列物资价款和运杂费，计入有关物资成本和“应付账款”（未能及时支付货款时）科目；

（2）在物资已到、而发票账单尚未收到的情况下，无法确定所购物资的实际成本，而企业应付物资供应单位的债务已经成立，实际工作中采取在月份终了将所购物资和应付债务（不包括增值税进项税额）估计入账，待下月初作相反的会计分录予以冲回。

应付账款一般按应付金额入账，而不按到期应付金额的现值入账。如果应付账款附有现金折扣，应按照扣除现金折扣前的应付款总额入账。企业在折扣期限内付款而获得现金折扣，应按折扣金额冲减财务费用。如果应付账款附有商业折扣，则应付账款入账价值应按扣除商业折扣后的金额入账。

（二）应付账款的核算

企业应设置“应付账款”科目，核算应付账款的发生、偿还、转销等情况。该科目贷方登记企业因购买材料、商品、服务等而发生的应付账款，借方登记偿还的应付账款，余额一般在贷方，反映企业尚未支付的应付账款余额；期末如为借方余额，反映企业预付的账款。该科目可按债权人进行明细核算。

1. 发生应付账款

企业购入材料、商品等货款尚未支付时，应根据有关凭证（发票账单、随货同行发票上记载的实际价款或暂估价值），按应计入材料、商品等资产成本的金额，借记“材料采购”“在途物资”等科目；按当月已认证的可抵扣的增值税额，借记“应交税费——应交增值税（进项税额）”科目，按当月未认证的可抵扣增值税额，借记“应交税费——待认证进项税额”科目；按应付的款项，贷记“应付账款”科目。企业购进服务而发生的应付未付款项，根据购买服务单位的发票账单等，借记“生产成本”“制造费用”“管理费用”等科目，贷记“应付账款”科目。

2. 偿还应付账款

企业偿还应付账款时，借记“应付账款”科目，贷记“银行存款”“库存现金”等科目。企业开出商业汇票抵付应付账款时，借记“应付账款”科目，贷记“应付票据”等科目。

3. 转销应付账款

企业转销确实无法支付（比如债权人撤销）的应付账款，应按其账面余额计入营业外收入，借记“应付账款”科目，贷记“营业外收入”科目。

【涉税提示】

确实无法偿付的应付款项企业所得税法要求作为“其他收入”一次性计入确认收入的年度，计算缴纳企业所得税；会计核算时计入营业外收入，增加了利润总额，从而增加了应纳税所得额，不需要需作纳税调整。

【例 18－4】金嘉百货商场于 2023 年 10 月 1 日从 A 公司购入一批液晶电视。货已验收入库，货款尚未支付，取得的增值税专用发票上注明的货款为 100 万元，增值税税额为 13 万元，该增值税专用发票已于当月通过增值税发票综合服务平台确认，用于申报抵扣。按购销合同，金嘉百货商场如在 15 天内付清货款，将获得 2% 的现金折扣；超过 15 天没有现金折扣。则金嘉百货商场应作如下会计处理：

（1）10 月 1 日，发生应付账款时：

借：库存商品　　1 000 000

　　应交税费——应交增值税（进项税额）　　130 000

　　贷：应付账款——A 公司　　1 130 000

（2）假设 2023 年 10 月 10 日，金嘉百货商场向 A 公司付清货款：

借：应付账款　　1 130 000

　　贷：财务费用　　226 000

　　　　银行存款　　904 000

（3）假设 10 月 20 日，金嘉百货商场向 A 公司付清货款：

借：应付账款　　1 130 000

　　贷：银行存款　　1 130 000

【例 18 -5】 华丰公司从安顺钢铁厂购进生铁 10 吨，取得的增值税专用发票上注明的货款为 20 000 元，增值税税额为 2 600 元，该增值税专用发票已于当月确认，用于申报抵扣，款项尚未支付，生铁已验收入库。3 年后该应付账款因无法支付而予以转销。则华丰公司应作如下会计处理：

（1）购买生铁时：

借：原材料　　20 000

　　应交税费——应交增值税（进项税额）　　2 600

　　贷：应付账款——安顺钢铁厂　　22 600

（2）3 年后转销应付账款时：

借：应付账款——安顺钢铁厂　　22 600

　　贷：营业外收入　　22 600

三、预收账款

（一）预收账款概述

预收账款，是指企业按照合同规定向购货单位预收的款项。预收账款与应付账款不同，预收账款是销货方预收购货方的款项，所形成的负债是以货物偿付，而应付账款是购货方应付销货方的款项，所形成的负债以货币资金偿付。但是，二者均表明企业承担了会导致未来经济利益流出的现时义务，形成企业的负债。

预收账款应按实际收到的金额入账。

（二）预收账款的核算

企业应设置“预收账款”科目，核算预收账款的取得、偿付等情况。该科目的贷方登记发生的预收账款的数额和购货方补付账款的数额，借方登记企业向购货方发货后冲销的预收账款数额和退回购货方多付账款的数额，期末余额一般在贷方，反映企业向购货单位预收款项但尚未向购货方发货的数额；期末如为借方余额，反映企业尚未收回的账款。该科目可按购货单位设置明细科目，进行明细核算。

预收账款情况不多的企业，也可以不设置“预收账款”科目，将预收的款项直接记入“应收账款”科目。

适用2017年修订的《企业会计准则第14号——收入》的企业，因转让商品收到的预收款使用“合同负债”科目，不再使用“预收账款”科目。

1. 企业向购货单位预收款项时，按实际收到的金额，借记“银行存款”等科目，贷记“预收账款”科目。

2. 企业销售实现时，按实现的收入和应交的增值税销项税额，借记“预收账款”科目，按照实现的营业收入，贷记“主营业务收入”科目，按照增值税制度规定计算的销项税额，贷记“应交税费——应交增值税（销项税额）”等科目。

3. 企业收到购货单位补付的款项时，借记“银行存款”等科目，贷记“预收账款”科目。

4. 企业向购货单位退回其多付的款项时，借记“预收账款”科目，贷记“银行存款”科目。

【例18－6】2023年10月15日，新联公司（增值税一般纳税人）与B公司签订供销合同，向其出售一批产品，货款共计100 000元，增值税销项税额为13 000元。根据合同规定，B公司应在合同签订7日内预付货款60 000元，剩余货款在交货后付清。10月20日，新联公司收到B公司交来的预付款60 000元，并存入银行。10月22日，新联公司将货物发到B公司，并开具增值税专用发票一张。10月24日，B公司验收合格后付清了剩余货款。则新联公司应作如下会计处理：

（1）10 月 20 日，收到 B 公司交来的预付款时：

借：银行存款　　60 000

　　贷：预收账款——B 公司　　60 000

（2）10 月 22 日，对 B 公司发货时：

借：预收账款——B 公司　　113 000

　　贷：主营业务收入　　100 000

　　　　应交税费——应交增值税（销项税额）　　13 000

（3）10 月 24 日，收到 B 公司剩余货款时：

借：银行存款　　53 000

　　贷：预收账款——B 公司　　53 000

四、应付利息

应付利息，是指企业按照合同约定应支付的利息，包括吸收存款、分期付息到期还本的长期借款、企业债券等应支付的利息。

企业应设置“应付利息”科目，核算企业按照合同约定应支付的利息。该科目贷方登记按合同利率计算确定的应付未付利息，借方登记实际支付的利息，期末余额在贷方，反映企业应付未付的利息。该科目可按存款人或债权人进行明细核算。

资产负债表日，企业按摊余成本和实际利率计算确定的利息费用，借记“财务费用”“制造费用”“在建工程”“研发支出”等科目，按合同利率计算确定的应付未付利息，贷记“应付利息”科目，按借贷双方之间的差额，借记或贷记“长期借款——利息调整”“应付债券——利息调整”等科目。

合同利率与实际利率差异较小的，也可以采用合同利率计算利息费用。实际支付利息时，借记“应付利息”科目，贷记“银行存款”等科目。

【涉税提示】

记入“财务费用”科目的应付利息金额，计入了当期损益，可在当期税前扣除；记入“在建工程”“研发支出”科目的应付利息金额，以后随资产的摊销计入损益，在税前扣除。

五、应付股利

应付股利，是指企业股东大会或类似机构审议批准分配的现金股利或利润。企业股东大会或类似机构审议批准的利润分配方案、宣告分派的现金股利或利润，在实际支付前，形成企业的负债。

企业应设置“应付股利”科目，核算企业分配的现金股利或利润。该科目贷方登记应支付的现金股利或利润，借方登记实际支付的现金股利或利润，期末余额在贷方，反映企业应付未付的现金股利或利润。该科目可按投资者进行明细核算。

企业根据股东大会或类似机构审议批准的利润分配方案，按应支付的现金股利或利润，借记“利润分配”科目，贷记“应付股利”科目；实际支付现金股利或利润时，借记“应付股利”科目，贷记“银行存款”等科目。

企业董事会或类似机构通过的利润分配方案中拟分配的现金股利或利润，不作账务处理，但应在报表附注中披露。

【涉税提示】

中国境内居民企业向未在中国境内设立机构、场所的非居民企业分配股息、红利等权益性投资收益，应在作出利润分配决定的日期代扣代缴企业所得税。如实际支付时间先于利润分配决定日期的，应在实际支付时代扣代缴企业所得税。

六、其他应付款

其他应付款，是企业在商品交易业务以外发生的应付和暂收款项。它是企业除应付票据、应付账款、预收账款、应付职工薪酬、应付利息、应付股利、应交税费、交易性金融负债等以外的其他各项应付、暂收的款项。如应付经营租入固定资产和包装物租金（含预付的租金）、存入保证金（如收取的包装物押金等）、应付统筹退休金、职工未按期领取的工资等。

企业应设置“其他应付款”科目，核算企业除应付票据、应付账款、预收账款、应付职工薪酬、应付利息、应付股利、应交税费等经营活动以外的其他各项应付、暂收的款项。该科目贷方登记应付、暂收其他单位或个人的款项，借方登记已经偿还给其他单位或个人的款项，期末余额在贷方，反映企业应付未付的其他应付款项。该科目可按其他应付款的项目和对方单位（或个人）进行明细核算。

企业发生的其他各种应付、暂收款项，借记“管理费用”等科目，贷记“其他应付款”科目；支付的其他各种应付、暂收款项，借记“其他应付款”科目，贷记“银行存款”等科目。

如企业发生的经营租入固定资产的租金，借记“制造费用”“管理费用”“其他业务成本”等科目，贷记“其他应付款”科目；实际支付时，借记“其他应付款”科目，贷记“银行存款”科目。企业收取的包装物押金及各种暂收款项，应借记“银行存款”等科目，贷记“其他应付款”科目；支付或退回这些款项时，应借记“其他应付款”科目，贷记“银行存款”等科目。

【例 18－7】 华丰公司出租包装物，收到押金 5 000 元，存入银行。出租期满对方单位退回包装物，华丰公司退回押金。则华丰公司应作如下会计处理：

（1）收到押金时：

借：银行存款　　5 000

　　贷：其他应付款——存入保证金　　5 000

（2）退回押金时：

借：其他应付款——存入保证金　　5 000

　　贷：银行存款　　5 000

企业采用销售商品采用售后回购方式的，如果回购价大于原售价，实质上具有融资性质的，收到的款项不确认为收入，应确认为负债，通过“其他应付款”科目核算，具体内容详见本书下册“第二十一章第一节　收入”。

七、以公允价值计量且其变动计入当期损益的金融负债

（一）以公允价值计量且其变动计入当期损益的金融负债概述

根据《企业会计准则第 22 号——金融工具确认和计量》的相关规定，金融负债分类为以公允价值计量且其变动计入当期损益的金融负债，包括交易性金融负债（含属于金融负债的衍生工具）和指定为以公允价值计量且其变动计入当期损益的金融负债，以及以摊余成本计量的金融负债等。

以公允价值计量且其变动计入当期损益的金融负债在初始确认时，应当

按照公允价值计量，相关交易费用应当直接计入当期损益。资产负债表日，应当按照公允价值对其进行后续计量。

（二）以公允价值计量且其变动计入当期损益的金融负债的核算

企业应设置“交易性金融负债”科目，核算企业承担的交易性金融负债的公允价值和企业持有的直接指定为以公允价值计量且其变动计入当期损益的金融负债。该科目期末贷方余额，反映企业承担的交易性金融负债的公允价值。该科目可按交易性金融负债类别，分别“本金”“公允价值变动”等进行明细核算。

交易性金融负债的主要会计处理如下：

1. 企业承担的以公允价值计量且其变动计入当期损益的金融负债，应按实际收到的金额，借记“银行存款”等科目，按发生的交易费用，借记“投资收益”科目，按该金融负债的公允价值，贷记“交易性金融负债——本金”科目。

2. 资产负债表日，按以公允价值计量且其变动计入当期损益的金融负债票面利率计算的利息，借记“财务费用”科目，贷记“应付利息”科目。

资产负债表日，以公允价值计量且其变动计入当期损益的金融负债的公允价值高于其账面价值的差额，借记“公允价值变动损益”科目，贷记“交易性金融负债——公允价值变动”科目；公允价值低于其账面价值的差额作相反的会计分录。

3. 处置以公允价值计量且其变动计入当期损益的金融负债时，应按该金融负债的账面价值，借记“交易性金融负债”科目，按实际支付的金额，贷记“银行存款”等科目，按其差额，贷记或借记“投资收益”科目。同时，按该金融负债的公允价值变动，借记或贷记“公允价值变动损益”科目，贷记或借记“投资收益”科目。

【涉税提示】

税法不承认会计上对交易性金融负债按公允价值调整的账面金额，因此，企业进行企业所得税汇算时，应从应纳税所得额中剔除当期因交易性金融负债的公允价值变动而记入“公允价值变动损益”科目的金额。

【例 18－8】2023 年 7 月 1 日，甲公司经批准在全国银行间债券市场公开发行 10 亿元人民币短期融资券，期限为 1 年，票面年利率为 6%，每张面值为100元，到期一次还本付息。所募集资金主要用于甲公司购买生产经营所需的原材料及配套件等。甲公司将该短期融资券指定为以公允价值计量且其变动计入当期损益的金融负债。假定不考虑发行短期融资券相关的交易费用以及企业自身信用风险变动。2023年12月31日，该短期融资券市场价格为每张120元（不含利息）；2024年6月30日，该短期融资券到期兑付完成。据此，甲公司应作如下会计处理：

（1）2023年7月1日，发行短期融资券时：

借：银行存款　　1 000 000 000

　　贷：交易性金融负债——本金　　1 000 000 000

（2）2023年12月31日，年末确认公允价值变动和利息费用：

借：公允价值变动损益　　200 000 000

　　贷：交易性金融负债——公允价值变动　　200 000 000

借：财务费用　　30 000 000

　　贷：应付利息　　30 000 000

（3）2024年6月30日，短期融资券到期兑付时：

借：财务费用　　30 000 000

　　贷：应付利息　　30 000 000

借：交易性金融负债——本金　　1 000 000 000

　　　　　　　　——公允价值变动　　200 000 000

　　应付利息　　60 000 000

　　贷：银行存款　　1 060 000 000

　　　　公允价值变动损益　　200 000 000

第三节　应付职工薪酬

一、职工薪酬概述

（一）职工的概念

职工，是指与企业订立劳动合同的所有人员，含全职、兼职和临时职工，也包括虽未与企业订立劳动合同但由企业正式任命的人员。具体而言，职工至少应当包括以下三类：

（1）与企业订立劳动合同的所有人员，含全职、兼职和临时职工。按照《中华人民共和国劳动法》和《中华人民共和国劳动合同法》的规定，企业作为用人单位应当与劳动者订立劳动合同。《企业会计准则第9号——职工薪酬》中的职工首先应当包括这部分人员，即与企业订立了固定期限、无固定期限或者以完成一定工作作为期限的劳动合同的所有人员。

（2）虽未与企业订立劳动合同、但由企业正式任命的人员，如部分董事会成员、监事会成员等。企业按照有关规定设立董事、监事，或者董事会、监事会的，如所聘请的独立董事、外部监事等，虽然没有与企业订立劳动合同，但属于由企业正式任命的人员，属于《企业会计准则第9号——职工薪酬》所称的职工。

（3）在企业的计划和控制下，虽未与企业订立劳动合同或未由企业正式任命，但向企业所提供服务与职工所提供服务类似的人员，包括通过企业与劳务中介公司签订用工合同而向企业提供服务的人员。

（二）职工薪酬的概念及分类

职工薪酬，是指企业为获得职工提供的服务或解除劳动关系而给予的各种形式的报酬或补偿。职工薪酬包括短期薪酬、离职后福利、辞退福利和其他长期职工福利。企业提供给职工配偶、子女、受赡养人、已故员工遗属及其他受益人等的福利，也属于职工薪酬。

1. 短期薪酬

短期薪酬，是指企业在职工提供相关服务的年度报告期间结束后12个月内需要全部予以支付的职工薪酬，因解除与职工的劳动关系给予的补偿除外（属于辞退福利）。

短期薪酬主要包括以下几类：

（1）职工工资、奖金、津贴和补贴。

职工工资、奖金、津贴和补贴，是指支付给职工的构成企业工资总额的计时工资、计件工资和超额劳动报酬等，为了补偿职工特殊或额外的劳动消耗和因其他特殊原因支付给职工的津贴，以及为了保证职工工资水平不受物价影响支付给职工的物价补贴等。其中，企业按照短期奖金计划向职工发放的奖金属于短期薪酬，按照长期奖金计划向职工发放的奖金属于其他长期职工福利。

（2）职工福利费。

职工福利费，是指企业向职工提供的生活困难补助、丧葬补助费、抚恤费、职工异地安家费、防暑降温费等职工福利支出。

（3）医疗保险费、工伤保险费和生育保险费等社会保险费。

医疗保险费、工伤保险费和生育保险费等社会保险费，是指企业按照国家规定的基准和比例计算，向社会保险经办机构缴存的医疗保险费、工伤保险费和生育保险费。

（4）住房公积金。

住房公积金，是指企业按照国家《住房公积金管理条例》和各地规定的基准和比例计算，向住房公积金管理机构缴存的住房公积金。

（5）工会经费和职工教育经费。

工会经费和职工教育经费，是指企业为了改善职工文化生活、为职工学习先进技术和提高文化水平和业务素质，用于开展工会活动和职工教育及职业技能培训等支出。

（6）短期带薪缺勤。

短期带薪缺勤，是指职工虽然缺勤但企业仍向其支付报酬的安排，包括年休假、病假、婚假、产假、丧假、探亲假等。长期带薪缺勤属于其他长期职工福利。

（7）短期利润分享计划。

短期利润分享计划，是指因职工提供服务而与职工达成的基于利润或其他经营成果提供薪酬的协议。

（8）非货币性福利。

非货币性福利，通常是指企业提供给职工的实物福利、服务性福利、优惠性福利等。其主要包括：企业以自产产品或外购商品发放给职工作为福利，将企业拥有的资产或租赁的资产无偿提供给职工使用，为职工无偿提供医疗保健服务，向职工提供企业支付了一定补贴的商品或服务，如以低于成本的价格向职工出售住房等。

（9）其他短期薪酬。

其他短期薪酬，是指除上述八种薪酬以外的其他为获得职工提供的服务而给予的短期薪酬。

2. 离职后福利

离职后福利，是指企业为获得职工提供的服务而在职工退休或与企业解除劳动关系后，提供的各种形式的报酬和福利，短期薪酬和辞退福利除外。

离职后福利计划，是指企业与职工就离职后福利达成的协议，或者企业为向职工提供离职后福利制定的规章或办法等。按照企业承担的风险和义务情况，企业应当将离职后福利计划分类为设定提存计划和设定受益计划。其中，设定提存计划，是指向独立的基金缴存固定费用后，企业不再承担进一步支付义务的离职后福利计划；设定受益计划，是指除设定提存计划以外的离职后福利计划。

3. 辞退福利

辞退福利，是指企业在职工劳动合同到期之前解除与职工的劳动关系，或者为鼓励职工自愿接受裁减而给予职工的补偿。

辞退福利主要包括以下几种：

（1）在职工劳动合同尚未到期前，不论职工本人是否愿意，企业决定解除与职工的劳动关系而给予的补偿。

（2）在职工劳动合同尚未到期前，为鼓励职工自愿接受裁减而给予的补偿，职工有权利选择继续在职或接受补偿离职。

辞退福利通常采取解除劳动关系时一次性支付补偿的方式，也采取在职工不再为企业带来经济利益后，将职工工资支付到辞退后未来某一期间的方式。

企业应当根据辞退福利的定义和包括的内容，区分辞退福利与离职后福利。辞退福利是在职工与企业签订的劳动合同到期前，企业根据法律与职工本人或职工代表（如工会）签订的协议，或者基于商业惯例，承诺当其提前终止对职工的雇佣关系时支付的补偿，引发补偿的事项是辞退，因此，企业应当在辞退职工时进行辞退福利的确认和计量。职工在正常退休时获得的养老金等离职后福利，是其与企业签订的劳动合同到期时，或者职工达到了国家规定的退休年龄时，获得的离职后生活补偿金额，引发补偿的事项是职工在职时提供的服务，而不是合同到期或退休本身，因此，企业应当在职工提供服务的会计期间对离职后福利进行确认和计量。

另外，职工虽然没有与企业解除劳动合同，但未来不再为企业提供服务，不能为企业带来经济利益，企业承诺提供实质上具有辞退福利性质的经济补偿的，如发生“内退”的情况，在其正式退休日期之前应当比照辞退福利处理，在其正式退休日期之后，应当按照离职后福利处理。

4. 其他长期职工福利

其他长期职工福利，是指除短期薪酬、离职后福利、辞退福利之外所有的职工薪酬，包括长期带薪缺勤、长期残疾福利、长期利润分享计划（或长期奖金计划）等。

（三）科目设置

企业应设置“应付职工薪酬”科目，核算应付职工薪酬的提取、结算、使用等情况。该科目贷方登记已分配计入有关成本费用的职工薪酬金额，借方登记实际发放的职工薪酬金额；期末余额一般在贷方，反映企业应付未付的职工薪酬。企业应根据职工薪酬的类别，设置相应的明细科目进行明细核算。外商投资企业从净利润中提取的职工奖励及福利基金，也通过“应付职工薪酬”科目核算。

二、短期薪酬的确认和计量

企业应当在职工为其提供服务的会计期间，将实际发生的短期薪酬确认为负债，并计入当期损益，其他会计准则要求或允许计入资产成本的除外。进行会计处理时，按实际发生的短期薪酬，借记“生产成本”“制造费用”“管理费用”等科目，贷记“应付职工薪酬”科目；按发放的、缴纳的短期薪酬等，借记“应付职工薪酬”科目，贷记“银行存款”等科目。

（一）一般短期薪酬的确认和计量

1. 职工工资、奖金、津贴和补贴

企业发生的职工工资、奖金、津贴和补贴等短期薪酬，应当根据职工提供服务情况和工资标准等计算应计入职工薪酬的工资总额，并按照受益对象计入当期损益或相关资产成本，借记“生产成本”“制造费用”“管理费用”等科目，贷记“应付职工薪酬”科目。发放时，借记“应付职工薪酬”科目，贷记“银行存款”等科目。

根据国家统计局发布的《关于工资总额组成的规定》（国家统计局令第1号）规定，工资总额由以下6个部分组成：

（1）计时工资，是指按计时工资标准（包括地区生活费补贴）和工作时间支付给个人的劳动报酬。

（2）计件工资，是指对已做工作按计件单价支付的劳动报酬。

（3）奖金，是指支付给职工的超额劳动报酬和增收节支的劳动报酬。

（4）津贴和补贴，是指为了补偿职工特殊或额外的劳动消耗和因其他特殊原因支付给职工的津贴，以及为了保证职工工资水平不受物价影响支付给职工的物价补贴。

（5）加班加点工资，是指按规定支付的加班工资和加点工资。

（6）特殊情况下支付的工资，包括根据国家法律、法规和政策规定，因病、工伤、产假、计划生育假、婚丧假、事假、探亲假、定期休假、停工学习、执行国家或社会义务等原因按计时工资标准或计时工资标准的一定比例支付的工资以及附加工资、保留工资。

在实际工作中，企业应按照劳动工资制度的规定，根据考勤记录、工时记录、产量记录、工资标准、工资等级等编制“工资单”（亦称工资结算单、工资表、工资计算表等），计算应付给职工的工资、奖金、津贴和补贴。会计部门应将“工资单”进行汇总，编制“工资汇总表”，办理工资结算。

【涉税提示】

（1）允许税前扣除的工资薪金支出是企业按规定实际发放给员工的工资、奖金、津贴和补贴等劳动报酬，而不是会计上计提的工资总额。企业已预提但在年度汇算清缴结束前未向员工支付的工资薪金，不得在汇缴年度扣除。

（2）企业支付给残疾职工的工资在据实扣除的基础上，符合条件的可按照支付给残疾职工工资的100%加计扣除。

（3）企业接受外部劳务派遣用工所实际发生的费用，应分两种情况按规定在税前扣除：按照协议（合同）约定直接支付给劳务派遣公司的费用，应作为劳务费支出；直接支付给员工个人的费用，应作为工资薪金支出和职工福利费支出。

2. 医疗保险费、工伤保险费、生育保险费等社会保险费，住房公积金，工会经费和职工教育经费

企业为职工缴纳的医疗保险费、工伤保险费、生育保险费等社会保险费和住房公积金，以及按规定提取的工会经费和职工教育经费，应当在职工为其提供服务的会计期间，根据规定的计提基础和计提比例计算确定相应的职工薪酬金额，并确认相应负债，按照受益对象计入当期损益或相关资产成本。计提时，借记“生产成本”“制造费用”“管理费用”等科目，贷记“应付职

工薪酬”科目。缴纳或使用时，借记“应付职工薪酬”科目，贷记“银行存款”等科目。

（1）医疗保险费、工伤保险费、生育保险费等社会保险费。

根据《企业财务通则》（财政部令第41号）规定，企业应当依法为职工支付基本医疗、失业、工伤等社会保险费，所需费用直接作为成本（费用）列支。已参加基本医疗保险的企业，具有持续盈利能力和支付能力的，可以为职工建立补充医疗保险，所需费用按照省级以上人民政府规定的比例从成本（费用）中提取。超出规定比例的部分，由职工个人负担。

①基本医疗保险费。根据《国务院关于建立城镇职工基本医疗保险制度的决定》（国发〔1998〕44号）规定，基本医疗保险费由用人单位和职工共同缴纳。用人单位缴费率应控制在职工工资总额的6%左右，职工缴费率一般为本人工资收入的2%。

②补充医疗保险。根据《财政部 劳动保障部关于企业补充医疗保险有关问题的通知》（财社〔2002〕18号）规定，企业补充医疗保险费在工资总额4%以内的部分，企业可直接从成本中列支，不再经同级财政部门审批。

③工伤保险费。企业应当根据其所属行业类别，对照《工伤保险行业基准费率和浮动档次表》，选择所属行业类别对应的浮动基准费率，缴纳工伤保险费。根据《工伤保险条例》（国务院令第586号）规定，统筹地区经办机构根据用人单位工伤保险费使用、工伤发生率等情况，适用所属行业内相应的费率档次确定单位缴费费率。用人单位应当按时缴纳工伤保险费。职工个人不缴纳工伤保险费。用人单位缴纳工伤保险费的数额为本单位职工工资总额乘以单位缴费费率之积。自2019年5月1日起，延长阶段性降低工伤保险费率的期限至2024年12月31日，工伤保险基金累计结余可支付月数在18~23个月的统筹地区可以现行费率为基础下调20%，累计结余可支付月数在24个月以上的统筹地区可以现行费率为基础下调50%。

④生育保险费。根据《企业职工生育保险试行办法》（劳部发〔1994〕504号）第四条规定，生育保险费的提取比例最高不得超过工资总额的1%。职工个人不缴纳生育保险费。

【涉税提示】

企业按照规定的范围和标准为全体职工缴纳的社会保险费，准予扣除。企业为职工缴纳的应该由员工个人承担的社会保险费用属于个人支出行为，不得在税前扣除。企业仅为少数职工（非全体职工）缴纳的社会保险费不得在税前扣除。

（2）住房公积金。

住房公积金，是职工所在单位为职工缴存的和职工个人缴存的长期住房储金。根据《企业财务通则》（财政部令第41号）规定，企业为职工缴纳住房公积金以及职工住房货币化分配的财务处理，按照国家有关规定执行。根据《住房公积金管理条例》（国务院令第350号）规定，职工和单位住房公积金的缴存比例均不得低于职工上一年度月平均工资的5%；有条件的城市，可以适当提高缴存比例。具体缴存比例由住房公积金管理委员会拟订，经本级人民政府审核后，报省、自治区、直辖市人民政府批准。单位应当按时、足额缴存住房公积金，不得逾期缴存或者少缴。单位为职工缴存的住房公积金，在企业成本费用中列支。根据《财政部关于加强住房公积金管理等有关问题的通知》（财综〔2006〕38号）规定，职工和单位住房公积金缴存比例不应低于5%，不得高于12%。

【涉税提示】

企业按照规定的范围和标准为职工缴纳的住房公积金，准予在企业所得税税前扣除。单位和个人分别在不超过职工本人上一年度月平均工资12%的幅度内，实际缴存的住房公积金，允许在个人所得税应纳税所得额中扣除。

（3）工会经费和职工教育经费。

根据《企业财务通则》（财政部令第41号）规定，工会经费应按照国家规定比例提取并拨缴工会。职工教育经费应按照国家规定的比例提取，专项用于企业职工后续职业教育和职业培训。

①工会经费。根据《基层工会经费收支管理办法》（总工办发〔2017〕32号）规定，建立工会组织的单位按全部职工工资总额2%依法向工会拨缴工会经费。

②职工教育经费。根据《关于企业职工教育经费提取与使用管理的意见》（财建〔2006〕317号）规定，一般企业按照职工工资总额的1.5%足额提取教育培训经费，从业人员技术要求高、培训任务重、经济效益较好的企业，

可按2.5%提取，列入成本开支。

【涉税提示】

企业计提尚未拨缴的工会经费不得在税前扣除，企业拨缴的职工工会经费支出，不超过工资薪金总额2%的部分，凭《工会经费收入专用收据》或税务机关的代收凭据依法在税前扣除。

企业在规定的职工教育经费列支范围内实际发生的职工教育经费支出，无论是否已经支付，不超过工资薪金总额8%的部分，准予在计算企业所得税应纳税所得额时扣除；超过部分，准予在以后纳税年度结转扣除。此外，职工教育经费支出在税前扣除时还要注意一些特殊规定。

【例18-9】2024年1月，华丰公司应付工资总额为100 000元，其中：生产部门直接生产人员工资40 000元，生产部门管理人员工资15 000元；管理部门人员工资21 000元；销售部门人员工资10 000元；建造厂房人员工资6 000元；内部开发存货管理系统人员工资8 000元。3月31日，华丰公司按照职工工资总额的8%、1%、1%和10%分别计提医疗保险费、工伤保险费、生育保险费和住房公积金，按工资总额的2%和2.5%计提工会经费和职工教育经费。另外，应由该公司代扣代缴职工个人应负担的住房公积金为10 000元，个人所得税为1 500元。假定该公司的存货管理系统已经处于开发阶段，并符合资本化标准。该公司当月发生的职工薪酬成本已在下月初支付。则华丰公司2024年1月确认应付职工薪酬时应作如下会计处理：

（1）分配工资时：

借：生产成本	40 000	
制造费用	15 000	
管理费用	21 000	
销售费用	10 000	
在建工程	6 000	
研发支出——资本化支出	8 000	
贷：应付职工薪酬——工资		100 000

（2）按工资总额的8%、1%、1%和10%分别计提医疗保险费、工伤保险费、生育保险费和住房公积金时：

借：生产成本	8 000	

制造费用	3 000	
管理费用	4 200	
销售费用	2 000	
在建工程	1 200	
研发支出——资本化支出	1 600	
贷：应付职工薪酬——社会保险费		10 000
——住房公积金		10 000

（3）按工资总额2%和2.5%分别计提工会经费和职工教育经费时：

借：生产成本	1 800	
制造费用	675	
管理费用	945	
销售费用	450	
在建工程	270	
研发支出——资本化支出	360	
贷：应付职工薪酬——工会经费		2 000
——职工教育经费		2 500

（4）代扣代缴职工个人应负担的住房公积金和个人所得税时：

借：应付职工薪酬——工资	11 500	
贷：其他应付款——应付住房公积金		10 000
应交税费——应交个人所得税		1 500

【税务处理】

（1）工资的扣除。华丰公司生产部门直接生产人员工资40 000元，管理人员工资15 000元，管理部门人员工资21 000元，销售部门人员工资10 000元，可以在当期税前扣除。建造厂房人员工资6 000元和内部开发存货管理系统人员工资8 000元属于资本化支出，应待形成资产价值后，以计提折旧或摊销的方式计入成本费用在税前扣除。

（2）工会经费的扣除。年终企业所得税汇算时，华丰公司拨缴的工会经费不超过工资薪金总额2%的部分，同时提供合法、有效凭据，可以在税前扣除，否则，不得扣除。

（3）职工教育经费的扣除。年终企业所得税汇算时，华丰公司发生的职工教育经费不超过工资薪金总额8%的部分可以在税前扣除，超过部分可以向以后年度结转扣除。

（4）社会保险费和住房公积金的扣除。年终企业所得税汇算时，华丰公司按照规定的标准和比例为职工缴纳的社会保险费和住房公积金可以在税前扣除。只计提不缴纳不能在税前扣除，超过比例的部分也不能在税前扣除。

3. 职工福利费

职工福利费，是指企业为职工提供的除职工工资、奖金、津贴、纳入工资总额管理的补贴、职工教育经费、社会保险费和补充养老保险费（年金）、补充医疗保险费及住房公积金以外的福利待遇支出，包括发放给职工或为职工支付的以下各项现金补贴和非货币性集体福利。

企业在判断一项现金补贴是否应作为职工福利费管理时，应注意以下两种情况：

企业为职工提供的交通、住房、通信待遇，尚未实行货币化改革的，发生的相关支出作为职工福利费管理；已经实行货币化改革的，按月按标准发放或支付的住房补贴、交通补贴或者车改补贴、通信补贴，应当纳入职工工资总额。

企业给职工发放的节日补助、未统一供餐而按月发放的午餐费补贴，应当纳入职工工资总额。

根据《财政部关于实施修订后的〈企业财务通则〉有关问题的通知》（财企〔2007〕48 号）规定，企业不再按照工资总额 14% 计提职工福利费。根据《财政部关于企业加强职工福利费财务管理的通知》（财企〔2009〕242 号）规定，企业按照企业内部管理制度，履行内部审批程序后，发生的职工福利费，按照企业会计准则等有关规定进行核算。企业职工福利一般应以货币形式为主。对以本企业产品和服务作为职工福利的，企业要严格控制。

（1）货币性福利。

企业发生的货币性职工福利费，应当在实际发生时根据实际发生额计入当期损益或相关资产成本，借记“生产成本”“制造费用”“管理费用”等科目，贷记“应付职工薪酬”科目。发放时，借记“应付职工薪酬”科目，贷记“银行存款”等科目。

【涉税提示】

企业实际发生的在规定范围内列支的并单独核算的职工福利费支出，不超过工资薪金总额 14% 的部分，准予扣除。

税法上的职工福利费既包括货币性福利，又包括非货币性福利，二者合计不超过工资薪金总额的14%可以在税前扣除。

【例18－10】2024年1月，华丰公司用现金发放职工生活困难补助2 000元，其中：发放给生产部门直接生产人员800元，发放给生产部门管理人员300元；发放给管理部门人员420元；发放给销售部门人员200元；发放给建造厂房人员120元；发放给内部开发存货管理系统人员160元。则华丰公司应作如下会计处理：

（1）分配职工福利费时：

借：生产成本	800	
制造费用	300	
管理费用	420	
销售费用	200	
在建工程	120	
研发支出——资本化支出	160	
贷：应付职工薪酬——职工福利		2 000

（2）发放职工生活困难补助时：

借：应付职工薪酬——职工福利	2 000	
贷：库存现金		2 000

【税务处理】

年终企业所得税汇算时，不超过工资薪金总额14%的职工福利费可以在税前扣除，超过部分不得扣除，应调增应纳税所得额。

（2）非货币性福利。

企业向职工提供非货币性福利的，应当按照公允价值计量。根据《财政部关于企业加强职工福利费财务管理的通知》（财企〔2009〕242号）规定，国家出资的电信、电力、交通、热力、供水、燃气等企业，将本企业产品和服务作为职工福利的，应当按商业化原则实行公平交易，不得直接供职工及其亲属免费或者低价使用。

企业向职工提供的非货币性福利，应当分别情况处理。

①企业以自产产品或外购商品作为非货币性福利提供给职工。

企业以自产的产品作为非货币性福利提供给职工的，应当按照该产品的公允价值和相关税费确定职工薪酬金额，并计入当期损益或相关资产成本。

相关收入的确认、销售成本的结转以及相关税费的处理，与企业正常商品销售的会计处理相同。企业以外购的商品作为非货币性福利提供给职工的，应当按照该商品的公允价值和相关税费确定职工薪酬的金额，并计入当期损益或相关资产成本。

【涉税提示】

企业将自产产品作为非货币性福利提供给职工在税法上应视同销售，企业将外购商品作为非货币性福利提供给职工其进项税额不得从销项税额中抵扣。

【例18－11】豫丰公司是一家食品加工企业，有职工100名，其中：生产工人70名，管理人员30名。2024年1月，豫丰公司以其生产的大礼包食品作为春节福利发放给职工，每人1份。该大礼包的单位成本为240元，单位售价（公允价格）为300元，适用的增值税税率为13%。则豫丰公司应作如下会计处理：

（1）发放非货币性福利时：

借：应付职工薪酬——非货币性福利　　33 900

　　贷：主营业务收入　　30 000

　　　　应交税费——应交增值税（销项税额）　　3 900

借：主营业务成本　　24 000

　　贷：库存商品　　24 000

（2）分配非货币性福利时：

本月应分配的非货币性福利＝300×100×（1＋13%）＝33 900（元）

其中：

生产工人非货币性福利＝300×70×（1＋13%）＝23 730（元）

管理人员非货币性福利＝300×30×（1＋13%）＝10 170（元）

借：生产成本　　23 730

　　管理费用　　10 170

　　贷：应付职工薪酬——非货币性福利　　33 900

【税务处理】

豫丰公司发放的非货币性福利允许在税前扣除，但不能超过税法规定的范围和比例。

②企业将拥有或租赁的房屋等资产无偿提供给职工使用。

企业将拥有或租赁的房屋等资产无偿提供给职工使用的，应当根据受益对象，将自有房屋等资产的每期折旧额或租赁房屋等资产每期应支付的租金确认为应付职工薪酬，并计入相关的成本费用。具体如下：

企业无偿向职工提供住房等资产使用的，按应计提的折旧额，借记“管理费用”等科目，贷记“应付职工薪酬”科目；同时，借记“应付职工薪酬”科目，贷记“累计折旧”科目。

企业租赁住房等资产供职工无偿使用的，按每期应支付的租金，借记“管理费用”等科目，贷记“应付职工薪酬”科目。支付租金时，借记“应付职工薪酬”科目，贷记“银行存款”科目。

难以认定受益对象的非货币性福利，直接计入当期损益和应付职工薪酬。

【例 18－12】华丰公司有部门经理 5 人，该公司为每人免费提供其名下的轿车一辆；副总经理以上 3 人，该公司为每人提供租赁的高级公寓一套。这些资产的所有权不转移，只提供使用权。假定每辆轿车每月计提折旧 3 000 元，每套公寓每月的租金是 4 000 元。则华丰公司每月应作如下会计处理：

每月应提取非货币性职工薪酬＝3 000×5＋4 000×3＝27 000（元）

借：管理费用	27 000	
贷：应付职工薪酬——非货币性福利		27 000
借：应付职工薪酬——非货币性福利	27 000	
贷：累计折旧		15 000
其他应付款		12 000

③企业向职工提供企业支付了补贴的商品或服务。

企业有时以低于企业取得资产或服务成本的价格向职工提供资产或服务，例如，以低于成本的价格向职工出售住房，以低于企业支付的价格向职工提供医疗保健服务。企业在出售住房等资产或服务时，应当将此类资产或服务的公允价值（购买成本）与其内部售价之间的差额（即相等于企业补贴的金额）分别以下情况处理：

A. 如果合同或协议中规定了职工获得住房等商品或服务后应提供服务年限的，企业应将该差额作为长期待摊费用处理，在合同或协议规定的服务年限内平均摊销，根据受益对象分别计入相关资产成本或当期损益。

B. 如果合同或协议没有规定职工获得住房等商品或服务后应提供服务年

限的，企业应将该差额作为对职工过去提供服务的补偿，直接计入向职工出售商品或服务当期相关资产成本或当期损益。

【例 18－13】2024 年 1 月，华丰公司为留住人才，将以每套 100 万元的价格购买并按固定资产入账的 50 套公寓，以每套 60 万元的价格出售给该公司管理层 20 套和生产一线的优秀职工 30 套。出售合同规定，职工在取得住房后必须在该公司服务 10 年，不考虑相关税费。则华丰公司应作如下会计处理：

（1）企业出售住房：

借：银行存款　　30 000 000

　　长期待摊费用　　20 000 000

　　贷：固定资产　　50 000 000

（2）出售住房后的 10 年内华丰公司每年按直线法分摊长期待摊费用时：

借：生产成本　　1 200 000

　　管理费用　　800 000

　　贷：应付职工薪酬——非货币性福利　　2 000 000

借：应付职工薪酬——非货币性福利　　2 000 000

　　贷：长期待摊费用　　2 000 000

（二）短期带薪缺勤的确认和计量

带薪缺勤应当根据其性质及其职工享有的权利，分为累积带薪缺勤和非累积带薪缺勤两类。企业应当对累积带薪缺勤和非累积带薪缺勤分别进行会计处理。如果带薪缺勤属于长期带薪缺勤的，企业应当作为其他长期职工福利处理。

1. 累积带薪缺勤

累积带薪缺勤，是指带薪权利可以结转下期的带薪缺勤，本期尚未用完的带薪缺勤权利可以在未来期间使用。企业应当在职工提供了服务从而增加了其未来享有的带薪缺勤权利时，确认与累积带薪缺勤相关的职工薪酬，并以累积未行使权利而增加的预期支付金额计量。对于确认当期已行使权利的累积带薪缺勤，因相应的薪酬已经包括在当期的薪酬金额中，因此不必额外作相应的计量。

有些累积带薪缺勤在职工离开企业时，对于未行使的权利，职工有权获得现金支付。职工在离开企业时能够获得现金支付的，企业应当确认企业必须支付的、职工全部累积未使用权利的金额。企业应当根据资产负债表日因累积未使用权利而导致的预期支付的追加金额，作为累积带薪缺勤费用进行预计。

职工累积未使用的权利在其离开企业时是否有权获得现金支付，不影响义务的确认，但影响计量的义务金额。

如果职工在离开企业时不能获得现金支付，则企业应当根据资产负债表日因累积未使用权利而导致的预期支付的追加金额，作为累积带薪缺勤费用进行预计。如果职工在离开企业时能够获得现金支付，企业就应当确认企业必须支付的、职工全部累积未使用权利的金额。

【例 18－14】华丰公司从 2024 年 1 月 1 日起实行累积带薪缺勤制度。该制度规定：每个职工每年可享受 12 个工作日带薪休假，休假权利可以向后结转两个日历年度。在第二年年末，华丰公司将对职工未使用的带薪休假权利支付现金。假定该公司每名职工平均每月工资 2 000 元，每名职工每月工作日为 20 个，每个工作日平均工资为 100 元。以该公司一名直接参加生产的职工为例。

（1）假定 2024 年 1 月，该名职工没有休假。华丰公司应当在职工为其提供服务的当月，累积相当于 1 个工作日工资的带薪休假义务，并作如下会计处理：

借：生产成本　　2 100
　　贷：应付职工薪酬——工资　　2 000
　　　　　　　　　——累积带薪缺勤　　100

（2）假定 2024 年 2 月，该名职工休了 1 天假。华丰公司应当在职工为其提供服务的当月，累积相当于 1 个工作日工资的带薪休假义务，反映职工使用累积权利的情况，并作如下会计处理：

借：生产成本　　2 100
　　贷：应付职工薪酬——工资　　2 000
　　　　　　　　　——累积带薪缺勤（计提本期休假）　　100
借：应付职工薪酬——累积带薪缺勤　　100
　　贷：生产成本（使用上期休假）　　100

（3）假定第 2 年年末（2025 年 12 月 31 日），该名职工有 5 个工作日未使用带薪休假，华丰公司以现金支付了未使用的带薪休假。

借：应付职工薪酬——累积带薪缺勤　　500

贷：库存现金 500

【税务处理】

华丰公司计提的累积带薪缺勤福利，职工未使用的不能在税前扣除。企业向职工支付的累积带薪缺勤薪酬可以在税前扣除，但应符合《中华人民共和国企业所得税法实施条例》和《国家税务总局关于企业工资薪金及职工福利费扣除问题的通知》(国税函〔2009〕3号）规定的范围和扣除限额。

2. 非累积带薪缺勤

非累积带薪缺勤，是指带薪权利不能结转下期的带薪缺勤，本期尚未用完的带薪缺勤权利将予以取消，并且职工离开企业时也无权获得现金支付。

根据《中华人民共和国劳动法》规定，国家实行带薪年休假制度，劳动者在法定休假日和婚丧假期间以及依法参加社会活动期间，用人单位应当依法支付工资。因此，我国企业职工休婚假、产假、丧假、探亲假、病假期间的工资通常属于非累积带薪缺勤。由于职工提供服务本身不能增加其能够享受的福利金额，企业在职工未缺勤时不应当计提相关费用和负债。因此，企业应当在职工实际发生缺勤的会计期间确认与非累积带薪缺勤相关的职工薪酬。

企业确认职工享有的与非累积带薪缺勤权利相关的薪酬，视同职工出勤确认为当期损益或相关资产成本。通常情况下，与非累积带薪缺勤相关的职工薪酬已经包括在企业每期向职工发放的工资等薪酬中，因此，不必额外作相应的账务处理。

如果企业实行非累积带薪缺勤货币补偿的，对职工因放弃休假而应得到的补偿，应按企业职工薪酬制度规定计提相关费用和负债。

【例 18 -15】 2024 年 4 月，华丰公司有 2 名销售人员放弃 15 天的婚假，假设平均每名职工每个工作日工资为 200 元，月工资为 6 000 元。该公司实行非累积带薪缺勤货币补偿制度，补偿金额为放弃带薪休假期间平均日工资的 2 倍。则华丰公司应作如下会计处理：

非累积带薪缺勤货币补偿 $=2\times15\times200\times2=12\ 000$（元）

借：销售费用 24 000

贷：应付职工薪酬——工资 12 000

——非累积带薪缺勤 12 000

实际补偿时一般随工资同时支付：

非累积带薪缺勤货币补偿 = 2 × 6 000 = 12 000（元）

借：应付职工薪酬——工资　　12 000

　　　　　　　——非累积带薪缺勤　　12 000

　贷：银行存款　　24 000

【税务处理】

华丰公司实际支付的非累积带薪缺勤薪酬 12 000 元可以在税前扣除，但应符合《企业所得税法实施条例》和《国家税务总局关于企业工资薪金及职工福利费扣除问题的通知》（国税函〔2009〕3 号）规定的范围和扣除限额。

（三）短期利润分享计划的确认和计量

企业制订有短期利润分享计划（或奖金计划）的，如当职工完成规定业绩指标，或者在企业工作了特定期限后，能够享有按照企业净利润的一定比例计算的薪酬，企业应当按规定，进行有关会计处理。

短期利润分享计划同时满足下列条件的，企业应当确认相关的应付职工薪酬，并计入当期损益或相关资产成本：

（1）企业因过去事项导致现在具有支付职工薪酬的法定义务或推定义务。

（2）因利润分享计划所产生的应付职工薪酬义务能够可靠估计。

属于下列三种情形之一的，视为义务金额能够可靠估计。

①在财务报告批准报出之前企业已确定应支付的薪酬金额。

②该利润分享计划的正式条款中包括确定薪酬金额的方式。

③过去的惯例为企业确定推定义务金额提供了明显证据。

企业在计量利润分享计划产生的应付职工薪酬时，应当反映职工因离职而没有得到利润分享计划支付的可能性。

如果企业预期在职工为其提供相关服务的年度报告期间结束后 12 个月内，不需要全部支付利润分享计划产生的应付职工薪酬，该利润分享计划应当适用其他长期职工福利的有关规定。

企业根据经营业绩或职工贡献等情况提取的奖金，属于奖金计划，应当比照短期利润分享计划进行处理。

在实务中，实行工效挂钩的企业根据企业经济效益增长的实际情况提取的工资，类似于利润分享计划。但是，这类计划是按照企业实现净利润的一定比例确定享受的福利，与企业经营业绩挂钩，仍然是由于职工提供服务而产生的，不是由企业与其所有者之间的交易而产生，因此，企业应当将利润分享计划作为费用处理（或根据相关企业会计准则，作为资产成本的一部分），不能作为净利润的分配。

【例 18－16】华丰公司为了鼓励本公司高级管理人员为其提供服务，制订了利润分享计划。该计划规定，在实行利润分享计划的年度，管理人员只要在该公司工作满一年即可获得奖金。假定 2023 年没有管理人员离开公司，华丰公司应支付的奖金总额为当年净利润的 4%，并已以银行存款支付。华丰公司当年净利润为 1 500 万元。则 2023 年 12 月 31 日华丰公司应作如下会计处理：

借：管理费用	600 000	
贷：应付职工薪酬——利润分享计划		600 000
借：应付职工薪酬——利润分享计划	600 000	
贷：银行存款		600 000

【税务处理】

华丰公司根据利润分享计划发放的 600 000 元奖金可以在税前扣除，但应符合《国家税务总局关于企业工资薪金及职工福利费扣除问题的通知》（国税函〔2009〕3 号）规定的“合理工资薪金”的范围。

三、离职后福利的确认和计量

离职后福利，是指企业为获得职工提供的服务而在职工退休或与企业解除劳动关系后，提供的各种形式的报酬和福利，属于短期薪酬和辞退福利的除外。离职后福利包括退休福利（如养老金和一次性的退休支付）及其他离职后福利（如离职后人寿保险和离职后医疗保障）。企业向职工提供了离职后福利的，无论是否设立了单独主体接受提存金并支付福利，均应当适用《企业会计准则第 9 号——职工薪酬》的相关要求对离职后福利进行会计处理。

职工正常退休时获得的养老金等离职后福利，是职工与企业签订的劳动合同到期或者职工达到了国家规定的退休年龄时，获得的离职后生活补偿金额。企业给予补偿的事项是职工在职时提供的服务而不是退休本身，因此，企业应当在职工提供服务的会计期间对离职后福利进行确认和计量。

离职后福利计划，是指企业与职工就离职后福利达成的协议，或者企业为向职工提供离职后福利制定的规章或办法等。企业应当按照企业承担的风险和义务情况，将离职后福利计划分类为设定提存计划和设定受益计划两种类型。

（一）设定提存计划

1. 设定提存计划的确认

设定提存计划，是指企业向单独主体（如基金等）缴存固定费用后，不再承担进一步支付义务的离职后福利计划。

对于设定提存计划，企业应当根据在资产负债表日为换取职工在会计期间提供的服务而应向单独主体缴存的提存金，确认为职工薪酬负债，并计入当期损益或相关资产成本。

2. 设定提存计划的计量

在设定提存计划下，企业根据事先确定的缴费水平向一个单独主体（如基金等）支付确定数额的提存金，职工退休时所能获得的基金数额取决于所缴提存金及其投资收益在职工退休时的累计额，与基金资产相关的风险完全由职工个人承担。养老保险和失业保险属于设定提存计划。

基本养老保险费。根据《国务院关于完善企业职工基本养老保险制度的决定》（国发〔2005〕38号）规定，城镇个体工商户和灵活就业人员参加基本养老保险的缴费基数为当地上年度在岗职工平均工资，缴费比例为20%，其中8%计入个人账户，退休后按企业职工基本养老金计发办法计发基本养老金。根据《降低社会保险费率综合方案》（国办发〔2019〕3号）规定，自2019年5月1日起，降低城镇职工基本养老保险（包括企业和机关事业单位基本养老保险，以下简称养老保险）单位缴费比例。各省、自治区、直辖市及新疆生产建设兵团（以下统称省）养老保险单位缴费比例高于16%的，可降至16%；目前低于16%的，要研究提出过渡办法。

失业保险费。根据《失业保险条例》（国务院令第258号）规定，城镇企业事业单位按照本单位工资总额的2%缴纳失业保险费。城镇企业事业单位职工按照本人工资的1%缴纳失业保险费。城镇企业事业单位招用的农民合同制工人本人不缴纳失业保险费。根据《降低社会保险费率综合方案》（国办发〔2019〕3号）规定，自2019年5月1日起，实施失业保险总费率1%的省，延长阶段性降低失业保险费率的期限至2020年4月30日。

根据设定提存计划，预期不会在职工提供相关服务的年度报告期结束后

12 个月内支付全部应缴存金额的，企业应当参照《企业会计准则第 9 号——职工薪酬》规定的折现率，将全部应缴存金额以折现后的金额计量应付职工薪酬。

3. 设定提存计划的会计处理

企业根据设定提存计划计算应缴存金额时，借记“生产成本”“制造费用”“管理费用”“销售费用”等科目，贷记“应付职工薪酬——设定提存计划”科目；缴存时，借记“应付职工薪酬——设定提存计划”科目，贷记“银行存款”科目。

【涉税提示】

企业按照规定的范围和标准为全体职工缴纳的基本养老保险、补充养老保险和企业年金或职业年金，准予在企业所得税税前扣除，并且对个人免征个人所得税。企业仅为少数职工缴纳的基本养老保险、补充养老保险和企业年金或职业年金不得在税前扣除，并且对个人计征个人所得税

【例 18－17】沿用【例 18－9】，华丰公司 2024 年 1 月应付工资总额为 100 000 元。其中：生产部门直接生产人员工资 40 000 元，生产部门管理人员工资 15 000 元；管理部门人员工资 21 000 元；销售部门人员工资 10 000 元；建造厂房人员工资 6 000 元；内部开发存货管理系统人员工资 8 000 元。

1 月 31 日，华丰公司按照职工工资总额的 12%、2% 和 4% 分别计提养老保险、失业保险和补充养老保险。该公司当月发生的离职后福利已在下月初支付。

2024 年 1 月华丰公司确认应付职工薪酬时应作如下会计处理：

本月职工薪酬的计提比例 = 12% + 2% + 4% = 18%

本月应计提的离职后福利 = 100 000 × 18% = 18 000（元）

其中：应计入生产成本的离职后福利 = 40 000 × 18% = 7 200（元）

应计入制造费用的离职后福利 = 15 000 × 18% = 2 700（元）

应计入管理费用的离职后福利 = 21 000 × 18% = 3 780（元）

应计入销售费用的离职后福利 = 10 000 × 18% = 1 800（元）

应计入在建工程的离职后福利 = 6 000 × 18% = 1 080（元）

应计入无形资产成本的离职后福利 = 8 000 × 18% = 1 440（元）

相应的会计分录为：

借：生产成本	7 200
制造费用	2 700
管理费用	3 780
销售费用	1 800
在建工程	1 080
研发支出——资本化支出	1 440
贷：应付职工薪酬——设定提存计划	18 000

【税务处理】

企业生产部门直接生产人员、生产部门管理人员、管理部门人员、销售部门人员提存的养老保险和失业保险，在实际缴纳后可以在税前扣除。建造厂房人员和内部开发存货管理系统人员提存的养老保险和失业保险属于资本化支出，应待形成资产价值后，以计提折旧或摊销的方式计入成本费用在税前扣除。

（二）设定受益计划

1. 设定受益计划的确认和计量

设定受益计划，是指除设定提存计划以外的离职后福利计划。设定提存计划和设定受益计划的区分，取决于离职后福利计划的主要条款和条件所包含的经济实质。在设定提存计划下，企业的义务以企业应向独立主体缴存的提存金金额为限，职工未来所能取得的离职后福利金额取决于向独立主体支付的提存金金额，以及提存金所产生的投资回报，从而精算风险和投资风险实质上要由职工来承担。在设定受益计划下，企业的义务是为现在及以前的职工提供约定的福利，并且精算风险和投资风险实质上由企业来承担。

当企业负有下列义务时，该计划就是一项设定受益计划：

（1）计划福利公式不仅仅与提存金金额相关，且要求企业在资产不足以满足该公式的福利时提供进一步的提存金；

（2）通过计划间接地或直接地对提存金的特定回报作出担保。

设定受益计划可能是不注入资金的，或者可能全部或部分地由企业（有时由其职工）向独立主体以缴纳提存金形式注入资金，并由该独立主体向职工支付福利。到期时已注资福利的支付不仅取决于独立主体的财务状况和投资业绩，而且取决于企业补偿独立主体资产不足的意愿和能力。企业实质上承担着与计划相关的精算风险和投资风险。因此，设定受益计划所确认的费用并不一定是本期应付的提存金金额。企业存在一项或多项设定受益计划的，对于每一项计划应当分别进行会计处理。

2. 设定受益计划的会计处理

企业对设定受益计划的会计处理通常包括下列四个步骤：

第一步：确定设定受益计划义务的现值和当期服务成本。

企业应当根据预期累计福利单位法，采用无偏且相互一致的精算假设对有关人口统计变量和财务变量等做出估计，计量设定受益计划所产生的义务，并确定相关义务的归属期间。企业应当根据资产负债表日与设定受益计划义务期限和币种相匹配的国债或活跃市场上的高质量公司债券的市场收益率确定折现率，将设定受益计划所产生的义务予以折现，以确定设定受益计划义务的现值和当期服务成本。

设定受益计划义务的现值，是指企业在不扣除任何计划资产的情况下，为履行获得当期和以前期间职工服务产生的最终义务，所需支付的预期未来金额的现值。设定受益计划的最终义务受到许多变量的影响，如职工离职率、死亡率、职工缴付的提存金等。企业在折现时，即使预期有部分义务在报告期间结束后的12个月内结算，企业仍应对整项义务进行折现。企业应当就至报告期末的任何重大交易及环境的其他重大变化（包括市场价格和利率的变化）进行调整，在每年年末进行复核。

企业应当通过预期累计福利单位法确定其设定受益计划义务的现值、当期服务成本和过去服务成本。在预期累计福利单位法下，每一服务期间会增加一个单位的福利权利，并且需对每一个单位单独计量，以形成最终义务。企业应当将福利归属于提供设定受益计划的义务发生的期间。这一期间是指从职工提供服务以获取企业在未来报告期间预计支付的设定受益计划福利开始，至职工的继续服务不会导致这一福利金额显著增加之日为止。

企业在确定设定受益计划义务的现值、当期服务成本以及过去服务成本时，应当根据预期累计福利单位法确定的公式将设定受益计划产生的福利义务归属于职工提供服务的期间，并计入当期损益或相关资产成本。

当职工后续年度的服务将导致其享有的设定受益计划福利水平显著高于以前年度时，企业应当按照直线法将累计设定受益计划义务分摊确认于职工提供服务而导致企业第一次产生设定受益计划福利义务至职工提供服务不再导致该福利义务显著增加的期间。在确定该归属期间时，不应考虑仅因未来工资水平提高而导致设定受益计划义务显著增加的情况。

精算假设，是指企业对影响离职后福利最终义务的各种变量的最佳估计。精算假设应当是客观公正和相互可比的，无偏且相互一致的。精算假设包括人口统计假设和财务假设。人口统计假设包括死亡率、职工的离职率、伤残率、提前退休率等。财务假设包括折现率、福利水平和未来薪酬等，其中，折现率应当根据资产负债表日与设定受益计划义务期限和币种相匹配的国债或活跃市场上的高质量公司债券的市场收益率确定。

经验调整是设定受益计划义务的实际数与估计数之间的差异。在某些情况下，设定受益计划对于未来福利水平调整未作出明确规定的，企业将有关福利水平的增加确认为精算假设与实际经验的差异（产生精算利得或损失），还是计划的修改（产生过去服务成本），需要运用职业判断。通常情况下，如果设定受益计划未明确规定未来福利水平的调整，过去的调整也并不频繁，同时如果精算假设中并无福利水平增长的假设，企业应将福利水平变化的影响归属于过去服务成本。

第二步：确定设定受益计划净负债或净资产。

设定受益计划存在资产的，企业应当将设定受益计划义务现值减去设定受益计划资产公允价值所形成的赤字或盈余确认为一项设定受益计划净负债或净资产。

设定受益计划存在盈余的，企业应当以设定受益计划的盈余和资产上限两项的孰低者计量设定受益计划净资产。其中，资产上限，是指企业可从设定受益计划退款或减少未来对设定受益计划缴存资金而获得的经济利益的现值。

计划资产包括长期职工福利基金持有的资产、符合条件的保险单等，但不包括企业应付但未付给独立主体的提存金、由企业发行并由独立主体持有的任何不可转换的金融工具。

第三步：确定应当计入当期损益的金额。

报告期末，企业应当在损益中确认的设定受益计划产生的职工薪酬成本包括服务成本、设定受益净负债或净资产的利息净额。其中，服务成本包括当期服务成本、过去服务成本和结算利得或损失。

（1）当期服务成本。

当期服务成本，是指因职工当期提供服务所导致的设定受益计划义务现值的增加额。

(2) 过去服务成本。

过去服务成本，是指设定受益计划修改所导致的与以前期间职工服务相关的设定受益计划义务现值的增加或减少。当企业设立或取消一项设定受益计划或是改变现有设定受益计划下的应付福利时，设定受益计划就发生了修改。

(3) 结算利得和损失。

企业应当在设定受益计划结算时，确认一项结算利得或损失。设定受益计划结算，是指企业为了消除设定受益计划所产生的部分或所有未来义务进行的交易，而不是根据计划条款和所包含的精算假设向职工支付福利。设定受益计划结算利得或损失是下列两项的差额：

①在结算日确定的设定受益计划义务的现值。

②结算价格，包括转移的计划资产的公允价值和企业直接发生的与结算相关的支付。

(4) 设定受益计划净负债或净资产的利息净额。

设定受益计划净负债或净资产的利息净额，是指设定受益净负债或净资产在职工提供服务期间由于时间变化而产生的变动，包括计划资产的利息收益、设定受益计划义务的利息费用以及资产上限影响的利息。

企业应当通过将设定受益计划净负债或净资产乘以适当的折现率来确定设定受益计划净负债或净资产的利息净额。

第四步：确定应当计入其他综合收益的金额。

企业应当将重新计量设定受益计划净负债或净资产所产生的变动计入其他综合收益，并且在后续会计期间不允许转回至损益，但企业可以在权益范围内转移这些在其他综合收益中确认的金额。

重新计量设定受益计划净负债或净资产所产生的变动包括下列部分：

(1) 精算利得或损失，即由于精算假设和经验调整导致之前所计量的设定受益计划义务现值的增加或减少。

(2) 计划资产回报，扣除包括在设定受益计划净负债或净资产的利息净额中的金额。

(3) 资产上限影响的变动，扣除包括在设定受益计划净负债或净资产的利息净额中的金额。

设定受益计划，是企业根据一定的标准（职工服务年限、工资水平等）确定每个职工离职后每期的收益水平，由此倒挤算出企业每期应为职工缴费的金额。

企业根据设定受益计划计算应缴存金额时，借记“生产成本”“制造费用”“管理费用”“销售费用”“财务费用”“其他综合收益”等科目，贷记“应付职工薪酬——设定受益计划义务”科目；缴存时，借记“应付职工薪酬——设定受益计划义务”科目，贷记“银行存款”科目。

四、辞退福利的确认和计量

（一）辞退福利的确认

辞退福利，是指企业在职工劳动合同到期之前解除与职工的劳动关系，或者为鼓励职工自愿接受裁减而给予职工的补偿。由于导致义务产生的事项是终止雇佣而不是为获得职工的服务，企业应当将辞退福利作为单独一类职工薪酬进行会计处理。

企业向职工提供辞退福利的，应当在下列两者孰早日确认辞退福利产生的职工薪酬负债，并计入当期损益：

（1）企业不能单方面撤回因解除劳动关系计划或裁减建议所提供的辞退福利时。如果企业能够单方面撤回劳动关系计划或裁减建议，则表明未来经济利益流出不是很可能，因而不符合负债的确认条件。

（2）企业确认与涉及支付辞退福利的重组相关的成本或费用时。企业有详细、正式的重组计划并且该重组计划已对外公告时，表明已经承担了重组义务。重组计划包括重组涉及的业务、主要地点、需要补偿的职工人数及其岗位性质、预计重组支出、计划实施时间等。

实施职工内部退休计划的，企业应当比照辞退福利处理。在内退计划符合《企业会计准则第 9 号——职工薪酬》规定的确认条件时，企业应当按照内退计划规定，将自职工停止提供服务日至正常退休日期间、企业拟支付的内退职工工资和缴纳的社会保险费等，确认为应付职工薪酬，一次性计入当期损益，不能在职工内退后各期分期确认因支付内退职工工资和为其缴纳社会保险费等产生的义务。

（二）辞退福利的计量

企业应当按照辞退计划条款的规定，合理预计并确认辞退福利产生的职工薪酬负债，并具体考虑下列情况。

（1）对于职工没有选择权的辞退计划，企业应当根据计划条款规定拟解除劳动关系的职工数量、每一职位的辞退补偿等确认职工薪酬负债。

（2）对于自愿接受裁减建议的辞退计划，由于接受裁减的职工数量不确定，企业应当根据《企业会计准则第13号——或有事项》规定，预计将会接受裁减建议的职工数量，根据预计的职工数量和每一职位的辞退补偿等确认职工薪酬负债。

（3）对于辞退福利预期在其确认的年度报告期结束后12个月内完全支付的，企业应当适用短期薪酬的相关规定。

（4）对于辞退福利预期在年度报告期结束后12个月内不能完全支付的，企业应当适用其他长期职工福利的相关规定。即实质性辞退工作在一年内实施完毕但补偿款项超过一年支付的辞退计划，企业应当选择恰当的折现率，以折现后的金额计量应计入当期损益的辞退福利金额。

（三）辞退福利的会计处理

由于被辞退的职工不再为企业带来经济利益，因此，对于所有辞退福利，均应当于辞退计划满足负债确认条件的当期一次计入费用，不计入资产成本。

辞退福利预期在其确认的年度报告期结束后12个月内完全支付的，确认因辞退福利产生的负债时，借记“管理费用”科目，贷记“应付职工薪酬——辞退福利”科目；支付时，借记“应付职工薪酬——辞退福利”科目，贷记“银行存款”科目。

辞退福利预期在年度报告期结束后12个月内不能完全支付的，确认因辞退福利产生的预计负债时，按折现后的金额借记“管理费用”科目，按折现后的金额与应支付金额之间的差额借记“未确认融资费用”科目，按应支付的金额贷记“应付职工薪酬——辞退福利”科目。各期支付时，借记“应付职工薪酬——辞退福利”科目，贷记“银行存款”科目；同时，借记“财务费用”科目，贷记“未确认融资费用”科目。

【涉税提示】

企业所得税法规定，企业实际发生的与取得收入有关的、合理的支出，准予在计算应纳税所得额时扣除。因此，企业根据辞退计划计提的辞退福利不允许在税前扣除，实际向职工支付补偿时允许在税前扣除。

【例18－18】豫丰公司是一家食品加工企业，有职工100名，其中，生产工人70名，管理人员30名。2022年3月10日，豫丰公司因引入两条自动化生产线而制订了一项辞退计划。拟辞退车间主任4名，共补偿700 000元；高级技工8名，共补偿1 160 000元；一般技工20名，共补偿2 500 000元。3月29日，辞退5名一般技工，实际补偿500 000元。则豫丰公司应作如下会计处理：

（1）提取辞退福利时：

本月该公司提取辞退福利＝700 000＋1 160 000＋2 500 000＝4 360 000（元）

借：管理费用　　　　4 360 000

　　贷：应付职工薪酬——辞退福利　　　　4 360 000

（2）发放辞退福利时：

借：应付职工薪酬——辞退福利　　　　500 000

　　贷：银行存款　　　　500 000

五、其他长期职工福利的确认和计量

其他长期职工福利，是指除短期薪酬、离职后福利和辞退福利以外的其他所有职工福利。预计在职工提供相关服务的年度报告期结束后12个月内不能完全支付的各种福利均属于其他长期职工福利，包括长期带薪缺勤、其他长期服务福利、长期残疾福利、长期利润分享计划和长期奖金计划等。

企业向职工提供的其他长期职工福利，符合设定提存计划条件的，应当按照设定提存计划的有关规定进行会计处理。企业向职工提供的其他长期职工福利，符合设定受益计划条件的，企业应当按照设定受益计划的有关规定，确认和计量其他长期职工福利净负债或净资产。在报告期末，企业应当将其他长期职工福利产生的职工薪酬成本确认为下列组成部分：

1. 服务成本。

2. 其他长期职工福利净负债或净资产的利息净额。

3. 重新计量其他长期职工福利净负债或净资产所产生的变动。

为简化相关会计处理，上述项目的总净额应计入当期损益或相关资产成本。

长期残疾福利水平取决于职工提供服务期间长短的，企业应当在职工提供服务的期间确认应付长期残疾福利义务，计量时应当考虑长期残疾福利支付的可能性和预期支付的期限；长期残疾福利与职工提供服务期间长短无关的，企业应当在导致职工长期残疾的事件发生的当期确认应付长期残疾福利义务。

企业向职工提供的其他长期职工福利，符合设定提存计划的，企业根据设定提存计划计算应缴存金额；符合设定受益计划的，企业根据设定受益计划计算应缴存金额。进行会计处理时，按照应缴存金额，借记“生产成本”“制造费用”“管理费用”“销售费用”等科目，贷记“应付职工薪酬”科目；缴存时，借记“应付职工薪酬”科目，贷记“银行存款”科目。

第四节 应交税费

企业按照国家税法等规定需要预先确认、计提的应交税费主要有：增值税、消费税、城市维护建设税、教育费附加、地方教育附加、资源税、土地增值税、城镇土地使用税、房产税、车船税、矿产资源补偿费、企业所得税、个人所得税等。这些应交税费应当按照权责发生制原则进行确认、计提，在尚未缴纳之前形成企业的一项负债。

企业应设置“应交税费”科目，核算应缴纳的各种税费，并按税种设置二级科目进行明细核算。该科目的贷方登记应缴纳的各种税费，借方登记已缴纳的各种税费，期末贷方余额反映企业尚未缴纳的税费，借方余额反映企业多交或尚未抵扣的税费。

企业应缴纳的印花税、耕地占用税、车辆购置税、契税及其他不需要预先计提的税费，不通过“应交税费”科目核算。

一、应交增值税

（一）增值税概述

增值税是就货物、服务、无形资产、不动产和金融商品的增值额征收的一种税。我国现行增值税，是对在中华人民共和国境内发生应税交易且销售额达到增值税起征点的单位和个人，以及进口货物的收货人，就其取得的应税销售额计算税款，并实行税款抵扣的一种流转税（货物劳务税）。按照增值税法规规定的标准，增值税纳税人分为一般纳税人和小规模纳税人。一般纳税人应纳增值税额，根据当期销项税额减去当期进项税额计算确定；小规模纳税人应纳增值税额，按照销售额和规定的征收率计算确定。

1. 一般纳税人应在“应交税费”科目下设置“应交增值税”“未交增值税”“预交增值税”“待抵扣进项税额”“待认证进项税额”“待转销项税额”“增值税留抵税额”“简易计税”“转让金融商品应交增值税”“代扣代交增值税”等明细科目。

（1）增值税一般纳税人应在“应交增值税”明细账内设置“进项税额”“销项税额抵减”“已交税金”“转出未交增值税”“减免税款”“出口抵减内销产品应纳税额”“销项税额”“出口退税”“进项税额转出”“转出多交增值税”等专栏。

①“进项税额”专栏，记录一般纳税人购进货物、加工修理修配劳务、服务、无形资产或不动产而支付或负担的、准予从销项税额中抵扣的增值税额；

②“销项税额抵减”专栏，记录一般纳税人按照现行增值税制度规定因扣减销售额而减少的销项税额；

③“已交税金”专栏，记录一般纳税人当月已缴纳的应交增值税额；

④“转出未交增值税”和“转出多交增值税”专栏，分别记录一般纳税人月度终了转出当月应交未交或多交的增值税额；

⑤“减免税款”专栏，记录一般纳税人按现行增值税制度规定准予减免的增值税额；

⑥“出口抵减内销产品应纳税额”专栏，记录实行“免、抵、退”办法的一般纳税人按规定计算的出口货物的进项税额抵减内销产品的应纳税额；

⑦“销项税额”专栏，记录一般纳税人销售货物、加工修理修配劳务、服务、无形资产或不动产应收取的增值税额；

⑧“出口退税”专栏，记录一般纳税人出口货物、加工修理修配劳务、服务、无形资产按规定退回的增值税额；

⑨“进项税额转出”专栏，记录一般纳税人购进货物、加工修理修配劳务、服务、无形资产或不动产等发生非正常损失以及因其他原因而不应从销项税额中抵扣，按规定转出的进项税额。

（2）“未交增值税”明细科目，核算一般纳税人月度终了从“应交增值税”或“预交增值税”明细科目转入当月应缴未缴、多缴或预缴的增值税额，以及当月缴纳以前期间未缴的增值税额。

（3）“预交增值税”明细科目，核算一般纳税人转让不动产、提供不动产经营租赁服务、提供建筑服务、采用预收款方式销售自行开发的房地产项目等，以及其他按现行增值税制度规定应预缴的增值税额。

（4）“待抵扣进项税额”明细科目，核算一般纳税人已取得增值税扣税凭证并经税务机关认证，按照现行增值税制度规定准予以后期间从销项税额中抵扣的进项税额。包括：一般纳税人自 2016 年 5 月 1 日后取得并按固定资产核算的不动产或者 2016 年 5 月 1 日后取得的不动产在建工程，按现行增值税制度规定准予以后期间从销项税额中抵扣的进项税额；实行纳税辅导期管理的一般纳税人取得的尚未交叉稽核比对的增值税扣税凭证上注明或计算的进项税额。需要说明的是，自 2019 年 4 月 1 日起，纳税人取得不动产或者不动产在建工程的进项税额不再分 2 年抵扣，不再通过“待抵扣进项税额”明细科目核算。

（5）“待认证进项税额”明细科目，核算一般纳税人由于未取得增值税扣税凭证或未经税务机关认证而不得从当期销项税额中抵扣的进项税额。包括：一般纳税人已取得增值税扣税凭证、按照现行增值税制度规定准予从销项税额中抵扣，但尚未经税务机关认证的进项税额；一般纳税人已申请稽核但尚未取得稽核相符结果的海关缴款书进项税额。

（6）“待转销项税额”明细科目，核算一般纳税人销售货物、加工修理修配劳务、服务、无形资产或不动产，已确认相关收入（或利得）但尚未发生增值税纳税义务而需于以后期间确认为销项税额的增值税额。

（7）“增值税留抵税额”明细科目，核算兼有销售服务、无形资产或者不动产的原增值税一般纳税人，截止到纳入营改增试点之日前的增值税期末留抵税额按照现行增值税制度规定不得从销售服务、无形资产或不动产的销项税额中抵扣的增值税留抵税额。

（8）“简易计税”明细科目，核算一般纳税人采用简易计税方法发生的增值税计提、扣减、预缴、缴纳等业务。

（9）“转让金融商品应交增值税”明细科目，核算增值税纳税人转让金融商品发生的增值税额。

（10）“代扣代交增值税”明细科目，核算纳税人购进在境内未设经营机构的境外单位或个人在境内的应税行为代扣代缴的增值税。

2. 小规模纳税人只需在“应交税费”科目下设置“应交增值税”明细科目，不需要设置上述专栏及除“转让金融商品应交增值税”“代扣代交增值税”外的明细科目。

（二）一般纳税人增值税的核算

增值税一般纳税人从税务角度看其特点主要有：第一，纳税人购进货物、服务、无形资产、不动产取得的扣税凭证上注明的增值税额或者按规定计算的可抵扣税额可以从当期的销项税额中抵扣，当期不足抵扣部分留待以后各期继续抵扣；第二，如果企业销售货物、服务、无形资产、不动产采用销售额和销项税额合并定价方法的，按照“销售额 = 含税销售额 ÷ (1 + 增值税税率)”换算为不含税销售额，并按不含税销售额计算销项税额。

增值税一般纳税人进行会计核算时的特点主要有：第一，在购进阶段，会计处理时依据增值税专用发票上注明的价款和增值税额，实行价与税的分离，属于价款部分，计入购入货物的成本；属于增值税税额部分，计入进项税额。第二，在销售阶段，销售价格中不再含税，如果定价时含税，应换算为不含税价格作为销售收入，向购买方收取的增值税额作为销项税额。

根据增值税法规规定，一般纳税人购进的与应税交易相关的货物、服务、无形资产和不动产支付或者负担的增值税额，可以从销售货物、服务、无形资产和不动产按规定收取的增值税销项税额中抵扣。下列进项税额准予从销项税额中抵扣：

（1）从销售方或者提供方取得的增值税专用发票（含税控机动车销售统一发票，下同）上注明的增值税额。

（2）从海关取得的海关进口增值税专用缴款书上注明的增值税额。

（3）购进农产品，除取得增值税专用发票或者海关进口增值专用缴款书外，按照农产品收购发票或者销售发票上注明的农产品买价和9%的扣除率计算的进项税额。买价包括纳税人购进农产品在农产品收购发票或销售发票上注明的价款（含价外补贴）和按规定缴纳的烟叶税。

（4）接受境外单位或者个人提供的应税服务，从税务机关或者境内代理人取得的中华人民共和国税收缴款凭证上注明的增值税款。

纳税人购进货物、服务、无形资产和不动产，取得的增值税扣税凭证不符合法律、行政法规或者国家税务主管部门有关规定的，其进项税额不得从销项税额中抵扣，只能计入购进货物、服务、无形资产和不动产的成本。

1. 购进业务的会计处理

（1）购进业务进项税额允许抵扣的会计处理。

一般纳税人购进货物、服务、无形资产或不动产进项税额允许抵扣的，按应计入相关成本费用或资产的金额，借记“在途物资”或“原材料”“库存商品”“生产成本”“无形资产”“固定资产”“管理费用”等科目，按当月已认证的可抵扣增值税额，借记“应交税费——应交增值税（进项税额）”科目，按当月未认证的可抵扣增值税额，借记“应交税费——待认证进项税额”科目，按应付或实际支付的金额，贷记“应付账款”“应付票据”“银行存款”等科目。发生退货的，如原增值税专用发票已做认证，应根据税务机关开具的红字增值税专用发票作相反的会计分录；如原增值税专用发票未做认证，应将发票退回并作相反的会计分录。

【涉税提示】

1. 纳税人购进旅客运输服务，其进项税额从销项税额中抵扣时应注意以下几点：

（1）增值税一般纳税人购进国际旅客运输服务，不能抵扣进项税额。

（2）旅客运输服务抵扣凭证种类及进项税额抵扣计算如表 18－1 所示。

表 18－1 旅客运输服务抵扣凭证种类及进项税额抵扣计算

抵扣凭证种类	进项税额抵扣计算
增值税专用发票	发票上注明的税额
增值税电子普通发票	发票上注明的税额
注明旅客身份信息的航空运输电子客票行程单	（票价＋燃油附加费）÷（1＋9%）×9%
注明旅客身份信息的铁路车票	票面金额÷（1＋9%）×9%
注明旅客身份信息的公路、水路等其他客票	票面金额÷（1＋3%）×3%

（3）取得增值税普通发票（非增值税电子普通发票）的，进项税额不允许从销项税额中抵扣。

（4）除增值税专用发票和电子普通发票外，其他的旅客运输扣税凭证，都必须是注明旅客身份信息的票证才可以计算抵扣进项税额，纳税人手写无效。

（5）航空运输的电子客票行程单上的价款是分项列示的，包括票价、燃油附加费和民航发展基金。因民航发展基金属于政府性基金，不计入航空企业的销售收入。因此，计算抵扣的基础是票价加燃油附加费。此外，旅客购买机票时支付的机场建设费不可以计算抵扣进项税额。

（6）除扣税凭证和进项税额计算方法的特殊规定外，对于旅客运输的进项税额抵扣原则，需要符合现行增值税进项抵扣的基本规定。例如，用于免税、简易计税的不得抵扣；用于集体福利、个人消费、非正常损失等情形的不得抵扣等。

（7）与本单位建立了合法用工关系的个人发生的旅客运输费用，属于可以抵扣的范围。对于劳务派遣的用工形式，劳务派遣人员发生的旅客运输费用，应由用工单位抵扣进项税额，而不是劳务派遣单位抵扣。对于纳税人为非雇员（如客户、邀请讲课专家等存在业务合作关系的人员）支付的旅客运输费用，不能纳入抵扣范围。

2. 增值税一般纳税人发生增值税应税销售交易或者进口货物，原适用17%、16%税率的，税率调整为13%；原适用13%、11%、10%税率的，税率调整为9%。

3. 自2019年4月1日起，增值税一般纳税人购进农产品，按下列办法抵扣进项税额：

（1）纳税人购进农产品，取得一般纳税人开具的增值税专用发票或海关进口增值税专用缴款书的，以增值税专用发票或海关进口增值税专用缴款书上注明的增值税额为进项税额。

（2）从按照简易计税方法依照3%征收率计算缴纳增值税的小规模纳税人取得增值税专用发票的，以增值税专用发票上注明的金额和9%的扣除率计算进项税额。

（3）取得（开具）农产品销售发票或收购发票的，以农产品销售发票或收购发票上注明的农产品买价和9%的扣除率计算进项税额。

（4）纳税人购进用于生产或者委托加工13%税率货物的农产品，按照10%的扣除率计算进项税额。

（5）纳税人购进农产品既用于生产销售或委托受托加工13%税率货物又用于生产销售其他货物服务的，应当分别核算用于生产销售或委托受托加工13%税率货物和其他货物服务的农产品进项税额。未分别核算的，统一以增值税专用发票或海关进口增值税专用缴款书上注明的增值税额为进项税额，或以农产品收购发票或销售发票上注明的农产品买价和9%的扣除率计算进项税额。

销售发票，是指农业生产者销售自产农产品适用免征增值税政策而开具的普通发票。

(6) 纳税人从批发、零售环节购进适用免征增值税政策的蔬菜、部分鲜活肉蛋而取得的普通发票，不得计算抵扣进项税额。

【例18-19】 华丰公司于2023年5月购进原材料一批，取得的增值税专用发票上注明的价款为500 000元，增值税税额为65 000元；取得某运输公司开具的增值税专用发票上注明的价款为60 000元，增值税税额为5 400元。上述发票均于当月确认。并且原材料已验收入库，货款及运费均以银行存款支付。则华丰公司应作如下会计处理：

借：原材料　　560 000
　　应交税费——应交增值税（进项税额）　　70 400
　　贷：银行存款　　630 400

【例18-20】 2023年2月，某物流企业委托上海甲公司一项货物运输业务，取得甲公司开具的增值税专用发票上注明的价款为200 000元，增值税税额为18 000元，款项尚未支付。则该物流企业应作如下会计处理：

借：主营业务成本　　200 000
　　应交税费——应交增值税（进项税额）　　18 000
　　贷：应付账款——甲公司　　218 000

【例18-21】 2023年4月15日，华丰公司收到庆河公司作为投资转入的A材料，取得的增值税专用发票上注明的A材料价款为200 000元，增值税税额为26 000元，该发票于当月确认。则华丰公司应作如下会计处理：

借：原材料——A材料　　200 000
　　应交税费——应交增值税（进项税额）　　26 000
　　贷：实收资本　　226 000

【例18-22】 2023年9月，华丰公司发生如下国内旅客运输服务费用：

(1) 9月2日，取得客运增值税专用发票，发票上注明不含税金额1 000元，增值税税额90元，该发票于当月确认；

(2) 9月5日，取得旅客运输增值税电子普通发票，发票上注明不含税金额2 000元，增值税税额180元；

(3) 9月8日，取得旅客运输增值税电子普通发票（公交卡充值发票），发票上注明不含税金额2 000元，税率栏“不征税”，增值税税额0元；

(4) 9月10日，取得注明旅客身份信息的航空客票行程单，行程单上注明票价5 000元，燃油附加费0元，机场建设费200元，合计金额5 200元；

（5）9月20日，取得注明旅客身份信息的高铁票，票上注明金额3 000元；

（6）9月28日，取得客运大巴的发票，发票上注明金额2 000元，其中，有800元的客运大巴的发票没有旅客身份信息。

以上款项均已通过银行支付，则华丰公司应作如下会计处理：

（1）可抵扣的进项税额为增值税专用发票上注明的增值税税额90元，会计分录为：

借：管理费用	1 000	
应交税费——应交增值税（进项税额）	90	
贷：银行存款		1 090

（2）可抵扣的进项税额为增值税电子普通发票上注明的增值税税额180元，会计分录为：

借：管理费用	2 000	
应交税费——应交增值税（进项税额）	180	
贷：银行存款		2 180

（3）取得充值的“不征税”增值税电子普通发票，发票上没有税额，不能抵扣进项税额，会计分录为：

借：管理费用	2 000	
贷：银行存款		2 000

（4）可抵扣航空旅客运输进项税额＝（票价＋燃油附加费）÷（1＋9%）×9%＝5 000÷（1＋9%）×9%＝412.84（元），机场建设费不可以计算抵扣进项税额，会计分录为：

借：管理费用	4 787.16	
应交税费——应交增值税（进项税额）	412.84	
贷：银行存款		5 200

（5）可抵扣铁路旅客运输进项税额＝票面金额÷（1＋9%）×9%＝3 000÷（1＋9%）×9%＝247.71（元），会计分录为：

借：管理费用	2 752.29	
应交税费——应交增值税（进项税额）	247.71	
贷：银行存款		3 000

（6）可抵扣公路、水路等其他旅客运输进项税额＝票面金额÷（1＋3%）×

3% =(2 000 - 800) ÷ (1 + 3%) × 3% = 34.95（元），会计分录为：

借：管理费用　　1 965.05

　　应交税费——应交增值税（进项税额）　　34.95

　　贷：银行存款　　2 000

【例 18 - 23】 2023 年 10 月 5 日，华丰公司从兴达公司购买一项商标权，取得的增值税专用发票上注明的金额为 400 000 元，增值税税额为 24 000 元，款项已支付，该发票当月未认证。则华丰公司应作如下会计处理：

借：无形资产　　400 000

　　应交税费——待认证进项税额　　24 000

　　贷：银行存款　　424 000

【例 18 - 24】 2023 年 10 月 25 日，华丰公司委托长明公司加工产品一批，按照合同规定用银行存款支付加工费 6 000 元，增值税税额为 780 元，取得增值税专用发票已于当月通过增值税发票选择确认平台进行勾选确认。则华丰公司应作如下会计处理：

借：委托加工物资　　6 000

　　应交税费——应交增值税（进项税额）　　780

　　贷：银行存款　　6 780

【例 18 - 25】 2023 年 11 月 8 日，华丰公司从国外进口 1 台机器，海关审定的关税完税价格为 1 000 000 元，其分别按 10% 和 13% 的税率向海关缴纳了关税和进口环节增值税，并取得了相关完税凭证，且稽核比对相符。则华丰公司应作如下会计处理：

（1）增值税专用缴款书稽核比对相符前：

借：固定资产　　1 100 000

　　应交税费——待认证进项税额　　143 000

　　贷：银行存款　　1 243 000

（2）增值税专用缴款书稽核比对相符后：

借：应交税费——应交增值税（进项税额）　　143 000

　　贷：应交税费——待认证进项税额　　143 000

【例 18 - 26】 丙企业收购农业产品用于生产食品，用银行存款支付价款 200 万元。假设不考虑其他相关税费。则丙企业应作如下会计处理：

进项税额 = 买价 × 扣除率 = 200 × 9% = 18（万元）

借：原材料　　1 820 000

应交税费——应交增值税（进项税额）　　180 000

贷：银行存款　　2 000 000

【例18－27】2023年3月1日—31日，方明公司开具农产品收购发票购进原乳850吨，买价340万元，原乳平均购买单价为4 000元/吨。销售1 000吨巴氏杀菌羊乳，取得不含税销售额420万元。已知，原乳单耗数量为1.06。假定方明公司农产品增值税进项税额按照投入产出法核定。则方明公司应作如下会计处理：

分析：对财政部、国家税务总局和省级税务机关规定纳入农产品核定扣除试点范围的增值税一般纳税人购进农产品时，无论取得何种扣税凭证，购进时均不得扣除增值税进项税额，按照含税价计入成本，月末根据当期已销售产品数量或成本计算可在当期抵扣的农产品增值税进项税额，从相关成本科目转入“应交税费——应交增值税（进项税额）”科目。

购进原乳时：

借：原材料——原乳　　3 400 000

贷：银行存款　　3 400 000

销售巴氏杀菌羊乳时：

借：银行存款　　4 578 000

贷：主营业务收入　　4 200 000

应交税费——应交增值税（销项税额）　　378 000

结转成本分录略。

月末，核定当月可抵扣的农产品增值税进项税额：

当期允许抵扣农产品增值税进项税额＝当期农产品耗用数量×农产品平均购买单价×扣除率÷（1＋扣除率）＝1 000×1.06×4 000×9%÷（1＋9%）＝350 091.74（万元）

借：应交税费——应交增值税（进项税额）　　3 500 917 400

贷：原材料　　3 500 917 400

（2）货物等已验收入库但尚未取得增值税扣税凭证的会计处理。

企业购进的货物等已到达并验收入库，但尚未收到增值税扣税凭证并未付款的，应在月末按货物清单或相关合同协议上的价格暂估入账，不需要将增值税的进项税额暂估入账。下月初，用红字冲销原暂估入账金额，待取得相关增值税扣税凭证并经认证后，按应计入相关成本费用或资产的金额，借记“原材料”“库存商品”“固定资产”“无形资产”等科目，按可抵扣的增值税额，借记“应交税费——应交增值税（进项税额）”科目，按应付金额，贷记“应付账款”等科目。

【例 18－28】华丰公司于 2023 年 4 月 5 日购入一批商品并已验收入库，合同协议价为 160 000 元，但至 4 月末尚未取得增值税扣税凭证。4 月 20 日，该批商品已全部对外销售，实现销售收入 200 000 元，增值税销项税额为 18 000 元，款项已收到并存入银行。因购买商品时未付款也尚未取得购货发票，按照合同协议上的价格结转商品销售成本。2023 年 5 月 10 日付款时，华丰公司取得上述商品的增值税专用发票，并于当月确认，增值税专用发票上注明的金额为 168 000 元，税额为15 120 元。则华丰公司应作如下会计处理：

2023 年 4 月 5 日，商品办理验收入库手续时，因尚未取得增值税扣税凭证，暂不作会计处理。

2023 年 4 月 20 日，销售该批商品时，按售价确认收入，暂按合同协议上的价格结转商品销售成本。

借：银行存款　　218 000
　　贷：主营业务收入　　200 000
　　　　应交税费——应交增值税（销项税额）　　18 000

借：主营业务成本　　160 000
　　贷：库存商品　　160 000

2023 年 4 月 30 日，即月末，按相关合同协议上的价格暂估入账。

借：库存商品　　160 000
　　贷：应付账款——暂估应付账款　　160 000

2023 年 5 月 1 日，即下月初，用红字冲销原暂估入账金额。

借：库存商品　　160 000
　　贷：应付账款——暂估应付账款　　160 000

2023 年 5 月 10 日，取得增值税专用发票时的会计处理。

借：库存商品　　168 000
　　应交税费——应交增值税（进项税额）　　15 120
　　贷：银行存款　　183 120

调整已结转的商品销售成本。

借：主营业务成本　　8 000
　　贷：库存商品　　8 000

（3）购进不动产或不动产在建工程的会计处理。

一般纳税人自2016年5月1日至2019年3月31日取得并按固定资产核算的不动产或者2016年5月1日至2019年3月31日取得的不动产在建工程，其进项税额按现行增值税制度规定自取得之日起分2年从销项税额中抵扣的，应当按取得成本，借记“固定资产”“在建工程”等科目，按当期可抵扣的增值税额，借记“应交税费——应交增值税（进项税额）”科目，按以后期间可抵扣的增值税额，借记“应交税费——待抵扣进项税额”科目，按应付或实际支付的金额，贷记“应付账款”“应付票据”“银行存款”等科目。尚未抵扣的进项税额待以后期间允许抵扣时，按允许抵扣的金额，借记“应交税费——应交增值税（进项税额）”科目，贷记“应交税费——待抵扣进项税额”科目。

自2019年4月1日起，一般纳税人取得不动产或者不动产在建工程的进项税额不再分2年抵扣，不再通过“待抵扣进项税额”明细科目核算，取得不动产或者不动产在建工程，按取得成本，借记“固定资产”“在建工程”等科目，按当月已认证的可抵扣增值税额，借记“应交税费——应交增值税（进项税额）”科目，按当月未认证的可抵扣增值税额，借记“应交税费——待认证进项税额”科目，按应付或实际支付的金额，贷记“应付账款”“应付票据”“银行存款”等科目。此前按照规定尚未抵扣完毕的待抵扣进项税额，可自2019年4月税款所属期起从销项税额中抵扣。

【例18－29】2023年3月8日，华丰公司购入1幢办公楼，取得的增值税专用发票上注明金额为10 000 000元，增值税税额为900 000元，款项已通过银行支付，该发票于确认。则华丰公司应作如下会计处理：

借：固定资产	10 000 000	
应交税费——应交增值税（进项税额）	900 000	
贷：银行存款		10 900 000

（4）购进业务进项税额不得抵扣的会计处理。

一般纳税人购进货物、服务、无形资产或不动产，用于简易计税方法计税项目、免征增值税项目、集体福利或个人消费，以及购进餐饮服务、居民日常服务、娱乐服务、贷款服务等，其进项税额按照现行增值税制度规定不得从销项税额中抵扣的，取得增值税专用发票时，应借记相关成本费用或资产科目，借记“应交税费——待认证进项税额”科目，贷记“银行存款”“应付账款”等科目，经税务机关认证后，根据有关“进项税额”“进项税额转出”专栏及“待认证进项税额”明细科目的核算内容，先转入“进项税额”专栏，借记“应交税费——应交增值税（进项税额）”科目，贷记“应交税费——待认证进项税额”科目；按现行增值税制度规定转出时，记入“进项税额转出”专栏，借记相关成本费用或资产科目，贷记“应交税费——应交增值税（进项税额转出）”科目。

【涉税提示】

在实际工作中，除现行增值税政策规定的不予抵扣项目外，下列情况也不能抵扣进项税额：

（1）取得的增值税专用发票存在问题而不能作为抵扣范围。包括：一是取得虚假增值税专用发票，包括伪造和虚开；二是未按规定取得增值税专用发票，如只取得记账联或只取得抵扣联等；三是未按规定保管增值税专用发票，如撕毁、丢失增值税专用发票；四是填写不规范的增值税专用发票，如漏项、计算错误、汇总填开未附销货清单、价外费用填写不规范和发票印章不全；五是防伪税控系统开具的发票未经税务机关认证或认证不符。

（2）一般纳税人自身原因而不得抵扣进项税额。包括：一是会计核算不健全或者不能提供准确税务资料；二是符合一般纳税人条件，但不申请办理一般纳税人认定手续；三是一般纳税人在停止抵扣进项税额期间所购进的货物、服务、无形资产和不动产的进项税额，不得结转到经批准准许抵扣进项税额时抵扣。

（3）一般纳税人从销售方取得的返还资金应冲减进项税额。

$$\text{当期应冲减的进项税额} = \text{当期取得的返还资金} \div (1 + \text{增值税税率}) \times \text{所购货物的增值税税率}$$

【例 18－30】怡园房地产公司（增值税一般纳税人）于 2023 年 4 月取得一份建筑工程设计服务增值税专用发票，增值税专用发票上注明的金额为 100 万元，增值税税额为 6 万元，款项已通过银行支付，该发票于 2023 年 5 月确认。该应税设计服务专门用于建筑业的简易计税方法计税房地产老项目。则该公司应作如下会计处理：

（1）2023 年 4 月取得增值税专用发票尚未认证时：

借：开发成本——设计费　　　　1 000 000

应交税费——待认证进项税额　　60 000

贷：银行存款　　1 060 000

（2）2023 年 5 月对该发票进行确认时：

借：应交税费——应交增值税（进项税额）　　60 000

贷：应交税费——待认证进项税额　　60 000

（3）按现行增值税政策规定转出进项税额时：

借：开发成本——设计费　　60 000

贷：应交税费——应交增值税（进项税额转出）　　60 000

【例 18－31】 2023 年 3 月 29 日，华丰公司的职工报销差旅费时，报销住宿费和餐饮费共计 657.2 元，取得的增值税专用发票上注明的住宿费金额为 400 元，增值税税额为 24 元，餐饮费金额为 220 元，增值税税额为 13.2 元。该发票于当月确认。则华丰公司应作如下会计处理：

（1）3 月 29 日取得增值税专用发票尚未认证时：

借：管理费用　　620

应交税费——待认证进项税额　　37.2

贷：银行存款　　657.2

（2）对该发票进行确认时：

借：应交税费——应交增值税（进项税额）　　37.2

贷：应交税费——待认证进项税额　　37.2

（3）按现行增值税政策规定将餐饮服务的进项税额转出时：

借：管理费用　　13.2

贷：应交税费——应交增值税（进项税额转出）　　13.2

【例 18－32】 2023 年 2 月 10 日，华丰公司购进一批口罩，取得的增值税专用发票上注明的金额为 20 万元，增值税税额为 2.6 万元，该发票与当月确认。当天，华丰公司将该批物资无偿捐赠给××红十字会用于应对新型冠状病毒感染的肺炎疫情。则华丰公司应作如下会计处理：

（1）购进口罩并对增值税专用发票确认时：

借：库存商品　　200 000

应交税费——应交增值税（进项税额）　　26 000

贷：银行存款　　226 000

（2）将口罩赠送给××红十字会时：

借：营业外支出——疫情捐赠支出　　226 000

贷：库存商品　　200 000

应交税费——应交增值税（进项税额转出）　　26 000

（5）购买方作为扣缴义务人的账务处理。

按照现行增值税制度规定，境外单位或个人在境内发生应税行为，在境内未设有经营机构的，以购买方为增值税扣缴义务人。境内一般纳税人购进服务、无形资产或不动产，按应计入相关成本费用或资产的金额，借记“生产成本”“无形资产”“固定资产”“管理费用”等科目，按可抵扣的增值税额，借记“应交税费——应交增值税（进项税额）”科目，按应付或实际支付的金额，贷记“应付账款”等科目，按应代扣代缴的增值税额，贷记“应交税费——代扣代交增值税”科目。实际缴纳代扣代缴增值税时，按代扣代缴的增值税额，借记“应交税费——代扣代交增值税”科目，贷记“银行存款”科目。

【涉税提示】

（1）购买方作为扣缴义务人的核算范围仅限于境外购进服务、无形资产或者不动产。购买方为增值税一般纳税人的可凭从税务机关或者扣缴义务人取得的代扣代缴税款的完税凭证上注明的增值税额抵扣进项税额。并且纳税人凭完税凭证抵扣进项税额的，应当具备书面合同、付款证明和境外单位的对账单或者发票。资料不全的，其进项税额不得从销项税额中抵扣。

（2）境外购进货物，不实行代扣代缴办法，购买方为增值税一般纳税人的可凭从海关取得的海关进口增值税专用缴款书上注明的增值税额抵扣进项税额。

【例18－33】前进公司（增值税一般纳税人）于2023年12月支付境外单位咨询服务费106 000元，取得代扣代缴税款的完税凭证上注明的价款为100 000元，增值税税额为6 000元。该咨询服务费属于在境内发生的应税交易，境外单位在境内未设有经营机构。则该公司应作如下会计处理：

支付境外单位咨询服务费时：

借：管理费用　　100 000

应交税费——应交增值税（进项税额）　　6 000

贷：银行存款　　100 000

应交税费——代扣代交增值税　　6 000

实际缴纳代扣代缴增值税时：

借：应交税费——代扣代交增值税　　6 000

　　贷：银行存款　　6 000

（6）进货退回与进货折让的会计处理。

企业购进货物后，由于各种原因，可能会发生全部退货、部分退货与进货折让等事项。对此，应分别以下两种情况进行账务处理。

①企业进货后尚未入账就发生退货或折让的，无论货物是否入库，应将取得的扣税凭证主动退还给销售方注销或重新开具，无须作任何会计处理。如企业进货后已入账，但原增值税专用发票未做认证，应将发票退回并作相反的会计分录。

②企业进货后已作会计处理，原增值税专用发票已做认证，发生退货或索取折让时，增值税专用发票的发票联和抵扣联无法退还，可在增值税发票管理新系统中填开并上传《开具红字增值税专用发票信息表》，作为销售方开具红字增值税专用发票的合法依据。企业收到销售方开具的红字增值税专用发票时，与原来购进时作相反的会计分录。或者按增值税专用发票上注明的价款，红字借记“原材料”等科目，按增值税专用发票上注明的增值税额，红字借记“应交税费——应交增值税（进项税额）”科目，按价税合计数，红字贷记“应付账款”等科目。

【例 18－34】华丰公司外购的原材料因管理不善丢失一批，该批材料的成本为 10 000 元，购进材料的增值税税率为 13%。则华丰公司应作如下会计处理：

借：待处理财产损溢　　11 300

　　贷：原材料　　10 000

　　　　应交税费——应交增值税（进项税额转出）　　1 300

【例 18－35】华丰公司斥资 1 090 万元于 2023 年 5 月购进一栋楼用作职工宿舍，购进时取得的增值税专用发票上注明的金额为 1 000 万元，增值税税额为 90 万元，但因用于集体福利故未抵扣增值税进项税额。11 月，华丰公司决定将该职工宿舍改建为生产经营场所，假设不动产净值率为 95%。则华丰公司应在 12 月作如下会计处理：

（1）计算可抵扣进项税额：

可抵扣进项税额 = 90 × 95% = 85.5（万元）

（2）会计处理：

借：应交税费——应交增值税（进项税额）　855 000

　　贷：固定资产　855 000

2. 销售业务的会计处理

（1）一般销售业务的会计处理。

一般纳税人销售货物、服务、无形资产或者不动产，应当按应收或已收的金额，借记“应收账款”“应收票据”“银行存款”等科目，按取得的收入金额，贷记“主营业务收入”“其他业务收入”“固定资产清理”“工程结算”等科目，按现行增值税制度规定计算的销项税额或采用简易计税方法计算的应纳增值税额，贷记“应交税费——应交增值税（销项税额）”或“应交税费——简易计税”科目。发生销售退回的，应根据按规定开具的红字增值税专用发票作相反的会计分录。

【涉税提示】

对销售业务进行增值税处理时，应注意销售的对象是什么，销售的对象不同适用的增值税政策也不相同，对于销售的会计核算中的固定资产，计算增值税时还应注意是动产还是不动产，是适用一般计税方法，还是适用简易计税方法。

【例 18－36】2023 年 3 月 10 日，华丰公司采用托收承付方式向方明公司销售自产产品被面 2 000 件，开具的增值税专用发票上注明的售价为 400 000 元，增值税税额为 52 000 元，产品已经发出，并已办妥托收手续。则华丰公司应作如下会计处理：

借：应收账款　452 000

　　贷：主营业务收入　400 000

　　　　应交税费——应交增值税（销项税额）　52 000

【例 18－37】2023 年 3 月 15 日，金顺物流公司为兴业公司提供交通运输服务，取得收入 1 000 000 元，为明美公司提供物流辅助服务，取得收入 500 000 元，按照适用税率，分别开具了增值税专用发票，款项已收存银行。则金顺物流公司应作如下会计处理：

（1）取得运输服务收入时：

借：银行存款　1 090 000

　　贷：主营业务收入——运输服务　1 000 000

应交税费——应交增值税（销项税额）　　90 000

（2）取得物流辅助服务收入时：

借：银行存款　　530 000

贷：其他业务收入——物流辅助服务　　500 000

应交税费——应交增值税（销项税额）　　30 000

【例 18-38】 2023 年 1 月 2 日，华丰公司向昌盛公司售出设备 1 台，设备原值 1 200 000 元，已计提折旧 1 120 000 元，收取价款 50 000 元（含增值税）存入银行。该设备于 2011 年 12 月购入。则华丰公司应作如下会计处理：

（1）出售设备时：

借：固定资产清理　　70 000

累计折旧　　1 130 000

贷：固定资产　　1 200 000

（2）收到设备出售价款时：

借：银行存款　　50 000

贷：固定资产清理　　49 029.13

应交税费——简易计税　　970.87

注：应交增值税 $=50\ 000\div(1+3\%)\times2\%=970.87$（元）

（3）结转固定资产清理净损失时，作如下会计处理：

借：资产处置损益　　20 970.87

贷：固定资产清理　　20 970.87

（2）会计收入确认时点与增值税纳税义务发生时间不一致时的会计处理。

按照国家统一的会计制度确认收入或利得的时点早于按照增值税制度确认增值税纳税义务发生时点的，应将相关销项税额记入“应交税费——待转销项税额”科目，待实际发生纳税义务时再转入“应交税费——应交增值税（销项税额）”或“应交税费——简易计税”科目。

按照增值税制度确认增值税纳税义务发生时点早于按照国家统一的会计制度确认收入或利得的时点的，应将应纳增值税额，借记“应收账款”科目，贷记“应交税费——应交增值税（销项税额）”或“应交税费——简易计税”科目，按照国家统一的会计制度确认收入或利得时，应按扣除增值税销项税额后的金额确认收入。

【例 18-39】 为民商场（增值税一般纳税人）于 2022 年 4 月 1 日整体租入一栋商住楼，2022 年 5 月 1 日，将三楼出租给某餐饮企业，每年租金为

523 200元（含增值税），约定租金按年于每年租期的最后一个月支付。2023年4月该商场收到一年的租金存入银行，按规定开具了增值税专用发票。则为民商场应作如下会计处理：

（1）2022年5月至2023年4月每月确认收入时：

借：应收账款　　43 600

　　贷：其他业务收入　　40 000

　　　　应交税费——待转销项税额　　3 600

（2）2023年4月收到租金时：

借：银行存款　　523 200

　　贷：应收账款　　523 200

借：应交税费——待转销项税额　　43 200

　　贷：应交税费——应交增值税（销项税额）　　43 200

【例18－40】 2023年3月，华丰公司出租一栋不动产，适用一般计税方法计税，3月1日收取两年租金261.6万元（含增值税），向承租方开具的增值税专用发票上注明的金额为240万元，增值税税额为21.6万元。则华丰公司应作如下会计处理：

（1）2023年3月收取两年租金时：

借：银行存款　　2 616 000

　　贷：预收账款　　2 400 000

　　　　应交税费——应交增值税（销项税额）　　216 000

（2）每月确认收入时：

借：预收账款　　200 000

　　贷：其他业务收入　　200 000

（3）视同应税交易的会计处理。

企业发生税法上视同应税交易的，应当按照企业会计准则的相关规定进行相应的会计处理，并按照现行增值税制度规定计算缴纳增值税。

①企业将自产或者委托加工的货物用于个人消费的，应按《企业会计准则第9号——职工薪酬》的规定进行会计处理，按货物的公允价值和计提的增值税销项税额，借记“应付职工薪酬”科目，按货物的公允价值确认收入，贷记“主营业务收入”等科目，按照现行增值税制度规定计算的销项税额或采用简易计税方法计算的应纳增值税额，贷记“应交税费——应交增值税（销项税额）”或“应交税费——简易计税”科目（小规模纳税人应记入“应

交税费——应交增值税”科目）。

②企业将自产或者委托加工的货物用于集体福利，或将货物、无形资产、不动产等无偿对外赠送的，应按无偿赠送资产的成本和计提的增值税销项税额，借记“营业外支出”等科目，按照现行增值税制度规定，依据无偿赠送资产的公允价值和适用的增值税税率计算的销项税额或采用简易计税方法计算的应纳增值税额，贷记“应交税费——应交增值税（销项税额）”或“应交税费——简易计税”科目（小规模纳税人应记入“应交税费——应交增值税”科目），按无偿赠送资产的成本，贷记“原材料”“库存商品”“无形资产”等科目。

【涉税提示】

1. 根据《中华人民共和国增值税暂行条例实施细则》规定，单位或者个体工商户的下列行为，视同销售货物：

（1）将自产、委托加工的货物用于集体福利或者个人消费；

（2）将自产、委托加工或者购进的货物作为投资，提供给其他单位或者个体工商户；

（3）将自产、委托加工或者购进的货物分配给股东或者投资者；

（4）将自产、委托加工或者购进的货物无偿赠送其他单位或者个人。

2. 根据《营业税改征增值税试点实施办法》（财税〔2016〕36 号附件 1）规定，下列情形视同销售服务、无形资产或者不动产：

（1）单位或者个体工商户向其他单位或者个人无偿提供服务，但用于公益事业或者以社会公众为对象的除外。

（2）单位或者个人向其他单位或者个人无偿转让无形资产或者不动产，但用于公益事业或者以社会公众为对象的除外。

（3）财政部和国家税务总局规定的其他情形。

3. 根据《中华人民共和国企业所得税法实施条例》规定，企业发生非货币性资产交换，以及将货物、财产、劳务用于捐赠、偿债、赞助、集资、广告、样品、职工福利或者利润分配等用途的，应当视同销售货物、转让财产或者提供劳务，但国务院财政、税务主管部门另有规定的除外。

4. 根据《国家税务总局关于企业处置资产所得税处理问题的通知》（国税函〔2008〕828 号）规定，企业将资产移送他人的下列情形，因资产所有权属已发生改变而不属于内部处置资产，应按规定视同销售确定收入。

（1）用于市场推广或销售；

（2）用于交际应酬；

（3）用于职工奖励或福利；

（4）用于股息分配；

（5）用于对外捐赠；

（6）其他改变资产所有权属的用途。

5. 增值税视同应税交易与企业所得税视同销售不一定相同，有些增值税视同应税交易不一定是企业所得税视同销售，如将自产或者委托加工的货物用于集体福利，因货物的所有权并未改变，不属于企业所得税视同销售。

进行税务处理时，对于增值税视同应税交易无论会计上是否确认收入都要计提增值税销项税额，对于企业所得税视同销售如果会计上没有确认收入，进行企业所得税申报时，要作相应的纳税调整。

【例 18－41】 2023 年 1 月 19 日，华丰公司将自产的售价（不含增值税）为 100 000 元，成本为 70 000 元的一批甲产品作为福利发给职工。其中，发给生产工人的占发放额的 80%，其余发给公司管理人员。

分析：本例中增值税、企业所得税都视同销售，会计也作销售处理。

华丰公司应作如下会计处理：

借：应付职工薪酬	113 000	
贷：主营业务收入		100 000
应交税费——应交增值税（销项税额）		13 000
借：主营业务成本	70 000	
贷：库存商品		70 000
借：生产成本	90 400	
管理费用	22 600	
贷：应付职工薪酬		113 000

【税务处理】

本例税务处理与会计处理一致，华丰公司应按正常销售行为申报增值税和企业所得税，不再按视同销售行为计算申报增值税和企业所得税。

【例 18－42】 2023 年 4 月，华丰公司职工餐厅领用本公司生产的空调机 5 台，每台成本 6 000 元，售价 10 000 元（不含增值税）。

分析：本例中增值税视同销售，企业所得税不视同销售，会计不作销售处理。

华丰公司应作如下会计处理：

借：固定资产　　　　36 500

　　贷：库存商品——空调机　　　　30 000

　　　　应交税费——应交增值税（销项税额）　　　　6 500

【税务处理】

本例属于会计不确认收入，增值税视同销售处理，应计提增值税销项税额。企业所得税不视同销售不作纳税调整。

【例 18－43】 2023 年 4 月 6 日，华丰公司将自产的售价（不含增值税）为 50 000 元，成本为 30 000 元的一批甲产品无偿赠送给市东风小学。华丰公司应作如下会计处理：

分析：本例中增值税、企业所得税都视同销售，会计不作销售处理。

华丰公司应作如下会计处理：

借：营业外支出　　　　36 500

　　贷：库存商品　　　　30 000

　　　　应交税费——应交增值税（销项税额）　　　　6 500

【税务处理】

（1）确认销售货物所得 20 000 元（50 000－30 000），调整增加应纳税所得额 20 000 元。

（2）直接捐赠支出不能在税前扣除，调整增加应纳税所得额 36 500 元。

本例华丰公司办理年度企业所得税申报时，共调整增加应纳税所得额 56 500元（20 000＋36 500）。

3. 差额征税的会计处理

（1）企业发生相关成本费用允许扣减销售额的会计处理。

按现行增值税制度规定企业发生相关成本费用允许扣减销售额的，发生成本费用时，按应付或实际支付的金额，借记“主营业务成本”“存货”“工程施工”等科目，贷记“应付账款”“应付票据”“银行存款”等科目。待取得合规增值税扣税凭证且纳税义务发生时，按照允许抵扣的税额，借记“应交税费——应交增值税（销项税额抵减）”或“应交税费——简易计税”科目（小规模纳税人应借记“应交税费——应交增值税”科目），贷记“主营业务成本”“存货”“工程施工”等科目。

（2）金融商品转让按规定以盈亏相抵后的余额作为销售额的会计处理。

金融商品实际转让月末，如产生转让收益，则按应纳税额借记“投资收益”等科目，贷记“应交税费——转让金融商品应交增值税”科目；如产生转让损失，则按可结转下月抵扣税额，借记“应交税费——转让金融商品应交增值税”科目，贷记“投资收益”等科目。缴纳增值税时，应借记“应交税费——转让金融商品应交增值税”科目，贷记“银行存款”科目。年末，本科目如有借方余额，则借记“投资收益”等科目，贷记“应交税费——转让金融商品应交增值税”科目。

【例 18－44】新民航空公司（增值税一般纳税人），实行差额纳税。2023 年 4 月，该公司取得全部收入 200 万元（含增值税）（客运收入 188 万元、销售货物收入 12 万元），其中，代收机场建设费 50 万元。则该公司应作如下会计处理：

（1）取得收入时：

销项税额＝188÷（1＋9%）×9%＋12÷（1＋13%）×13%＝16.9（万元）

借：银行存款	2 000 000	
贷：主营业务收入		1 831 000
应交税费——应交增值税（销项税额）		169 000

（2）支付机场建设费时：

借：主营业务成本	500 000	
贷：银行存款		500 000

（3）取得支付机场建设费的凭证时：

销项税额抵减＝500 000÷（1＋9%）×9%＝41 300（元）

借：应交税费——应交增值税（销项税额抵减）	41 300	
贷：主营业务成本		41 300

【例 18－45】2022 年 10 月，甲企业（增值税一般纳税人）购入 A 股票 30 万股，每股市价 10 元。2022 年 12 月 31 日，每股市价 11 元。2023 年 3 月，甲企业转让 A 股票 10 万股，每股市价 9 元。2023 年 6 月，甲企业转让 A 股票 10 万股，每股市价 15 元。甲企业对 A 股票的业务分类为以公允价值计量且其变动计入当期损益的金融资产，不考虑交易费用和证券交易印花税等。则甲企业应作如下会计处理：

（1）2022 年 10 月购入股票时：

借：交易性金融资产——成本	3 000 000	
贷：银行存款		3 000 000

（2）2022 年 12 月公允价值变动时：

借：交易性金融资产——公允价值变动 300 000

贷：公允价值变动损益 300 000

（3）2023 年 3 月转让 A 股票时：

转让收入 =9 ×10 =90（万元）

应转出的公允价值变动额 =30 ÷30 ×10 =10（万元）

借：银行存款 900 000

投资收益 200 000

贷：交易性金融资产——成本 1 000 000

——公允价值变动 100 000

借：公允价值变动损益 100 000

贷：投资收益 100 000

金融资产转让收益 = 卖出价 − 买入价 =90 −100 = −10（万元），说明产生损失 10 万元，可以抵减当年以后出现的正差。

可抵减当年以后税额 =100 000 ÷（1 +6%）×6% =5 660.38（元）

借：应交税费——转让金融商品应交增值税 5 660.38

贷：投资收益 5 660.38

（4）2023 年 6 月转让 A 股票时：

转让收入 =15 ×10 =150（万元）

应转出的公允价值变动额 =30 ÷30 ×10 =10（万元）

借：银行存款 1 500 000

贷：交易性金融资产——成本 1 000 000

——公允价值变动 100 000

投资收益 400 000

借：公允价值变动损益 100 000

贷：投资收益 100 000

金融资产转让收益（含税销售额）= 卖出价 − 买入价 =1 500 000 −1 000 000 =500 000（元）

不含税销售额 =500 000 ÷（1 +6%）=471 698.11（元）

应交增值税 =471 698.11 ×6% =28 301.89（元）

借：投资收益 28 301.89

贷：应交税费——转让金融商品应交增值税 28 301.89

4. 出口退税的会计处理

为核算纳税人出口货物应收取的出口退税款，设置“应收出口退税款”科目，该科目借方反映销售出口货物按规定向税务机关申报应退回的增值税、消费税等，贷方反映实际收到的出口货物应退回的增值税、消费税等。期末借方余额，反映尚未收到的应退税额。

有出口货物业务的企业，其出口退税按以下规定处理。

（1）实行“免、抵、退”管理办法的一般纳税人出口货物，在货物出口销售后结转产品销售成本时，按规定计算的退税额低于购进时取得的增值税专用发票上的增值税额的差额，借记“主营业务成本”科目，贷记“应交税费——应交增值税（进项税额转出）”科目。按规定计算的当期出口货物的进项税抵减内销产品的应纳税额，借记“应交税费——应交增值税（出口抵减内销产品应纳税额）”科目，贷记“应交税费——应交增值税（出口退税）”科目。在规定期限内，内销产品的应纳税额不足以抵减出口货物的进项税额，不足部分按有关税法规定给予退税的，按规定计算的应收出口退税款，借记“应收出口退税款”科目，贷记“应交税费——应交增值税（出口退税）”科目；应在实际收到退税款时，借记“银行存款”科目，贷记“应收出口退税款”科目。

【例 18-46】 新特公司是具有进出口经营权的生产企业，对自产货物经营出口销售及国内销售。2023 年 4 月 15 日该公司内销产品取得销售额 3 000 000 元，出口货物销售额（离岸价）折合人民币 7 500 000 元。购进所需原材料等货物允许抵扣的进项税额为 650 000 元。适用的增值税税率为 13%，退税率为 10%。则新特公司应作如下会计处理：

月末，计算当期出口货物不得免征和抵扣的税额：

当期出口货物不予免征和抵扣的税额 = 当期出口货物离岸价 × 人民币外汇牌价 ×（征税率 - 退税率）= 7 500 000 ×（13% - 10%）= 225 000（元）

借：主营业务成本　　225 000

　　贷：应交税费——应交增值税（进项税额转出）　　225 000

计算当期应纳税额：

当期应纳税额 = 当期内销货物的销项税额 -（当期进项税额 - 当期免抵退税不得免征和抵扣税额）- 上期未抵扣完的进项税额 = 3 000 000 × 13% -（650 000 - 225 000）= -35 000（元）

计算当期免抵退税额：

当期免抵退税额 = 出口货物离岸价 × 人民币外汇牌价 × 出口货物退税率 = 7 500 000 × 10% = 750 000（元）

计算当期应退税额和当期免抵税额：

因为，当期期末留抵税额（35 000 元）≤当期免抵退税额时（750 000 元）：

当期应退税额 = 当期期末留抵税额 = 35 000（元）

当期免抵税额 = 当期免抵退税额 – 当期应退税额 = 750 000 – 35 000 = 715 000（元）

借：应交税费——应交增值税（出口抵减内销产品应纳税额）

715 000

贷：应交税费——应交增值税（出口退税） 715 000

借：应收出口退税款 35 000

贷：应交税费——应交增值税（出口退税） 35 000

收到退税款时：

借：银行存款 35 000

贷：应收出口退税款 35 000

（2）未实行“免、抵、退”办法的一般纳税人出口货物按规定退税的，按规定计算的应收出口退税额，借记“应收出口退税款”科目，贷记“应交税费——应交增值税（出口退税）”科目，收到出口退税时，借记“银行存款”科目，贷记“应收出口退税款”科目；退税额低于购进时取得的增值税专用发票上的增值税额的差额，借记“主营业务成本”科目，贷记“应交税费——应交增值税（进项税额转出）”科目。

5. 增值税税控系统专用设备和技术维护费用抵减增值税额的会计处理

按现行增值税制度规定，企业初次购买增值税税控系统专用设备支付的费用以及缴纳的技术维护费允许在增值税应纳税额中全额抵减的，按规定抵减的增值税应纳税额，借记“应交税费——应交增值税（减免税款）”科目（小规模纳税人应借记“应交税费——应交增值税”科目），贷记“管理费用”等科目。

【例 18 – 47】2023 年 3 月 12 日，永建公司购置增值税税控系统专用设备，取得的增值税专用发票上注明的价款为 3 000 元，增值税税额为 390 元，款项已以银行存款支付。永建公司在办理增值税纳税申报时已将购买增值税税控系统专用设备支付的费用全额抵减了增值税应纳税额。据此，永建公司应作如下会计处理：

（1）购置增值税税控系统专用设备时：

借：管理费用　　3 390

　　贷：银行存款　　3 390

（2）抵减当期应缴纳的增值税时：

借：应交税费——应交增值税（减免税款）　　3 390

　　贷：管理费用　　3 390

6. 月末转出多交增值税和未交增值税的会计处理

月度终了，企业应当将当月应交未交或多交的增值税自“应交增值税”明细科目转入“未交增值税”明细科目。对于当月应交未交的增值税，借记“应交税费——应交增值税（转出未交增值税）”科目，贷记“应交税费——未交增值税”科目；对于当月多交的增值税，借记“应交税费——未交增值税”科目，贷记“应交税费——应交增值税（转出多交增值税）”科目。

7. 缴纳增值税的会计处理

（1）缴纳当月应交增值税的会计处理。

企业缴纳当月应交的增值税，借记“应交税费——应交增值税（已交税金）”科目，贷记“银行存款”科目。

（2）缴纳以前期间未交增值税的会计处理。

企业缴纳以前期间未交的增值税时，按应纳税额借记“应交税费——未交增值税”等科目，按实际纳税金额贷记“银行存款”科目，按加计抵减的金额贷记“其他收益”科目。具体处理时区分以下三种情况：

①抵减前的应纳税额等于零的，当期可抵减加计抵减额全部结转下期抵减，不作账务处理，建议作辅助账。

②抵减前的应纳税额大于零，且大于当期可抵减加计抵减额的，当期可抵减加计抵减额全额从抵减前的应纳税额中抵减。按应纳税额借记“应交税费——未交增值税”等科目，按实际纳税金额贷记“银行存款”科目，按当期可抵减加计抵减额全额贷记“其他收益”科目。

③抵减前的应纳税额大于零，且小于或等于当期可抵减加计抵减额的，以当期可抵减加计抵减额抵减应纳税额至零。未抵减完的当期可抵减加计抵减额，结转下期继续抵减。按应纳税额借记“应交税费——未交增值税”等科目，按可加计抵减的金额贷记“其他收益”科目。

另未抵减完的当期可抵减加计抵减额，不作账务处理，建议作辅助账。加计抵减辅助账的参考格式如表 18－2 所示。

表 18－2　　加计抵减辅助账

序号	项目	计算公式	4 月金额	5 月金额
1	上月末加计抵减余额			
2	当期全部认证和计算等可抵扣进项税额			
3	当期认证增值税专用发票但不能抵扣进项税额			
4	出口货物劳务、发生跨境应税行为进项税额	4＝5＋6		
5	其中：直接用于出口货物劳务、发生跨境应税行为进项税额			
6	无法划分不得计提加计抵减的进项税额			
7	当期可抵扣进项税额	7＝2－3－4		
8	当期计提加计抵减额	8＝7×10%		
9	当期进项税额转出	9＝10＋11		
10	其中：未计提加计抵减额的进项税额			
11	已计提加计抵减额的进项税额			
12	当期调减加计抵减额	12＝11×10%		
13	当期可抵减加计抵减额	13＝1＋8－12		
14	抵减前的应纳税额（不含简易计税应纳税额）			
15	抵减后的应纳税额（不含简易计税应纳税额）	当 14≥13，15＝14－13		
16	未抵减完的可抵减加计抵减额	当 14≤13，16＝13－14		

【例 18－48】2023 年 2 月 13 日，华丰公司用银行存款缴纳当年 1 月增值税 155 000 元。则华丰公司应作如下会计处理：

借：应交税费——未交增值税　　155 000

　贷：银行存款　　155 000

【例 18－49】舒美公司属于生活性服务业增值税一般纳税人，2021 年 10 月起适用加计抵减政策，当月抵减前的应纳增值税税额为 45 000 元，按当月可抵扣进项税额 200 000 元的 15% 计提当月加计抵减额为 30 000 元。2021 年 11 月 14 日，舒美公司缴纳 10 月的增值税时应作如下会计处理：

借：应交税费——未交增值税　　45 000

　贷：银行存款　　15 000

其他收益　　30 000

（3）预交增值税的会计处理。

企业预交增值税时，借记“应交税费——预交增值税”科目，贷记“银行存款”科目。月末，企业应将“预交增值税”明细科目余额转入“未交增值税”明细科目，借记“应交税费——未交增值税”科目，贷记“应交税费——预交增值税”科目。房地产开发企业等在预缴增值税后，应直至纳税义务发生时方可从“应交税费——预交增值税”科目结转至“应交税费——未交增值税”科目。

【涉税提示】

按现行增值税制度规定，纳税人销售不动产，异地提供不动产租赁服务，跨县（市、区）提供建筑服务，房地产开发企业预收款方式销售自行开发的房地产项目、预收款方式提供建筑服务等应先向税务机构预缴增值税。

【例 18－50】美苑房地产公司（增值税一般纳税人）于2022年5月开工建设温馨家园小区（采用一般计税方法），从政府受让该宗土地直接支付土地价款为1 000万元。2023年3月开发项目封顶，该公司办理了《商品房预售许可证》，并开票预售商品房。2021年4月，美苑房地产公司预售住房20套，总建筑面积为2 600平方米，共取得含税预收款600万元，存入银行。则美苑房地产公司应作如下会计处理：

（1）收到预收款时：

借：银行存款　　6 000 000

　　贷：预收账款　　6 000 000

（2）预缴增值税时：

收到预收款应预缴增值税款＝预收款÷（1＋税率）×3%

＝6 000 000÷（1＋9%）×3%＝165 137.61（元）

借：应交税费——预交增值税　　165 137.61

　　贷：银行存款　　165 137.61

（3）纳税义务发生后结转预缴增值税时：

借：应交税费——未交增值税　　165 137.61

　　贷：应交税费——预缴增值税　　165 137.61

（4）减免增值税的会计处理。

对于当期直接减免的增值税，借记“应交税费——应交增值税（减免税款）”科目，贷记损益类相关科目。

【例18－51】永兴农牧公司销售免税农产品，取得收入113万元，存入银行。则永兴农牧公司应作如下会计处理：

借：银行存款　　1 130 000

　　贷：主营业务收入　　1 000 000

　　　　应交税费——应交增值税（销项税额）　　130 000

借：应交税费——应交增值税（减免税款）　　130 000

　　贷：其他收益　　130 000

【例18－52】2022年3月疫情防控期间，××酒店提供餐饮服务取得收入10.6万元，存入银行。则该酒店应作如下会计处理：

借：银行存款　　106 000

　　贷：主营业务收入　　100 000

　　　　应交税费——应交增值税（销项税额）　　6 000

借：应交税费——应交增值税（减免税款）　　6 000

　　贷：其他收益　　6 000

（三）小规模纳税人增值税的核算

小规模纳税人应当按照不含税销售额和规定的增值税征收率计算缴纳增值税。小规模纳税人不享有进项税额的抵扣权，其购进货物、服务、无形资产或者不动产支付的增值税直接计入有关资产或服务的成本。因此，小规模纳税人只需在“应交税费”科目下设置“应交增值税”明细科目，不需要在“应交增值税”明细科目中设置专栏。“应交税费——应交增值税”科目贷方登记应缴的增值税，借方登记已缴的增值税；期末贷方余额为应缴未缴的增值税。

此外，目前所有小规模纳税人，不管什么行业，不管销售额多大，都可以自愿申请自行开具增值税专用发票，不需要再去税务局代开发票。

1. 购进业务的会计处理

小规模纳税人购进货物、服务、无形资产或者不动产时支付的增值税，直接计入有关货物、劳务或服务的成本，应按照发票上注明的价税合计金额（包括价款和增值税）借记“原材料”“生产成本”等科目，按应付或实际支付的金额，贷记“应付账款”“银行存款”等科目。

【例 18－53】 天益公司为小规模纳税人，本月购入 D 材料一批，取得的增值税普通发票上注明的价款为 20 000 元，增值税税额为 2 600 元，已通过银行支付。则该公司应作如下会计处理：

借：原材料——D 材料　　22 600
　　贷：银行存款　　22 600

2. 销售业务的会计处理

小规模纳税人销售货物、服务、无形资产或者不动产，应按照销售额乘以规定的征收率计算应交增值税。在进行会计处理时，按实现的营业收入和按规定收取的增值税额，借记“银行存款”“应收账款”等科目，按实现的营业收入贷记“主营业务收入”科目，按应交增值税贷记“应交税费——应交增值税”科目。

【例 18－54】 天益公司属于小规模纳税人，2023 年 1 月 15 日出售甲产品取得销售收入为 30 900 元（含税），适用的增值税征收率为 3%，款项已收到。则天益公司应作如下会计处理：

不含税收入＝30 900÷（1＋3%）＝30 000（元）

应交增值税＝30 000×3%＝900（元）

借：银行存款　　30 900
　　贷：主营业务收入　　30 000
　　　　应交税费——应交增值税　　900

【例 18－55】 天亮公司（小规模纳税人）适用增值税征收率为 1%，2023 年 3 月销售防护用品取得收入 202 000 元（含税），存入银行。则该公司应作如下会计处理：

借：银行存款　　202 000
　　贷：主营业务收入　　200 000
　　　　应交税费——应交增值税　　2 000

3. 缴纳增值税的会计处理

小规模纳税人缴纳增值税时，借记“应交税费——应交增值税”科目，贷记“银行存款”科目。

【例 18－56】 2022 年 2 月 12 日，天益公司以银行存款缴纳增值税 900 元。则该公司应作如下会计处理：

借：应交税费——应交增值税　　900

贷：银行存款　　900

4. 小微企业免征增值税的会计处理

小微企业在取得销售收入时，应当按照税法的规定计算应交增值税，并确认为应交税费，按应收或已收的全部款项，借记“银行存款”“应收账款”等科目，按应确认的收入，贷记“主营业务收入”等科目，按增值税制度规定计算的应交增值税，贷记“应交税费——应交增值税”等科目；在达到增值税制度规定的免征增值税条件时，将有关应交增值税转入当期损益，借记“应交税费——应交增值税”科目，贷记“其他收益”等科目。

【涉税提示】

符合小微企业免征增值税条件的纳税人，进行会计处理时应先按实现的收入计算应纳增值税额，然后再作税款的会计处理。

自2021年4月1日起，小规模纳税人发生增值税应税行为，合计月销售额未超过15万元（以1个季度为1个纳税期的，季度销售额未超过45万元，下同）的，免征增值税。

自2022年4月1日至2022年12月31日，增值税小规模纳税人适用3%征收率的应税销售收入，免征增值税；适用3%预征率的预缴增值税项目，暂停预缴增值税。

自2023年1月1日至2023年12月31日，对月销售额10万元以下（含）的增值税小规模纳税人，免征增值税。自2023年1月1日至2023年12月31日，增值税小规模纳税人适用3%征收率的应税销售收入，减按1%征收率征收增值税；适用3%预征率的预缴增值税项目，减按1%预征率预缴增值税。

【例18－57】新苗餐饮店属于按季纳税的增值税小规模纳税人，2023年1月取得提供餐饮服务收入含税销售额30 900元，2月取得提供餐饮服务收入含税销售额为206 000元，3月取得提供餐饮服务收入含税销售额为61 800元，以上款项均已存入银行。不考虑其他情况。则新苗餐饮店应作如下会计处理：

（1）2023年1月取得收入时：

借：银行存款　　30 900

　贷：主营业务收入　　30 000

　　应交税费——应交增值税　　900

（2）2023 年 2 月取得收入时：

借：银行存款　　206 000

　　贷：主营业务收入　　200 000

　　　　应交税费——应交增值税　　6 000

（3）2023 年 3 月取得收入时：

借：银行存款　　61 800

　　贷：主营业务收入　　60 000

　　　　应交税费——应交增值税　　1 800

（4）季度末达到增值税制度规定的免征增值税条件，作如下处理：

2023 年第一季度新苗餐饮店销售额 = 30 000 + 200 000 + 60 000 = 290 000（元），不超过 300 000 元，所以按规定免征增值税。

借：应交税费——应交增值税　　7 800

　　贷：其他收益　　7 800

二、应交消费税

（一）消费税概述

消费税，是指对在中华人民共和国境内销售、委托加工和进口应税消费品的单位和个人，按其流转额征收的一种税。消费税实行价内征收。

企业（包括有金银首饰批发、零售业务的企业）按规定应交的消费税，在“应交税费”科目下设置“应交消费税”明细科目核算。“应交消费税”明细科目的贷方登记企业按规定应缴纳的消费税；借方登记企业实际缴纳的消费税和待抵扣的消费税；期末贷方余额，反映尚未缴纳的消费税；期末借方余额，反映企业多交或待抵扣的消费税。

（二）消费税的核算

1. 销售应税消费品的会计处理

（1）一般销售的会计处理。

企业对外销售应税消费品的，按规定应缴纳的消费税，借记“税金及附加”科目，贷记“应交税费——应交消费税”科目。销售退回时作相反的会计分录。

【例 18－58】 乙企业于 2022 年 1 月销售摩托车 100 辆，每辆售价 1.6 万元（不含增值税），每辆成本 0.8 万元，适用的消费税税率为 10%，货款已经收到并存入银行。根据这项经济业务，该企业应作如下会计处理（假设不考虑增值税、消费税以外的税费）：

应向购买方收取的增值税税额＝16 000×100×13%＝208 000（元）

应缴纳的消费税＝16 000×100×10%＝160 000（元）

借：银行存款　　1 808 000

　　贷：主营业务收入　　1 600 000

　　　　应交税费——应交增值税（销项税额）　　208 000

借：税金及附加　　160 000

　　贷：应交税费——应交消费税　　160 000

借：主营业务成本　　800 000

　　贷：库存商品　　800 000

（2）包装物销售的会计处理。

企业随同产品出售但单独计价的包装物，按规定应缴纳消费税的，借记“税金及附加”科目，贷记“应交税费——应交消费税”科目。

企业收取的包装物押金因逾期未收回包装物不再退还的和已收取 1 年以上的，按规定应缴纳的消费税，借记“税金及附加”等科目，贷记“应交税费——应交消费税”科目。

（3）视同销售的会计处理。

企业自用应税消费品的，需要视同销售，计算缴纳消费税。

企业应于应税消费品移送使用时按计算的应交消费税的金额，借记“固定资产”“在建工程”“生产成本”“营业外支出”“管理费用”“应付职工薪酬”“销售费用”等科目，贷记“应交税费——应交消费税”科目。

【例 18－59】 华丰公司将自产的一批应税消费品用于市场推广，成本为 10 万元，同类产品的销售价格为 16 万元，适用消费税税率为 5%，增值税税率为 13%。则华丰公司应作如下会计处理：

应缴纳的消费税＝160 000×5%＝8 000（元）

应缴纳的增值税＝160 000×13%＝20 800（元）

借：销售费用　　128 800

　　贷：库存商品　　100 000

应交税费——应交消费税	8 000
——应交增值税（销项税额）	20 800

2. 委托加工应税消费品的会计处理

（1）受托方的会计处理。

按照税法规定，企业受托加工应税消费品，应在向委托方交货时代收代缴税款（受托加工或翻新改制金银首饰的企业除外）。受托方按代扣的税款金额，借记“应收账款”“银行存款”等科目，贷记“应交税费——应交消费税”科目。

企业因受托加工或翻新改制金银首饰按规定由受托方缴纳的消费税，于企业向委托方交货时，借记“税金及附加”科目，贷记“应交税费——应交消费税”科目。

（2）委托方的会计处理。

委托方按规定计算的消费税金额，区分以下情况进行处理：

委托加工应税消费品收回后以不高于受托方的计税价格直接对外出售的，以及用于非消费税项目的，委托方应将受托方代收代缴的消费税计入委托加工的应税消费品成本，借记“委托加工物资”等科目，贷记“应付账款”“银行存款”等科目，待委托加工应税消费品实际销售或移送使用时，不需要再缴纳消费税；委托方以高于受托方的计税价格出售的，不属于直接出售，需按照规定申报缴纳消费税，在计税时准予扣除受托方已代收代缴的消费税，借记“应交税费——应交消费税”科目，贷记“应付账款”“银行存款”等科目，待对外销售时，再按规定计算应交消费税。

委托加工的应税消费品收回后如用于连续生产应税消费品，按规定准予抵扣的，委托方应按受托方代收代缴的消费税款，借记“应交税费——应交消费税”科目，贷记“应付账款”“银行存款”等科目，待用委托加工的应税消费品生产出应纳消费税的产品销售时，再缴纳消费税。

纳税人用委托加工收回的或外购的已税珠宝玉石生产的改在零售环节征收消费税的金银首饰，在计税时一律不得扣除在委托加工或外购环节已纳的税款。

3. 外购应税消费品的会计处理

外购（含进口）应税消费品用于连续生产应税消费品，按规定允许抵扣消费税的，借记“应交税费——应交消费税”科目，贷记“银行存款”科目。用于其他方面或直接对外销售的，不得抵扣，计入资产成本。

4. 出口应税消费品的会计处理

免征消费税的出口应税消费品分别以不同情况进行会计处理：

（1）属于生产企业直接出口应税消费品或通过外贸企业出口应税消费品，按规定直接予以免税的，可不计算应交消费税。出口后如发生退关或退货，经所在地主管税务机关批准，可暂不办理补税，待其转为国内销售时，再计缴消费税。

（2）通过外贸企业出口应税消费品时，如按规定实行先征后退办法的：

①属于委托外贸企业代理出口应税消费品的生产企业，应在计算消费税时，按应交消费税额，借记“应收账款”科目，贷记“应交税费——应交消费税”科目。应税消费品出口收到外贸企业退回的税金时，借记“银行存款”科目，贷记“应收账款”科目。发生退关、退货而补交已退的消费税，作相反的会计分录。

代理出口应税消费品的外贸企业将应税消费品出口后，收到税务部门退回生产企业缴纳的消费税，借记“银行存款”科目，贷记“应付账款”科目。将此项税金退还企业时，借记“应付账款”科目，贷记“银行存款”科目。发生退关、退货而补交已退的消费税，借记“应收账款——应收生产企业消费税”科目，贷记“银行存款”科目，收到生产企业退还的税款，作相反的会计分录。

②属于企业将应税消费品销售给外贸企业，由外贸企业自营出口的，其缴纳的消费税视同一般销售业务处理。自营出口应税消费品的外贸企业，应在应税消费品报关出口后申请出口退税时，借记“其他应收款”科目，贷记“主营业务成本”科目。实际收到出口应税消费品退回的税金，借记“银行存款”科目，贷记“其他应收款”科目。发生退关或退货而补交已退的消费税，作相反的会计分录。

5. 金银首饰零售业务等的会计处理

有金银首饰零售业务的以及采用以旧换新方式销售金银首饰的企业，在营业收入实现时，借记“税金及附加”科目，贷记“应交税费——应交消费税”科目。

有金银首饰零售业务的企业因受托代销金银首饰按规定应缴纳的消费税，借记“税金及附加”科目，贷记“应交税费——应交消费税”科目。

有金银首饰批发、零售业务的企业将金银首饰用于馈赠、赞助、广告、职工福利、奖励等方面的，应于移送时，按应交消费税，借记“营业外支出”

“销售费用”“应付职工薪酬”等科目，贷记“应交税费——应交消费税”科目。

随同金银首饰出售并单独计价的包装物，按规定应缴纳的消费税，借记“税金及附加”科目，贷记“应交税费——应交消费税”科目。

6. 缴纳消费税的会计处理

企业按期缴纳消费税时，借记“应交税费——应交消费税”科目，贷记“银行存款”科目。

三、应交资源税

（一）资源税概述

资源税，是对在中华人民共和国领域和中华人民共和国管辖的其他海域开发应税资源的单位和个人，就其应税资源产品的销售额或销售数量征收的一种税。

资源税的应纳税额，按照从价计征或者从量计征的办法，分别以应税资源产品的销售额乘以纳税人具体适用的比例税率或者以应税资源产品的销售数量乘以纳税人具体适用的定额税率计算。

企业按规定应交的资源税，在“应交税费”科目下设置“应交资源税”明细科目核算。该明细科目的贷方登记企业应交的资源税；借方登记企业已交的或按规定允许抵扣的资源税；期末借方余额，反映多交或尚未抵扣的资源税，期末贷方余额，反映尚未缴纳的资源税。

（二）资源税的会计处理

1. 企业销售应税产品按规定应交的资源税，借记“税金及附加”科目，贷记“应交税费——应交资源税”科目。

2. 企业开采或者生产应税产品自用的，应交的资源税，借记“生产成本”“制造费用”等科目，贷记“应交税费——应交资源税”科目。

3. 企业收购未税矿产品，按实际支付的收购款，借记“材料采购”科目，贷记“银行存款”科目；按代扣代缴的资源税，借记“材料采购”科目，贷记“应交税费——应交资源税”科目。

4. 企业外购液体盐加工固体盐的：①在购入液体盐时，按所允许抵扣的资源税，借记“应交税费——应交资源税”科目；按外购价款扣除允许抵扣资源税后的数额，借记“材料采购”“原材料”等科目；按应支付的全部价款，贷记“银行存款”“应付账款”等科目。②企业加工成固体盐后销售时，按计算出的销售固体盐应交的资源税，借记“税金及附加”科目，贷记“应交税费——应交资源税”科目。③将销售固体盐应纳资源税扣抵液体盐已纳资源税后的差额上缴时，借记“应交税费——应交资源税”科目，贷记“银行存款”科目。

5. 企业缴纳资源税时，借记“应交税费——应交资源税”科目，贷记“银行存款”科目。

四、应交土地增值税

（一）土地增值税概述

土地增值税，是对在中华人民共和国境内转移房地产并取得收入的单位和个人，就其增值额征收的一种税。

企业按规定应交的土地增值税通过“应交税费——应交土地增值税”科目核算。

（二）土地增值税的核算

1. 主营房地产业务的企业，应由当期营业收入负担的土地增值税，借记“税金及附加”科目，贷记“应交税费——应交土地增值税”科目。

企业在项目交付使用前转让房地产取得的收入，按税法规定预交的土地增值税，借记“应交税费——应交土地增值税”科目，贷记“银行存款”科目。待该房地产营业收入实现时，再按上述主营房地产业务的企业的会计处理方法进行处理。该项目全部竣工、办理结算后进行清算，收到退回多交的土地增值税时，借记“银行存款”科目，贷记“应交税费——应交土地增值税”科目。补交的土地增值税作相反的会计分录。

2. 兼营房地产业务的企业，应由当期营业收入负担的土地增值税，借记“其他业务成本”科目，贷记“应交税费——应交土地增值税”科目。

3. 转让的国有土地使用权连同地上建筑物及其他附着物一并在“固定资产”或“在建工程”等科目核算的，转让时应缴纳的土地增值税，借记“固定资产清理”“在建工程”等科目，贷记“应交税费——应交土地增值税”科目；若土地使用权在“无形资产”科目核算的，按实际收到的金额，借记“银行存款”科目，按应交的土地增值税，贷记“应交税费——应交土地增值税”科目，同时冲销土地使用权账面价值，贷记“无形资产”科目，按其差额，借记或贷记“资产处置损益”科目。若涉及累计摊销的，还应进行相应的处理。

4. 企业缴纳土地增值税时，借记“应交税费——应交土地增值税”科目，贷记“银行存款”科目。

【例 18－60】 某房地产开发公司出售一幢 2014 年自建的写字楼，收入总额为 500 万元。开发该写字楼有关支出为：支付地价款及各种费用 50 万元；房地产开发成本 150 万元；财务费用中的利息支出为 25 万元（可按转让项目计算分摊并提供金融机构证明）；已按规定缴纳了转让环节的有关税金（已纳税金均能提供完税凭证）；该公司所在地政府规定的其他房地产开发费用计算扣除比例为 5%。试计算该房地产开发公司应纳的土地增值税并作出会计处理。

（1）取得土地使用权支付的地价及有关费用为 50 万元。

（2）房地产开发成本为 150 万元。

（3）房地产开发费用＝25＋(50＋150)×5%＝35（万元）。

（4）转让该自建写字楼应交的增值税＝500÷(1＋5%)×5%＝23.81（万元）。

（5）转让该自建写字楼不含增值税收入＝500－23.81＝476.19（万元）。

（6）允许扣除的税费＝23.81×(7%＋3%＋2%)＋476.19×0.5%＝5.24（万元）。

（7）从事房地产开发的纳税人加计扣除 20%，加计扣除额＝(50＋150)×20%＝40（万元）。

（8）允许扣除的项目金额合计＝50＋150＋35＋5.24＋40＝280.24（万元）。

（9）增值额＝476.19－280.24＝195.95（万元）。

（10）增值率＝195.95÷280.24×100%＝69.92%。

（11）应纳土地增值税＝195.95×40%－280.24×5%＝64.37（万元），会计处理如下：

借：税金及附加	643 700	
贷：应交税费——应交土地增值税		643 700

五、其他应交税费的核算

1. 企业按规定计算出应交的城市维护建设税，借记“税金及附加”科目，贷记“应交税费——应交城市维护建设税”科目；上缴时，借记“应交税费——应交城市维护建设税”科目，贷记“银行存款”科目。

2. 企业按规定计算出应交的房产税、城镇土地使用税、车船税，借记“税金及附加”科目，贷记“应交税费——应交房产税（城镇土地使用税、车船税）”科目；上缴时，借记“应交税费——应交房产税（城镇土地使用税、车船税）”科目，贷记“银行存款”科目。

3. 企业按规定计算出应代扣代缴的职工个人所得税，借记“应付职工薪酬”科目，贷记“应交税费——应交个人所得税”科目；上缴个人所得税时，借记“应交税费——应交个人所得税”科目，贷记“银行存款”科目。

4. 企业按规定计算出应交的教育费附加、地方教育附加、矿产资源补偿费，分别借记“税金及附加”“管理费用”等科目，贷记“应交税费——应交教育费附加（地方教育附加、应交矿产资源补偿费）”科目；上缴时，借记“应交税费——应交教育费附加（地方教育附加、应交矿产资源补偿费）”科目，贷记“银行存款”科目。

5. 企业按规定缴纳的契税，借记“固定资产”“无形资产”科目，贷记“银行存款”科目。

6. 企业按规定缴纳的印花税，借记“税金及附加”科目，贷记“银行存款”科目。

7. 企业按规定缴纳的耕地占用税，借记“在建工程”科目，贷记“银行存款”科目。

8. 企业购置应税车辆，按规定缴纳的车辆购置税，以及购置的减税、免税车辆改制后用途发生变化的，按规定应补交的车辆购置税，借记“固定资产”科目，贷记“银行存款”科目。

9. 企业按规定计算出应交的企业所得税，借记“所得税费用”科目，贷记“应交税费——应交所得税”科目。

第十九章　非流动负债

【本章提要】 本章主要介绍非流动负债的核算及涉税处理。

非流动负债主要包括长期借款、应付债券、长期应付款和专项应付款等。

长期借款，是指企业向金融机构借入的期限在一年以上的各种借款，在资产负债表日，按摊余成本和实际利率对利息费用进行核算。应付债券，是企业为筹集长期资金而发行的一种书面凭证，其核算分为债券发行、计息与溢折价摊销和偿还的核算，资产负债表日应按摊余成本和实际利率计算确定债券的利息费用。长期应付款，是指企业除长期借款和应付债券以外的其他各种长期应付款项。专项应付款，是指企业取得的国家指定为资本性投入的具有专项或特定用途的款项。

非流动负债核算所使用的会计科目主要有“长期借款”“应付债券”“长期应付款”“专项应付款”等，这些会计科目与财务报表项目的关系如图 19－1 所示。

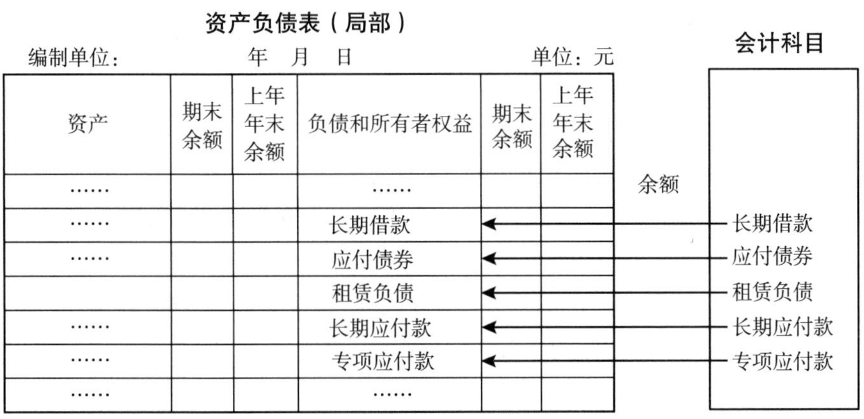

图 19－1　会计科目与财务报表项目的关系（非流动负债）

第一节　长 期 借 款

一、长期借款的概念

长期借款，是指企业向银行或其他金融机构借入的期限在 1 年以上（不含 1 年）的各种借款，包括人民币长期借款和外币长期借款。一般用于固定资产的购建、改扩建工程、大修理工程、对外投资以及为了保持企业的长期经营能力等方面。

二、长期借款的核算

（一）科目设置

企业应设置“长期借款”科目，核算借入的各项长期借款。该科目应按贷款单位和贷款种类，分别设置“本金”“利息调整”等二级科目进行明细核算。

（二）会计处理

1. 借入长期借款

企业借入长期借款时，应按实际收到的金额，借记“银行存款”科目，按借款本金金额，贷记“长期借款——本金”科目；如果有差额，还应借记“长期借款——利息调整”科目。

2. 长期借款的利息

在资产负债表日，企业应按摊余成本和实际利率计算确定长期借款的利息费用，借记“在建工程”“制造费用”“财务费用”“研发支出”“合同履约成本”等科目；按合同利率计算确定的应付未付利息，贷记“应付利息”科目；按其差额，贷记“长期借款——利息调整”科目。实际利率与合同利率差异较小的，也可以采用合同利率计算确定利息费用。

【涉税提示】

企业自行建造的固定资产，在固定资产达到预定可使用状态投入使用后，按税法规定可暂按合同规定的金额计入固定资产计税基础计提折旧，待发票取得后进行调整，处理办法与会计处理基本一致，但税法要求该项调整应在固定资产投入使用后12个月内进行。

3. 归还长期借款

归还长期借款时，按归还长期借款的本金，借记“长期借款——本金”科目，按转销的利息调整金额，贷记“长期借款——利息调整”科目，按实际归还的金额，贷记“银行存款”科目，按借贷双方之间的差额，借记“在建工程”“制造费用”“财务费用”“研发支出”等科目。

【例19－1】2020年1月1日，为建造一幢厂房，华丰公司向银行借入期限为两年的长期专门借款200万元，款项已存入银行。借款利率按市场利率确定为9%，每年付息一次，期满后一次还清本金。2020年年初华丰公司以银行存款支付工程价款共计110万元，2021年年初又以银行存款支付工程价款90万元。该厂房于2021年8月底完工投入使用，2021年12月底办理竣工结算。假定不考虑闲置专门借款资金存款的利息收入或者投资收益。根据上述业务，华丰公司应作如下会计处理：

（1）2020年1月1日，取得借款时：

借：银行存款	2 000 000	
贷：长期借款		2 000 000

（2）2020年年初，支付工程款时：

借：在建工程	1 100 000	
贷：银行存款		1 100 000

（3）2020年12月31日，计算2020年应计入工程成本的利息时：

借款利息＝2 000 000×9%＝180 000（元）

借：在建工程	180 000	
贷：应付利息		180 000

（4）2020年12月31日支付借款利息时：

借：应付利息	180 000	
贷：银行存款		180 000

（5）2021年年初支付工程款时：

借：在建工程	900 000	
贷：银行存款		900 000

（6）2021 年 8 月底厂房达到预定可使用状态，计算 2021 年 1—8 月应计入工程成本的利息 =（2 000 000 ×9% ÷12）×8 =120 000（元）。

借：在建工程　　120 000

　　贷：应付利息　　120 000

同时：

借：固定资产　　2 300 000

　　贷：在建工程　　2 300 000

（7）2021 年 12 月 31 日，计算 2021 年 9—12 月应计入财务费用的利息 =（2 000 000 ×9% ÷12）×4 =60 000（元）。

借：财务费用　　60 000

　　贷：应付利息　　60 000

（8）2021 年 12 月 31 日支付利息时：

借：应付利息　　180 000

　　贷：银行存款　　180 000

（9）2022 年 1 月 1 日到期还本时：

借：长期借款　　2 000 000

　　贷：银行存款　　2 000 000

【税务处理】

根据税法规定，华丰公司应于固定资产投入使用后，暂按合同规定的金额计入固定资产计税基础计提折旧。由于该厂房于 2021 年 8 月底完工投入使用，2021 年 12 月底办理竣工结算，投入使用与办理竣工结算相隔期间小于 12 个月，其税务处理与会计处理一致。

第二节　应 付 债 券

一、应付债券概述

债券，是企业为筹集长期资金依照法定程序发行，约定在一定期限内还本付息的一种书面凭证。通常债券的票面上记载了企业名称、票面金额、票面利率、偿还期限、利息支付的方式等内容。

企业发行的期限超过一年的债券（包括企业发行的归类为金融负债的优

先股、永续债等），属于企业的一项长期负债，称为应付债券，通过“应付债券”科目核算。企业发行的一年期或一年期以下的债券，应作为流动负债，通过“交易性金融负债”科目核算。

公司债券的发行方式有三种，即面值发行、溢价发行和折价发行。假设其他条件不变，债券的票面利率高于同期市场利率时，可按超过债券票面价值的价格发行，称为溢价发行。溢价是企业以后各期多付利息而事先得到的补偿。如果债券的票面利率低于同期市场利率，可按低于债券面值的价格发行，称为折价发行。折价是企业以后各期少付利息而预先给投资者的补偿。如果债券的票面利率与同期市场利率相同，可按票面价格发行，称为面值发行。溢价或折价是发行债券企业在债券存续期内对利息费用的一种调整。

债券面值、票面利率、市场利率与发行价格的关系如表 19－1 所示。

表 19－1　　债券面值、票面利率、市场利率与发行价格的关系

利率	债券发行价格与面值的关系	发行方式
票面利率 = 市场利率	发行价格 = 面值	面值发行
票面利率 > 市场利率	发行价格 > 面值	溢价发行
票面利率 < 市场利率	发行价格 < 面值	折价发行

显而易见，债券的发行价格（现值）随市场利率呈反方向变动。

二、应付债券的核算

（一）科目设置

企业应当设置“应付债券”科目，核算企业为筹集长期资金而发行债券的本金和利息。其期末贷方余额，反映企业尚未偿还的长期债券摊余成本。该科目可按“面值”“利息调整”和“应计利息”等设置二级明细科目进行明细核算。

1. “应付债券——面值”，用来专门核算债券票面价值的增减变动情况。

2. “应付债券——利息调整”，用来专门核算债券溢价、折价的形成和摊销情况。

3. “应付债券——应计利息”，用来专门核算一次还本付息债券利息的计提和支付情况。对于分期付息、一次还本的债券，利息的计提和支付情况通过“应付利息”科目核算。

（二）债券发行

无论是按面值发行，还是溢价发行或折价发行，均按债券面值记入“应付债券”科目的“面值”明细科目，实际收到的款项与面值的差额，记入“利息调整”明细科目。企业发行债券时，按实际收到的款项，借记“银行存款”“库存现金”等科目，按债券票面价值，贷记“应付债券——面值”科目，按实际收到的款项与票面价值之间的差额，贷记或借记“应付债券——利息调整”科目。通常债券发行费用是从投资者支付的购买价款中扣除的，因此，发行方实际收到的款项是扣除了发行费用后的余额，即发行费用包括在“利息调整”明细科目中。

【例 19－2】华丰公司于 2023 年 1 月 1 日按面值 100 元发行公司债券 20 000 份（不考虑发行费用），票面利率 10%，4 年期，款项已存入银行。则华丰公司应作如下会计处理：

借：银行存款　　2 000 000

　　贷：应付债券——面值　　2 000 000

【例 19－3】华丰公司于 2023 年 1 月 1 日发行了每份面值为 100 元的公司债券 20 000 份，票面利率 10%，市场实际利率为 6%，发行总价格为 2 280 770 元（不考虑发行费用），4 年期，款项已存入银行。则华丰公司应作如下会计处理：

债券溢价＝2 280 770－2 000 000＝280 770（元）

借：银行存款　　2 280 770

　　贷：应付债券——面值　　2 000 000

　　　　　　　　——利息调整　　280 770

【例 19－4】华丰公司于 2023 年 1 月 1 日发行了每份面值为 100 元的公司债券 20 000 份，票面利率 10%，市场实际利率为 12%，发行总价格为 1 875 780 元（不考虑发行费用），4 年期，款项已存入银行。则华丰公司应作如下会计处理：

债券折价＝2 000 000－1 875 780＝124 220（元）

借：银行存款　　1 875 780

应付债券——利息调整 124 220

贷：应付债券——面值 2 000 000

（三）利息调整的摊销

企业应当采用实际利率法，在债券存续期间内对利息调整进行摊销。实际利率法，是指按照应付债券的实际利率计算其摊余成本及各期利息费用的方法。实际利率，是指将应付债券在债券存续期间的未来现金流量折现为该债券当前账面价值所使用的利率。

资产负债表日，对于分期付息、一次还本的债券，企业应按应付债券的摊余成本和实际利率计算确定的债券利息费用，借记“在建工程”“制造费用”“财务费用”“研发支出”等科目，按票面利率计算确定的应付未付利息，贷记“应付利息”科目，按其差额，借记或贷记“应付债券——利息调整”科目。

对于一次还本付息的债券，应于资产负债表日按摊余成本和实际利率计算确定的债券利息费用，借记“在建工程”“制造费用”“财务费用”“研发支出”等科目，按票面利率计算确定的应付未付利息，贷记“应付债券——应计利息”科目，按其差额，借记或贷记“应付债券——利息调整”科目。

实际利率与票面利率差异较小的，也可以采用票面利率计算确定利息费用。

【涉税提示】

对于应付债券利息支出，会计采用实际利率法，按照摊余成本和实际利率计算确认；税法规定，对企业在生产经营活动中经批准发行债券的利息支出，准予税前扣除。但应注意企业发行债券时是否取得了相关审批部门的批准，还应注意属于增值税应税项目（贷款服务）的，按规定计算的利息支出应以发票作为税前扣除凭证（免征增值税的债券利息、应索取普通发票）。在实务中，企业发行债券支付的利息支出如无法取得发票，应当将备案注册通知书、付款凭证、兑付通知书、兑付手续完成证明书、实际利润法利息计算表等与税前扣除凭证相关的资料留存备查。

【例 19－5】华丰公司于 2020 年 1 月 1 日发行面值 100 000 元、3 年期、票面年利率 10%、实际年利率为 8%、每半年付息一次的债券，发行价格为

105 242 元，不考虑发行费用，款项已存入银行。债券发行后按实际利率法摊销债券溢价，编制“利息调整摊销表”（如表 19－2 所示）。

表 19－2　　　　利息调整摊销表　　　　单位：元

计息日期	票面利息	实际利息	本期摊销额	未摊销额	债券摊余成本
	①＝面值×5%	②＝上期⑤×4%	③＝①－②	④＝上期④－③	⑤＝上期⑤－③
2020. 1. 1	—	—	—	5 242	105 242
2020. 6. 30	5 000	4 210	790	4 452	104 452
2020. 12. 31	5 000	4 178	822	3 630	103 630
2021. 6. 30	5 000	4 145	855	2 775	102 775
2021. 12. 31	5 000	4 111	889	1 886	101 886
2022. 6. 30	5 000	4 075	925	961	100 961
2022. 12. 31	5 000	4 039	961	0	100 000
合计	30 000	24 758	5 242	—	—

债券票面年利率 10%，半年利率 5%（10% ÷2），实际年利率 8%，半年利率 4%（8% ÷2）。根据利息调整摊销表，在每一计息日均须摊销利息调整，计提利息作相应的会计处理。

例如，2020 年 6 月 30 日：

借：财务费用等　　　　4 210

　　应付债券——利息调整　　　　790

　　贷：应付利息　　　　5 000

以后各期的会计处理方法同上。

【例 19－6】华丰公司于 2020 年 1 月 1 日发行面值 100 000 元、3 年期、票面年利率 10%、实际年利率为 12%、每半年付息一次的债券，发行价格为 95 083 元，不考虑发行费用，款项已存入银行。假定实际利率与同期银行贷款利率一致。债券发行后按实际利率法摊销债券折价，编制“利息调整摊销表”（如表 19－3 所示）。

表 19－3　　利息调整摊销表　　单位：元

计息日期	票面利息	实际利息	本期摊销额	未摊销额	债券摊余成本
	①＝面值×5%	②＝上期⑤×6%	③＝②－①	④＝上期④－③	⑤＝上期⑤＋③
2020.1.1	—	—	—	4 917	95 083
2020.6.30	5 000	5 705	705	4 212	95 788
2020.12.31	5 000	5 747	747	3 465	96 535
2021.6.30	5 000	5 792	792	2 673	97 327
2021.12.31	5 000	5 840	840	1 833	98 167
2022.6.30	5 000	5 890	890	943	99 057
2022.12.31	5 000	5 943	943	0	100 000
合计	30 000	34 917	4 917	—	—

债券票面年利率10%，半年利率5%（10%÷2），实际年利率12%，半年利率6%（12%÷2）。根据利息调整摊销表，在每一计息日均须摊销利息调整，计提利息作相应的会计处理。

例如，2020年6月30日：

借：财务费用等　　5 705

　　贷：应付利息　　5 000

　　　　应付债券——利息调整　　705

以后各期的会计处理方法同上。

（四）债券的偿还

长期债券到期，支付债券本息时，区分两种情况。对于一次还本付息的债券，企业应于债券到期支付债券本息时，借记“应付债券——面值”“应付债券——应计利息”科目，贷记“银行存款”科目；对于分期付息、一次还本的债券，在每期支付利息时，借记“应付利息”科目，贷记“银行存款”科目；债券到期偿还本金并支付最后一期利息时，借记“应付债券——面值”“在建工程”“制造费用”“财务费用”“研发支出”等科目，贷记“银行存款”科目，按借贷双方之间的差额，借记或贷记“应付债券——利息调整”科目。

【例 19－7】沿用【例 19－6】，债券到期偿还本金并支付最后一期利息时，华丰公司应作如下会计处理：

借：应付债券——面值　　100 000
　　财务费用等　　5 943
　　贷：银行存款　　105 000
　　　　应付债券——利息调整　　943

三、应付可转换公司债券的核算

企业在发行债券的条款中，若规定债券持有者可以在一定期间之后，按规定的转换比率或转换价格，将持有的债券转换成该企业发行的股票（通常为普通股），这种债券就称为可转换债券。我国发行可转换公司债券采取记名式无纸化方式发行，债券最短期限为3年，最长期限为5年。

企业发行的可转换公司债券在转换为股份之前作为长期负债，在“应付债券”科目中设置“可转换公司债券（面值、利息调整）”明细科目进行核算。

可转换债券属于复合金融工具，对于发行方而言，既有负债性质，又有权益工具性质，应于初始确认时将其包含的金融负债成分和权益工具成分进行分拆。在初始计量时先确定金融负债成分的公允价值，再从复合金融工具公允价值中扣除负债成分的公允价值，作为权益工具成分的价值。

因此，企业发行的可转换公司债券，应当在初始确认时将其包含的负债成分和权益成分进行分拆，将负债成分确认为应付债券，将权益成分确认为其他权益工具。在进行分拆时，应当先对负债成分的未来现金流量进行折现确定负债成分的初始入账金额，再按该金融工具的发行价格总额扣除负债成分初始入账金额后的余额确定权益成分的初始入账金额。发行时发生的交易费用，应当在负债成分和权益成分之间按照各自的相对公允价值进行分摊。

发行可转换公司债券时，企业应按实际收到的款项，借记“银行存款”等科目，按可转换公司债券包含的负债成分的面值，贷记“应付债券——可转换公司债券（面值）”科目；按权益成分的公允价值，贷记“其他权益工具”科目；按借贷双方之间的差额，借记或贷记“应付债券——可转换公司债券（利息调整）”科目。

可转换公司债券在转换为股票之前，其所包含的负债成分，应当比照上述一般长期债券进行处理。

当可转换公司债券持有人行使转换权利，将其持有的债券转换为股票时，按可转换公司债券的余额，借记“应付债券——可转换公司债券（面值、利息调整）”科目，按其权益成分的金额，借记“其他权益工具”科目，按股票面值和转换的股数计算的股票面值总额，贷记“股本”科目，按其差额，贷记“资本公积——股本溢价”科目。如用现金支付不可转换股票的部分，还应贷记“银行存款”等科目。

未转换股份的可转换公司债券到期还本付息，应当比照上述一般长期债券进行处理。

【例 19－8】华丰公司于2020年1月1日按每份面值1 000元发行了2 000份可转换债券，取得总收入2 000 000元。该债券期限为3年，票面年利息为6%，利息按年支付；每份债券均可在债券发行1年后的任何时间转换为250股普通股。华丰公司发行该债券时，二级市场上与之类似但没有转股权的债券的市场利率为9%。假定不考虑其他相关因素。华丰公司以摊余成本计量分类为金融负债的应付债券。

分析：本例中，转股权的结算是以固定数量的债券换取固定数量的普通股，因此，该转股权应归类为权益工具。具体计算和会计处理如下：

（1）先对负债成分进行计量，债券发行收入与负债成分的公允价值之间的差额则分配到权益成分。负债成分的现值按9%的折现率计算，如表19－4所示。

表 19－4　　**负债成分的现值**　　单位：元

本金的现值： 第3年年末应付本金2 000 000元（复利现值系数为0.7721835）	1 544 367
利息的现值： 3年期内每年应付利息120 000元（年金现值系数为2.5312917）	303 755
负债成分总额	1 848 122
权益成分金额	151 878
债券发行总收入	2 000 000

（2）华丰公司应作如下会计处理：

①2020年1月1日，发行可转换债券：

借：银行存款　　2 000 000

　　应付债券——利息调整　　151 878

贷：应付债券——面值　　2 000 000

其他权益工具　　151 878

②2020 年 12 月 31 日，计提和实际支付利息：

计提债券利息时：

借：财务费用　　166 331

贷：应付利息　　120 000

应付债券——利息调整　　46 331

实际支付利息时：

借：应付利息　　120 000

贷：银行存款　　120 000

③2021 年 12 月 31 日，债券转换前，计提和实际支付利息：

计提债券利息时：

借：财务费用　　170 501

贷：应付利息　　120 000

应付债券——利息调整　　50 501

实际支付利息时：

借：应付利息　　120 000

贷：银行存款　　120 000

至此，转换前应付债券的摊余成本为 1 944 954 元（1 848 122 +46 331 +50 501）。假定至 2021 年 12 月 31 日，华丰公司股票上涨幅度较大，可转换债券持有方均于当日将持有的可转换债券转为甲公司股份。由于甲公司对应付债券采用摊余成本进行后续计量，因此，在转换日，转换前应付债券的摊余成本应为 1 944 954 元，而权益成分的账面价值仍为 151 878 元。在转换日，华丰公司发行每股面值 1 元的股票数量为 500 000 股。对此，华丰公司的应作如下会计处理：

借：应付债券——面值　　2 000 000

贷：应付债券——利息调整　　55 046

股本　　500 000

资本公积——股本溢价　　1 444 954

借：其他权益工具　　151 878

贷：资本公积——股本溢价　　151 878

企业发行附有赎回选择权的可转换公司债券，其在赎回日可能支付的利息补偿金，即债券约定赎回期届满日应当支付的利息减去应付债券票面利息的差额，应当在债券发行日至债券约定赎回届满日期间计提，计提的应付利息，分别计入相关资产成本或财务费用。

第三节　其他非流动负债

其他非流动负债，指除长期借款和应付债券以外的其他各种期限在 1 年以上的负债，主要包括长期应付款、租赁负债、专项应付款和预计负债，本节主要介绍长期应付款、租赁负债、专项应付款。

一、长期应付款

长期应付款，是企业在较长时间内应付的款项，指企业除长期借款和应付债券以外的其他各种长期应付款项，如以分期付款方式购入固定资产和无形资产发生的应付款项等。

企业应当设置“长期应付款”科目，核算企业发生的各项长期应付款。该科目贷方登记应付的长期应付款项，借方登记企业偿还的长期应付款项；期末贷方余额，反映企业尚未支付的各种长期应付款的金额。该科目应按长期应付款的种类和债权人设置明细账进行明细核算。

企业购买资产有可能延期支付有关价款，比如以分期付款方式购入固定资产和无形资产等。如果延期支付的购买价款超过正常信用条件，实质上具有融资性质的，所购资产的成本应当以延期支付购买价款的现值为基础确定。此时，企业按购买价款的现值，借记“固定资产”“在建工程”“无形资产”“研发支出”等科目，按应支付的价款总额，贷记“长期应付款”科目，按其差额，借记“未确认融资费用”科目。

按期付款时，借记“长期应付款”科目，贷记“银行存款”等科目。同时，采用实际利率法分期摊销未确认融资费用，借记“在建工程”“财务费用”“研发支出”等科目，贷记“未确认融资费用”科目。

二、租赁负债

租赁负债，是指在租赁交易中承租人尚未支付的租赁付款额。

租赁期开始日，承租人应当按照尚未支付的租赁付款额的现值，借记“使用权资产”科目，按尚未支付的租赁付款额，贷记“租赁负债——租赁付款额”科目，按尚未支付的租赁付款额与其现值的差额，借记“租赁负债——未确认融资费用”科目。

承租人支付租赁付款额时，借记“租赁负债——租赁付款额”科目，贷记“银行存款”等科目。

三、专项应付款

专项应付款，是指企业取得的国家指定为资本性投入的具有专项或特定用途的款项，如属于工程项目的资本性拨款等。

为了正确核算企业收到的各种专项应付款，企业应设置“专项应付款”科目，该科目可按资本性投资项目的种类进行明细核算，期末贷方余额反映企业尚未支付的各种专项应付款。

（一）专项应付款的一般会计处理

企业收到或应收专项拨款时，借记“银行存款”等科目，贷记“专项应付款”科目。

将专项或特定用途的拨款用于工程项目，借记“在建工程”“公益性生物资产”等科目，贷记“银行存款”“应付职工薪酬”等科目。

工程项目完工，形成固定资产或公益性生物资产的部分，借记“专项应付款”科目，贷记“资本公积——资本溢价”科目；对未形成固定资产需要核销的部分，借记“专项应付款”科目，贷记“在建工程”等科目；拨款结余需要返还的，借记“专项应付款”科目，贷记“银行存款”科目。

（二）特定用途的专项资金的会计处理

1. 中央企业对工业企业结构调整专项奖补资金的会计处理

中央财政将安排工业企业结构调整专项奖补资金（以下简称专项奖补资金），用于支持地方政府和中央企业推动钢铁、煤炭等行业化解过剩产能，中央企业在收到预拨的专项奖补资金时，应当暂通过“专项应付款”科目核算，借记“银行存款”等科目，贷记“专项应付款”科目。中央企业按要求开展化解产能相关工作后，按照相关文件规定的计算标准等，能够合理可靠地确定因完成任务所取得的专项奖补资金金额的，借记“专项应付款”科目，贷记有关损益科目；不能合理可靠地确定因完成任务所取得的专项奖补资金金额的，应当经财政部核查清算后，按照清算的有关金额，借记“专项应付款”科目，贷记有关损益科目；预拨的专项奖补资金小于企业估计应享有的金额的，不足部分的差额借记“其他应收款”科目；因未能完成有关任务而按规定向财政部缴回资金的，按缴回资金金额，借记“专项应付款”科目，贷记“银行存款”等科目。

2. 搬迁补偿款的会计处理

企业因城镇整体规划、库区建设、棚户区改造、沉陷区治理等公共利益进行搬迁，收到政府从财政预算直接拨付的搬迁补偿款，应作为专项应付款处理。收到时借记“银行存款”科目，贷记“专项应付款”科目。

（1）属于对企业在搬迁和重建过程中发生的固定资产和无形资产损失进行补偿的，应借记“专项应付款”科目，贷记“递延收益”科目。待固定资产清理完毕时，借记“递延收益”科目，贷记“其他收益”或“营业外收入”科目；无形资产转销时，借记“递延收益”科目，贷记“其他收益”或“营业外收入”科目。

（2）属于对搬迁过程中的费用性支出和停工损失进行补偿的，应借记“专项应付款”科目，贷记“递延收益”科目，并作为与收益相关的政府补助计入损益，借记“递延收益”科目，贷记“其他收益”或“营业外收入”科目。

（3）属于对搬迁后拟新建资产进行补偿的，应借记“专项应付款”科目，贷记“递延收益”科目，并作为与资产相关的政府补助，在相关资产使用寿命内按系统、合理的方法分摊，分期计入当期损益，借记“递延收益”科目，贷记“其他收益”或“营业外收入”科目。相关资产在使用寿命结束时或结束前被处置（出售、转让、报废等），尚未分摊的“递延收益”科目余额应当一次性转入“其他收益”或“营业外收入”科目。

（4）企业取得的搬迁补偿款扣除转入递延收益的金额后的结余，应当作为资本公积处理，借记“专项应付款”科目，贷记“资本公积”科目。

【涉税提示】

企业因城镇整体规划等公共利益进行搬迁，在税收上主要涉及企业所得税。因此，在实际工作中，税务人员应注意以下四点：①企业是否按照《国家税务总局关于发布企业政策性搬迁所得税管理办法的公告》（国家税务总局公告2012年第40号）的规定确认搬迁收入、搬迁支出；②企业是否按照国家税务总局公告2012年第40号的规定确定搬迁完成年度；③企业是否在搬迁完成年度正确计算搬迁所得；④企业是否将搬迁所得计入搬迁完成年度的应纳税所得额计算缴纳企业所得税。

【例19－9】2021年10月，昌盛公司因城镇整体规划发生政策性搬迁业务，当地政府给予1 800万元的经济补偿。昌盛公司变卖机器设备（原价1 000万元，已计提折旧700万元）取得变卖收入100万元；处置存货（成本90万元）一批，开具的增值税专用发票注明的价款为100万元，增值税税额为13万元。2022年该公司发生搬迁其他设备拆卸、运输、安装费用100万元，发生职工安置费200万元，用搬迁补偿资金重置固定资产1 200万元，2022年完成搬迁。假设以前年度均盈利，暂不考虑其他税费。则昌盛公司应作如下会计处理：

2021年会计处理：

（1）取得搬迁补偿收入。

借：银行存款　　18 000 000

　　贷：专项应付款　　18 000 000

（2）处置机器设备。

借：固定资产清理　　3 000 000

　　累计折旧　　7 000 000

　　贷：固定资产　　10 000 000

借：银行存款　　1 000 000

　　贷：固定资产清理　　1 000 000

借：资产处置损益　　2 000 000

　　贷：固定资产清理　　2 000 000

借：专项应付款　　2 000 000
　　贷：递延收益　　2 000 000
借：递延收益　　2 000 000
　　贷：营业外收入　　2 000 000
（3）处置存货。
借：银行存款　　1 130 000
　　贷：主营业务收入　　1 000 000
　　　　应交税费——应交增值税（销项税额）　　130 000
借：主营业务成本　　900 000
　　贷：库存商品　　900 000
2022 年会计处理：
（1）支付搬迁设备拆卸运输安装费和职工安置费用。
借：管理费用　　3 000 000
　　贷：银行存款　　3 000 000
借：专项应付款　　3 000 000
　　贷：递延收益　　3 000 000
借：递延收益　　3 000 000
　　贷：营业外收入　　3 000 000
（2）重置固定资产。
借：固定资产　　12 000 000
　　贷：银行存款　　12 000 000
借：专项应付款　　12 000 000
　　贷：递延收益　　12 000 000

该部分递延收益在该项固定资产使用寿命内按系统、合理的方法进行分摊，分期计入当期损益。

（3）结转搬迁补偿收入余额。
借：专项应付款　　1 000 000
　　贷：资本公积　　1 000 000

【税务处理】

昌盛公司应按照国家税务总局公告 2012 年第 40 号的规定作如下税务处理：①确认搬迁收入 19 000 000 元（18 000 000 + 1 000 000）；搬迁支出 6 000 000 元（10 000 000 − 7 000 000 + 1 000 000 + 2 000 000）；②2021 年昌盛公司搬迁尚未完

成，但存货处置所得 100 000 元（1 000 000 - 900 000）应计入当年应纳税所得额计算缴纳企业所得税；③2022 年搬迁项目完成，搬迁所得 13 000 000 元（19 000 000 - 6 000 000）计入 2022 年度应纳税所得额计算缴纳企业所得税；④确定重置固定资产计税基础为 12 000 000 元。

第二十章　所有者权益

【本章提要】 本章主要介绍所有者权益的核算及涉税处理。

所有者权益根据其核算的内容和要求，可分为实收资本（股本）、其他权益工具、资本公积、其他综合收益、盈余公积和未分配利润等。

实收资本，是指投资者作为资本投入到企业中的各种资产的价值。投资者资本投入企业的资本，通过“实收资本”科目核算的是投资者的出资额在企业注册资本或股本中所占有的份额，超过部分属于资本溢价（或股本溢价），应在“资本公积”科目核算。其他权益工具，指企业发行的除普通股（作为实收资本或股本）以外，按照金融负债和权益工具区分原则分类为权益工具的金融工具。资本公积，是企业收到投资者出资额超出其在注册资本或股本中所占份额的部分，以及直接计入所有者权益的利得和损失，包括资本溢价（或股本溢价）和直接计入所有者权益的利得和损失等。其他综合收益，是指企业根据企业会计准则规定未在当期损益中确认的各项利得和损失，包括以后会计期间不能重分类进损益的其他综合收益和以后会计期间在满足规定条件时将重分类进损益的其他综合收益两类。盈余公积，是指企业按照规定从净利润中提取的各种积累资金，一般企业的盈余公积包括法定盈余公积和是任意盈余公积。未分配利润是留存在企业的、历年结存的利润，通常用于留待以后年度向投资者进行分配。

所有者权益核算所使用的会计科目主要有“实收资本（或股本）”“资本公积”“其他权益工具”“其他综合收益”“盈余公积”和“利润分配——未分配利润”等，这些会计科目与财务报表项目的关系如图 20 - 1 所示。

资产负债表（局部）

编制单位：　　　　　　　　年　月　日　　　　　　单位：元

资产	期末余额	上年年末余额	负债和所有者权益	期末余额	上年年末余额
……			……		
……			实收资本		
			其他权益工具		
……			资本公积		
			其他综合收益		
……			盈余公积		
……			未分配利润		
……			……		

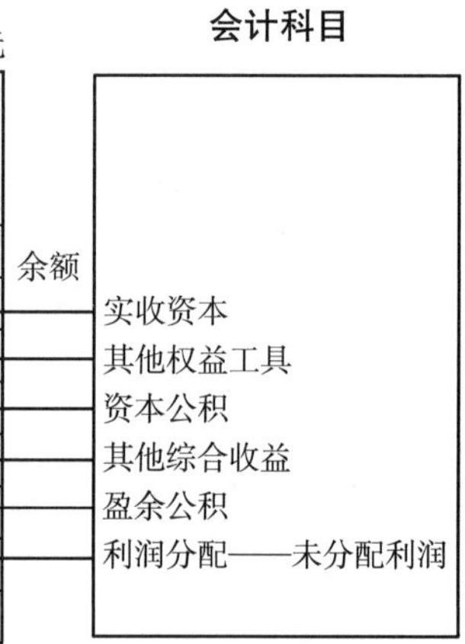

图 20－1　会计科目与财务报表项目的关系（所有者权益）

第一节　实收资本

所有者权益根据其核算的内容和要求，可分为实收资本（股本）、其他权益工具、资本公积、其他综合收益、盈余公积和未分配利润等部分。其中，盈余公积和未分配利润统称为留存收益。

一、实收资本概述

实收资本，是指投资者作为资本投入企业中的各种资产的价值，包括国家、法人、个人及外商等对企业的各种投资。所有者向企业投入的资本，一般情况下无须偿还，可以长期周转使用。投资者的出资比例或股东的股份比例，通常是确定所有者在企业所有者权益中所占的份额和参与企业财务经营决策的基础，也是企业进行利润分配或股利分配的依据，同时还是企业清算时确定所有者对净资产的要求权的依据。

根据《中华人民共和国公司法》（以下简称《公司法》）的规定，有限责任公司应在其章程中规定全体股东的出资方式、出资额和出资时间。有限责任公司的股东可以用货币出资，也可以用实物、知识产权、土地使用权等可以用货币估价并可以依法转让的非货币财产作价出资；但是，法律、行政法规规定不得作为出资的财产除外。对作为出资的非货币财产应当评估作价，核实财产，不得高估或者低估作价；法律、行政法规对评估作价有规定的，从其规定。有限责任公司的注册资本为在公司登记机关登记的全体股东认缴的出资额。公司全体股东的首次出资额不得低于注册资本的20%，也不得低于法定的注册资本最低限额，其余部分由股东自公司成立之日起两年内缴足；其中，投资公司可以在5年内缴足。法律、行政法规以及国务院决定对有限责任公司注册资本实缴、注册资本最低限额另有规定的，从其规定。

股份有限公司，是指全部资本由等额股份构成并通过发行股票等筹集资本、股东以其认购的股份为限对公司承担责任、公司以其全部财产对公司债务承担责任的企业法人。根据《公司法》的规定，股份有限公司设立有发起式和募集式两种方式。发起设立的特点是公司的股份全部由发起人认购，不向发起人之外的任何人募集股份；募集设立的特点是公司股份除发起人认购外，还可以采用向其他法人或自然人发行股票的方式进行募集。发起人出资方式的规定，与有限责任公司股东的出资方式相同。股份有限公司采取发起设立方式设立的，注册资本为在公司登记机关登记的全体发起人认购的股本总额；在发起人认购的股份缴足前，不得向他人募集股份。股份有限公司采取募集方式设立的，注册资本为在公司登记机关登记的实收股本总额。法律、行政法规以及国务院决定对股份有限公司注册资本实缴、注册资本最低限额另有规定的，从其规定。

二、实收资本的核算

（一）科目设置

企业应设置“实收资本”科目，核算企业接受投资者投入企业的资本。该科目贷方登记企业实际收到的资本数额；借方登记减少的资本数额；期末贷方余额反映企业实有的资本数额。该科目应按投资者设置明细账，具体反映各投资者投入资本的情况。中外合作经营企业在合作期间归还投资者的投资，应设置二级明细科目“已归还投资”进行核算。

初建有限责任公司时，各投资者按合同、协议或公司章程投入企业的资本，应全额记入“实收资本”科目。在企业增资时，如有新投资者介入，新介入的投资者缴纳的出资额大于其按约定比例计算的其在注册资本中所占的份额部分，不记入“实收资本”科目，而是作为资本公积，记入“资本公积——资本溢价”科目。

【例 20－1】 A 企业由甲、乙、丙三个投资者各出资 30 万元成立。两年后，经与甲、乙、丙协商一致，投资者丁愿出资 50 万元，拥有 A 企业 25% 的所有权，追加投资后，注册资本由 90 万元增加到 120 万元。则 A 企业收到丁投资者投资时，应作如下会计处理：

借：银行存款	500 000	
贷：实收资本——丁		300 000
资本公积——资本溢价		200 000

股份有限公司应将“实收资本”科目改为“股本”科目，核算企业接受股东投入的资本。企业应将核定的股本总额、股份总数、每股面值在股本账户中作备查登记。为了反映公司股份的构成情况，应在“股本”科目下，按股票种类（普通股和优先股）及股东单位或姓名设置明细账，进行明细核算。

股份有限公司发行股票的股份总数与每股面值的乘积为股本，股本应等于企业的注册资本。股份有限公司取得的收入与股本总额往往不一致，公司发行股票取得的收入大于股本总额的，称为溢价发行；小于股本总额的，称为折价发行；等于股本总额的，称为面值发行。我国不允许折价发行股票。在采用溢价发行股票的情况下，企业应将相当于股票面值的部分记入“股本”科目，企业部分在扣除发行手续费、佣金等发行费用后记入“资本公积——股本溢价”科目。

（二）实收资本增减变动的会计处理

除下列情况外，企业资本（或股本）不得随意变动。

（1）符合增资条件，并经有关部门批准增资的，在实际取得投资者的出资时，登记入账。

（2）企业按法定程序报经批准减少注册资本的，在实际发还投资时登记入账；股份有限公司采用收购本企业股票方式减资的，在实际购入本企业股票时，登记入账。

1. 实收资本增加的会计处理

（1）实收资本增加的一般途径。

实收资本增加的一般途径：一是将资本公积转为实收资本或股本；二是将盈余公积转为实收资本或股本；三是所有者（包括原企业所有者和新投资

者）投入的资本。

①企业将资本公积转为实收资本或股本，应借记“资本公积”科目，贷记“实收资本”或“股本”科目。

②企业将盈余公积转为实收资本或股本，应借记“盈余公积”科目，贷记“实收资本”或“股本”科目。

根据《公司法》规定，法定公积金（资本公积和盈余公积）转为资本时，所留存的该项公积金不得少于转增前公司注册资本的25%。资本公积和盈余公积转为实收资本或股本时，如为独资企业，直接结转即可；如为股份公司或有限责任公司，应按原投资者的持股比例增加各股东的股权，股份公司具体可以采取发放新股的办法。

③所有者（包括原企业所有者和新投资者）向企业投入资本的，企业应在收到投资者投入的资金时，借记“银行存款”“固定资产”“原材料”等科目，贷记“实收资本”等科目。

具体处理时区分以下情况：

投资者以现金投入的资本，企业应当以实际收到或者存入企业开户银行的金额，借记“银行存款”等科目；按其在注册资本或股本中所占份额，贷记“实收资本”科目；按其差额，贷记“资本公积——资本溢价”科目。股份有限公司公开发行的股票，应按其面值作为股本，超过面值发行取得的收入，作为股本溢价，计入资本公积。在收到现金等资产时，按实际收到的金额，借记“库存现金”“银行存款”等科目；按股票面值和核定的股份总额的乘积计算的金额，贷记“股本”科目；按其差额，贷记“资本公积——股本溢价”科目。

投资者以非现金资产投入的资本，应当按照投资合同或协议约定的价值，借记“固定资产”“原材料”“库存商品”等科目；按照投资合同或协议约定的价值在其注册资本中所占的份额，贷记“实收资本”或“股本”科目，按照投资合同或协议约定的价值与确认为实收资本或股本的差额，贷记“资本公积——资本（股本）溢价”科目；按应支付的相关税费，贷记“银行存款”“应交税费”等科目。为首次发行股票而接受投资者投入的无形资产，应按该项无形资产在投资方的账面价值入账，借记“无形资产”科目，贷记“实收资本”或“股本”科目和“资本公积——资本（股本）溢价”科目。

外商投资企业的投资者投入的外币，应当采用交易日的即期汇率或即期汇率的近似汇率折算，不得采用合同约定的汇率和其近似汇率折算，也不产生外币折算差额。企业应按收到外币当日的即期汇率折算金额，借记“银行存款”等科目，贷记“实收资本”或“股本”科目。

境外上市公司以及在境内发行外资股的公司，收到股款时，按收到股款当日的即期汇率或即期汇率的近似汇率折算金额，借记“银行存款”等科目；按股票面值与核定的股份总额的乘积计算的金额，贷记“股本”科目；按二者的差额，贷记“资本公积——股本溢价”科目。

【例 20－2】2023 年 2 月 1 日，乙公司（股份有限公司）接受投资一台设备，取得的增值税专用发票上注明的金额为 300 万元，增值税税额为 39 万元，该发票于当月确认。该设备的账面价值为 200 万元，账面原值为 280 万元，未计提减值准备，投资合同或协议约定的价值等于设备的公允价值。则乙公司应作如下会计处理：

借：固定资产　　3 000 000
　　应交税费——应交增值税（进项税额）　　390 000
　　贷：股本　　3 390 000

【例 20－3】H 公司（有限责任公司）于 2023 年 1 月 1 日接受 A 企业投资土地使用权。该土地使用权的账面价值为 70 万元，公允价值为 75 万元，未计提减值准备。A 企业投资占 H 公司有表决权资本的 70%，H 公司注册资本总额为 100 万元，投资合同或协议约定的价值等于资产的公允价值。则 H 公司应作如下会计处理：

借：无形资产　　750 000
　　贷：实收资本——A 企业　　700 000
　　　　资本公积——资本溢价　　50 000

（2）股份有限公司以发放股票股利的方法实现增资。

股份有限公司采用发放股票股利的方法实现增资的，企业在发放股票股利时，按照股东原来持有的股数分配，如股东所持股份按比例分配的股利不足一股时，应采用恰当的方法处理。例如，股东会决议按股票面额的 10% 发放股票股利时（假如新股发行价格及面额与原股相同），对于所持股票不足 10 股的股东，将会发生不能领取一股的情况。这时有两种方法可供选择，一是将不足一股的股票股利改为现金股利，用现金支付；二是由股东相互转让，凑为整股。无论采用哪种方法，都将改变企业的股权结构。股东大会批准的利润分配方案中分配的股票股利，应在办理增资手续后，借记“利润分配”科目，贷记“股本”科目。

（3）可转换公司债券转为股本。

企业发行的可转换公司债券按规定转为股本时，按可转换公司债券的余额，借记“应付债券——可转换公司债券（面值、利息调整）”科目，按其权益成分的金额，借记“其他权益工具”科目，按股票面值和转换的股数计算的股票面值总额，贷记“股本”科目，按其差额，贷记“资本公积——股本溢价”科目。

（4）企业将债务转为权益工具。

企业将债务转为权益工具的，应按重组债务的账面余额，借记“应付账款”等科目；按债权人因放弃债权而享有本企业股份的面值总额，贷记“实收资本”或“股本”科目；按股份的公允价值总额与相应的实收资本或股本之间的差额，贷记或借记“资本公积——资本（股本）溢价”科目；按其差额，贷记“营业外收入”等科目。

（5）以权益结算的股份支付的行权。

以权益结算的股份支付换取职工或其他方提供服务的，应在行权日，按根据实际行权情况确定的金额，借记“资本公积——其他资本公积”科目；按应计入实收资本或股本的金额，贷记“实收资本”或“股本”科目。

2. 实收资本减少的会计处理

企业实收资本的减少有两种方式：一是归还投资者的投资；二是按法定程序报经批准减少注册资本，如采用回购本公司股票方式减资。

有限责任公司和一般企业归还投资的会计处理比较简单，按法定程序报经批准减少注册资本的，借记“实收资本”科目，贷记“库存现金”“银行存款”等科目。

中外合作经营企业，在合作期间归还投资者的投资，按归还投资的金额，借记“实收资本——已归还投资”科目，贷记“银行存款”等科目；同时，借记“利润分配——利润归还投资”科目，贷记“盈余公积——利润归还投资”科目。

股份有限公司采用回购本企业股票方式减资的，应按实际支付的金额，借记“库存股”科目，贷记“银行存款”科目；注销库存股时，应按注销股票的面值总额借记“股本”科目，按所注销库存股的账面余额，贷记“库存股”科目，按其差额，冲减股票发行时原计入资本公积的溢价部分，借记“资本公积——股本溢价”科目，回购价格超过上述冲减“股本”及“资本公积——股本溢价”科目的部分，应依次借记“盈余公积”“利润分配——

未分配利润”科目。如购回股票支付的价款低于面值总额的，按股票的面值总额，借记“股本”科目，按其所注销的库存股的账面余额，贷记“库存股”科目，按其差额，贷记“资本公积——股本溢价”科目。

企业应当将因减资而注销的股份、发还的股款，以及因减资需更新股票的变动情况，在股本账户的明细账及有关备查簿中详细记录。投资者按规定转让其出资的，也应在资本（或股本）账户的有关明细账户及备查登记簿中注明。

3. 库存股的核算

为奖励本公司职工而收购本公司股份，应按实际支付的金额，借记“库存股”科目，贷记“银行存款”等科目，同时，作备查登记。将收购的股份奖励给本公司职工属于以权益结算的股份支付，如有实际收到的金额，借记“银行存款”科目，按根据职工获取奖励股份的实际情况确定的金额，借记“资本公积——其他资本公积”科目，按奖励库存股的账面余额，贷记“库存股”科目，按其差额，贷记或借记“资本公积——股本溢价”科目。

转让库存股，应按实际收到的金额，借记“银行存款”等科目，按转让库存股的账面余额，贷记“库存股”科目，按其差额，贷记“资本公积——股本溢价”科目；如为借方差额的，借记“资本公积——股本溢价”科目，股本溢价不足冲减的，应依次冲减盈余公积、未分配利润，借记“盈余公积”“利润分配——未分配利润”科目。

【涉税提示】

（1）对撤回或减少投资进行税务处理时，投资企业从被投资企业撤回或减少投资，其取得的资产中，相当于初始出资的部分，应确认为投资收回；相当于被投资企业累计未分配利润和累计盈余公积按减少实收资本比例计算的部分，应确认为股息所得；其余部分确认为投资资产转让所得。

（2）被清算企业的股东从被清算企业分得的剩余资产的金额，其中相当于被清算企业累计未分配利润和累计盈余公积中按该股东所占股份比例计算的部分，应确认为股息所得；剩余资产减除股息所得后的余额，超过或低于股东投资成本的部分，应确认为股东的投资转让所得或损失。

（3）个人因各种原因终止投资、联营、经营合作等行为，从被投资企业或合作项目、被投资企业的其他投资者以及合作项目的经营合作人取得股权转让收入、违约金、补偿金、赔偿金及以其他名目收回的款项等，均属于个人所得税应税收入，应按照“财产转让所得”项目适用的规定计算缴纳个人所得税。

【例 20－4】 2023 年 12 月 31 日，B 公司的股本为 100 000 000 股，每股面值为 1 元，资本公积（股本溢价）为 30 000 000 元，盈余公积为 40 000 000 元。经股东大会批准，B 公司以现金回购本公司的股票 20 000 000 股并注销。假定 B 公司按每股 2 元的价格回购股票，不考虑其他因素。则 B 公司应作如下会计处理：

（1）回购本公司股票时：

库存股成本＝20 000 000×2＝40 000 000（元）

借：库存股	40 000 000	
贷：银行存款		40 000 000

（2）注销本公司 20 000 000 股股票时：

应冲减的资本公积＝20 000 000×2－20 000 000×1＝20 000 000（元）

借：股本	20 000 000	
资本公积——股本溢价	20 000 000	
贷：库存股		40 000 000

【例 20－5】 假设【例 20－4】中 B 公司按每股 3 元的价格回购股票，其他条件不变，则 B 公司应作如下会计处理：

（1）回购本公司股票时：

库存股成本＝20 000 000×3＝60 000 000（元）

借：库存股	60 000 000	
贷：银行存款		60 000 000

（2）注销本公司 20 000 000 股股票时：

应冲减的资本公积＝20 000 000×3－20 000 000×1＝40 000 000（元）

“资本公积”账面余额 30 000 000 元，不足冲减的 10 000 000 元由“盈余公积”弥补。

借：股本	20 000 000	
资本公积——股本溢价	30 000 000	
盈余公积	10 000 000	
贷：库存股		60 000 000

【例 20－6】假设【例 20－4】中 B 公司按每股 0.90 元的价格回购股票，其他条件不变，则 B 公司的会计处理如下：

（1）回购本公司股票时：

库存股成本＝20 000 000×0.90＝18 000 000（元）

借：库存股　　18 000 000

　　贷：银行存款　　18 000 000

（2）注销本公司 20 000 000 股股票时：

由于折价回购，股本与库存股成本的差额应当增加资本公积。

应增加的资本公积＝20 000 000×1－20 000 000×0.90＝2 000 000（元）

借：股本　　20 000 000

　　贷：库存股　　18 000 000

　　　　资本公积——股本溢价　　2 000 000

第二节　其他权益工具

企业发行的除普通股（作为实收资本或股本）以外，按照金融负债和权益工具区分原则分类为权益工具的其他权益工具，按照以下原则进行会计处理。

一、其他权益工具会计处理的基本原则

企业发行的金融工具应当按照《企业会计准则第 22 号——金融工具确认和计量》的规定进行初始确认和计量；其后，于每个资产负债表日计提利息或分派股利，按照相关具体企业会计准则的规定进行处理。即企业应当以所发行金融工具的分类为基础，确定该工具利息支出或股利分配等的会计处理。对于归类为权益工具的金融工具，无论其名称中是否包含“债”，其利息支出或股利分配都应当作为发行企业的利润分配，其回购、注销等作为权益的变动处理；对于归类为金融负债的金融工具，无论其名称中是否包含“股”，其利息支出或股利分配原则上按照借款费用进行处理，其回购或赎回产生的利得或损失等计入当期损益。

企业（发行方）发行金融工具，其发生的手续费、佣金等交易费用，如

分类为债务工具且以摊余成本计量的，应当计入所发行工具的初始计量金额；如分类为权益工具的，应当从权益（其他权益工具）中扣除。

二、科目设置

金融工具发行方应当设置下列会计科目，对发行的金融工具进行会计核算：

1. 发行方对于归类为金融负债的金融工具在“应付债券”科目核算。“应付债券”科目应当按照发行的金融工具种类进行明细核算，并在各类工具中按“面值”“利息调整”“应计利息”设置明细账，进行明细核算（发行方发行的符合流动负债特征并归类为流动负债的金融工具，以相关流动性质的负债类科目进行核算，本书在账务处理部分均以“应付债券”科目为例）。

对于需要拆分且形成衍生金融负债或衍生金融资产的，应将拆分的衍生金融负债或衍生金融资产按照其公允价值在“衍生工具”科目核算。对于发行的且嵌入了非紧密相关的衍生金融资产或衍生金融负债的金融工具，如果发行方选择将其整体指定为以公允价值计量且其变动计入当期损益的，则应将发行的金融工具的整体在“交易性金融负债”等科目核算。

2. 在所有者权益类科目中设置“其他权益工具”科目，核算企业发行的除普通股以外的归类为权益工具的各种金融工具。“其他权益工具”科目应按发行金融工具的种类等进行明细核算。

三、主要账务处理

（一）发行方的账务处理

1. 发行方发行的金融工具归类为债务工具并以摊余成本计量的，应按实际收到的金额，借记“银行存款”等科目，按债务工具的面值，贷记“应付债券——优先股、永续债等（面值）”科目，按其差额，贷记或借记“应付债券——优先股、永续债等（利息调整）”科目。

在该工具存续期间，计提利息并对账面的利息调整进行调整等的会计处理，按照《企业会计准则第22号——金融工具确认和计量》中有关金融负债按摊余成本后续计量的规定进行会计处理。

2. 发行方发行的金融工具归类为权益工具的，应按实际收到的金额，借记“银行存款”等科目，贷记“其他权益工具——优先股、永续债等”科目。

分类为权益工具的金融工具，在存续期间分派股利（含分类为权益工具的工具所产生的利息，下同）的，作为利润分配处理。发行方应根据经批准的股利分配方案，按应分配给金融工具持有者的股利金额，借记“利润分配——应付优先股股利、应付永续债利息等”科目，贷记“应付股利——优先股股利、永续债利息等”科目。

3. 发行方发行的金融工具为复合金融工具的，应按实际收到的金额，借记“银行存款”等科目，按金融工具的面值，贷记“应付债券——优先股、永续债（面值）等”科目，按负债成分的公允价值与金融工具面值之间的差额，借记或贷记“应付债券——优先股、永续债等（利息调整）”科目，按实际收到的金额扣除负债成分的公允价值后的金额，贷记“其他权益工具——优先股、永续债等”科目。

发行复合金融工具发生的交易费用，应当在负债成分和权益成分之间按照各自占总发行价款的比例进行分摊。与多项交易相关的共同交易费用，应当在合理的基础上，采用与其他类似交易一致的方法，在各项交易之间进行分摊。

4. 发行的金融工具本身是衍生金融负债或衍生金融资产或者内嵌了衍生金融负债或衍生金融资产的，按照《企业会计准则第 22 号——金融工具确认和计量》中有关衍生工具的规定进行处理。

5. 由于发行的金融工具原合同条款约定的条件或事项随着时间的推移或经济环境的改变而发生变化，导致原归类为权益工具的金融工具重分类为金融负债的，应当于重分类日，按该工具的账面价值，借记“其他权益工具——优先股、永续债等”科目，按该工具的面值，贷记“应付债券——优先股、永续债等（面值）”科目，按该工具的公允价值与面值之间的差额，借记或贷记“应付债券——优先股、永续债等（利息调整）”科目，按该工具的公允价值与账面价值的差额，贷记或借记“资本公积——资本溢价（或股本溢价）”科目，如资本公积不够冲减的，依次冲减盈余公积和未分配利润。发行方以重分类日计算的实际利率作为应付债券后续计量利息调整等的基础。

因发行的金融工具原合同条款约定的条件或事项随着时间的推移或经济环境的改变而发生变化，导致原归类为金融负债的金融工具重分类为权益工具的，应于重分类日，按金融负债的面值，借记“应付债券——优先股、永续债等（面值）”科目，按利息调整余额，借记或贷记“应付债券——优先股、永续债等（利息调整）”科目，按金融负债的账面价值，贷记“其他权益工具——优先股、永续债等”科目。

6. 发行方按合同条款约定赎回所发行的除普通股以外的分类为权益工具的金融工具，按赎回价格，借记“库存股——其他权益工具”科目，贷记“银行存款”等科目；注销所购回的金融工具，按该工具对应的其他权益工具的账面价值，借记“其他权益工具”科目，按该工具的赎回价格，贷记“库存股——其他权益工具”科目，按其差额，借记或贷记“资本公积——资本溢价（或股本溢价）”科目，如资本公积不够冲减的，依次冲减盈余公积和未分配利润。

发行方按合同条款约定赎回所发行的分类为金融负债的金融工具，按该工具赎回日的账面价值，借记“应付债券”等科目，按赎回价格，贷记“银行存款”等科目，按其差额，借记或贷记“财务费用”科目。

7. 发行方按合同条款约定将发行的除普通股以外的金融工具转换为普通股的，按该工具对应的金融负债或其他权益工具的账面价值，借记“应付债券”“其他权益工具”等科目，按普通股的面值，贷记“实收资本（或股本）”科目，按其差额，贷记“资本公积——资本溢价（或股本溢价）”科目（如转股时金融工具的账面价值不足转换为1股普通股而以现金或其他金融资产支付的，还需按支付的现金或其他金融资产的金额，贷记“银行存款”等科目）。

（二）投资方的账务处理

金融工具投资方（持有人）考虑持有的金融工具或其组成部分是权益工具还是债务工具投资时，应当遵循《企业会计准则第22号——金融工具确认和计量》的相关要求，通常应当与发行方对金融工具的权益或负债属性的分类保持一致。例如，对于发行方归类为权益工具的非衍生金融工具，投资方通常应当将其归类为权益工具投资。

如果投资方因持有发行方发行的金融工具而对发行方拥有控制、共同控制或重大影响的，按照《企业会计准则第2号——长期股权投资》和《企业会计准则第20号——企业合并》进行确认和计量。

第三节　资本公积和其他综合收益

一、资本公积

（一）资本公积的内容

资本公积，是企业收到投资者出资额超出其在注册资本或股本中所占份额的部分，以及直接计入所有者权益的利得和损失。资本公积包括资本溢价（或股本溢价）和直接计入所有者权益的利得和损失等。

资本溢价（或股本溢价），是企业收到的投资者超出其在企业注册资本（或股本）中所占份额的投资。形成资本溢价（或股本溢价）的原因有溢价发行股票、投资者超额缴入资本等。

直接计入所有者权益的利得和损失，是指不应计入当期损益、会导致所有者权益发生增减变动的、与所有者投入资本或向所有者分配利润无关的利得或者损失。

（二）资本公积的核算

企业应设置“资本公积”科目，核算企业收到投资者出资额超出其在注册资本或股本中所占份额的部分。企业应当分别“资本溢价（或股本溢价）”“其他资本公积”进行明细核算。

1. 资本溢价（或股本溢价）

在企业创立时，出资者认缴的出资额即企业的注册资本，应全部记入“实收资本”科目。但是，当企业重组并有新的投资者加入时，为了维护原投资者的利益，新加入的投资者的出资额往往会大于其享有的企业注册资本（或股本）的份额，超出部分应当记入“资本公积”科目。具体账务处理如下：

（1）接受投资者投入的资本。

在收到投资者投入资本时，企业应按实际收到的金额或确定的价值，借记“银行存款”“固定资产”等科目；按其在注册资本中所占的份额，贷记“实收资本”科目；按其差额，贷记“资本公积——资本溢价”科目。

【例 20－7】 华丰公司接受甲企业投资的 100 万元现金和一套设备，双方约定甲企业投资占华丰公司注册资本 1 000 万元的 20%。该设备双方确认的价值为 180 万元，华丰公司取得的增值税专用发票上注明的金额为 180 万元，增值税税额为 23.4 万元，该发票已于当月确认。华丰公司已将现金收存银行，并已收到该设备。

根据上述资料，华丰公司应作如下会计处理：

借：银行存款　　1 000 000
　　固定资产　　1 800 000
　　应交税费——应交增值税（进项税额）　　234 000
　　贷：实收资本——A 企业　　2 000 000
　　　　资本公积——资本溢价　　1 034 000

在股份有限公司，资本溢价表现为股本溢价。在收到现金等资产时，企业应按实际收到的金额，借记“库存现金”“银行存款”等科目；按股票面值和核定的股份总额的乘积计算的金额，贷记“股本”科目；按其差额，贷记“资本公积——股本溢价”科目。

（2）与发行权益性证券直接相关的手续费、佣金等交易费用的处理。

股份有限公司发行股票时支付的手续费或佣金、股票印刷成本等，应首先冲减发行股票冻结期间所产生的利息收入；不足冲减的，从股票发行的溢价收入中抵销，即借记“资本公积——股本溢价”科目，贷记“银行存款”等科目；无溢价或溢价不足以抵销的部分，依次冲减“盈余公积”“利润分配——未分配利润”科目。

【例 20－8】 乙股份有限公司首次公开发行了普通股 50 000 000 股，每股面值 1 元，每股发行价格 4 元。乙公司以银行存款支付发行手续费、咨询费等费用共计 6 000 000 元。假定发行收入已全部收到，无发行期间利息收入，不考虑其他因素。则乙公司应作如下会计处理：

收到发行收入时：

借：银行存款　　200 000 000
　　贷：股本　　50 000 000
　　　　资本公积——股本溢价　　150 000 000

支付发行费用时：

借：资本公积——股本溢价　　6 000 000
　　贷：银行存款　　6 000 000

（3）上市公司配股或增发新股形成的资本公积。

上市公司配股或增发新股，上市公司的股东以其所拥有的其他企业的全部或部分股权作为配股资金，或作为认购新股的股款，上市公司所接受的股权，应按照配股或增发新股所确定的价格，确认为初始股权投资成本，按照该股东配股或增发新股所享有的股份面值总额，作为股本，按其差额，记入“资本公积——股本溢价”科目。

2. 其他资本公积

其他资本公积，是指除资本溢价（或股本溢价）项目以外所形成的资本公积，其中主要是直接计入所有者权益的利得和损失。包括以下两方面内容：

（1）以权益结算的股份支付。

企业以权益结算的股份支付换取职工或其他方提供服务的，应按权益工具授予日的公允价值，借记“管理费用”等相关成本费用科目，贷记“资本公积——其他资本公积”科目。在行权日，应按实际行权的权益工具数量计算确定的金额，借记“资本公积——其他资本公积”科目，按计入实收资本或股本的金额，贷记“实收资本”或“股本”科目，按其差额，贷记“资本公积——资本溢价（股本溢价）”科目。

（2）采用权益法核算的长期股权投资。

长期股权投资采用权益法核算的，被投资单位除净损益、其他综合收益和利润分配以外的所有者权益的其他变动，投资企业按持股比例计算应享有的份额，应当增加或减少长期股权投资的账面价值，同时增加或减少资本公积（其他资本公积）。当处置采用权益法核算的长期股权投资时，应当将原计入资本公积（其他资本公积）的相关金额转入投资收益（除不能转入损益的项目外）。

3. 用资本公积转增资本或股本

经股东大会或类似机构决议，用资本公积转增资本，借记“资本公积——资本（股本）溢价”科目，贷记“实收资本”或“股本”科目。

【涉税提示】

（1）被投资企业将股权（票）溢价所形成的资本公积转为股本的，不作为投资方企业的股息、红利收入，投资方企业也不得增加该项长期投资的计税基础。

（2）股份制企业用资本公积金转增股本不属于股息、红利性质的分配，对个人取得的转增股本数额，不作为个人所得，不征收个人所得税。

二、其他综合收益

其他综合收益，是指企业根据其他会计准则规定未在当期损益中确认的各项利得和损失。包括以后会计期间不能重分类进损益的其他综合收益和以后会计期间在满足规定条件时将重分类进损益的其他综合收益两类。

（一）不能重分类进损益的其他综合收益

以后会计期间不能重分类进损益的其他综合收益项目，主要包括以下几类：

1. 重新计量设定受益计划变动额，指企业重新计量设定受益计划净负债或净资产导致的变动额。

2. 权益法下不能转损益的其他综合收益，指按照权益法核算长期股权投资的企业在被投资单位以后会计期间不能重分类进损益的其他综合收益中所享有的份额等。

3. 其他权益工具投资公允价值变动，指企业指定为以公允价值计量且其变动计入其他综合收益的非交易性权益工具投资发生的公允价值变动。

4. 企业自身信用风险公允价值变动，指企业指定为以公允价值计量且其变动计入当期损益的金融负债，由企业自身信用风险变动引起的公允价值变动而计入其他综合收益的金额。

（二）将重分类进损益的其他综合收益

以后会计期间在满足规定条件时将重分类进损益的其他综合收益项目，主要包括以下几类：

1. 权益法下可转损益的其他综合收益，指采用权益法核算长期股权投资的企业，按照被投资单位实现其他综合收益以及持股比例计算应享有或分担的金额。此时，企业调整长期股权投资的账面价值，同时增加或减少其他综合收益。其会计处理为：借记（或贷记）“长期股权投资——其他综合收益”科目，贷记（或借记）“其他综合收益”科目；待该项股权投资处置时，将原计入其他综合收益的金额转入当期损益。

2. 其他债权投资公允价值变动，指企业分类为以公允价值计量且其变动计入其他综合收益的债权投资发生的公允价值变动。

3. 金融资产重分类计入其他综合收益的金额，指企业将一项以摊余成本计量的金融资产重分类为以公允价值计量且其变动计入其他综合收益的金融资产时，计入其他综合收益的原账面价值与公允价值之间的差额。

4. 其他债权投资信用减值准备，指企业按照《企业会计准则第 22 号——金融工具确认和计量》规定分类为以公允价值计量且其变动计入其他综合收益的金融资产的损失准备。

5. 现金流量套期储备，指企业套期工具产生的利得或损失中属于套期有效的部分。这部分利得或损失，直接确认为其他综合收益。该有效套期部分的金额，按照下列两项的绝对额中较低者确定：①套期工具自套期开始的累计利得或损失；②被套期项目自套期开始的预计未来现金流量现值的累计变动额。

6. 外币财务报表折算差额，指按照外币折算的要求，企业在处置境外经营的当期，将已列入合并财务报表所有者权益的外币报表折算差额中与该境外经营相关部分，自其他综合收益项目转入处置当期损益。如果是部分处置境外经营，应当按处置的比例计算处置部分的外币报表折算差额，转入处置当期损益。

第四节　留 存 收 益

一、留存收益的内容

留存收益，是企业积累税后利润而形成的资本，与投入资本不同。投入资本是从企业外部投入企业的，而留存收益是从企业内部滋生而形成的。

留存收益由盈余公积和未分配利润构成。盈余公积又包括法定盈余公积和任意盈余公积，其构成如图 20－2 所示。

- 留存收益
  - 盈余公积
    - 法定盈余公积
    - 任意盈余公积
  - 未分配利润

图 20－2　留存收益构成

二、盈余公积

（一）盈余公积的内容

盈余公积，是指企业按照规定从净利润中提取的各种积累资金。

1. 一般企业和股份有限公司的盈余公积

一般企业和股份有限公司的盈余公积主要包括：法定盈余公积和任意盈余公积。

（1）法定盈余公积，是指企业按照规定的比例从净利润中提取的盈余公积。例如，根据《公司法》的规定，有限责任公司和股份有限公司应按照税后利润的10%提取法定盈余公积，计提的法定盈余公积累计达到注册资本的50%时，可以不再提取。对于非公司制企业，也可以按照净利润10%的比例提取。值得注意的是，在计算提取法定盈余公积的基数时，不应包括企业年初未分配利润。公司的法定盈余公积不足以弥补以前年度亏损的，在提取法定盈余公积之前，应当先用当年利润弥补亏损。

（2）任意盈余公积，是指企业经股东大会或类似机构批准按照规定的比例从净利润中提取的盈余公积。它与法定盈余公积的区别在于其提取比例由企业自行决定，而法定盈余公积的提取比例则由国家有关法规规定。

2. 外商投资企业的盈余公积

外商投资企业的盈余公积包括：储备基金和企业发展基金。

（1）储备基金，是指按照法律、行政法规规定从净利润中提取的、经批准用于弥补亏损和增加资本的储备基金；

（2）企业发展基金，是指按照法律、行政法规规定从净利润中提取的、用于企业生产发展和经批准用于增加资本的企业发展基金。

3. 中外合作经营企业的盈余公积

中外合作经营企业的盈余公积，是中外合作经营企业按照规定在合作期间以利润归还投资者的投资，即利润归还投资。

（二）盈余公积的用途

企业的盈余公积可以用于弥补亏损、转增资本（或股本）。符合规定条件的企业，也可以用盈余公积分派现金股利。

1. 弥补亏损。根据企业会计准则和有关法规的规定，企业发生亏损，应由企业自行弥补。弥补亏损的渠道主要有两条：一是用以后年度税前或税后利润进行弥补；二是用盈余公积弥补。但是，用盈余公积弥补亏损应当由董事会提议，经股东大会或者类似的机构批准。

2. 转增资本（股本）。当企业提取的盈余公积比较多时，可以将盈余公积转增资本（股本），但是必须经股东大会或类似机构批准，并且办理增资手续。用法定盈余公积转增资本（股本）后，企业留存的盈余公积不得少于注册资本（指转增前）的25%。

3. 发放现金股利或利润。原则上企业当年没有利润，不得分配股利，但为了维护企业信誉，当企业累积的盈余公积比较多，而未分配利润比较少时，为了回报投资者，也可以用盈余公积分派现金股利或利润。

（三）盈余公积的核算

1. 科目设置

企业应设置“盈余公积”科目，核算提取和使用的各项盈余公积。该科目贷方登记从税后利润中提取的各项盈余公积，借方登记盈余公积的使用，期末贷方余额反映企业提取的盈余公积余额。一般企业和股份有限公司应设置“法定盈余公积”和“任意盈余公积”两个明细科目，外商投资企业应设置“储备基金”和“企业发展基金”两个明细科目，进行明细核算。中外合作经营企业在合作期间归还投资者的投资，还应设置“利润归还投资”明细科目。

2. 盈余公积的会计处理

（1）提取盈余公积。

对于一般企业或股份有限公司，在按规定提取各项盈余公积时，应当按照提取的各项盈余公积金额，借记“利润分配——提取法定盈余公积”“利润分配——提取任意盈余公积”科目，贷记“盈余公积——法定盈余公积”“盈余公积——任意盈余公积”科目。

【例20-9】华丰公司本年实现的净利润为4 000 000元，按10%的比例提取法定盈余公积400 000元，按5%的比例提取任意盈余公积200 000元。华丰公司应作如下会计处理：

借：利润分配——提取法定盈余公积　　400 000

　　贷：盈余公积——法定盈余公积　　400 000

借：利润分配——提取任意盈余公积　　200 000

贷：盈余公积——任意盈余公积 200 000

外商投资企业提取的储备基金、企业发展基金，借记“利润分配——提取储备基金”“利润分配——提取企业发展基金”科目，贷记“盈余公积——储备基金”“盈余公积——企业发展基金”科目；提取的职工奖励及福利基金，借记“利润分配——提取职工奖励及福利基金”科目，贷记“应付职工薪酬”科目。

中外合作经营企业以利润归还投资时，按实际归还投资的金额，借记“实收资本——已归还投资”科目，贷记“银行存款”科目；同时，借记“利润分配——利润归还投资”科目，贷记“盈余公积——利润归还投资”科目。

（2）使用盈余公积。

①盈余公积弥补亏损。企业经股东大会或类似机构批准，用盈余公积弥补亏损时，应当借记“盈余公积”科目，贷记“利润分配——盈余公积补亏”科目。

②盈余公积转增资本（或股本）。符合增资条件的企业，经股东大会决议，修改公司章程后，可以将资本公积和法定盈余公积转为资本，借记“盈余公积”科目，贷记“股本”或“实收资本”科目。

③外商投资企业经批准将储备基金用于转增资本，借记“盈余公积——储备基金”科目，贷记“实收资本”科目；企业经批准用储备基金弥补亏损时，借记“盈余公积——储备基金”科目，贷记“利润分配——其他转入”科目；外商投资企业用企业发展基金转增资本时，借记“盈余公积——企业发展基金”科目，贷记“实收资本”科目。

【例 20－10】经股东大会批准，A 公司用以前年度提取的盈余公积弥补当年的亏损 800 000 元。假定不考虑其他因素，则 A 公司应作如下会计处理：

借：盈余公积 800 000

贷：利润分配——盈余公积补亏 800 000

【例 20－11】B 公司因扩大生产规模的需要，经股东大会批准，将 500 000元的盈余公积转增股本。假定不考虑其他因素，则 B 公司应作如下会计处理：

借：盈余公积 500 000

贷：股本 500 000

三、未分配利润

未分配利润，是企业实现的净利润经过弥补亏损、提取盈余公积和向投资者分配利润后留存在企业的、历年结存的利润。未分配利润通常用于留待以后年度向投资者进行分配。由于未分配利润相对于盈余公积而言，属于未确定用途的留存收益，所以，企业在使用未分配利润上有较大的自主权，受国家法律法规的限制比较少。从数量上来说，未分配利润是期初未分配利润，加上本期实现的净利润，减去本期利润分配后的余额。

企业未分配利润通过“利润分配”科目进行核算，其形成、分配的账务处理，详见本书下册“第二十一章第三节　利润”。

【涉税提示】

在实际工作中，如果企业存在以资本公积、盈余公积和未分配利润转增资本的情况，税务人员应注意以下问题：①股份制企业以股本溢价所形成的资本公积转增资本，不属于股息、红利性质的分配，其中对个人取得的转增数额，不属于个人所得，不征收个人所得税；对法人取得的转增数额，不属于投资方企业的股息、红利收入，不征收企业所得税，投资方企业也不得增加该项长期投资的计税基础。②企业以未分配利润、盈余公积转增资本的，属于股息、红利性质的分配，其中对个人取得的转增数额，应作为个人所得征收个人所得税；对法人取得的转增数额，应作为企业股息、红利收入，符合条件，可以享受企业所得税免税待遇。

第二十一章　收入、费用和利润

【本章提要】 本章主要介绍收入、费用和利润的核算及涉税处理。

收入，是指在企业日常活动中形成的、会导致所有者权益增加的、与所有者投入资本无关的经济利益的总流入。收入确认和计量大致分为五步：第一步，识别与客户订立的合同；第二步，识别合同中的单项履约义务；第三步，确定交易价格；第四步，将交易价格分摊至各单项履约义务；第五步，履行各单项履约义务时确认收入。其中，第一步、第二步和第五步主要与收入的确认有关，第三步和第四步主要与收入的计量有关。

费用，是指企业在日常活动中发生的、会导致所有者权益减少的、与向所有者分配利润无关的经济利益的总流出。费用按照功能分类，分为从事经营业务发生的成本、税金及附加、管理费用、销售费用和财务费用等。

利润，是指企业在一定会计期间的经营成果。利润包括收入减去费用后的净额、直接计入当期利润的利得和损失等。利润核算主要介绍利润形成的核算和利润分配的核算。

收入、费用和利润核算所使用的会计科目主要有“主营业务收入”“其他业务收入”“主营业务成本”“其他业务成本”“合同资产”“合同资产减值准备”“应收退货成本”“合同负债”“预计负债——应付退货款”“合同履约成本”“合同履约成本减值准备”“合同取得成本”“合同取得成本减值准备”“合同结算”“税金及附加”“销售费用”“管理费用”“财务费用”“其他收益”“投资收益”“资产处置损益”“资产减值损失”“营业外收入”“营业外支出”“本年利润”“利润分配”等，这些会计科目与财务报表项目的关系如图 21 - 1 所示。

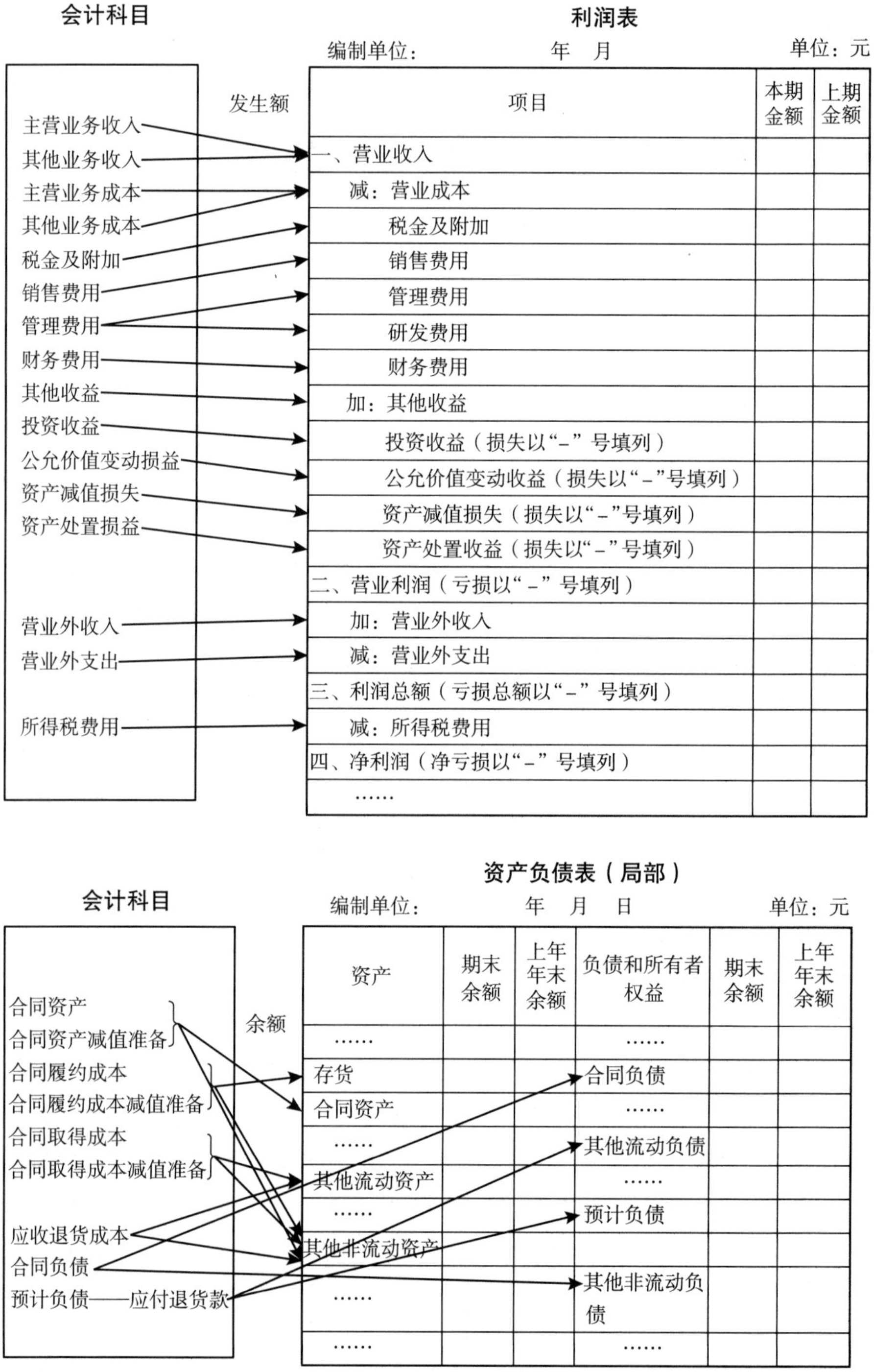

图21－1 会计科目与财务报表项目的关系（收入、费用和利润）

此外，资产负债表日，“合同结算”科目的期末余额在借方的，根据其流动性在“合同资产”或“其他非流动资产”项目中填列；期末余额在贷方的，根据其流动性在“合同负债”或“其他非流动负债”项目中填列。

第一节　收　　入

一、收入概述

（一）收入的概念

收入，是指企业在日常活动中形成的、会导致所有者权益增加的、与所有者投入资本无关的经济利益的总流入。其中，“日常活动”，是指企业为完成其经营目标所从事的经常性活动以及与之相关的活动。工业企业制造并销售产品、商业企业销售商品、咨询公司提供咨询服务、软件开发企业为客户开发软件、安装公司提供安装服务、建筑企业提供建造服务等，均属于企业的日常活动。日常活动所形成的经济利益的流入应当确认为收入。企业代第三方收取的款项，如增值税销项税额、代收利息等，应当作为负债处理，不应当确认为收入。

（二）收入的核算范围

本节依据《企业会计准则第14号——收入》说明收入的核算，该准则适用于所有与客户之间的合同。其中，客户，是指与企业订立合同以向该企业购买其日常活动产出的商品或服务（以下简称商品）并支付对价的一方。如果合同对方与企业订立合同的目的是共同参与一项活动（如合作开发一项资产），合同对方和企业一起分担（或分享）该活动产生的风险（或收益），而不是获取企业日常活动产出的商品，则该合同对方不是企业的客户，企业与其签订的该份合同也不属于《企业会计准则第14号——收入》规范范围。

本节不涉及企业对外出租资产收取的租金、进行债权投资收取的利息、进行股权投资取得的现金股利、保险公司取的保费收入等。企业以存货换取客户的存货、固定资产、无形资产以及长期股权投资等，按照本章规定进行会计处理，但没有商业实质的非货币性资产交换，不确认收入。其他非货币性资产交换，按照非货币性资产交换的规定进行会计处理。企业处置固定资产、无形资产等的，在确定处置时点以及计量损益时，按照本节规定进行会计处理。

（三）科目设置

为正确记录和反映企业与客户之间的合同产生的收入及相关成本费用，应设置“主营业务收入”“主营业务成本”“其他业务收入”“其他业务成本”“合同履约成本”“合同履约成本减值准备”“合同取得成本”“合同取得成本减值准备”“应收退货成本”“合同资产”“合同资产减值准备”“合同负债”等会计科目。

1. “主营业务收入”科目

“主营业务收入”科目，核算企业确认的销售商品、提供服务等主营业务的收入。该科目贷方登记企业在履行了合同中的单项履约义务时应确认的收入金额。期末，应将该科目的余额转入“本年利润”科目，结转后该科目应无余额。该科目可按主营业务的种类进行明细核算。

2. “主营业务成本”科目

“主营业务成本”科目，核算企业确认销售商品、提供服务等主营业务收入时应结转的成本。该科目借方登记企业根据本期销售各种商品、提供各种服务等实际成本，计算应结转的主营业务成本。采用计划成本或售价核算库存商品的，平时的营业成本按计划成本或售价结转，月末，还应结转本月销售商品应分摊的产品成本差异或商品进销差价。期末，应将该科目的余额转入“本年利润”科目，结转后该科目无余额。该科目可按主营业务的种类进行明细核算。

3. “其他业务收入”科目

“其他业务收入”科目，核算企业确认的除主营业务活动以外的其他经营活动实现的收入，包括出租固定资产、出租无形资产、出租包装物和商品、销售材料、用材料进行非货币性资产交换（非货币性资产交换具有商业实质且公允价值能够可靠计量）或债务重组等实现的收入。该科目贷方登记企业确认的其他业务收入。期末，应将该科目的余额转入“本年利润”科目，结转后该科目应无余额。该科目可按其他业务的种类进行明细核算。

企业（保险）经营受托管理业务收取的管理费收入，也通过该科目核算。

4. “其他业务成本”科目

“其他业务成本”科目，核算企业确认的除主营业务活动以外的其他经营活动所发生的支出，包括销售材料的成本、出租固定资产的折旧额、出租无形资产的摊销额、出租包装物的成本或摊销额等。采用成本模式计量投资性房地产的，其投资性房地产计提的折旧额或摊销额，也通过该科目核算。该科目借方登记企业发生的其他业务成本。期末，应将该科目的余额转入“本年利润”科目，结转后该科目无余额。

除主营业务活动以外的其他经营活动发生的相关税费，在“税金及附加”科目核算，不在该科目核算。

5. “合同履约成本”科目

“合同履约成本”科目，核算企业为履行当前或预期取得的合同所发生的、不属于其他企业会计准则规范范围且按照《企业会计准则第 14 号——收入》应当确认为一项资产的成本。该科目借方登记企业为履行合同而发生的履约成本；贷方登记企业结转摊销的合同履约成本；该科目期末借方余额，反映企业尚未结转的合同履约成本。该科目可按合同，分别“服务成本”“工程施工”等进行明细核算。

企业因履行合同而产生的毛利不在该科目核算。

6. “合同履约成本减值准备”科目

“合同履约成本减值准备”科目，核算与合同履约成本有关的资产减值准备。该科目贷方登记企业计提的合同履约成本减值准备；借方登记转回已计提的合同履约成本减值准备；该科目期末贷方余额，反映企业已计提但尚未转销的合同履约成本减值准备。该科目可按合同进行明细核算。

7. “合同取得成本”科目

“合同取得成本”科目，核算企业取得合同发生的、预计能够收回的增量成本。该科目借方登记企业为取得合同而发生的增量成本；贷方登记企业结转摊销的合同取得成本；该科目期末借方余额，反映企业尚未结转的合同取得成本。该科目可按合同进行明细核算。

8. “合同取得成本减值准备”科目

“合同取得成本减值准备”科目，核算与合同取得成本有关的资产的减值准备。该科目贷方登记企业计提的合同取得成本减值准备；借方登记转回已计提的合同取得成本减值准备；该科目期末贷方余额，反映企业已计提但尚未转销的合同取得成本减值准备。该科目可按合同进行明细核算。

9. “应收退货成本”科目

“应收退货成本”科目，核算企业销售商品时预期将退回商品的账面价值，扣除收回该商品预计发生的成本（包括退回商品的价值减损）后的余额。该科目借方登记企业发生附有销售退回条款的销售，结转相关成本时，预期将退回商品转让时的账面价值，扣除收回该商品预计发生的成本（包括退回商品的价值减损）后的余额；贷方登记收到退回的商品时应冲减的成本；该科目期末借方余额，反映企业预期将退回商品转让时的账面价值，扣除收回该商品预计发生的成本（包括退回商品的价值减损）后的余额，在资产负债表中按其流动性记入“其他流动资产”或“其他非流动资产”科目。该科目可按合同进行明细核算。

10. “合同资产”科目

“合同资产”科目核算企业已向客户转让商品而有权收取对价的权利。该科目借方登记企业在客户实际支付合同对价或在该对价到期应付之前，已经向客户转让了商品的，因已转让商品而有权收取的对价金额；贷方登记企业取得无条件收款权的金额；该科目期末借方余额，反映企业因已转让商品而有权收取的对价，未转为无条件收款权的金额。该科目应按合同进行明细核算。

仅取决于时间流逝因素的权利不在该科目核算。

11. “合同资产减值准备”科目

“合同资产减值准备”科目，核算合同资产的减值准备。该科目贷方登记企业计提的合同资产减值准备；借方登记转回已计提的合同资产减值准备；该科目期末贷方余额，反映企业已计提但尚未转销的合同资产减值准备。该科目可按合同进行明细核算。

12. “合同负债”科目

“合同负债”科目，核算企业已收或应收客户对价而应向客户转让商品的义务。该科目贷方登记企业在向客户转让商品之前，客户已经支付了合同对价或企业已经取得了无条件收取合同对价权利的，企业已经收到的合同对价或已经取得的无条件收取合同对价权利的金额；借方登记企业向客户转让相关商品的金额；该科目期末贷方余额，反映企业在向客户转让商品之前，已经收到的合同对价或已经取得的无条件收取合同对价权利的金额。该科目应按合同进行明细核算。

企业因转让商品收到的预收款适用《企业会计准则第 14 号——收入》进行会计处理时，不再使用“预收账款”“递延收益”科目。

二、收入的确认和计量

收入确认和计量大致分为五步：第一步，识别与客户订立的合同；第二步，识别合同中的单项履约义务；第三步，确定交易价格；第四步，将交易价格分摊至各单项履约义务；第五步，履行各单项履约义务时确认收入。其中，第一步、第二步和第五步主要与收入的确认有关，第三步和第四步主要与收入的计量有关。

（一）收入确认

1. 识别与客户订立的合同

企业应当在履行了合同中的履约义务，即在客户取得相关商品控制权时确认收入。

取得相关商品控制权，是指能够主导该商品的使用并从中获得几乎全部的经济利益，也包括有能力阻止其他方主导该商品的使用并从中获得经济利益。企业在判断商品的控制权是否发生转移时，应当从客户的角度进行分析，即客户是否取得了相关商品的控制权以及何时取得该控制权。取得相关商品控制权，包括以下三个要素：

一是能力。企业只有在客户拥有现时权利，能够主导该商品的使用并从中获得几乎全部经济利益时，才能确认收入。如果客户只能在未来的某一期间主导该商品的使用并从中获益，则表明其尚未取得该商品的控制权。例如，企业与客户签订合同为其生产产品，虽然合同约定该客户最终将能够主导该产品的使用，并获得几乎全部的经济利益，但是，只有在客户真正获得这些权利时（根据合同约定，可能是在生产过程中或更晚的时点），企业才能确认收入，在此之前，企业不应当确认收入。

二是主导该商品的使用。客户有能力主导该商品的使用，是指客户在其活动中有权使用该商品，或者能够允许或阻止其他方使用该商品。

三是能够获得几乎全部的经济利益。客户必须拥有获得商品几乎全部经济利益的能力，才能被视为获得了对该商品的控制。商品的经济利益，是指该商品的潜在现金流量，既包括现金流入的增加，也包括现金流出的减少。客户可以通过使用、消耗、出售、处置、交换、抵押或持有等多种方式直接或间接地获得商品的经济利益。

合同，是指双方或多方之间订立有法律约束力的权利义务的协议。合同有书面形式、口头形式以及其他形式（如隐含于商业惯例或企业以往的习惯做法中等）。

履约义务，是指合同中企业向客户转让可明确区分商品的承诺。履约义务包括合同中的明确承诺，也包括企业已公开宣布的政策、特定声明或以往的习惯做法等导致企业将向客户转让额外商品的承诺。

（1）收入确认的条件。

当企业与客户之间的合同同时满足下列条件时，企业应当在履行了合同中的履约义务，即在客户取得相关商品控制权时确认收入：

①合同各方已批准该合同并承诺将履行各自义务。

②该合同明确了合同各方与所转让商品或提供劳务（以下简称转让商品）相关的权利和义务。

③该合同有明确的与所转让商品相关的支付条款。

④该合同具有商业实质，即履行该合同将改变企业未来现金流量的风险、时间分布或金额。

⑤企业因向客户转让商品而有权取得的对价很可能收回。

对于不能同时满足上述收入确认的五个条件的合同，企业只有在不再负有向客户转让商品的剩余义务，且已向客户收取的对价无须退回时，才能将已收取的对价确认为收入；否则，应当将已收取的对价作为负债进行会计处理。

需要说明的是，没有商业实质的非货币性资产交换，无论何时均不应确认收入。从事相同业务经营的企业之间，为便于向客户或潜在客户销售而进行的非货币性资产交换（例如，两家石油公司之间相互交换石油，以便及时满足各自不同地点客户的需求），不应当确认收入。

【例 21 -1】甲房地产开发公司与乙公司签订合同，向其销售一栋建筑物，合同价款为 200 万元。该建筑物的成本为 120 万元，乙公司在合同开始日即取得了该建筑物的控制权。根据合同约定，乙公司在合同开始日支付了 5% 的保证金 10 万元，并就剩余 95% 的价款与甲公司签订了不附追索权的长期融资协议，如果乙公司违约，甲公司可重新拥有该建筑物，即使收回的建筑物不能涵盖所欠款项的总额，甲公司也不能向乙公司索取进一步的赔偿。乙公司计划在该建筑物内开设一家餐馆。在该建筑物所在的地区，餐饮行业面临激烈的竞争，但乙公司缺乏餐饮行业的经营经验。

本例中，乙公司计划以该餐馆产生的收益偿还甲公司的欠款，除此之外并无其他的经济来源，乙公司也未对该笔欠款设定任何担保。如果乙公司违约，甲公司虽然可重新拥有该建筑物，但即使收回的建筑物不能涵盖所欠款项的总额，甲公司也不能向乙公司索取进一步的赔偿。因此，甲公司对乙公司还款的能力和意图存在疑虑，认为该合同不满足合同价款很可能收回的条件，其应当将收到的10万元确认为一项负债。

企业与客户之间的合同，在合同开始日即满足上述五项条件的，企业在后续期间无须对其进行重新评估，除非有迹象表明相关事实和情况发生重大变化。合同开始日，通常是指合同生效日。

企业与客户之间的合同，不符合上述五项条件的，企业应当在后续期间对其进行持续评估，并在满足上述五项条件时，企业才能在客户取得相关商品控制权时确认收入。

【涉税提示】

1. 根据企业所得税政策规定，企业销售收入的确认，必须遵循权责发生制原则和实质重于形式原则。企业销售商品同时满足下列条件的，应确认收入的实现：

（1）商品销售合同已经签订，企业已将商品所有权相关的主要风险和报酬转移给购货方；

（2）企业对已售出的商品既没有保留通常与所有权相联系的继续管理权，也没有实施有效控制；

（3）收入的金额能够可靠地计量；

（4）已发生或将发生的销售方的成本能够可靠地核算。

2. 根据增值税政策规定，企业发生应税销售行为，增值税纳税义务发生时间为收讫销售款项或者取得索取销售款项凭据的当天；先开具发票的，为开具发票的当天。

3. 比较会计、企业所得税和增值税政策，可以发现会计在满足“有权取得的对价很可能收回”等收入确认条件时，按控制权是否转移来确认收入，而不再是按所有权是否转移作为判断标准。控制权是否转移是以合同中履约义务是否履行来认定。企业所得税政策对收入的确认主要以所有权是否转移来认定，同时不强调“有权取得的对价很可能收回”这一条件，也就是说，税法不承担企业的经营风险，不遵循谨慎性原则。因此，会计确认收入的标准与企业所得税政策规定的收入确认标准不一致，由此形成的差异，应在计算企业所得税时作纳税调整。增值税政策认为在收讫销售款项或者取得索取销售款项凭据的当天纳税义务发生；先开具发票的，在开具发票的当天纳税义务发生。因此，企业应在纳税义务发生时计提增值税销项税额。

【例 21－2】2021 年 11 月 2 日，华丰公司向方明公司销售一批产品，该批产品的成本为 400 000 元，开出的增值税专用发票上注明售价为 500 000 元，增值税税额为 65 000 元。合同约定，方明公司在收到货物后 1 个月之内付款。11 月 5 日方明公司已确认收货，但 11 月 20 日方明公司发生特大火灾，造成严重财务损失，货款尚未支付，华丰公司预计货款很难收回。截至 2021 年 12 月 31 日，该笔货款仍未收到。

本例中，由于“企业因向客户转让商品而有权取得的对价很可能收回”这一条件不具备，因此，华丰公司不应确认收入。但由于华丰公司销售商品时已开出发票，销售该批商品的增值税纳税义务已经发生。因此，华丰公司应作如下会计处理：

借：发出商品　　400 000
　　贷：库存商品　　400 000
借：应收账款　　65 000
　　贷：应交税费——应交增值税（销项税额）　　65 000

【税务处理】

按照企业所得税收入的确认标准，华丰公司在办理 2021 年度企业所得税申报时，应确认企业所得税收入 500 000 元，同时结转成本 400 000 元，调整增加应纳税所得额 100 000 元。如果最终确认无法收回该货款，再根据税法关于资产损失的认定条件，确认在税前扣除的坏账损失，税法上不会延迟收入的确认。

（2）合同合并。

企业与同一客户（或该客户的关联方）同时订立或在相近时间内先后订立的两份或多份合同，在满足下列条件之一时，应当合并为一份合同进行会计处理：

①该两份或多份合同基于同一商业目的而订立并构成一揽子交易。如一份合同在不考虑另一份合同的对价的情况下将会发生亏损。

②该两份或多份合同中的一份合同的对价金额取决于其他合同的定价或

履行情况。如一份合同发生违约，将会影响另一份合同的对价金额。

③该两份或多份合同中所承诺的商品（或每份合同中所承诺的部分商品）构成单项履约义务。

两份或多份合同合并为一份合同进行会计处理的，仍然需要区分该一份合同中包含的各单项履约义务。

【例21－3】甲公司向乙公司销售一份软件，签订合同确定交易价格为180万元。乙公司采购部考虑到该软件可能无法与现有的信息系统联网，需要对软件中的某些项目进行修改，所以马上又与甲公司签订了一份软件修改协议，预计修改费20万元，并规定修改不符合要求或成本过高，将对原销售的软件进行折价。

本例中，从两份合同来看，订立的时间接近，且符合下列条件：①基于同一商业目的，且甲公司所承诺的内容都是为了销售软件。②一份合同是否能够执行，取决于另一份合同的执行结果。③甲公司所承诺的内容都是为了销售软件，构成单项履约义务。因此，上述两份合同应当进行合并。当然本例是个特例，符合了上述3个条件，实际上只要符合1个条件，就应当进行合并。

（3）合同变更。

合同变更，是指经合同各方批准对原合同范围或价格作出的变更。企业应当区分下列三种情形对合同变更分别进行会计处理：

①合同变更部分作为单独合同。合同变更增加了可明确区分的商品及合同价款，且新增合同价款反映了新增商品单独售价的，应当将该合同变更部分作为一份单独的合同进行会计处理。此类合同变更不影响原合同的会计处理。

企业向客户承诺的商品同时满足下列条件的，应当作为可明确区分商品：A. 客户能够从该商品本身或从该商品与其他易于获得资源一起使用中受益，即该商品本身能够明确区分。B. 企业向客户转让该商品的承诺与合同中其他承诺可单独区分，即转让该商品的承诺在合同中是可明确区分的。

下列情形通常表明企业向客户转让该商品的承诺与合同中其他承诺不可单独区分：A. 企业需提供重大的服务以将该商品与合同中承诺的其他商品进行整合，形成合同约定的某个或某些组合产出转让给客户；B. 该商品将对合同中承诺的其他商品予以重大修改或定制；C. 该商品与合同中承诺的其他商品具有高度关联性。

【例21－4】 N公司属于一家俱乐部，对客户实行会员制，合同规定缴纳6 000元的会员费，会员可以每年享受25次的免费服务，具体服务内容包括健身、行业沙龙等。两个月后，N公司管理层发现，会员普遍反映就餐不方便，要求增加餐饮服务。N公司管理层为了留住老客户，修改了原合同，增加餐饮服务，但会员需按市场价格单独收费。

本例中，增加餐饮服务，按市场价格单独收费，反映了新增商品的单独售价，应当将合同变更部分（增加的餐饮服务）作为一份单独的合同进行收入确认。

②合同变更作为原合同终止及新合同订立。合同变更不属于上述第①种规定的情形，且在合同变更日已转让的商品或已提供的服务（以下简称已转让的商品）与未转让的商品或未提供的服务（以下简称未转让的商品）之间可明确区分的，应当视为原合同终止，同时，将原合同未履约部分与合同变更部分合并为新合同进行会计处理。新合同的交易价格应当为下列两项金额之和：一是原合同交易价格中尚未确认为收入的部分（包括已从客户收取的金额）；二是合同变更中客户已承诺的对价金额。

【例21－5】 N公司属于一家俱乐部，对客户实行会员制，合同规定缴纳6 000元的会员费，会员可以每年享受25次的免费服务，具体服务内容包括健身、行业沙龙等。部分会员在半年内已经享受了20次免费服务，将要求增加次数。N公司管理层修改合同，明确再缴纳3 000元会员费，将在半年内除提供剩余未提供的5次服务外，再增加20次免费服务。

本例中，已经提供的服务和未提供的服务能够单独区分，所以应当将原合同未履约部分与合同变更部分合并为新合同进行处理，后半年每次应确认的收入＝(6 000÷25×5＋3 000)÷25＝168（元）。

③合同变更部分作为原合同的组成部分。合同变更不属于上述第①种规定的情形，且在合同变更日已转让的商品与未转让的商品之间不可明确区分的，应当将该合同变更部分作为原合同的组成部分，在合同变更日重新计算履约进度，并调整当期收入和相应成本等。

【例21－6】 N公司属于一家俱乐部，对客户实行会员制，合同规定缴纳12 000元的会员费，会员可享受1年无限次的免费服务，两个月后，N公司管理层发现，会员普遍反映就餐不方便，要求增加餐饮服务。N公司管理层为了留住老客户，修改原合同，增加免费的餐饮服务，但客户需补缴会员费1 200元。实际增加的餐饮服务价值远大于补缴的会员费。

本例中，已转让的商品与未转让的商品之间不可明确区分，应当将该合同变更部分作为原合同的组成部分进行会计处理。即将总价款 13 200 元在 12 个月内分摊收入，前两个月少确认的收入，应当在合同变更日进行调整。

2. 识别合同中的单项履约义务

合同开始日，企业应当对合同进行评估，识别该合同所包含的各单项履约义务，并确定各单项履约义务是在某一时段内履行，还是在某一时点履行，然后，在履行了各单项履约义务时分别确认收入。

下列情况下，企业应当将向客户转让商品的承诺作为单项履约义务：一是企业向客户转让可明确区分商品（或者商品的组合）的承诺；二是企业向客户转让一系列实质相同且转让模式相同的、可明确区分商品的承诺。转让模式相同，是指每一项可明确区分商品均满足在某一时段内履行履约义务的条件，且采用相同方法确定其履约进度。

企业为履行合同而应开展的初始活动，通常不构成履约义务，除非该活动向客户转让了承诺的商品。实务中，企业可能会为订立合同而开展一些行政管理性质的准备工作，这些准备工作并未向客户转让任何承诺的商品，因此，不构成单项履约义务。例如，某俱乐部为注册会员建立档案，该活动并未向会员转让承诺的商品，因此不构成单项履约义务。

企业将商品的控制权转移给客户，该转移可能在某一时段内（即履行履约义务的过程中）发生，也可能在某一时点（即履约义务完成时）发生。企业应根据商品的控制权转移给客户的时间将履约义务区分为在某一时段内履行的履约义务和在某一时点履行的履约义务。企业进行区分时，先判断履约义务是否满足在某一时段内履行的条件，如不满足，则该履约义务属于在某一时点履行的履约义务。

满足下列条件之一的，属于在某一时段内履行的履约义务：

（1）客户在企业履约的同时即取得并消耗企业履约所带来的经济利益。

（2）客户能够控制企业履约过程中在建的商品。

【例 21－7】甲企业与客户签订合同，在客户拥有的土地上按照客户的设计要求为其建造厂房。在建造过程中客户有权修改厂房设计，并与甲企业重新协商设计变更后的合同价款。客户每月末按当月工程进度向甲企业支付工程款。如果客户终止合同，已完成建造部分的厂房归客户所有。

本例中，甲企业为客户建造厂房，该厂房位于客户的土地上，客户终止合同时，已建造的厂房归客户，所有这些均表明客户在该厂房建造的过程中就能够控制该在建的厂房。因此，甲企业提供的该建造服务属于在某一时段内履行的履约义务。

（3）企业履约过程中所产出的商品具有不可替代用途，且该企业在整个合同期间内有权就累计至今已完成的履约部分收取款项。

①具有不可替代用途，是指因合同限制或实际可行性限制，企业不能轻易地将商品用于其他用途。

②有权就累计至今已完成的履约部分收取款项，是指在由于客户或其他方原因终止合同的情况下，企业有权就累计至今已完成的履约部分收取能够补偿其已发生成本和合理利润的款项，并且该权利具有法律约束力。

《企业会计准则第 14 号——收入》采用排除法，对于不属于在某一时段内履行的履约义务，应当属于在某一时点履行的履约义务。

3. 履行每一单项履约义务时确认收入

企业应当在履行了合同中的各单项履约义务，即客户取得相关商品控制权时分别确认收入。对于在某一时段内履行的履约义务，企业应当选取恰当的方法来确定履约进度；对于在某一时点履行的履约义务，企业应当分析控制权转移的迹象，判断其转移时点。

（1）在某一时段内履行的履约义务的收入确认。

对于在某一时段内履行的履约义务，企业应当在该段时间内按照履约进度确认收入，但是，履约进度不能合理确定的除外。企业应当考虑商品的性质，采用产出法或投入法确定恰当的履约进度。企业按照履约进度确认收入时，通常应当在资产负债表日按照合同的交易价格总额乘以履约进度扣除以前会计期间累计已确认的收入后的金额，确认为当期收入。

产出法，是根据已转移给客户的商品对于客户的价值确定履约进度，通常可采用实际测量的完工进度、评估已实现的结果、已达到的里程碑、时间进度、已完工或交付的产品等产出指标确定履约进度。

投入法，是根据企业为履行履约义务的投入确定履约进度的方法，通常可采用投入的材料数量、花费的人工工时或机器工时、发生的成本和时间进度等投入指标确定履约进度。

实务中，通常按照累计实际发生的成本占预计总成本的比例（即成本法）确定履约进度，累计实际发生的成本包括企业向客户转移商品过程中所发生的直接成本和间接成本，如直接人工、直接材料、分包成本以及其他与合同相关的成本。

每一资产负债表日，企业应当对履约进度进行重新估计。当客观环境发生变化时，企业也需要重新评估履约进度是否发生变化，以确保履约进度能够反映履约情况的变化，该变化应当作为会计估计变更进行会计处理。

对于每一项履约义务，企业只能采用一种方法来确定其履约进度，并加以一贯运用。对于类似情况下的类似履约义务，企业应当采用相同的方法确定履约进度。

当履约进度不能合理确定时，企业已经发生的成本预计能够得到补偿的，应当按照已经发生的成本金额确认收入，直到履约进度能够合理确定为止。

【例 21－8】 2022 年 3 月，E 公司承揽一项建筑工程，根据合同约定，总价款为 1 000 万元，但成本如果超过 1 000 万元，则甲方仅支付成本价。5 月 30 日已发生成本 800 万元，但由于天气原因，预计将要发生的成本无法合理估计。

本例中，E 公司无法确定履约进度，但已经发生的成本预计能够得到补偿，E 公司应当按照已经发生的成本金额确认收入。

【涉税提示】

对在某一时段内履行的履约义务，会计按照履约进度确认收入，税法按照完工进度确认收入，二者确认收入的方法实质一致。但会计在确认收入时，遵循谨慎性要求，强调“企业因向客户转让商品而有权取得的对价很可能收回”，而税法不承认会计上的谨慎性要求，不关注企业已经发生的成本预计能否得到补偿，由此形成的差异应进行纳税调整。

当完工进度不能确定时，税法如何确认收入，现行法律法规没有规定。

（2）在某一时点履行的履约义务的收入确认。

对于在某一时点履行的履约义务，企业应当在客户取得相关商品控制权时点确认收入。在判断客户是否已取得商品控制权时，企业应当考虑下列迹象：

①企业就该商品享有现时收款权利，即客户就该商品负有现时付款义务。

②企业已将该商品的法定所有权转移给客户，即客户已拥有该商品的法定所有权。

③企业已将该商品实物转移给客户，即客户已实物占有该商品。需要说明的是，客户占有了某项商品实物并不意味着其就一定取得了该商品的控制

权，反之亦然。

A. 委托代销安排。

委托代销安排，是指委托方和受托方签订代销合同或协议，委托受托方向终端客户销售商品。在这种安排下，企业应当评估受托方在企业向其转让商品时是否已获得对该商品的控制权，如果没有，企业不应在此时确认收入，通常应当在受托方售出商品时确认销售商品收入；受托方应当在商品销售后，按合同或协议约定的方法计算确定的手续费确认收入。

B. 售后代管商品安排。

售后代管商品安排，是指根据企业与客户签订的合同，已经就销售的商品向客户收款或取得了收款权利，但是直到在未来某一时点将该商品交付给客户之前，仍然继续持有该商品实物的安排。实务中，客户可能会因为缺乏足够的仓储空间或生产进度延迟而要求与销售方订立此类合同。在这种情况下，尽管企业仍然持有商品的实物，但是，当客户已经取得了对该商品的控制权时，即使客户决定暂不行使实物占有的权利，其依然有能力主导该商品的使用并从中获得几乎全部的经济利益。因此，企业不再控制该商品，而只是向客户提供了代管服务。

需要注意的是，如果在满足上述条件的情况下，企业对尚未发货的商品确认了收入，则企业应当考虑是否还承担了其他的履约义务，如向客户提供保管服务等，从而应当将部分交易价格分摊至该履约义务。

【例 21－9】2020 年 1 月 1 日，甲公司与乙公司签订合同，向其销售一台设备和专用零部件。设备和零部件的制造期为 2 年。甲公司在完成设备和零部件的生产之后，能够证明其符合合同约定的规格。假定在该合同下，向客户转让设备和零部件是可明确区分的，因此，甲公司应将其作为两项履约义务，且都属于在某一时点履行的履约义务。

2021 年 12 月 31 日，乙公司支付了该设备和零部件的合同价款，并对其进行验收合格后，运走了该设备。但是，考虑到其自身的仓储能力有限，且其工厂紧邻甲公司的仓库，因此，要求将零部件存放于甲公司的仓库中，并且要求甲公司按照其指令随时安排发货。乙公司已拥有零部件的法定所有权，且这些零部件可明确识别为属于乙公司的物品。甲公司在其仓库内的单独区域内存放这些零部件，并应乙公司的要求随时发货，甲公司不能使用这些零部件，也不能将其提供给其他客户使用。

本例中，2021 年 12 月 31 日，设备的控制权已转移给乙公司；对于零部件而言，甲公司已经收取合同价款，但是应乙公司的要求尚未发货，乙公司已拥有零部件的法定所有权并且对其进行了验收，虽然这些零部件实物尚由甲公司持有，但是其满足在售后代管商品的安排下客户取得商品控制权的条件，这些零部件的控制权也已经转移给了乙公司。因此，甲公司应当确认销售设备和零部件的相关收入。除此之外，甲公司还为乙公司提供了仓储保管服务，该服务与设备和零部件可明确区分，构成单项履约义务。

在售后代管商品安排下，除了应当考虑客户是否取得商品控制权的迹象之外，还应当同时满足下列四项条件，才表明客户取得了该商品的控制权：一是该安排必须具有商业实质，如该安排是应客户的要求而订立的；二是属于客户的商品必须能够单独识别，如将属于客户的商品单独存放在指定地点；三是该商品可以随时交付给客户；四是企业不能自行使用该商品或将该商品提供给其他客户。实务中，越是通用的、可以和其他商品互相替换的商品，越有可能难以满足上述条件。

【例 21－10】 A 公司生产并销售笔记本电脑。2021 年，A 公司与零售商 B 公司签订销售合同，向其销售 1 万台笔记本电脑。由于 B 公司的仓储能力有限，无法在 2021 年年底之前接收该批笔记本电脑，双方约定 A 公司在 2022 年按照 B 公司的指令按时发货，并将该批笔记本电脑运送至 B 公司指定的地点。2021 年 12 月 31 日，A 公司共有上述笔记本电脑库存 1.2 万台，其中包括 1 万台将要销售给 B 公司的笔记本电脑。然而，这 1 万台笔记本电脑和其余 2 000 台笔记本电脑一起存放并统一管理，并且彼此之间可以互相替换。

本例中，尽管是由于 B 公司没有足够的仓储空间才要求 A 公司暂不发货，并按照其指定的时间发货，但是由于这 1 万台笔记本电脑与 A 公司的其他产品可以互相替换，且未单独存放保管，A 公司在向 B 公司交付这些笔记本电脑之前，能够将其提供给其他客户或者自行使用。因此，这 1 万台笔记本电脑在 2021 年 12 月 31 日不满足售后代管商品安排下确认收入的条件。

④企业已将该商品所有权上的主要风险和报酬转移给客户，即客户已取得该商品所有权上的主要风险和报酬。

⑤客户已接受该商品。

需要强调的是，在上述五个迹象中，并没有哪一个或哪几个迹象是决定性的，企业应当根据合同条款和交易实质进行分析，综合判断其是否将商品的控制权转移给客户以及何时转移的，从而确定收入确认的时点。此外，企业应当从客户的角度进行评估，而不应当仅考虑企业自身的看法。

⑥其他表明客户已取得商品控制权的迹象。

【涉税提示】

对于在某一时点履行的履约义务，会计在符合收入确认条件的情况下，在客户取得相关商品控制权时确认收入。在进行税务处理时，应按增值税政策规定的纳税义务发生的时间计提增值税销项税额，按企业所得税政策规定的确认收入实现的时间确认企业所得税收入。

一项合同如果既含有在某一时点履行的履约义务，又含有在某一时段内履行的履约义务，在进行增值税处理时，要区分是兼营还是混合销售。对兼营，要求分别核算，未分别核算的，从高适用税率。对混合销售，要区分是什么样的混合销售，从事货物的生产、批发或者零售的单位和个体工商户的混合销售行为，按照销售货物缴纳增值税；其他单位和个体工商户的混合销售行为，按照销售服务缴纳增值税。同时，要注意一些特殊规定，如纳税人销售活动板房、机器设备、钢结构件等自产货物的同时提供建筑、安装服务，不属于混合销售，应分别核算货物和建筑服务的销售额，分别适用不同的税率或者征收率。

【例 21－11】海洋公司与大地公司签订一项购销合同，为大地公司生产并安装两台电梯，合同价款为 400 万元，按合同约定，大地公司在海洋公司交付商品前预付价款的 30%，其余价款将在海洋公司将商品运抵大地公司并安装检验合格后才予以支付。海洋公司于 2021 年 12 月 10 日将生产完成的电梯运抵大地公司，至 2021 年 12 月 31 日估计已完成电梯安装任务的 50%，预计于 2022 年 1 月 31 日全部安装完成。则海洋公司应在 2021 年作如下处理：

因电梯销售属于在某一时点履行的履约义务，2021 年海洋公司在电梯的控制权转移时确认销售收入；电梯安装属于在某一时段内履行的履约义务，2021 年海洋公司按照履约进度确认安装劳务的部分收入。

【税务处理】

增值税纳税义务发生时间为收讫销售款项或者取得索取销售款项凭据的当天，先开发票的为发票开具的当天。

企业所得税法对于销售商品需要安装和检验的，在购买方接受商品以及安装和检验完毕时确认收入。因此，本例中2021年海洋公司不确认任何收入，而是到2022年安装完成并检验合格时才能全部确认为电梯的销售收入。而对会计确认的收入与税法确认的收入不一致情况，在计算企业所得税时应进行纳税调整。

（二）收入的计量

企业应当按照分摊至各单项履约义务的交易价格计量收入。因此，企业应当先确定合同的交易价格，再按照分摊至各单项履约义务的交易价格计量收入。

1. 确定交易价格

交易价格，是指企业因向客户转让商品而预期有权收取的对价金额。企业代第三方收取的款项以及企业预期将退还给客户的款项，应当作为负债进行会计处理，不计入交易价格。合同标价并不一定代表交易价格，企业应当根据合同条款，并结合以往的习惯做法确定交易价格。企业在确定“预期有权收取的金额”时，应当考虑行业习惯、商业惯例、客户的过往惯例、客户的特定说明等，例如，客户习惯上要求打折，且销售方无法改变（处于劣势），这种情形下就要按折扣后的金额确认交易价格。

【涉税提示】

作为会计收入的交易价格不含企业预期将退还给客户的款项。但增值税的销售额为纳税人发生应税销售行为收取的全部价款和价外费用，企业所得税的收入是商品按照市场价格确定的价值，都不扣除企业预期将退还给客户的款项。可见，会计的收入与增值税的销售额和企业所得税的收入可能存在一定的差异。

在确定交易价格时，企业应当考虑可变对价、合同中存在的重大融资成分、非现金对价以及应付客户对价等因素的影响。

（1）可变对价。

企业与客户的合同中约定的对价金额可能是固定的，也可能会因折扣、价格折让、返利、退款、奖励积分、激励措施、业绩奖金、索赔等因素而变化。此外，企业有权收取的对价金额，将根据一项或多项或有事项的发生或不发生而相应进行支付或不支付，即或有条款也会造成可变对价。

合同中存在可变对价的，企业应当按照期望值或最可能发生金额确定可变对价的最佳估计数。

期望值是按照各种可能发生的对价金额及相关概率计算确定的金额。如果企业拥有大量具有类似特征的合同，企业据此估计合同可能产生多个结果时，按照期望值估计可变对价金额通常是恰当的（即“期望值法”）。

最可能发生金额是一系列可能发生的对价金额中最可能发生的单一金额（即合同最可能产生的单一结果）。如果合同仅有两个可能结果（如企业能够实现或未能实现业绩奖金目标）时，按照最可能发生金额估计可变对价金额可能是恰当的（即“最可能金额法”）。

企业按照期望值或最可能发生金额确定可变对价金额以后，计入交易价格的可变对价还应当满足限制条件，即包含可变对价的交易价格，应当不超过在相关不确定性消除时累计已确认收入极可能不会发生重大转回的金额。企业在评估累计已确认收入是否极可能不会发生重大转回时，应当同时考虑收入转回的可能性及其比重。

【例 21－12】2023 年 12 月 1 日，华丰公司与其分销商海信公司签订合同，向海信公司销售 1 000 件产品，每件产品的售价为 100 元（不含税），合同总价为 10 万元，海信公司当日取得这些产品的控制权。海信公司通常在取得产品后的 90 天内将其对外售出，且在这些产品售出后才向华丰公司支付货款。华丰公司为了维护与海信公司的客户关系，基于过往的实务经验，预计会向海信公司提供价格折扣。华丰公司可观察的历史数据表明，以往销售此类产品时会给予客户大约 20% 的折扣，且华丰公司多年来向客户提供的折扣从未超过 20%。同时，根据当前市场信息分析，20% 的降价幅度足以促进该产品的销量，从而提高其周转率。华丰公司适用的增值税税率为 13%。

本例中，华丰公司按照期望值估计可变对价的金额，估计的交易价格为 80 000 元［100×(1－20%)×1 000］。同时，华丰公司根据其销售此类产品的历史经验、所取得的当前市场信息以及对当前市场的估计，预计尽管存在某些不确定性，但在不确定性消除（即折扣的总金额最终确定）时，已确认的累计收入金额 80 000 元极可能不会发生重大转回，应当于 2021 年 12 月 1 日将产品控制权转移给海信公司时，确认收入 80 000 元。假设华丰公司向海信公司开具了增值税专用发票，并将折扣额 20 000 元开具在同一张发票的“金额”栏内。则华丰公司应作如下会计处理：

借：应收账款　　　　　　　　　　　　　　　　90 400
　　贷：主营业务收入　　　　　　　　　　　　　　80 000
　　　　应交税费——应交增值税（销项税额）　　　　10 400

【涉税提示】

商业折扣，是指企业为促进商品销售而在商品标价上给予的价格扣除。当销售商品涉及商业折扣时，会计按照折扣后的金额确认交易价格计量收入，企业所得税法与会计一致，也是按扣除商业折扣后的金额确定销售商品收入金额。在进行增值税处理时，能否按扣除商业折扣后的金额征收增值税，应注意两点：①销售额和折扣额是否在同一张发票上的“金额”栏分别注明。未在同一张发票“金额”栏注明折扣额，而仅在发票的“备注”栏注明折扣额的，折扣额不得从销售额中减除。②销货方将折扣额另开发票的，是否按现行增值税政策的有关规定开具红字增值税专用发票。否则，不论折扣额在财务上如何处理，均不得从销售额中减除。

（2）合同中存在重大融资成分。

当企业将商品的控制权转移给客户的时间与客户实际付款的时间不一致时，如企业以赊销的方式销售商品，或者要求客户支付预付款等，如果各方以在合同中明确（或者以隐含的方式）约定的付款时间为客户或企业就转让商品的交易提供了重大融资利益，则合同中即包含了重大融资成分，企业在确定交易价格时，应当对已承诺的对价金额作出调整，以剔除货币时间价值的影响。

合同中存在重大融资成分的，企业应当按照假定客户在取得商品控制权时即以现金支付的应付金额确定交易价格。该交易价格与合同对价之间的差额，应当在合同期间内采用实际利率法摊销。

企业采用分期收款方式销售商品时，如果延期收取的货款具有融资性质，表明合同中存在重大融资成分，其实质是企业向购货方提供信贷。在满足收入确认条件时，企业应当按照商品的现销价格确定销售商品收入金额。应收的合同或协议价款与商品现销价格之间的差额，应当在合同或协议期间内，按照应收款项的摊余成本和实际利率计算确定的金额进行摊销，冲减财务费用。

在满足收入确认条件时，按应收的合同或协议价款，借记“长期应收款”

科目，按商品的现销价格，贷记“主营业务收入”等科目，按其差额，贷记“未实现融资收益”科目。

【涉税提示】

当合同中存在重大融资成分时，会计按照在客户取得商品控制权时以现金支付的应付金额（即现销价格）一次确认收入，税法一般按照合同规定的收款日期，按应收回的全部货款分期确认收入，两者之间存在较大的差异。此外，增值税纳税义务发生时间为书面合同约定的收款日期的当天，无书面合同的或者书面合同没有约定收款日期的，为货物发出的当天。

【例 21－13】华丰公司于 2021 年 1 月 1 日采用分期收款方式销售某大型设备，合同约定该设备的价格为 1 000 万元，分 5 年于每年年末收取，实际成本为 500 万元。在现销方式下，该大型设备的销售价格为 800 万元。该公司适用的增值税税率为 13%，不考虑其他因素。

本例中，合同中存在重大融资成分，华丰公司应在客户取得商品控制权时以现销价格 800 万元确认收入，该交易价格 800 万元与合同对价 1 000 万元之间的差额，应当在合同期间 5 年内采用实际利率法进行摊销，冲减财务费用。根据 1 元年金现值系数表，华丰公司计算得出年金 200 万元、期数 5 期、现值 800 万元的折现率为 7.93%，即为该笔应收款项的实际利率。利息收入和已收本金计算情况如表 21－1 所示。

表 21－1　　利息收入和已收本金计算表　　单位：万元

年度	年初未收本金 ①＝上期⑤	利息收入 ②＝①×7.93%	收现金额 ③	已收本金 ④＝③－②	年末未收本金 ⑤＝①－④
2021	800	63.44	200	136.56	663.44
2022	663.44	52.6108	200	147.3892	516.0508
2023	516.0508	40.9228	200	159.0772	356.9736
2024	356.9736	28.3080	200	171.692	185.2816
2025	185.2816	14.7184*	200	185.2816	0
总额		200	1 000	800	

注：＊尾数调整 200－185.2816＝14.7184（万元）。

华丰公司每年应作的会计处理如下：

（1）2021 年 1 月 1 日客户取得商品控制权时：

借：长期应收款 10 000 000
　　贷：主营业务收入 8 000 000
　　　　未实现融资收益 2 000 000

借：主营业务成本 5 000 000
　　贷：库存商品 5 000 000

（2）2021 年 12 月 31 日收取货款和增值税款时：

借：银行存款 2 260 000
　　贷：长期应收款 2 000 000
　　　　应交税费——应交增值税（销项税额） 260 000

2021 年摊销未实现融资收益时：

借：未实现融资收益 634 400
　　贷：财务费用 634 400

（3）2022 年 12 月 31 日收取货款和增值税款时：

借：银行存款 2 260 000
　　贷：长期应收款 2 000 000
　　　　应交税费——应交增值税（销项税额） 260 000

2022 年摊销未实现融资收益时：

借：未实现融资收益 526 108
　　贷：财务费用 526 108

（4）2023 年 12 月 31 日收取货款和增值税款时：

借：银行存款 2 260 000
　　贷：长期应收款 2 000 000
　　　　应交税费——应交增值税（销项税额） 260 000

2023 年摊销未实现融资收益时：

借：未实现融资收益 409 228
　　贷：财务费用 409 228

（5）2024 年 12 月 31 日收取货款和增值税款时：

借：银行存款 2 260 000
　　贷：长期应收款 2 000 000
　　　　应交税费——应交增值税（销项税额） 260 000

2024 年摊销未实现融资收益时：

借：未实现融资收益　　283 080

　　贷：财务费用　　283 080

（6）2025 年 12 月 31 日收取货款和增值税款时：

借：银行存款　　2 260 000

　　贷：长期应收款　　2 000 000

　　　　应交税费——应交增值税（销项税额）　　260 000

2025 年摊销未实现融资收益时：

借：未实现融资收益　　147 184

　　贷：财务费用　　147 184

【税务处理】

2021 年 12 月 31 日至 2025 年 12 月 31 日，华丰公司每年年末应确认所得税收入 200 万元，确认所得税成本 100 万元，确认所得 100 万元（200 - 100），不确认利息收入。因此，2019 年华丰公司应调整减少应纳税所得额 263.44 万元（800 - 500 + 63.44 - 100），2022—2025 年每年分别调整增加应纳税所得额 47.3892 万元（100 - 52.6108）、59.0772 万元（100 - 40.9228）、71.692 万元（100 - 28.308）、85.2816 万元（100 - 14.7184）。后 4 年合计调增的应纳税所得额与第一年调减的应纳税所得额相等。

值得注意的是，合同中存在重大融资成分的，此时合同中包括销售交易和融资交易。当客户拖延付款时，企业是在向客户提供融资，所确认的交易价格会小于收取的对价，差额部分将被确认为利息收入；反之，当客户提前付款时，企业是从客户取得融资，所确认的交易价格会大于收取的对价，差额部分将被确认为利息费用。

【涉税提示】

当客户提前付款（企业预收款）时，会计与税法确认收入的时点一致，都是在货物发出，商品的控制权转移时。但会计与税法确认收入的金额不一定相等，会计在企业销售商品的控制权转移时，按交易价格确认收入，并将其大于收取对价的差额确认为利息费用；企业所得税是按照收取的对价确认收入，且不承认企业确认的利息费用。

【例 21 - 14】 2021 年 1 月 1 日，华丰公司与全兴公司签订合同，向其销售一批成本为300万元的产品。合同约定，该批产品将于2年之后交货。合同中包含两种可供选择的付款方式，即全兴公司可以在2年后交付产品时支付449.44万元，或者在合同签订时支付400万元。全兴公司选择在合同签订时支付货款，华丰公司于2021年1月1日收到全兴公司支付的货款。上述价格均不包含增值税，该批产品的控制权在交货时转移。华丰公司于产品交货时向全兴公司开具发票，收取增值税款，适用的增值税税率为13%。

本例中，按照上述两种付款方式计算的内含利率为6%。考虑到全兴公司付款时间和产品交付时间之间的间隔以及现行市场利率水平，华丰公司认为该合同包含重大融资成分，在确定交易价格时，应当对合同承诺的对价金额进行调整，以反映该重大融资成分的影响。假定该融资费用不符合借款费用资本化的要求。则华丰公司应作如下会计处理：

（1）2021年1月1日收到货款时：

借：银行存款　　4 000 000
　　未确认融资费用　　494 400
　　贷：合同负债　　4 494 400

（2）2021年12月31日确认融资成分的影响时：

借：财务费用　　240 000
　　贷：未确认融资费用　　240 000

（3）2022年12月31日交付产品时：

借：财务费用　　254 400
　　贷：未确认融资费用　　254 400

借：合同负债　　4 494 400
　　银行存款　　584 272
　　贷：主营业务收入　　4 494 400
　　　　应交税费——应交增值税（销项税额）　　584 272

借：主营业务成本　　3 000 000
　　贷：库存商品　　3 000 000

【税务处理】

企业所得税法不承认企业确认的利息费用，2021年、2022年华丰公司申报企业所得税时，应分别调整增加应纳税所得额240 000元和254 400元。2022年华丰公司按照企业所得税法确认的收入为4 000 000元，与会计产生的差额494 400元，应调整减少应纳税所得额。

合同负债，是指企业已收或应收客户对价而应向客户转让商品的义务。企业在向客户转让商品之前，如果客户已经支付了合同对价或企业已经取得了无条件收取合同对价的权利，则企业应当在客户实际支付款项与到期应支付款项孰早时点，将该已收或应收的款项确认为合同负债。

为简化实务操作，如果在合同开始日，企业预计客户取得商品控制权与客户支付价款间隔不超过1年的，可以不考虑合同中存在的重大融资成分。

（3）非现金对价。

当企业因转让商品而有权向客户收取的对价是非现金形式时，如实物资产、无形资产、股权、客户提供的广告服务等，企业通常应当按照非现金对价在合同开始日的公允价值确定交易价格。非现金对价的公允价值不能合理估计的，企业应当参照其承诺向客户转让商品的单独售价间接确定交易价格。单独售价，是指企业向客户单独销售商品的价格。

（4）应付客户对价。

企业在向客户转让商品的同时，需要向客户或第三方支付对价的，应当将该应付对价冲减交易价格，但应付客户对价是为了自客户取得其他可明确区分商品的除外。这里的应付客户对价主要是指可以抵减应付企业金额的相关项目金额，如优惠券、兑换券和销售折让等。

企业应付客户对价是为了向客户取得其他可明确区分商品的，应当采用与企业其他采购相一致的方式确认所购买的商品。企业应付客户对价超过向客户取得的可明确区分商品公允价值的，超过金额应当作为应付客户对价冲减交易价格。向客户取得的可明确区分商品公允价值不能合理估计的，企业应当将应付客户对价全额冲减交易价格。

在对应付客户对价冲减交易价格进行会计处理时，企业应当在确认相关收入与支付（或承诺支付）客户对价二者孰晚的时点冲减当期收入。

【例21－15】A公司向B公司销售一批货物，交易价格18万元，A公司当月确认收入。次月B公司购入货物后向C公司销售，交易价格20万元。C公司取得货物后发现商品有瑕疵，不符合规定标准，要求B公司折让3万元。B公司与A公司协商，要求A公司承担商品折让损失2万元，A公司同意支付2万元。则A公司应当冲减当期收入2万元。

如果B公司是提供广告服务的一方，要求A公司以8万元的价格购买公允价值为 5 万元的广告服务。则 A 公司应当冲减当期收入 3 万元，同时确认广告费支出 5 万元。

【涉税提示】

销售发生应付客户对价的，例如，销售实现后客户要求销售方折让部分款项，发生销售折让时，会计与税法处理方法一致，都允许将应付客户对价冲减收入。但进行增值税处理时，销售方能否用红字冲减销项税额，关键看是否按税法规定开具了红字增值税专用发票。

【例 21－16】 2023 年 8 月 2 日，华丰公司售给万宁公司一批商品，开出的增值税专用发票上注明的售价为 80 000 元，增值税税额为 10 400 元。9 月 8 日，万宁公司在货到后发现商品质量不合格，要求在价格上给予 5% 的折让。经协商华丰公司同意给予 5% 的折让，并凭税务机关系统校验通过的《开具红字增值税专用发票信息表》向万宁公司开具了红字增值税专用发票。9 月 20 日，华丰公司通过银行收到了该笔销货款。则华丰公司应作如下会计处理：

（1）8 月 2 日客户取得相关商品控制权时：

借：应收账款——万宁公司	90 400	
贷：主营业务收入		80 000
应交税费——应交增值税（销项税额）		10 400

（2）9 月 8 日发生销售折让时，根据红字增值税专用发票：

借：主营业务收入	4 000	
应交税费——应交增值税（销项税额）	520	
贷：应收账款——万宁公司		4 520

（3）9 月 20 日收到款项时：

借：银行存款	85 880	
贷：应收账款——万宁公司		85 880

【税务处理】

华丰公司进行 2023 年度企业所得税纳税申报时，计税收入为 76 000 元，与会计一致；进行增值税纳税申报时，先根据蓝字发票申报 80 000 元的销售额和 10 400 元的销项税额。发生销售折让时，华丰公司应按规定开具红字增值税专用发票，退还给万宁公司的销售额 4 000 元和增值税额 520 元，分别从发生销售折让当期的销售额和销项税额中扣减。

2. 将交易价格分摊至单项履约义务

合同中包含两项或多项履约义务的，企业应当在合同开始日，按照各单项履约义务所承诺商品的单独售价的相对比例，将交易价格分摊至各单项履约义务。企业不得因合同开始日之后单独售价的变动而重新分摊交易价格。

单独售价，是指企业向客户单独销售商品的价格。企业在类似环境下向类似客户单独销售某商品的价格，应作为确定该商品单独售价的最佳证据。

【例 21－17】华丰公司与客户签订合同，向其销售 A、B、C 三件产品，合同价款为 10 000 元。A、B、C 产品的单独售价分别为 5 000 元、2 500 元和 7 500 元，合计 15 000 元。上述价格均不包含增值税。

本例中，根据上述交易价格分摊原则，A 产品应当分摊的交易价格为 3 333元（5 000 ÷ 15 000 × 10 000），B 产品应当分摊的交易价格为 1 667 元（2 500 ÷ 15 000 ×10 000），C 产品应当分摊的交易价格为 5 000 元（7 500 ÷ 15 000 ×10 000）。

（1）分摊方法。

单独售价无法直接观察的，企业应当综合考虑其能够合理取得的全部相关信息，采用市场调整法、成本加成法、余值法等方法合理估计单独售价。在估计单独售价时，企业应当最大限度地采用可观察的输入值，并对类似的情况采用一致的估计方法。

市场调整法，是指企业根据某商品或类似商品的市场售价考虑本企业的成本和毛利等进行适当调整后，确定其单独售价的方法。

成本加成法，是指企业根据某商品的预计成本加上其合理毛利后的价格，确定其单独售价的方法。

余值法，是指企业根据合同交易价格减去合同中其他商品可观察的单独售价后的余值，确定某商品单独售价的方法。企业在商品近期售价波动幅度巨大，或者因未定价且未曾单独销售而使售价无法可靠确定时，可采用余值法估计其单独售价。

【例 21－18】2021 年 6 月 1 日，甲房地产公司与乙公司签订合同，向其出售办公楼一栋，出售价格为 4 000 万元，并于当日交付，同时向乙公司提供 24 个月的维修服务。在以前的销售中，该房屋的售价为 3 900 万元，维修服务的售价为 120 万元。合同约定，在甲公司交付房屋时有权收取其交易价格的 50%，另 50% 在向乙公司提供完 24 个月的维修服务后有权收取；在甲公司提供维修服务时有权收取其交易价格。上述价格均不含增值税，销售房屋适用的增值税税率为9%，销售维修服务适用的增值税税率为6%。

本例中，办公楼出售与维修是两项不同的义务，需要分别确认收入。办公楼出售收入在出售时点确认，维修服务收入在24个月每月末平均确认。

办公楼出售收入 =4 000×[3 900÷(3 900+120)] =3 880.6（万元）

维修服务收入 =4 000×[120÷(3 900+120)] =119.4（万元）

甲房地产公司应作如下会计处理：

交付房屋时：

借：应收账款	21 149 270	
合同资产	21 149 270	
贷：主营业务收入		38 806 000
应交税费——应交增值税（销项税额）		3 492 540

每月确认维修服务收入时：

借：应收账款	52 735	
贷：其他业务收入		49 750
应交税费——应交增值税（销项税额）		2 985

提供完24个月的维修服务时：

借：应收账款	21 149 270	
贷：合同资产		21 149 270

合同资产，是指企业已向客户转让商品而有权收取对价的权利，且该权利取决于时间流逝之外的其他因素。如企业向客户销售两项可明确区分的商品，企业因已交付其中一项商品而有权收取款项，但收取该款项还取决于企业交付另一项商品的，企业应当将该收款权利作为合同资产。合同资产与应收账款的区别在于，应收账款是企业无条件收取合同对价的权利，企业仅仅随着时间的流逝即可收款，企业仅承担信用风险。合同资产并不是一项无条件收款权，该权利除了时间流逝之外，还取决于其他条件（如履行合同中的其他履约义务）才能收取相应的合同对价，企业除承担信用风险之外，还可能承担其他风险，如履约风险等。

（2）合同折扣的分摊。

当客户购买的一组商品中所包含的各单项商品的单独售价之和高于合同交易价格时，表明客户因购买该组商品而取得了合同折扣。

合同折扣，是指合同中各单项履约义务所承诺商品的单独售价之和高于合同交易价格的金额。对于合同折扣，企业应当在各单项履约义务之间按比例分摊。有确凿证据表明合同折扣仅与合同中一项或多项（而非全部）履约义务相关的，企业应当将该合同折扣分摊至相关的一项或多项履约义务。

【例21－19】华丰公司与客户签订合同，向其销售A、B、C三种产品，合同总价款为120万元，这三种产品构成三项履约义务。华丰公司经常以50万元单独出售A产品，其单独售价可直接观察；B产品和C产品的单独售价不可直接观察，华丰公司采用市场调整法估计的B产品单独售价为25万元，采用成本加成法估计的C产品单独售价为75万元。华丰公司通常以50万元的价格单独销售A产品，并将B产品和C产品组合在一起以70万元的价格销售。上述价格均不包含增值税。

本例中，三种产品的单独售价合计为150万元，而该合同的价格为120万元，该合同的整体折扣为30万元。由于华丰公司经常将B产品和C产品组合在一起以70万元的价格销售，该价格与其单独售价之和（100万元）的差额为30万元，与该合同的整体折扣一致，而A产品单独销售的价格与其单独售价一致，证明该合同的整体折扣仅应归属于B产品和C产品。因此，在该合同下，分摊至A产品的交易价格为50万元，分摊至B产品和C产品的交易价格合计为70万元，华丰公司应当进一步按照B产品和C产品的单独售价的相对比例将该价格在二者之间进行分摊：B产品应分摊的交易价格为17.5万元（$25\div100\times70$），C产品应分摊的交易价格为52.5万元（$75\div100\times70$）。

有确凿证据表明，合同折扣仅与合同中一项或多项（而非全部）履约义务相关的，且企业采用余值法估计单独售价的，应当首先在该一项或多项（而非全部）履约义务之间分摊合同折扣，然后采用余值法估计单独售价。

（3）可变对价的分摊。

合同中包含可变对价的，该可变对价可能与整个合同相关，也可能仅与合同中的某一特定组成部分有关，后者包括两种情形：一是可变对价可能与合同中的一项或多项（而非全部）履约义务有关；二是可变对价可能与企业向客户转让的构成单项履约义务的一系列可明确区分商品中的一项或多项（而非全部）商品有关。

企业应当将可变对价及可变对价的后续变动额全部分摊至与之相关的某项履约义务，或者构成单项履约义务的一系列可明确区分商品中的某项商品。对于已履行的履约义务，其分摊的可变对价后续变动额应当调整变动当期的收入。

（4）交易价格后续变动的分摊。

合同开始日之后，由于相关不确定性的消除或环境的其他变化等原因，交易价格可能会发生变化，从而导致企业因向客户转让商品而预期有权收取的对价金额发生变化。交易价格发生后续变动的，企业应当按照在合同开始日所采用的基础将该后续变动金额分摊至合同中的履约义务。企业不得因合同开始日之后单独售价的变动而重新分摊交易价格。

对于合同变更导致的交易价格后续变动，应当按照有关合同变更的规定进行会计处理。合同变更之后发生可变对价后续变动的，企业应当区分下列三种情形分别进行会计处理：

①合同变更部分作为一份单独合同的，企业应当判断可变对价后续变动与哪一项合同相关，并按照分摊可变对价的相关规定进行会计处理。

②合同变更属于将原合同未履约部分与合同变更部分合并为新合同的，且可变对价后续变动与合同变更前已承诺可变对价相关的，企业应当首先将该可变对价后续变动额以原合同开始日确定的基础进行分摊，然后再将分摊至合同变更日尚未履行履约义务的该可变对价后续变动额以新合同开始日确定的基础进行二次分摊。

③合同变更之后发生除上述①和②规定情形以外的可变对价后续变动的，企业应当将该可变对价后续变动额分摊至合同变更日尚未履行（或部分未履行）的履约义务。

三、特定交易的会计处理

（一）附有销售退回条款的销售

附有销售退回条款的销售，是指客户依照有关合同有权退货的销售方式。

对于附有销售退回条款的销售，企业应当在客户取得相关商品控制权时，按照因向客户转让商品而预期有权收取的对价金额（即不包含预期因销售退回将退还的金额）确认收入，按照预期因销售退回将退还的金额确认负债；同时，按照预期将退回商品转让时的账面价值，扣除收回该商品预计发生的成本（包括退回商品的价值减损）后的余额，确认为一项资产，按照所转让商品转让时的账面价值，扣除上述资产成本的净额结转成本。

每一资产负债表日，企业应当重新估计未来销售退回情况，如有变化，应当作为会计估计变更进行会计处理。

【涉税提示】

对于附有销售退回条款的销售，在进行会计处理时，应在客户取得相关商品控制权时，按照因向客户转让商品而预期有权收取的对价金额确认收入（即收入金额不含预期因销售退回将退还的金额），按照预期因销售退回将退还的金额确认负债。同时，按照预期将退回商品转让时的账面价值确认一项资产，按照所转让商品转让时的账面价值，扣除上述资产成本的净额结转成本。

在进行所得税处理时，应在商品所有权转移时按合同规定的销售价格确认收入，按所售商品的成本结转成本，发生销售退回时再冲减收入及相应的成本，这与会计每期确认的收入、成本会有差异，应进行纳税调整。

在进行增值税处理时，按合同规定的销售价格确认销售额，计提增值税销项税额，发生销售退回时，再按增值税政策的规定开具红字增值税专用发票，扣减销项税额。

【例 21－20】 甲公司（增值税一般纳税人）是一家健身器材销售公司。2021 年 10 月 1 日，甲公司向乙公司销售 5 000 件健身器材，单位销售价格为 500 元，单位成本为 400 元，开出的增值税专用发票上注明的销售价格为 250 万元，增值税税额为 32.5 万元。健身器材已经发出，但款项尚未收到。根据协议约定，乙公司应于 2021 年 12 月 1 日之前支付货款，在 2022 年 3 月 31 日之前有权退还健身器材。甲公司根据过去的经验，估计该批健身器材的退货率约为 20%。2021 年 12 月 31 日，甲公司对退货率进行了重新评估，认为只有 10% 的健身器材会被退回。增值税一般纳税人实际发生销售退回时，甲公司根据税务机关系统校验通过的《开具红字增值税专用发票信息表》开具了红字增值税专用发票。假定健身器材发出时控制权已转移给乙公司。甲公司应作如下会计处理：

（1）2021 年 10 月 1 日发出健身器材时：

主营业务收入 = 5 000 × 500 × 80% = 2 000 000（元）

应付退货款 = 5 000 × 500 × 20% = 500 000（元）

销项税额 = 5 000 × 500 × 13% = 325 000（元）

借：应收账款　　2 825 000

　　贷：主营业务收入　　2 000 000

　　　　预计负债——应付退货款　　500 000

　　　　应交税费——应交增值税（销项税额）　　325 000

主营业务成本 =5 000 ×400 ×80% =1 600 000（元）

应收退货成本 =5 000 ×400 ×20% =400 000（元）

库存商品 =5 000 ×400 =2 000 000（元）

借：主营业务成本　　1 600 000

　　应收退货成本　　400 000

　　贷：库存商品　　2 000 000

（2）2021 年 12 月 1 日前收到货款时：

借：银行存款　　2 825 000

　　贷：应收账款　　2 825 000

（3）2021 年 12 月 31 日，甲公司对退货率进行重新评估时：

应付退货款 =5 000 ×500 ×10% =250 000（元）

主营业务成本 =400 000 ×50% =200 000（元）

应收退货成本 =5 000 ×400 ×10% =200 000（元）

借：预计负债——应付退货款　　250 000

　　贷：主营业务收入　　250 000

借：主营业务成本　　200 000

　　贷：应收退货成本　　200 000

【税务处理】

2021 年甲公司应确认企业所得税收入 2 500 000 元，确认企业所得税成本 2 000 000 元，办理年度企业所得税申报时，调整增加应纳税所得额 50 000 元 [（2 500 000 −2 000 000）−（2 250 000 −1 800 000）]。

（4）假定 2022 年 3 月 31 日发生销售退回，实际退货量为 400 件，退货款项已经支付：

应付退货款 =5 000 ×500 ×10% =250 000（元）

销项税额 =400 ×500 ×13% =26 000（元）

主营业务收入 =100 ×500 =50 000（元）

银行存款 =400 ×500 ×（1 +13%）=226 000（元）

借：预计负债——应付退货款　　250 000

应交税费——应交增值税（销项税额）　26 000
　贷：主营业务收入　50 000
　　银行存款　226 000

库存商品 = 400 × 400 = 160 000（元）

主营业务成本 = 100 × 400 = 40 000（元）

借：库存商品　160 000
　主营业务成本　40 000
　贷：应收退货成本　200 000

【税务处理】

2022 年甲公司应冲减企业所得税收入 200 000 元，冲减企业所得税成本 160 000 元，所得税亏损为 40 000 元，而会计产生利润 10 000 元（50 000 - 40 000），办理年度企业所得税申报时，调整减少应纳税所得额 50 000 元。

附有销售退回条款的销售，在客户要求退货时，如果企业有权向客户收取一定金额的退货费，则企业在估计预期有权收取的对价金额时，应当将该退货费包括在内。

【例 21 - 21】 Y 公司向某家具店销售 10 张餐桌，每张餐桌的价格为 1 000 元，成本为 750 元。根据合同约定，该家具店有权在收到餐桌的 30 天内退货，但是需要向 Y 公司支付 10% 的退货费（即每张餐桌的退货费为 100 元）。根据历史经验，Y 公司预计的退货率为 10%，且在退货过程中，Y 公司预计为每张退货的餐桌发生的成本为 50 元。上述价格均不包含增值税，Y 公司适用的增值税税率为 13%。则 Y 公司在将餐桌的控制权转移给家具店时应作如下会计处理：

应付退货款 = 10 000 × 10% - 100 = 900（元）

销项税额 = 10 000 × 13% = 1 300（元）

借：应收账款　11 300
　贷：主营业务收入　9 100
　　预计负债——应付退货款　900
　　应交税费——应交增值税（销项税额）　1 300

应收退货成本 = 7 500 × 10% - 50 = 700（元）

借：主营业务成本　6 800
　应收退货成本　700
　贷：库存商品　7 500

实务中，对于没有附客户有权退回条款的销售退回，应分别下列情况进行处理：

1. 未确认收入的已发出商品的退回，只需将已记入“发出商品”科目的商品成本转回“库存商品”科目。

2. 已确认销售商品收入的售出商品发生销售退回的，无论是属于本年度还是以前年度销售的商品，应当在发生时冲减退回当期销售商品收入，同时冲减退回当期的销售成本；如该项销售已经发生现金折扣，应在退回当期一并调整相关财务费用的金额；企业发生销售退回时，如按规定允许扣减当期销项税的，应同时用红字冲减“应交税费——应交增值税（销项税额）”科目。

3. 已确认销售商品收入的售出商品发生的销售退回属于资产负债表日后事项的，适用《企业会计准则第 29 号——资产负债表日后事项》，作为资产负债表日后事项的调整事项处理。

【例 21－22】 华丰公司于 2021 年 12 月 18 日销售一批 A 商品，开出的增值税专用发票上注明售价为 50 000 元，增值税税额为 6 500 元。该批商品的成本为 26 000 元，合同规定现金折扣条件为 2/10，1/20，*n*/30。购买方于 12 月 27 日付款，享受现金折扣 1 000 元（假定计算折扣时不考虑增值税）。2022 年 5 月 20 日，该批产品因质量严重不合格被退回，华丰公司根据税务机关系统校验通过的《开具红字增值税专用发票信息表》，开具了红字增值税专用发票。则华丰公司应作如下会计处理：

（1）2021 年 12 月 18 日销售商品时：

借：应收账款	56 500	
贷：主营业务收入		50 000
应交税费——应交增值税（销项税额）		6 500
借：主营业务成本	26 000	
贷：库存商品		26 000

（2）2021 年 12 月 27 日收到货款时：

借：银行存款	55 500	
财务费用	1 000	
贷：应收账款		56 500

（3）2022 年 5 月 20 日销售退回时：

借：主营业务收入	50 000	
应交税费——应交增值税（销项税额）	6 500	

贷：银行存款　　　　　　　　　　　　　　　　　　55 500

　　财务费用　　　　　　　　　　　　　　　　　　1 000

借：库存商品　　　　　　　　　　　　　　　26 000

　贷：主营业务成本　　　　　　　　　　　　　　　26 000

【税务处理】

2021 年 12 月 27 日发生的财务费用 1 000 元，允许在华丰公司申报 2021 年的企业所得税时扣除；2020 年申报企业所得税时，允许用红字冲减主营业务收入 50 000 元，冲减主营业务成本 26 000 元，已经在财务费用中扣除的现金折扣 1 000 元应冲回。

在【例 21－22】中，如果销售退回发生在 2022 年 3 月 20 日。华丰公司 2021 年财务报告批准报出日为 2022 年 4 月 24 日，2021 年企业所得税汇算清缴在 2022 年 5 月 31 日结束。这种情况属于资产负债表日后事项，适用《企业会计准则第 29 号——资产负债表日后事项》。

（二）附有质量保证条款的销售

企业在向客户销售商品时，根据合同约定、法律规定或本企业以往的习惯做法等，可能会为所销售的商品提供质量保证，这些质量保证的性质可能因行业或者客户而不同。其中，有一些质量保证是为了向客户保证所销售的商品符合既定标准，即保证类质量保证；而另一些质量保证则是在向客户保证所销售的商品符合既定标准之外提供了一项单独的服务，即服务类质量保证。

对于附有质量保证条款的销售，企业应当评估该质量保证是否在向客户保证所销售商品符合既定标准之外提供了一项单独的服务。企业提供额外服务的，应当作为单项履约义务，按照《企业会计准则第 14 号——收入》的规定进行会计处理，并将部分交易价格分摊至该项履约义务；否则，质量保证责任应当按照《企业会计准则第 13 号——或有事项》的规定进行会计处理。

在评估质量保证是否在向客户保证所销售商品符合既定标准之外提供了一项单独的服务时，企业应当考虑该质量保证是否为法定要求、质量保证期限以及企业承诺履行义务的性质等因素。客户能够选择单独购买质量保证的，该质量保证构成单项履约义务。

【例 21－23】2021 年 9 月 5 日，甲公司与客户签订合同，销售一部手机，价款 8 000 元，客户即刻转账付款。该手机的成本为 3 000 元。合同规定，该手机自售出起一年内如果发生质量问题，甲公司负责提供质量保证服务。此外，在此期间内，由于客户使用不当（如手机进水）等原因造成的产品故障，甲公司也免费提供维修服务，该维修服务不能单独购买。甲公司单独销售该款手机和类似维修服务的价格分别为 7 500 元和 2 500 元。甲公司根据其以往自身经验，估计该款手机自售出起一年内发生质量保证服务将花费 200 元。以上价格均为不含税价格。

本例中，甲公司的承诺包括：销售手机、提供质量保证服务以及维修服务。甲公司针对产品的质量问题提供的质量保证服务是为了向客户保证所销售商品符合既定标准，因此不构成单项履约义务；甲公司对由于客户使用不当而导致的产品故障提供的免费维修服务，属于在向客户保证所销售商品符合既定标准之外提供的单独服务，尽管其没有单独销售，该服务与手机可明确区分，应该作为单项履约义务。因此，在该合同下，甲公司的履约义务有两项：销售手机和提供维修服务，甲公司应当按照其各自单独售价的相对比例，将交易价格分摊至这两项履约义务，并在各项履约义务履行时分别确认收入。甲公司提供的质量保证服务，应当按照《企业会计准则第 13 号——或有事项》的规定进行会计处理。

手机出售收入 = 8 000 × [7 500 ÷ (7 500 + 2 500)] = 6 000（元）

维修服务收入 = 8 000 × [2 500 ÷ (7 500 + 2 500)] = 2 000（元）

甲公司应作如下会计处理：

（1）交付手机时：

借：银行存款	9 040	
贷：主营业务收入		6 000
合同负债		2 000
应交税费——应交增值税（销项税额）		1 040
借：主营业务成本	3 000	
贷：库存商品		3 000
借：销售费用	200	
贷：预计负债——产品质量保证		200

（2）每月确认维修服务收入时：

主营业务收入 = 2 000 ÷ 12 = 166.67（元）

借：合同负债	166.67	
贷：主营业务收入		166.67

（三）主要责任人和代理人的识别与处理

当企业向客户销售商品涉及其他方参与其中时，企业应当确定其自身在该交易中的身份是主要责任人还是代理人。

企业应当根据其在向客户转让商品前是否拥有对该商品的控制权，来判断其从事交易时的身份是主要责任人还是代理人。企业在向客户转让商品前能够控制该商品的，该企业为主要责任人，应当按照已收或应收对价总额确认收入；否则，该企业为代理人，应当按照预期有权收取的佣金或手续费的金额确认收入，该金额应当按照已收或应收对价总额扣除应支付给其他相关方的价款后的净额，或者按照既定的佣金金额或比例等确定。

企业向客户转让商品前能够控制该商品的情形如下：

1. 企业自第三方取得商品或其他资产控制权后，再转让给客户。

2. 企业能够主导第三方代表本企业向客户提供服务。

3. 企业自第三方取得商品控制权后，通过提供重大的服务将该商品与其他商品整合成某组合产出转让给客户。

在具体判断向客户转让商品前是否拥有对该商品的控制权时，企业不应仅局限于合同的法律形式，而应当综合考虑所有相关事实和情况，这些事实和情况包括：①企业承担向客户转让商品的主要责任；②企业在转让商品之前或之后承担了该商品的存货风险；③企业有权自主决定所交易商品的价格；④其他相关事实和情况。

【例21－24】甲公司是一家旅行社，从航空公司购买了一定数量的折扣机票，并对外销售。甲公司向旅客销售机票时，可自主决定机票的价格，未售出的机票不能退还给航空公司。

本例中，甲公司向客户提供的特定商品或服务为机票，该机票代表了客户可以乘坐特定航班（即享受航空公司提供的飞行服务）的权利。甲公司在确定特定客户之前已经预先从航空公司购买了机票，因此，该权利在转让给客户之前已经存在。甲公司从航空公司购入机票之后，可以自行决定该机票的用途，即是否用于对外销售，以何等价格以及向哪些客户销售等，甲公司有能力主导该机票的使用并且能够获得其几乎全部的经济利益。因此，甲公司在将机票销售给客户之前，能够控制该机票，甲公司在向旅客销售机票的交易中的身份是主要责任人。

【例21－25】甲公司经营某购物网站，在该网站购物的消费者可以明确获知在该网站上销售的商品均为其他零售商直接销售的商品，这些零售商负责发货以及售后服务等。甲公司与零售商签订的合同约定，该网站所售商品的采购、定价、发货以及售后服务等均由零售商自行负责，甲公司仅负责协助零售商和消费者结算货款，并按照每笔交易的实际销售额收取5%的佣金。

本例中，甲公司经营的购物网站是一个购物平台，零售商可以在该平台发布所销售商品信息，消费者可以从该平台购买零售商销售的商品。消费者在该网站购物时，向其提供的特定商品为零售商在网站上销售的商品，除此之外，甲公司并未提供任何其他的商品。这些特定商品在转移给消费者之前，甲公司没有能力主导这些商品的使用，例如，甲公司不能将这些商品提供给购买该商品的消费者之外的其他方，也不能阻止零售商向该消费者转移这些商品，即甲公司并未控制这些商品，甲公司的履约义务是安排零售商向消费者提供相关商品，而非自行提供这些商品，甲公司在该交易中的身份是代理人。

实务中，常见的委托代销和受托代销业务的账务处理如下。

1. 视同买断方式

视同买断方式，是指由委托方和受托方签订合同或协议，委托方按合同或协议价收取所代销商品的货款，实际售价由受托方自定，实际售价与协议价之间的差额归受托方所有的销售方式。

在这种销售方式下，如果委托方和受托方之间的合同或协议明确规定，受托方在取得代销商品后，无论是否能够卖出、是否获利，均与委托方无关，委托方和受托方之间的代销商品交易，与委托方直接销售商品给受托方没有实质区别，在符合销售商品收入确认条件时，委托方应确认相关销售商品收入。如果委托方和受托方之间的合同或协议明确规定，将来受托方没有将商品售出时，可以将商品退还给委托方，或受托方因代销商品出现亏损时，可以要求委托方补偿，委托方在交付商品时通常不确认收入，受托方也不作购进商品处理，而是在受托方将商品销售后，按实际售价确认销售收入，并向委托方开具代销清单，委托方收到代销清单时，再确认本企业的销售收入。

【例21－26】华丰公司委托中庆公司销售100台电冰箱，协议价为1 000元/台（不含增值税），该商品成本为600元/台，适用的增值税税率为13%。华丰公司收到中庆公司开来的代销清单时开具增值税专用发票，发票上注明售价为100 000元，增值税税额为13 000元。中庆公司实际销售时开具的增值税专用发票上注明售价为120 000元，增值税税额为15 600元。中庆公司可以将没有代销出去的商品退还给华丰公司。

华丰公司应作如下会计处理：

（1）华丰公司将电冰箱交付中庆公司时：

借：发出商品（或委托代销商品）　　60 000

　　贷：库存商品　　60 000

（2）华丰公司收到代销清单时：

借：应收账款——中庆公司　　113 000

　　贷：主营业务收入　　100 000

　　　　应交税费——应交增值税（销项税额）　　13 000

借：主营业务成本　　60 000

　　贷：发出商品（或委托代销商品）　　60 000

（3）收到中庆公司汇来的货款时：

借：银行存款　　113 000

　　贷：应收账款——中庆公司　　113 000

中庆公司应作如下会计处理：

（1）收到电冰箱时：

借：受托代销商品　　100 000

　　贷：受托代销商品款　　100 000

（2）实际销售时：

借：银行存款　　135 600

　　贷：主营业务收入　　120 000

　　　　应交税费——应交增值税（销项税额）　　15 600

借：主营业务成本　　100 000

　　贷：受托代销商品　　100 000

借：受托代销商品款　　100 000

　　贷：应付账款——华丰公司　　100 000

（3）按合同协议价将款项付给华丰公司时：

借：应付账款——华丰公司　　100 000

　　应交税费——应交增值税（进项税额）　　13 000

　　贷：银行存款　　113 000

假设上例中庆公司无论是否能够卖出、是否获利，均与华丰公司无关，则双方的会计处理如下。

华丰公司应作如下会计处理：

（1）华丰公司将电冰箱交付中庆公司时：

借：应收账款——中庆公司　　113 000

　　贷：主营业务收入　　100 000

　　　　应交税费——应交增值税（销项税额）　　13 000

借：主营业务成本　　60 000

　　贷：库存商品　　60 000

（2）收到中庆公司汇来的货款时：

借：银行存款　　113 000

　　贷：应收账款——中庆公司　　113 000

中庆公司应作如下会计处理：

（1）收到电冰箱时：

借：库存商品　　100 000

　　应交税费——应交增值税（进项税额）　　13 000

　　贷：应付账款——华丰公司　　113 000

（2）实际销售时：

借：银行存款　　135 600

　　贷：主营业务收入　　120 000

　　　　应交税费——应交增值税（销项税额）　　15 600

借：主营业务成本　　100 000

　　贷：库存商品　　100 000

（3）按合同协议价将款项付给华丰公司时：

借：应付账款——华丰公司　　113 000

　　贷：银行存款　　113 000

2. 支付手续费方式

支付手续费方式，是指委托方根据所代销的商品数量向受托方支付手续费的销售方式。受托方收取的手续费属于劳务收入，这种代销方式的特点是，受托方通常应按照委托方约定的价格销售，不得自行改变约定价格。

在这种代销方式下，委托方发出商品时，商品的控制权并未转移，不能确认收入，应将已发出的商品借记“发出商品”或“委托代销商品”科目；受托方收到受托代销的商品时，按约定的价格，借记“受托代销商品”科目，贷记“受托代销商品款”科目。受托方售出受托代销商品后，按合同或协议约定的方法计算确定的手续费确认收入；委托方应在收到受托方开出的代销清单时确认销售商品收入。

【涉税提示】

对代销商品，会计处理与企业所得税处理一致。在进行增值税处理时，对委托方来说，增值税纳税义务发生时间为收到代销单位的代销清单或者收到全部或者部分货款的当天；未收到代销清单及货款的，为发出代销货物满180天的当天。对受托方来说，销售代销货物应作视同销售处理。

【例21－27】2021年8月5日，甲公司委托乙公司销售A商品1 000件，A商品已经发出，每件成本为70元。合同约定乙公司应按每件100元对外销售，甲公司按不含增值税的销售价格的10%向乙公司支付手续费。除非这些商品在乙公司存放期间内由于乙公司的责任发生毁损或丢失，否则在A商品对外销售之前，乙公司没有义务向甲公司支付货款。乙公司不承担包销责任，没有售出的A商品须退回给甲公司，同时，甲公司也有权要求收回A商品或将其销售给其他的客户。2021年8月31日，乙公司对外实际销售1 000件，开出的增值税专用发票上注明的销售价格为100 000元，增值税税额为13 000元，款项已经收到，乙公司立即向甲公司开具代销清单并支付货款。甲公司收到乙公司开具的代销清单时，向乙公司开具了一张相同金额的增值税专用发票。假定甲公司发出A商品时纳税义务尚未发生，手续费的增值税税率为6%，确认代销手续费时取得了增值税专用发票。不考虑其他因素。

本例中，甲公司将A商品发送至乙公司后，乙公司虽然已经实物占有A商品，但是仅是接受甲公司的委托销售A商品，并根据实际销售的数量赚取一定比例的手续费。甲公司有权要求收回A商品或将其销售给其他的客户，乙公司并不能主导这些商品的销售，这些商品对外销售与否、是否获利以及获利多少等不由乙公司控制，乙公司没有取得这些商品的控制权。因此，甲公司将A商品发送至乙公司时，不应确认收入，而应当在乙公司将A商品销售给最终客户时确认收入。

根据上述资料，甲公司应作如下会计处理：

（1）发出商品时：

借：发出商品　　70 000

　　贷：库存商品——A 商品　　70 000

（2）收到代销清单时：

此时应确认收入，同时发生增值税纳税义务，并计算应付的代销手续费。

借：应收账款——乙公司　　113 000

　　贷：主营业务收入——A 商品　　100 000

　　　　应交税费——应交增值税（销项税额）　　13 000

借：主营业务成本——A 商品　　70 000

　　贷：发出商品　　70 000

借：销售费用——代销手续费　　10 000

　　应交税费——应交增值税（进项税额）　　600

　　贷：应收账款——乙公司　　10 600

（3）收到乙公司支付的货款时：

借：银行存款　　102 400

　　贷：应收账款——乙公司　　102 400

乙公司应作如下会计处理：

（1）收到商品时：

借：受托代销商品——甲公司　　100 000

　　贷：受托代销商品款——甲公司　　100 000

（2）对外销售时：

借：银行存款　　113 000

　　贷：受托代销商品——甲公司　　100 000

　　　　应交税费——应交增值税（销项税额）　　13 000

（3）收到增值税专用发票时：

借：受托代销商品款——甲公司　　100 000

　　应交税费——应交增值税（进项税额）　　13 000

　　贷：应付账款——甲公司　　113 000

（4）支付货款并计算应收的代销手续费时：

借：应付账款——甲公司　　113 000

贷：银行存款	102 400
其他业务收入——代销手续费	10 000
应交税费——应交增值税（销项税额）	600

【税务处理】

根据税法规定，受托方销售代销货物，要视同销售，按销售货物征收税款。乙公司应于实际销售时确认计税收入 100 000 元，计税成本 100 000 元，申报增值税销项税额 13 000 元、进项税额 13 000 元，对于取得的手续费收入应申报增值税销项税额 600 元。

（四）附有客户额外购买选择权的销售

在某些情况下，企业在销售商品的同时，会向客户授予选择权，允许客户可以据此免费或者以折扣价格购买额外的商品。企业向客户授予的额外购买选择权的形式包括销售激励、客户奖励积分、未来购买商品的折扣券以及合同续约选择权等。

对于附有客户额外购买选择权的销售，企业应当评估该选择权是否向客户提供了一项重大权利。企业提供重大权利的，应当作为单项履约义务，按照《企业会计准则第 14 号——收入》规定（各单项履约义务所承诺商品的单独售价的相对比例）将交易价格分摊至该履约义务，在客户未来行使购买选择权取得相关商品控制权时，或者该选择权失效时，确认相应的收入。客户额外购买选择权的单独售价无法直接观察的，企业应当综合考虑客户行使和不行使该选择权所能获得的折扣的差异、客户行使该选择权的可能性等全部相关信息后，予以合理估计。

如果客户的额外购买选择权是向客户提供了一项重大权利，在这种情况下，客户在该合同下支付的价款实际上购买了两项单独的商品：一是客户在该合同下原本购买的商品；二是客户可以免费或者以折扣价格购买额外商品的权利。企业应当将交易价格在这两项商品之间进行分摊。

客户虽然有额外购买商品选择权，但客户行使该选择权购买商品时的价格反映了这些商品单独售价的，不应被视为企业向该客户提供了一项重大权利。

【涉税提示】

对附有客户额外购买选择权的销售，是企业在销售一项商品的同时，赠送了另一项商品，这种赠送是有条件的，其条件是必须先购买一项商品，实质是客户购买了两项单独的商品，不属于税法上的无偿赠送，税法不应作为视同销售，其处理办法与会计处理一致，不产生差异。

但应该注意的是，企业进行会计处理时要将收到的全款分配一部分出来确认为负债，而非全额确认收入。企业不自觉的话，就可能作为利润调节手段，对于客户额外购买选择权（如积分）影响重大的企业，这必然是财务调节要点。税务人员应关注企业的销售激励措施、积分系统等，充分了解其规则，认真核查客户额外购买选择权使用情况，例如统计积分兑换率等，防止企业调节利润，少交企业所得税。

【例 21－28】 2021 年 6 月 1 日，甲公司开始推行一项奖励积分计划。根据该计划客户在甲公司每消费 10 元（含增值税）可获得 1 个积分，每个积分从次月开始在购物时可以抵减 1 元（含增值税）。截至 2021 年 6 月 30 日，客户共消费 100 000 元（含增值税），获得 10 000 个积分，款已收到存入银行。根据历史经验，甲公司估计该积分的兑换率为 95%。该商品适用的增值税税率为 13%。

本例中，甲公司认为其授予客户的积分为客户提供了一项重大权利，应当作为一项单独的履约义务。客户购买商品的单独售价合计为 100 000 元，考虑积分的兑换率，甲公司估计积分的单独售价为 9 500 元（10 000 × 1 × 95%）。甲公司按照商品和积分单独售价的相对比例对交易价格进行分摊，具体如下：

分摊至商品的交易价格（含增值税）＝[100 000 ÷（100 000 ＋ 9 500）] × 100 000 ＝ 91 324（元）

分摊至积分的交易价格（含增值税）＝[9 500 ÷（100 000 ＋ 9 500）] × 100 000 ＝ 8 676（元）

主营业务收入 ＝ 91 324 ÷（1 ＋ 13%）＝ 80 818（元）

合同负债 ＝ 8 676 ÷（1 ＋ 13%）＝ 7 678（元）

因此，甲公司应当在商品的控制权转移时确认收入 91 324 元，同时确认合同负债 8 676 元。作会计分录如下：

借：银行存款　　100 000

　　贷：主营业务收入　　80 818

　　　　合同负债　　7 678

应交税费——应交增值税（销项税额）　　11 504

截至2021年12月31日，客户共兑换了4 500个积分。甲公司对该积分的兑换率进行了重新估计，仍然预计客户总共将会兑换9 500个积分（10 000×95%）。因此，甲公司以客户兑换的积分数占预期将兑换的积分总数的比例为基础确认收入。

积分应当确认的收入＝4 500÷9 500×7 678＝3 637（元）；剩余未兑换的积分的金额＝7 678－3 637＝4 041（元），仍然作为合同负债。

借：合同负债　　3 637

　　贷：主营业务收入　　3 637

截至2021年12月31日，客户累计兑换了8 500个积分。甲公司对该积分的兑换率进行了重新估计，预计客户总共将会兑换9 700个积分。

积分应当确认的收入＝8 500÷9 700×7 678－3 637＝3 091（元）

借：合同负债　　3 091

　　贷：主营业务收入　　3 091

剩余未兑换的积分的金额＝7 678－3 637－3 091＝950（元），仍然作为合同负债；到期未兑换作废时，将其转为收入。

借：合同负债　　950

　　贷：主营业务收入　　950

（五）涉及知识产权许可的销售

授予知识产权许可，是指企业授予客户对企业拥有的知识产权享有相应权利。常见的知识产权包括软件和技术、影视和音乐等的版权、特许经营权以及专利权、商标权和其他版权等。

企业向客户授予知识产权许可的，应当按照“识别合同中的单项履约义务”的要求，评估该知识产权许可是否构成单项履约义务，构成单项履约义务的，应当进一步确定其是在某一时段内履行还是在某一时点履行。

企业向客户授予知识产权许可，同时满足下列条件时，应当作为在某一时段内履行的履约义务确认相关收入；否则，应当作为在某一时点履行的履约义务确认相关收入：

1. 合同要求或客户能够合理预期企业将从事对该项知识产权有重大影响的活动；

2. 该活动对客户将产生有利或不利影响；

3. 该活动不会导致向客户转让某项商品。

企业向客户授予知识产权许可，并约定按客户实际销售或使用情况收取特许权使用费的，应当在下列两项孰晚的时点确认收入：

1. 客户后续销售或使用行为实际发生；

2. 企业履行相关履约义务。

【例 21－29】甲公司是一家著名的足球俱乐部，授权乙公司在其设计生产的服装、帽子、水杯以及毛巾等产品上使用甲公司球队的名称和图标，授权期间为 2 年。合同约定，甲公司收取的合同对价由两部分组成：一是 200 万元固定金额的使用费；二是按照乙公司销售上述商品所取得销售收入的 5% 计算的提成。乙公司预期甲公司会继续参加当地顶级联赛，并取得优异的成绩。

本例中，该合同仅包括一项履约义务，即授予使用权许可。由于乙公司能够合理预期甲公司将继续参加比赛，甲公司的成绩将会对其品牌（包括名称和图标等）的价值产生重大影响，而该品牌价值可能会进一步影响乙公司产品的销量，因此，甲公司授予的该使用权许可，属于在 2 年内履行的履约义务。甲公司收取的 200 万元固定金额的使用费应当在 2 年内平均确认收入，按照乙公司销售相关商品所取得销售额的 5% 计算的提成应当在乙公司的销售发生时确认收入。

（六）售后回购

售后回购，是指企业销售商品的同时承诺或有权选择日后再将该商品购回的销售方式。

被购回的商品包括原销售给客户的商品、与该商品几乎相同的商品，或者以该商品作为组成部分的其他商品。一般来说，售后回购通常有三种形式：一是企业和客户约定企业有义务回购该商品，即存在远期安排。二是企业有权利回购该商品，即企业享有回购选择权。三是当客户要求时，企业有义务回购该商品，即客户拥有回售选择权。对于不同类型的售后回购交易，企业应当区分下列两种情形分别进行会计处理。

1. 企业有义务回购或企业享有回购权利

企业因存在与客户的远期安排而负有回购义务或企业享有回购权利的，表明客户在销售时点并未取得相关商品控制权，企业应当作为租赁交易或融资交易进行相应的会计处理。

（1）回购价格低于原售价的，应当视为租赁交易，按照《企业会计准则第21号——租赁》的相关规定进行会计处理。

（2）回购价格不低于原售价的，应当视为融资交易，在收到客户款项时确认金融负债，而不是终止确认该资产，并将该款项与回购价格的差额在回购期间内确认为利息费用等。企业到期未行使回购权利的，应当在该回购权利到期时终止确认金融负债，同时确认收入。

【涉税提示】

对于回购价格不低于原售价的售后回购，如果合同规定对已售出的商品以后全部或部分购回，说明销售方仍控制着已售的商品，不符合会计和企业所得税法确认收入的条件，这实质上是用销售的商品作抵押进行融资。因此，企业所得税与会计处理一致。但按增值政策规定，应将其看作销售和回购两笔业务进行处理。

【例21－30】2021年6月1日，甲公司向乙公司销售一批商品，开出的增值税专用发票上注明的售价为240万元，增值税税额为31.2万元。同时双方约定两年之后，即2023年6月1日，甲公司将以144万元（不含税）的价格回购该批商品，该批产品的实际成本为150万元。该批商品已发出，货款已收到。甲公司应作如下会计处理：

本例中，根据合同约定，甲公司负有在两年后回购该批商品的义务，因此，乙公司并未取得该批商品的控制权。假定不考虑货币时间价值，该交易的实质是乙公司支付了96万元（240－144）的对价取得了该批商品两年的使用权。甲公司应当将该交易作为租赁交易作如下会计处理。

（1）销售商品时：

借：银行存款　　2 712 000
　　贷：预收账款　　2 400 000
　　　　应交税费——应交增值税（销项税额）　　312 000
借：发出商品　　1 500 000
　　贷：库存商品　　1 500 000

（2）每月确认租金收入时：

借：预收账款　　40 000
　　贷：其他业务收入　　40 000

（3）回购时：

回购时，取得了增值税专用发票并确认，增值税专用发票上注明的金额为 144 万元，增值税税额为 18.72 万元，款项已经支付。

借：预收账款	1 440 000	
应交税费——应交增值税（进项税额）	187 200	
贷：银行存款		1 627 200
借：库存商品	1 500 000	
贷：发出商品		1 500 000

假设甲公司在两年后是以 288 万元（不含税）的价格回购该批商品，其他条件不变。

根据合同约定，甲公司负有在两年后回购该批商品的义务，此时乙公司并未取得该批商品的控制权，假定不考虑货币时间价值，该交易的实质是甲公司以该批商品作为质押取得了 240 万元的借款，两年后归还本息合计 288 万元。甲公司应当将该交易视为融资交易，在收到客户款项时确认金融负债，并将该款项和回购价格的差额在回购期间内确认为利息费用等。

（1）销售商品时：

借：银行存款	2 712 000	
贷：其他应付款		2 400 000
应交税费——应交增值税（销项税额）		312 000
借：发出商品	1 500 000	
贷：库存商品		1 500 000

（2）在售后回购期间内按期计提利息费用时：

每月应计提的利息费用为 =（2 880 000 − 2 400 000）÷ 24 = 20 000（元）

借：财务费用	20 000	
贷：其他应付款		20 000

（3）回购时：

回购时，取得了增值税专用发票并确认，增值税专用发票上注明的金额为 288 万元，增值税税额为 37.44 万元，款项已经支付。

借：其他应付款	2 880 000	
应交税费——应交增值税（进项税额）	374 400	
贷：银行存款		3 254 400

借：库存商品　　　　1 500 000

　　贷：发出商品　　　　1 500 000

【税务处理】

企业所得税处理与会计处理一致。但在进行增值税处理时，应将其看作销售和回购两笔业务，开出增值税专用发票时要计提增值税销项税额，回购时按取得的增值税专用发票上注明的增值税额进行抵扣。

2. 企业负有应客户要求回购商品的义务

企业负有应客户要求回购商品义务的，应当在合同开始日评估客户是否具有行使该要求权的重大经济动因。客户具有行使该要求权重大经济动因的，企业应当将售后回购作为租赁交易或融资交易，按照上述规定进行会计处理。否则，企业应当将其作为附有销售退回条款的销售交易，按照附有销售退回条款的销售交易进行会计处理。

（七）客户有未行使合同权利的销售

企业向客户预收销售商品款项的，企业在预收款的同时，赋予了客户一项在未来从企业取得该商品的权利，并使企业承担了向客户转让该商品的义务，因此，企业应当将预收的款项确认为合同负债，待未来履行了相关履约义务，即向客户转让相关商品时，再将该负债转为收入。

在某些情况下，企业收取的预收款无须退回，但是客户可能会放弃其全部或部分合同权利，这些未行使的权利通常被称为“客户未行使的权利”。实务中，常见的形式有礼品卡、健身卡以及不可返还票券等。当企业预收款项无须退回，且客户可能会放弃其全部或部分合同权利时，企业预期将有权获得与客户所放弃的合同权利相关的金额的，应当按照客户行使合同权利的模式按比例将上述金额确认为收入；否则，企业只有在客户要求其履行剩余履约义务的可能性极低时，才能将相关负债余额转为收入。

如果有相关法律规定，企业所收取的、与客户未行使权利相关的款项须转交给其他方的（如法律规定无人认领的财产需上交政府），企业不应将其确认为收入。

【涉税提示】

对企业采用预收账款方式销售商品，企业所得税法要求在发出商品时确认收入，增值税政策要求在发出商品时纳税义务发生，与会计处理一致。

【例 21－31】 甲公司经营连锁面包店。2021 年 6 月，甲公司向客户销售了5 000 张储值卡，每张卡的面值为200 元，总额为1 000 000 元（含税）。客户可在甲公司经营的任何一家门店使用该储值卡进行消费。根据历史经验，甲公司预期客户购买的储值卡中将有大约相当于储值卡面值金额 5%（即50 000元）的部分不会被消费。截至 2021 年 12 月 31 日，客户使用该储值卡消费的金额为 400 000 元。甲公司为增值税一般纳税人，在客户使用该储值卡消费时发生增值税纳税义务。

本例中，甲公司销售储值卡收取的款项 1 000 000 元，应当确认合同负债。甲公司预期将有权获得与客户未行使的合同权利相关的金额为 50 000 元，应当按照客户行使合同权利的模式按比例确认为收入。因此，甲公司在 2021 年销售的储值卡应当确认的收入金额为 421 052.63 元（含税）(400 000 + 400 000 × 50 000 ÷ 950 000)。甲公司的会计处理为：

（1）销售储值卡时：

借：库存现金	1 000 000	
贷：合同负债		1 000 000

（2）根据储值卡的消费金额确认收入时：

借：合同负债	421 052.63	
贷：主营业务收入		372 612.95
应交税费——应交增值税（销项税额）		48 439.68

（八）向客户收取的无须退回的初始费

企业在合同开始（或接近合同开始）日向客户收取的无须退回的初始费（如俱乐部的入会费等）应当计入交易价格。企业应当评估该初始费是否与向客户转让已承诺的商品相关。

1. 该初始费与向客户转让已承诺的商品相关，并且该商品构成单项履约义务的，企业应当在转让该商品时，按照分摊至该商品的交易价格确认收入。

2. 该初始费与向客户转让已承诺的商品相关，但该商品不构成单项履约义务的，企业应当在包含该商品的单项履约义务履行时，按照分摊至该单项履约义务的交易价格确认收入。

3. 该初始费与向客户转让已承诺的商品不相关的，该初始费应当作为未来将转让商品的预收款，在未来转让该商品时确认为收入。

企业收取了无须退回的初始费且为履行合同应开展初始活动，但这些活动本身并没有向客户转让已承诺的商品的，该初始费与未来将转让的已承诺商品相关，应当在未来转让该商品时确认为收入，企业在确定履约进度时不应考虑这些初始活动；企业为该初始活动发生的支出应当按照合同成本确认的相关要求确认为一项资产或计入当期损益。

【例 21－32】甲公司经营一家会员制健身俱乐部。甲公司与客户签订了为期 1 年的合同，客户入会之后可以随时在该俱乐部健身。除俱乐部的年费 2 000 元（含税）之外，甲公司还向客户收取了 60 元（含税）的入会费，用于补偿俱乐部为客户进行注册登记、准备会籍资料以及制作会员卡等初始活动所花费的成本。甲公司收取的入会费和年费均无须返还。健身服务适用的增值税税率为 6%。

本例中，甲公司承诺的服务是向客户提供健身服务（即可随时使用的健身场地），它进行的初始活动并不是向客户提供其所承诺的服务，而只是一些内部行政管理性质的工作。甲公司收取的入会费实质上是客户为健身服务所支付的对价的一部分，故应当作为健身服务的预收款，与收取的年费一起在 1 年内分摊确认为收入。甲公司的会计处理为：

（1）收取年费和入会费时：

借：库存现金	2 060	
贷：合同负债		2 060

（2）每月确认收入时：

借：合同负债	1 300	
贷：主营业务收入		1 226.42
应交税费——应交增值税（销项税额）		73.58

四、合同成本

（一）合同履约成本

企业为履行合同可能会发生各种成本，企业应当对这些成本进行分析，属于《存货》《固定资产》《无形资产》等准则规范范围的，应当按照相关企业会计准则进行会计处理；不属于其他企业会计准则规范范围且同时满足下列条件的，应当作为合同履约成本确认为一项资产。

1. 该成本与一份当前或预期取得的合同直接相关。与合同直接相关的成本包括直接人工（如支付给直接为客户提供所承诺服务的人员的工资、奖金等）、直接材料（如为履行合同耗用的原材料、辅助材料、构配件、零件、半成品的成本和周转材料的摊销及租赁费用等）、制造费用（或类似费用，如组织和管理相关生产、施工、服务等活动发生的费用，包括管理人员的职工薪酬、劳动保护费、固定资产折旧费及修理费、物料消耗、取暖费、水电费、办公费、差旅费、财产保险费、工程保修费、排污费、临时设施摊销费等）、明确由客户承担的成本以及仅因该合同而发生的其他成本（如支付给分包商的成本、机械使用费、设计和技术援助费用、施工现场二次搬运费、生产工具和用具使用费、检验试验费、工程定位复测费、工程点交费用、场地清理费等）。

2. 该成本增加了企业未来用于履行履约义务的资源。

3. 该成本预期能够收回。

企业应当在下列支出发生时，将其计入当期损益：

1. 管理费用。

2. 非正常消耗的直接材料、直接人工和制造费用（或类似费用），这些支出为履行合同发生，但未反映在合同价格中。

3. 与履约义务中已履行部分相关的支出，即该支出与企业过去的履约活动相关。

4. 无法在尚未履行的与已履行的履约义务之间区分的相关支出。

【涉税提示】

纳税人提供建筑服务纳税义务发生时间，应区分以下几种情形：

(1) 先开具发票的，为开具发票的当天。

(2) 提供建筑服务过程中或之后收到款项的，为收到工程进度款的当天。

(3) 提供建筑服务过程中或之后，甲乙双方在书面合同中约定付款日期的，为书面合同确定的付款日期当天。

(4) 未签订书面合同或者书面合同未确定付款日期的，为建筑工程项目竣工验收的当天。

(5) 垫资提供建筑服务，验收后分期付款方式的，虽然工程已竣工验收，但仍然为合同约定的付款时间。

(6) 工程发包方从应支付的工程款中扣押的质押金、保证金，未开具发票的，以纳税人实际收到质押金、保证金的当天为纳税义务发生时间。当然，如果建筑施工企业开具了发票，没有收到质押金、保证金也发生了纳税义务。

此外，在提供建筑服务之前收到预收款的，应在收到预收款时，按照规定的预征率预缴增值税。

【例 21-33】甲建筑公司与其客户签订一项总金额为 580 万元（不含税）的固定造价合同，该合同不可撤销。甲公司负责工程的施工及全面管理，客户按照第三方工程监理公司确认的工程完工量，每年与甲公司结算一次；该工程已于 2021 年 4 月开工，预计于 2024 年 8 月完工；预计可能发生的工程总成本为 550 万元。

假设到 2022 年年底，由于材料价格上涨等因素，甲公司将预计工程总成本调整为 600 万元；2023 年年末，甲公司根据工程最新情况将预计工程总成本调整为 610 万元。假定该建造工程整体构成单项履约义务，并属于在某一时段内履行的履约义务，该公司采用成本法确定履约进度，不考虑增值税以外的其他相关因素。建筑服务适用的增值税税率为 9%，该合同的履行情况如表 21-2 所示。

表 21-2　　合同履行情况　　单位：万元

项目	2021 年	2022 年	2023 年	2024 年	2025 年
本年累计实际发生成本	154	300	488	610	
年末预计完成合同尚需发生成本	396	300	122		
本期结算合同价款（不含税）	174	196	180	30	
本期结算增值税款	15.66	17.64	16.20	2.70	
本期实际收到价款（不含税）	170	190	190		30
本期实际收到增值税款	15.30	17.10	17.10		2.70

按照合同约定，工程质保金 30 万元需等到客户于 2025 年年底保证期结束且未发生重大质量问题方能收款。

甲公司的会计处理如下：

（1）2021 年：

①实际发生合同成本。

借：合同履约成本　　　　　　　　　　　　1 540 000

　　贷：原材料、应付职工薪酬等　　　　　　　　1 540 000

②确认计量当年的收入并结转成本。

履约进度 =1 540 000 ÷（1 540 000 +3 960 000）×100% =28%

合同收入 =5 800 000 ×28% =1 624 000（元）

借：合同结算——收入结转　　　　　　　　1 624 000

　　贷：主营业务收入　　　　　　　　　　　　1 624 000

借：主营业务成本　　　　　　　　　　　　1 540 000

　　贷：合同履约成本　　　　　　　　　　　　1 540 000

③结算合同价款及增值税款。

借：应收账款　　　　　　　　　　　　　　1 896 600

　　贷：合同结算——价款结算　　　　　　　　1 740 000

　　　　应交税费——应交增值税（销项税额）　　156 600

④实际收到合同价款及增值税款。

借：银行存款　　　　　　　　　　　　　　1 853 000

　　贷：应收账款　　　　　　　　　　　　　　1 853 000

2021 年 12 月 31 日，“合同结算”科目的余额为贷方 11.6 万元（174 - 162.4），表明甲公司已经与客户结算但尚未履行履约义务的金额为 11.6 万元，由于甲公司预计该部分履约义务将在 2022 年内完成，因此，应在资产负债表中作为合同负债列示。

【税务处理】

提供建筑服务过程中或之后收到款项的，增值税纳税义务发生时间为收到工程进度款的当天。2021 年，甲公司企业所得税处理与会计处理一致。

（2）2022 年：

①实际发生合同成本。

借：合同履约成本　　　　　　　　　　　　1 460 000

　　贷：原材料、应付职工薪酬等　　　　　　　　1 460 000

②确认计量当年的收入并结转成本，同时，确认合同预计损失。

履约进度 =3 000 000 ÷（3 000 000 +3 000 000）×100% =50%

合同收入 =5 800 000 ×50% −1 624 000 =1 276 000（元）

合同预计损失 =（3 000 000 +3 000 000 −5 800 000）×（1 −50%）= 100 000（元）

借：合同结算——收入结转　　1 276 000

　　贷：主营业务收入　　1 276 000

借：主营业务成本　　1 460 000

　　贷：合同履约成本　　1 460 000

借：主营业务成本　　100 000

　　贷：预计负债　　100 000

在 2022 年年底，由于该合同预计总成本（600 万元）大于合同总收入（580 万元），预计发生损失总额为 20 万元，由于其中 10 万元（20 ×50%）已经反映在损益中，因此，应将剩余的、未完成工程将发生的预计损失 10 万元确认为当期损失。根据《企业会计准则第 13 号——或有事项》的相关规定，待执行合同变成亏损合同的，该亏损合同产生的义务满足相关条件的，则应当对亏损合同确认预计负债。因此，为完成工程将发生的预计损失 10 万元应当确认为预计负债。

③结算合同价款及增值税款。

借：应收账款　　2 136 400

　　贷：合同结算——价款结算　　1 960 000

　　　　应交税费——应交增值税（销项税额）　　176 400

④实际收到合同价款及增值税款。

借：银行存款　　2 071 000

　　贷：应收账款　　2 071 000

2022 年 12 月 31 日，“合同结算”科目的余额为贷方 80 万元（11.6 +196 −127.6），表明甲公司已经与客户结算但尚未履行履约义务的金额为 80 万元，由于甲公司预计该部分履约义务将在 2021 年内完成，因此，应在资产负债表中作为合同负债列示。

【税务处理】

对于提供劳务交易，企业所得税法是按完工进度（履约进度）法确认提供劳务收入，按照配比原则同时确认相应的劳务成本，不承认会计上根据预计损失确认的费用，因此，甲公司办理 2022 年度的企业所得税申报时，应调整增加应纳税所得额 10 万元。

（3）2023年：

①实际发生的合同成本。

借：合同履约成本　　1 880 000

　　贷：原材料、应付职工薪酬等　　1 880 000

②确认计量当年的合同收入并结转成本，同时调整合同预计损失。

履约进度 =4 880 000 ÷（4 880 000 +1 220 000）×100% =80%

合同收入 =5 800 000 ×80% －1 624 000 －1 276 000 =1 740 000（元）

合同预计损失 =（4 880 000 +1 220 000 －5 800 000）×（1 －80%）－100 000 = －40 000（元）

借：合同结算——收入结转　　1 740 000

　　贷：主营业务收入　　1 740 000

借：主营业务成本　　1 880 000

　　贷：合同履约成本　　1 880 000

借：预计负债　　40 000

　　贷：主营业务成本　　40 000

在2023年年底，由于合同预计总成本（610万元）大于合同总收入（580万元），预计发生损失总额为30万元，由于其中24万元（30×80%）已经反映在损益中，因此预计负债的余额为6万元（30－24），反映剩余的、未完成工程将发生的损失。因此，本期应转回合同预计损失4万元。

③结算合同价款及增值税款。

借：应收账款　　1 962 000

　　贷：合同结算——价款结算　　1 800 000

　　　　应交税费——应交增值税（销项税额）　　162 000

④实际收到合同价款及增值税款。

借：银行存款　　2 071 000

　　贷：应收账款　　2 071 000

2023年12月31日，“合同结算”科目的余额为贷方86万元（80+180－174），表明甲公司已经与客户结算但尚未履行履约义务的金额为86万元，由于该部分履约义务将在2024年8月底前完成，因此，应在资产负债表中作为合同负债列示。

【税务处理】

企业所得税法不承认会计上本期应转回的合同预计损失4万元，因此，甲公司办理 2023 年度的企业所得税申报时，应调整减少应纳税所得额 4 万元。

（4）2024 年 1—8 月：

①实际发生合同成本。

借：合同履约成本　　1 220 000

　　贷：原材料、应付职工薪酬等　　1 220 000

②确认计量当期的合同收入并结转成本及已计提的合同损失。

2024 年 1—8 月确认的合同收入 = 合同总金额 − 截至目前累计已确认的收入 = 5 800 000 − 1 624 000 − 1 276 000 − 1 740 000 = 1 160 000（元）

借：合同结算——收入结转　　1 160 000

　　贷：主营业务收入　　1 160 000

借：主营业务成本　　1 220 000

　　贷：合同履约成本　　1 220 000

借：预计负债　　60 000

　　贷：主营业务成本　　60 000

2024 年 8 月 31 日，“合同结算”科目的余额为借方 30 万元（116 − 86），是工程质保金，需等到客户于 2025 年年底保质期结束且未发生重大质量问题后方能收款，应当在资产负债表中作为合同资产列示。

【税务处理】

企业所得税法不承认会计上本期应转回的合同预计损失 6 万元，因此，甲公司办理 2024 年度的企业所得税申报时，应调整减少应纳税所得额 6 万元。

（5）2025 年：

①保质期结束且未发生重大质量问题，结算质保金及相应的增值税款。

借：应收账款　　327 000

　　贷：合同结算　　300 000

　　　　应交税费——应交增值税（销项税额）　　27 000

②实际收到质保金及相应的增值税款。

借：银行存款　　327 000

　　贷：应收账款　　327 000

当日，“合同结算”科目的余额为 0（30 − 30）。

【税务处理】

质押金、保证金纳税义务发生时间为实际收到款项的当天。

（二）合同取得成本

企业为取得合同发生的增量成本预期能够收回的，应当作为合同取得成本确认为一项资产。实务中，为简化操作，该资产摊销期限不超过1年的，可以在发生时计入当期损益。

增量成本，是指企业不取得合同就不会发生的成本，如销售佣金等。

企业为取得合同发生的、除预期能够收回的增量成本之外的其他支出，如无论是否取得合同均会发生的差旅费、投标费、为准备投标资料发生的相关费用等，应当在发生时计入当期损益，除非这些支出明确由客户承担。

（三）与合同成本有关的资产摊销和减值

1. 摊销

对于确认为资产的合同履约成本和合同取得成本（以下简称与合同成本有关的资产），企业应当采用与该资产相关的商品收入确认相同的基础（即在履约义务履行的时点或按照履约义务的履约进度）进行摊销，计入当期损益。

2. 减值

与合同成本有关的资产，其账面价值高于下列第（1）项减去第（2）项的差额的，超出部分应当计提减值准备，并确认为资产减值损失：

（1）企业因转让与该资产相关的商品预期能够取得的剩余对价。

（2）为转让该相关商品估计将要发生的成本。

以前期间减值的因素之后发生变化，使得企业上述第（1）项减去第（2）项后的差额高于该资产账面价值的，应当转回原已计提的资产减值准备，并计入当期损益，但转回后的资产账面价值不应超过假定不计提减值准备情况下该资产在转回日的账面价值。

在确定与合同成本有关的资产的减值损失时，企业应当先对按照其他相关企业会计准则确认的、与合同有关的其他资产确定减值损失；然后，按照上述要求确定与合同成本有关的资产的减值损失。企业按照《资产减值》准则测试相关资产组的减值情况时，应当将与合同成本有关的资产确定减值后的新账面价值计入相关资产组的账面价值。

第二节　费　　用

一、费用概述

（一）费用的概念和特征

费用，是指企业在日常活动中发生的、会导致所有者权益减少的、与向所有者分配利润无关的经济利益的总流出。

与收入相对应，费用具有以下特征：①费用是企业在日常活动中发生的；②费用会导致经济利益的流出，但与向所有者分配利润无关；③费用最终会导致所有者权益的减少。

“日常活动”的界定与收入定义中涉及的日常活动的界定相一致。

费用形成于企业的日常活动使其有别于产生于非日常活动的损失。企业从事的某些活动或事项也能导致经济利益流出企业，但不属于企业的日常活动。例如，企业非流动资产报废损失，因违约支付罚款，对外捐赠，因自然灾害等非常原因造成的财产损失等，这些活动或事项形成的经济利益的总流出属于企业的损失而不是费用，应确认为营业外支出。

（二）费用的分类

费用有广义和狭义之分。广义的费用泛指企业在日常活动发生的所有耗费，如企业资产购建发生的支出、产品成本中的加工成本等；狭义的费用仅指与本期收入相配比的那部分耗费，如企业销售商品、提供劳务过程中发生的销售成本、劳务成本、税金、销售费用等。狭义的费用按其功能分为营业成本、税金及附加、期间费用、资产减值损失等。

营业成本，是指企业在日常活动中为取得收入而销售的商品、提供的劳务等履行相关履约义务而发生的成本，与利润表中的“营业收入”相配比。按照企业从事日常活动在企业的重要性不同，可划分为主营业务成本和其他业务成本。

税金及附加，是指企业在日常活动中因取得营业收入而应缴纳的各种税金。

期间费用，是指企业在日常活动中为取得收入而发生的、不能直接或间接计入特定核算对象成本的、应直接计入发生当期损益的各项费用。期间费用按照经济用途，可划分为管理费用、销售费用和财务费用三项。

资产减值损失，是指企业用于日常活动的各项资产因各种原因而导致的资产账面价值的减少。

（三）费用的确认

费用确认应当以权责发生制为基础，凡属于本期发生的费用，不论其款项是否支付，均确认为本期费用；反之，不属于本期发生的费用，即使款项已在本期支付，也不确认为本期费用。

费用只有在经济利益很可能流出从而导致企业资产减少或者负债增加，且经济利益的流出额能够可靠计量时才能予以确认。

企业为生产产品、提供劳务等发生的可归属于产品成本、劳务成本等的费用，应当在确认产品销售收入、劳务收入等主营业务收入时，或在月末，将已销售产品、已提供劳务的成本结转入主营业务成本。

企业发生的支出不产生经济利益的，或者即使能够产生经济利益但不符合或者不再符合资产确认条件的，应当在发生时确认为费用，计入当期损益；企业发生的交易或者事项导致其承担了一项负债而又不确认为一项资产的，应当在发生时确认为费用，计入当期损益。

【涉税提示】

会计与税法在费用处理上的区别主要体现在：①准予在税前扣除的支出必须在企业生产经营活动中发生；②准予在税前扣除的支出，是企业实际发生的与取得收入有关的、合理的支出；③会计与税法对费用的确认都是以权责发生制为原则，但税法有例外情况，如对工资薪金的扣除、对资产减值损失的处理等；④企业发生的费用支出，应取得税前扣除凭证，作为计算企业所得税应纳税所得额时扣除相关支出的依据，否则不得在税前扣除。因此，税务人员应注意会计与税法对费用处理的差异，并要求企业按税法规定进行纳税调整。

二、期间费用

（一）管理费用

1. 管理费用的内容

管理费用，是指企业为组织和管理企业生产经营所发生的各种费用。包括企业在筹建期间内发生的开办费、董事会和行政管理部门在企业的经营管理中发生的或者应当由企业统一负担的公司经费（包括行政管理部门职工薪酬、物料消耗、低值易耗品摊销、办公费和差旅费、经营租赁费、折旧费等）、工会经费、董事会费（包括董事会成员津贴、会议费和差旅费等）、聘请中介机构费、咨询费（含顾问费）、诉讼费、业务招待费、房产税、车船税、城镇土地使用税、印花税、技术转让费、无形资产摊销、矿产资源补偿费、研究费用、排污费、存货盘亏或盘盈、融资租赁发生的履约成本、经营租赁发生的初始直接费用、长期待摊费用的摊销、高危行业安全生产费、同一控制下企业合并发生的直接相关费用以及企业生产车间（部门）和行政管理部门等发生的固定资产修理费用等不符合固定资产确认条件的后续支出等。

2. 管理费用的核算

企业应设置“管理费用”科目，核算企业为组织和管理企业生产经营活动所发生的费用。商品流通企业管理费用不多的，可不设置该科目，而将其核算内容并入“销售费用”科目核算。该科目的借方登记企业发生的各项管理费用。期末，应将该科目的余额转入“本年利润”科目，结转后该科目应无余额。该科目可按费用项目进行明细核算。

此外，企业发生的管理费用涉及增值税的还应核算相应的增值税额。

【例 21－34】华丰公司在 2024 年 4 月发生部分经济业务如下：

（1）4 月 3 日，开出转账支票，支付业务招待费 6 000 元。

（2）4 月 18 日，开出转账支票，支付生产车间固定资产修理费 5 000 元。

（3）4 月 30 日，根据有关规定，开出转账支票，支付本月应缴纳的排污费 7 000 元。

（4）4 月末，将“管理费用”转入“本年利润”科目。

华丰公司应作如下会计处理：

（1）借：管理费用——业务招待费　　6 000

　　　贷：银行存款　　6 000

（2）借：管理费用——修理费　　5 000

　　　贷：银行存款　　5 000

（3）借：管理费用——排污费　　7 000

　　　贷：银行存款　　7 000

（4）借：本年利润　　18 000

　　　贷：管理费用　　18 000

【涉税提示】

会计要求开办费在实际发生时，借记“管理费用——开办费”科目，贷记“银行存款”等科目。税法明确规定企业可以在开始经营之日的当年一次性扣除，也可以按长期待摊费用“自支出发生月份的次月起，分期摊销，摊销年限不得低于3年”。但一经选定，不得改变。

【例21－35】向阳公司在筹建期间发生人员工资20 000元，用银行存款支付办公费3 000元、培训费8 000元、印刷费6 000元、注册登记费10 000元，用库存现金支付差旅费2 000元。则向阳公司应作如下会计处理：

借：管理费用——开办费　　49 000

　贷：应付职工薪酬　　20 000

　　　银行存款　　27 000

　　　库存现金　　2 000

【涉税提示】

1. 对道路、桥、闸通行费在确定可抵扣的增值税额时，区分以下三种情况：

（1）一般纳税人支付的道路通行费，取得左上角标识“通行费”字样的增值税电子普通发票的，按票面上注明的增值税额，从销项税额中抵扣。

（2）一般纳税人支付的桥、闸通行费，取得通行费发票的，按发票上注明的金额和5%的扣除率计算可抵扣的进项税额。

（3）一般纳税人支付的道路、桥、闸通行费，取得财政票据或左上角无“通行费”字样的增值税电子普通发票的，不得抵扣进项税额。

2. 对差旅费进行税务处理时，应注意以下几点：

（1）差旅费中的住宿费，一般纳税人企业如果取得了增值税专用发票，可以抵扣进项税额。

（2）差旅费中的餐费不可以抵扣进项税额。

（3）差旅费中的交通费，自2019年4月1日起，增值税一般纳税人购进国内旅客运输服务，其进项税额允许从销项税额中抵扣。但在抵扣时需要注意以下事项：

①只有购买国内旅客运输服务才可以抵扣进项税额，购买国际客运输服务不能抵扣进项税额。

②购进国内旅客运输服务，可以作为进项税额抵扣的凭证有：增值税专用发票、增值税电子普通发票，注明旅客身份信息的航空运输电子客票行程单、铁路车票以及公路、水路等其他客票。取得增值税普通发票（非增值税电子普通发票）的，进项税额不允许从销项税额中抵扣。

③取得的航空运输电子客票行程单、铁路车票以及公路、水路等其他客票，都必须是注明旅客身份信息的票证才可以计算抵扣进项税额，纳税人手写无效。

④取得航空运输电子客票行程单时，计算抵扣的基础是票价加燃油附加费，机场建设费不可以计算抵扣进项税额。

⑤除扣税凭证和进项税额计算方法的特殊规定外，对于旅客运输服务的进项税额抵扣原则，需要符合现行增值税进项抵扣的基本规定。例如，用于免税、简易计税的不得抵扣；用于集体福利、个人消费、非正常损失等情形的不得抵扣；等等。

⑥与本单位建立了合法用工关系的个人发生的旅客运输费用，属于可以抵扣的范围。对于劳务派遣的用工形式，劳务派遣人员发生的旅客运输费用，应由用工单位抵扣进项税额，而不是由劳务派遣单位抵扣。对于纳税人为非雇员（如客户、邀请讲课专家等存在业务合作关系的人员）支付的旅客运输费用，不能纳入抵扣范围。

（4）差旅费支出税前扣除时，企业应留存证明差旅费支出真实性的有效凭证和相关证明材料，如出差人员姓名、地点、时间、工作任务、内部审批单、车船票、支付凭证等。

【例21-36】2023年8月，华丰公司管理人员在出差过程中取得航空客票行程单，行程单上注明票价2 000元，燃油附加费100元，机场建设费200元，合计金额2 300元。则华丰公司根据航空客票行程单应作如下会计处理：

（1）航空旅客运输进项税额 =（票价 + 燃油附加费）÷（1 + 9%）× 9% =（2 000 + 100）÷（1 + 9%）× 9% = 173.39（元）。

（2）会计分录：

借：管理费用——差旅费　　2 126.61
　　应交税费——应交增值税（进项税额）　　173.39
　　贷：银行存款　　2 300

【涉税提示】

对业务招待费进行增值税处理时，企业发生的交际应酬支出、餐饮支出、娱乐支出等，即便是一般纳税人取得了增值税专用发票，也不能抵扣进项税额。

对业务招待费进行企业所得税处理时，应注意以下三点：

（1）计算准予税前扣除的业务招待费的基数，包括主营业务收入、其他业务收入和视同销售收入。但应注意企业所得税中的视同销售与增值税中的视同销售范围是不一样的，计算业务招待费的基数是企业所得税上的视同销售，有些在增值税上属于视同销售的项目，如将自产产品用于集体福利，在企业所得税上属于内部资产转移而不属于视同销售，所以也就不是计算业务招待费、广告费业务宣传费的基数。

（2）从事股权投资业务的企业，从被投资企业所分配的股息、红利以及股权转让收入，可以按规定的比例计算业务招待费扣除限额。

（3）企业在筹建期间发生的业务招待费，可按实际发生额的60%在税前扣除。

【例21－37】2023年度，华丰公司取得主营业务收入3 000万元，其他业务收入500万元，投资收益150万元，营业外收入30万元。本年度该公司用银行存款支付业务招待费40万元（假设全部为餐费）。则该公司支付的业务招待费应作如下会计处理：

借：管理费用　　400 000
　　贷：银行存款　　400 000

【税务处理】

本例中，餐费不得抵扣进项税额。

本例中，业务招待费扣除限额 = 40 × 60% = 24（万元），但最高扣除限额 =（3 000 + 500）× 5‰ = 17.5（万元），故只能在企业所得税税前扣除 17.5 万元。华丰公司申报企业所得税时，应调整增加应纳税所得额 22.5 万元（40 − 17.5）。

【涉税提示】

对研究开发费用进行税务处理时，符合企业所得税政策规定的，可以加计扣除。加计扣除时应注意：①研究开发费用加计扣除的适用范围；②研究开发活动的判断标准；③加计扣除的费用支出内容；④自 2023 年 1 月 1 日起，企业研究开发费用加计扣除比例按照 100% 执行；⑤加计扣除的方式；⑥企业对研发费用和生产经营费用划分不清的，不得实行加计扣除；⑦企业研究开发费各项目的实际发生额归集不准确、汇总额计算不准确的，主管税务机关有权调整其税前扣除额或加计扣除额；⑧研发活动跨年的，期（月）末，应将“研发支出”科目归集的费用化支出金额转入“管理费用”科目。

【例 21－38】 2023 年 1 月 1 日，华丰公司自行研究开发一项新产品专利技术，在研究开发过程中发生材料费 200 万元、人工工资 50 万元，以及其他费用 150 万元，总计 400 万元，其中，符合资本化条件的支出为 250 万元。当年 7 月 1 日该专利技术已经达到预定用途，假设该专利技术按法律规定使用年限为 10 年。华丰公司应作如下会计处理：

（1）研发费用发生时：

借：研发支出——费用化支出	1 500 000	
——资本化支出	2 500 000	
贷：原材料		2 000 000
应付职工薪酬		500 000
银行存款		1 500 000

（2）2023 年 7 月 1 日该专利技术已经达到预定用途时：

借：管理费用	1 500 000	
无形资产	2 500 000	
贷：研发支出——费用化支出		1 500 000
——资本化支出		2 500 000

注：费用化支出应在每期期末转入“管理费用”。由于本题没有说明费用化支出的发生时间，为简化核算，采用了一次结转。

（3）2023 年无形资产摊销时：

2023 年共摊销无形资产成本 =（2 500 000 ÷ 10 ÷ 12 × 6）= 125 000（元）

借：管理费用　　125 000

　　贷：累计摊销　　125 000

【税务处理】

对于华丰公司计入管理费用的 150 万元研发费用，可在当期税前扣除金额为 300 万元（150 + 150 × 100%）；对于计入无形资产成本的 250 万元研发费用，可按照 500 万元（250 × 200%）的金额摊销在税前扣除，2023 年应在税前摊销扣除 25 万元。因此，2023 年华丰公司申报企业所得税时，应调整减少应纳税所得额 162.5 万元[（150 × 100%）+（25 − 12.5）]。

【涉税提示】

（1）企业发生的合理的劳动保护支出，准予扣除。

（2）企业之间支付的管理费不得扣除。

（3）企业参加财产保险、雇主责任险、公众责任险等责任保险，按照规定缴纳的保险费，准予在企业所得税税前扣除。

提供保险服务的纳税人发生的赔付支出，属于保险公司自行购进的修理劳务的，其进项税额可以按规定从保险公司销项税额中抵扣，否则，不得抵扣。

（二）销售费用

1. 销售费用的内容

销售费用，是指企业在销售商品和材料、提供劳务的过程中发生的各种费用。包括保险费、包装费、展览费和广告费、业务宣传费、商品维修费、长期待摊费用的摊销、预计产品质量保证损失、运输费、装卸费等以及为销售本企业商品而专设的销售机构（含销售网点、售后服务网点等）的职工薪酬、业务费、折旧费、不满足资本化确认条件的固定资产修理费用等经营费用。

2. 销售费用的核算

企业应设置“销售费用”科目，核算企业销售商品和材料、提供劳务的过程中发生的各种费用。该科目借方登记企业发生的各项销售费用。期末，应将该科目余额转入“本年利润”科目，结转后该科目应无余额。该科目可按费用项目进行明细核算。

【例 21－39】华丰公司在 2024 年 2 月发生部分经济业务如下：

（1）2 月 8 日，开出转账支票，支付销售商品发生的装卸费 2 000 元、保险费 3 000 元，共计 5 000 元。

（2）2 月 28 日，支付本月销售商品的电视及报纸广告费 9 000 元。

（3）2 月末，将销售费用转入“本年利润”科目。

华丰公司应作如下会计处理：

（1）借：销售费用——装卸费　　2 000
　　　　　　　　——保险费　　3 000
　　　贷：银行存款　　5 000

（2）借：销售费用——广告费　　9 000
　　　贷：银行存款　　9 000

（3）借：本年利润　　14 000
　　　贷：销售费用　　14 000

【例 21－40】假设华丰公司 2021 年度、2022 年度、2023 年度的销售收入分别为 2 000 万元、2 200 万元、2 500 万元。该公司 2021 年发生广告费和业务宣传费，取得的增值税专用发票上注明的金额为 320 万元，增值税税额为 19.2 万元；2022 年发生广告费和业务宣传费，取得的增值税专用发票上注明的金额为 350 万元，增值税税额为 21 万元；2023 年发生广告费和业务宣传费，取得的增值税专用发票上注明的金额为 360 万元，增值税税额为 21.6 万元。上述增值税专用发票均于当月通过增值税发票选择确认平台进行了勾选确认。则华丰公司各年应作如下会计处理：

（1）2021 年：

借：销售费用　　3 200 000
　　应交税费——应交增值税（进项税额）　　192 000
　　贷：银行存款　　3 392 000

（2）2022 年：

借：销售费用　　3 500 000
　　应交税费——应交增值税（进项税额）　　210 000

贷：银行存款　　　　　　　　　　　　　　　　　3 710 000

（3）2023 年：

借：销售费用　　　　　　　　　　　　　　　3 600 000

应交税费——应交增值税（进项税额）　　　　216 000

贷：银行存款　　　　　　　　　　　　　　　　　3 816 000

【税务处理】

2021 年度，华丰公司实际发生广告费和业务宣传费 320 万元，但本年度只允许税前扣除 300 万元（2 000 × 15%），尚未扣除的 20 万元（320 - 300）结转以后年度扣除，本年度调整增加应纳税所得额 20 万元。

2022 年度，华丰公司实际发生广告费和业务宣传费 350 万元，但本年度只允许税前扣除 330 万元（2 200 × 15%），尚未扣除的 20 万元（350 - 330）结转以后年度扣除。2020—2021 年度累计结转以后年度的广告费和业务宣传费扣除额为 40 万元（20 + 20）。

2023 年度，华丰公司实际发生广告费和业务宣传费 360 万元，但本年度允许税前扣除 375 万元（2 500 × 15%），其中包括本年度实际支付广告费和业务宣传费 360 万元，以及以前年度结转的广告费和业务宣传费扣除额 15 万元。本年度华丰公司应调整减少应纳税所得额 15 万元（375 - 360）。累计到 2023 年结转以后年度的广告费和业务宣传费扣除额为 25 万元（40 - 15）。

【涉税提示】

对广告费和业务宣传费进行增值税处理时，一般纳税人为销售商品或提供劳务支付的广告费和业务宣传费取得了增值税专用发票，用于增值税应税项目的，可以抵扣增值税进项税额。

对广告费和业务宣传费进行所得税处理时，企业生产经营期间发生的按企业所得税法规定符合条件的广告费和业务宣传费，一般企业不超过当年销售（营业）收入 15% 的部分，准予扣除；化妆品制造或销售、医药制造和饮料制造（不含酒类制造）企业不超过当年销售（营业）收入 30% 的部分，准予扣除；超过部分，准予在以后纳税年度结转扣除；烟草企业的烟草广告费和业务宣传费支出，一律不得在计算应纳税所得额时扣除。筹建期间发生的，准予扣除。各种非广告性质的赞助支出不得在税前扣除。

为了便于管理，税务人员应要求企业设置“广告费和业务宣传费税前扣除台账”，为各年度申报企业所得税做好基础工作。

【例21－41】A企业是一家进出口贸易企业，为增值税一般纳税人，代理国外某产品在国内销售。为拓展销售业务，A企业发展了一批具有合法经营资格的代理商为其联系各地客户，并分别与这些代理商签订了服务协议。2023年年末，A企业通过银行向其代理商支付佣金，取得的增值税专用发票上注明的金额为50万元，增值税税额为3万元。2023年，A企业的营业收入为1 000万元，签订服务协议确认的收入为600万元。则该企业应根据取得的增值税专用发票、××银行单位客户专用回单等凭证，作如下会计处理：

借：销售费用　　500 000

　　应交税费——应交增值税（进项税额）　　30 000

　　贷：银行存款　　530 000

【税务处理】

2023年A企业允许税前扣除的佣金为30万元（600×5%），当年应调整增加应纳税所得额为20万元。

（三）财务费用

1. 财务费用的内容

财务费用，是指企业为筹集生产经营所需资金等而发生的筹资费用，包括利息支出（减利息收入）、汇兑损益以及相关的手续费、企业发生的现金折扣或收到的现金折扣、未确认融资费用摊销、分期收款销售方式下“未实现融资收益”的摊销等。

2. 财务费用的核算

企业应设置“财务费用”科目，核算企业为筹集生产经营资金等而发生的筹资费用。该科目的借方登记企业发生的各项财务费用，贷方登记应冲减财务费用的利息收入、汇兑损益、现金折扣等；期末应将该科目余额转入“本年利润”科目，结转后该科目应无余额。该科目应按费用项目进行明细核算。

为购建或生产满足资本化条件的资产发生的应予资本化的借款费用，在“在建工程”“制造费用”等科目核算，不在“财务费用”科目核算。

【涉税提示】

对财务费用中的贷款利息费用，进行增值税处理时，不允许抵扣进项税额。对财务费用进行企业所得税处理时，要按规定的标准和限额在税前扣除，并且支付给已办理税务登记的增值税纳税人的利息费用应以发票作为税前扣除凭证，未取得发票的不得在发生年度税前扣除。

与财务费用相关的税收政策详见本书下册“第十八章第一节　短期借款”部分的相关内容。

【例21－42】华丰公司在2024年3月发生部分经济业务如下：

（1）开出转账支票，支付企业筹集生产经营所需资金发生的利息3 800元。

（2）收到市建设银行的存款计息凭证，收到的存款利息为1 000元。

（3）月末，将财务费用转入“本年利润”科目。

华丰公司应作如下会计处理：

（1）借：财务费用——利息支出	3 800	
贷：银行存款		3 800
（2）借：银行存款	1 000	
贷：财务费用——利息收入		1 000
（3）借：本年利润	2 800	
贷：财务费用		2 800

第三节　利　　润

一、利润的构成

利润，是指企业在一定会计期间的经营成果。利润包括收入减去费用后的净额、直接计入当期利润的利得和损失等。

其中，收入减去费用后的净额反映的是企业日常活动的经营业绩，直接计入当期利润的利得和损失反映的是企业非日常活动的业绩。直接计入当期利润的利得和损失，是指应当计入当期损益、最终会引起所有者权益发生增减变动的、与所有者投入资本或者向所有者分配利润无关的利得或者损失。

企业应当严格区分收入和利得、费用和损失之间的区别，以更加全面地反映企业的经营业绩。

利润金额取决于收入和费用、直接计入当期利润的利得和损失金额的计量。利润总额的计算公式如下：

营业利润＝营业收入－营业成本－税金及附加－销售费用－管理费用－研发费用－财务费用－资产减值损失－信用减值损失＋其他收益±投资收益（或损失）±净敞口套期收益（或损失）±公允价值变动收益（或损失）±资产处置收益（或损失）

利润总额＝营业利润＋营业外收入－营业外支出

净利润＝利润总额－所得税费用

其中，营业收入，是指企业经营业务所确认的收入总额，包括主营业务收入和其他业务收入。

营业成本，是指企业经营业务所发生的实际成本总额，包括主营业务成本和其他业务成本。其中，主营业务成本，是指企业销售商品、提供劳务等经常性活动所发生的成本。企业一般在确认销售商品、提供劳务等主营业务收入时，或在月末，将已销商品、已提供劳务的成本转入主营业务成本。其他业务成本，是指企业除主营业务活动以外的其他经营活动所发生的成本。

税金及附加，是指企业经营活动应负担的相关税费。

研发费用，是指企业进行研究与开发过程中发生的费用化支出，以及计入管理费用的自行开发无形资产的摊销。

资产减值损失，是指企业计提各项资产减值准备所形成的损失。

信用减值损失，是指按照《企业会计准则第22号——金融工具确认和计量》的要求计提的各项金融工具信用减值准备所确认的信用损失。

公允价值变动收益（或损失），是指企业以公允价值计量且其变动计入当期损益的金融资产等公允价值变动形成的应计入当期损益的利得（或损失）。

投资收益（或损失），是指企业以各种方式对外投资所取得的收益（或发生的损失）。

其他收益，是指计入其他收益的政府补助，以及其他与日常活动相关且计入其他收益的项目。

资产处置收益（或损失），是指企业处置有关非流动资产时确认的处置利得（或损失）。

营业外收入，是指企业发生的与其日常活动无直接关系的各项利得。营业外支出，是指企业发生的与其日常活动无直接关系的各项损失。

所得税费用，是指企业确认的应从当期利润总额中扣除的所得税费用。

资产减值损失、信用减值损失、公允价值变动损益、其他收益、投资收益、资产处置损益、所得税费用的核算，详见本书相关章节。

二、营业外收入和营业外支出的核算

（一）营业外收入的核算

1. 营业外收入的内容

营业外收入，是企业营业利润以外的收益，主要包括与企业日常活动无关的政府补助、盘盈利得、捐赠利得（企业接受股东或股东的子公司直接或间接的捐赠，经济实质属于股东对企业的资本性投入的除外）、罚没利得、确实无法支付的应付款项、权益法下长期股权投资的初始投资成本小于投资时应享有被投资单位可辨认净资产公允价值份额的差额等。

2. 营业外收入的核算

企业应设置“营业外收入”科目，核算企业发生的各项营业外收入。该科目贷方登记企业取得的各项营业外收入，借方登记期末转入“本年利润”科目的营业外收入，结转后该科目应无余额。该科目可按照营业外收入的项目进行明细核算。

【涉税提示】

营业外收入是会计概念，税法无此概念。企业会计准则中的收入包括主营业务收入和其他业务收入，不包括营业外收入。税法中的收入涵盖企业的各种收入，包括接受捐赠收入和其他收入等。税法中的接受捐赠收入及其他收入中的确实无法偿付的应付款项、违约金收入等在进行会计核算时记入“营业外收入”科目。

营业外收入在会计上是利润总额的组成部分，计入了企业的应纳税所得额，从对应纳税所得额的影响上来看没有差异，不需要作纳税调整。

【例21-43】2023年12月16日，华丰公司收到飞乐公司交来的罚款1 600元，存入银行；12月31日将确实无法支付的应付款项3 500元按规定程序经批准后转作营业外收入。则华丰公司应作如下会计处理：

(1) 2023年12月16日收到罚款时：

借：银行存款　　1 600

　　贷：营业外收入　　1 600

(2) 2023年12月31日结转无法支付的应付款项时：

借：应付账款　　3 500

　　贷：营业外收入　　3 500

（二）营业外支出的核算

1. 营业外支出的内容

营业外支出，是指企业发生的除营业利润以外的支出，主要包括公益性捐赠支出、非常损失、盘亏损失、非流动资产毁损报废损失、罚款支出等。

其中，非常损失，是指企业对于因客观因素（如自然灾害等）造成的损失，在扣除保险公司赔偿后计入营业外支出的净损失。

非流动资产毁损报废损失通常包括因自然灾害发生毁损、已丧失使用功能等原因而报废清理产生的损失。企业在不同交易中形成的非流动资产毁损报废利得和损失不得相互抵销。

2. 营业外支出的核算

企业应设置“营业外支出”科目，核算企业发生的各项营业外支出。该科目借方登记企业发生的各项营业外支出，贷方登记期末转入“本年利润”科目的营业外支出，结转后该科目无余额。该科目可按营业外支出项目进行明细核算。

【涉税提示】

企业会计准则和税法对营业外支出的规定差异较大，主要表现在以下几方面：

(1) 属于“营业外支出”科目核算内容的一些项目，按企业所得税法规定不一定能在税前扣除。对于会计计入营业外支出，税法不允许扣除的项目（如税收滞纳金、被没收财物的损失等），应调整增加企业应纳税所得额；税法有扣除比例的项目（如公益救济性捐赠支出），超出比例部分调整增加企业应纳税所得额。在实际工作中，税务人员应关注企业“营业外支出”科目的使用情况，注意哪些营业外支出能在税前扣除，哪些营业外支出能按比例在税前扣除，哪些营业外支出不能在税前扣除，注意企业有无利用“营业外支出”科目乱列费用支出，在税前扣除的情况。

（2）《企业所得税法》第十条第四项规定的“罚金、罚款和被没收财物的损失”属于行政处罚范畴，不得在企业所得税前扣除。银行罚息属于纳税人按照经济合同规定支付的违约金，不属于行政罚款，因此，可以在企业所得税前扣除。

（3）对自2019年1月1日至2025年12月31日，企业通过公益性社会组织或者县级以上（含县级）人民政府及其组成部门和直属机构，用于目标脱贫地区的扶贫捐赠支出，准予在计算企业所得税应纳税所得额时据实扣除。并且，企业同时发生扶贫捐赠支出和其他公益性捐赠支出时，在计算公益性捐赠支出年度扣除限额时，符合条件的扶贫捐赠支出不计算在内。企业发生对“目标脱贫地区”的捐赠支出时，应及时要求开具方在公益事业捐赠票据中注明目标脱贫地区的具体名称，并妥善保管该票据。

【例21－44】华丰公司2023年12月发生部分业务如下：

（1）赞助某协会5 000元；

（2）支付逾期银行贷款罚息20 000元；

（3）支付合同违约金10 000元，缴纳税收滞纳金12 000元；

（4）通过中国红十字会向红十字会事业捐款15 000元（假设在年度利润总额的12%以内）。

华丰公司应作如下会计处理：

（1）借：营业外支出	5 000	
贷：银行存款		5 000
（2）借：营业外支出	20 000	
贷：银行存款		20 000
（3）借：营业外支出	22 000	
贷：银行存款		22 000
（4）借：营业外支出	15 000	
贷：银行存款		15 000

【税务处理】

本例计入营业外支出的事项中，按税法规定，华丰公司给某协会的赞助5 000元和缴纳的税收滞纳金 12 000 元不能税前扣除，应调整增加 2023 年度的应纳税所得额；其余项目允许扣除，不需要进行纳税调整。

【例 21－45】2023 年度，华丰公司的利润总额为 100 万元，当年度发生符合条件的扶贫方面的公益性捐赠支出 15 万元，发生符合条件的教育方面的公益性捐赠支出 13 万元。则华丰公司应作如下会计处理：

借：营业外支出　　　　280 000

　　贷：银行存款　　　　280 000

【税务处理】

2023 年度华丰公司公益性捐赠支出的税前扣除限额为 12 万元（100 × 12%），教育捐赠支出中 12 万元准予在当年扣除，超出的 1 万元，准予结转以后 3 年内在计算应纳税所得额时扣除。扶贫捐赠无须考虑税前扣除限额，准予在当年全额税前据实扣除。2023 年度，华丰公司申报企业所得税时，调整增加应纳税所得额 1 万元。

三、利润形成的核算

（一）科目设置

企业应设置“本年利润”科目，核算企业当期实现的净利润（或发生的净亏损）。企业期（月）末结转利润时，应将各损益类科目的余额转入该科目，结平各损益类科目。具体地说，期（月）末应将“主营业务收入”“其他业务收入”“营业外收入”“其他收益”等科目的期末余额转入该科目的贷方；将“主营业务成本”“税金及附加”“其他业务成本”“销售费用”“管理费用”“财务费用”“资产减值损失”“营业外支出”“所得税费用”等科目的期末余额转入该科目的借方；将“投资收益”“公允价值变动损益”“资产处置损益”等科目的净收益转入该科目的贷方，或将净损失转入该科目的借方。结转以后，“本年利润”科目余额如在贷方，反映企业当期累计实现的净利润；余额如在借方，则反映企业当期累计发生的净亏损。年度终了，应将企业本年累计实现的净利润转入“利润分配”科目的贷方，借记该科目，贷记“利润分配——未分配利润”科目；或将企业本年累计发生的净亏损转入“利润分配”科目的借方，作相反的会计分录。结转后该科目应无余额。

【涉税提示】

会计利润与应纳税所得额是两个不同概念，会计利润的计算公式表示为：利润总额 = 营业利润 + 营业外收入 − 营业外支出，计算结果为负数，称为会计亏损；应纳税所得额的计算公式表示为：应纳税所得额 = 收入总额 − 不征税收入 − 免税收入 − 各项扣除 − 允许弥补以前年度的亏损，计算结果为负数，称为税法亏损。因此，会计亏损与税法亏损也不是同一概念。

（二）利润结转的核算

利润结转的方法通常为账结法。账结法是通过编制记账凭证来完成损益结转工作的方法，即在账上每月进行损益类科目的结转。采用“账结法”时，应于每月末将各损益类科目的余额转入“本年利润”科目，通过“本年利润”科目的借、贷方发生额相抵，结出各会计期间的净利润或净亏损额。

【例 21 − 46】 假设华丰公司 2024 年 3 月末结转前损益类科目的余额如下：

科目名称	结转前余额
主营业务收入	250 000 元（贷）
其他业务收入	100 000 元（贷）
公允价值变动损益	50 000 元（贷）
投资收益	30 000 元（贷）
其他收益	20 000 元（贷）
资产处置损益	18 000 元（贷）
营业外收入	20 000 元（贷）
主营业务成本	200 000 元（借）
税金及附加	20 000 元（借）
其他业务成本	40 000 元（借）
管理费用	3 800 元（借）
销售费用	10 000 元（借）
财务费用	2 000 元（借）

资产减值损失	50 000 元（借）
营业外支出	8 000 元（借）

根据上述资料，华丰公司月终应作如下会计处理：

（1）结转各收益类科目：

借：主营业务收入	250 000	
其他业务收入	100 000	
公允价值变动损益	50 000	
投资收益	30 000	
其他收益	20 000	
资产处置损益	18 000	
营业外收入	20 000	
贷：本年利润		488 000

（2）结转各费用、支出类科目：

借：本年利润	333 800	
贷：主营业务成本		200 000
其他业务成本		40 000
税金及附加		20 000
销售费用		10 000
管理费用		3 800
财务费用		2 000
资产减值损失		50 000
营业外支出		8 000

经过以上结转后，华丰公司 2024 年 3 月“本年利润”科目增加贷方余额 154 200 元（488 000 － 333 800），即该公司 3 月实现的利润总额为 154 200 元。

年终，企业按上述步骤和方法计算出“本年利润”余额后，不论盈利还是亏损，均应按照企业所得税法的有关规定，计算企业应缴纳的企业所得税或应弥补的亏损，并将所得税费用转入“本年利润”科目的借方，然后结转当年净利润（或亏损）。年终结转前，若“本年利润”科目为贷方余额，则借记“本年利润”科目，贷记“利润分配——未分配利润”科目；若“本年利润”科目为借方余额，则借记“利润分配——未分配利润”科目，贷记“本年利润”科目。结转后“本年利润”科目应无余额。

【例21－47】 假设2023年度华丰公司的利润总额为1 500 000元，无纳税调整项目，所得税税率为25%，则该公司应确认的所得税费用为375 000元（1 500 000×25%）。华丰公司应作如下会计处理：

（1）确认所得税费用时：

借：所得税费用	375 000	
贷：应交税费——应交所得税		375 000

（2）结转所得税费用时：

借：本年利润	375 000	
贷：所得税费用		375 000

通过上述结转后，可计算得出2021年度华丰公司的净利润为1 125 000元（1 500 000－375 000）。

四、利润分配的核算

（一）利润分配的一般程序

利润分配程序，是指公司制企业根据适用法律、法规或规定，对企业一定期间实现的净利润进行分配必须经过的先后步骤。

根据《公司法》等有关规定，企业当年实现的利润总额应按国家有关税法的规定作相应的调整，然后依法缴纳企业所得税。缴纳企业所得税后的净利润按下列顺序进行分配。

1. 弥补以前年度的亏损

按照税法规定，企业的年度亏损，可以由下一年度的税前利润弥补，下一年度税前利润尚不足以弥补的，可以由以后年度的利润继续弥补，但用税前利润弥补以前年度亏损的连续期限一般企业不超过5年，高新技术企业和科技型中小企业不超过10年。在弥补期限内弥补不足的，用本年税后利润弥补。本年净利润加上年初未分配利润为企业可供分配的利润，只有可供分配的利润大于零时，企业才能进行后续分配。

【涉税提示】

根据企业所得税政策规定，企业纳税年度发生的亏损，准予向以后年度结转，用以后年度的所得弥补，但结转年限最长不得超过五年，有特殊规定的从其规定。

因此，企业发生的年度经营亏损，在税法规定的年限内税前利润不足弥补的，应先缴纳企业所得税，然后再弥补亏损。

2. 提取法定盈余公积金

根据《公司法》的规定，法定盈余公积金的提取比例为当年税后利润（弥补亏损后）的10%。当法定盈余公积金已达到注册资本的50%时可不再提取。

3. 提取任意盈余公积

根据《公司法》的规定，公司从税后利润中提取法定公积金后，经股东会或者股东大会决议，还可以从税后利润中提取任意公积金。

4. 向投资者分配利润

根据《公司法》的规定，公司弥补亏损和提取公积金后所余税后利润，可以向股东（投资者）分配股利（利润），其中，有限责任公司股东按照实缴的出资比例分取红利，全体股东约定不按照出资比例分取红利的除外；股份有限公司按照股东持有的股份比例分配，但股份有限公司章程规定不按持股比例分配的除外。

企业发生的年度经营亏损，可以用以前或以后年度的利润弥补，也可以经投资者审议后用盈余公积弥补。

需要注意的是，企业以前年度亏损未弥补完的，不得提取盈余公积，在提取盈余公积以前，不得向投资者分配利润。

向投资者分配利润区分为：应分配给股东或投资者的现金股利或利润和应分配给股东的股票股利。

需要说明的是，外商投资企业实现的净利润在首先弥补以前年度尚未弥补的亏损之后，应当按照法律、行政法规的规定按净利润提取储备基金、企业发展基金、职工奖励及福利基金等。中外合作经营企业按规定在合作期内以利润归还投资者的投资，以及国有工业企业按规定以利润补充的流动资本，也应从中扣除，随后的净额才为可供投资者分配的利润。

（二）利润分配的核算

1. 科目设置

企业应设置“利润分配”科目，核算企业利润的分配（或亏损的弥补）情况和历年分配（或弥补）后的余额。该科目借方登记利润的分配数和年末从“本年利润”科目转来的全年发生的净亏损；贷方登记用盈余公积弥补的亏损和年末从“本年利润”科目转来的全年实现的净利润。该科目年末余额，反映企业历年积存的未分配利润（或未弥补亏损）。

为了反映企业的利润分配情况，“利润分配”科目应当设置“提取法定盈余公积”“提取任意盈余公积”“应付现金股利或利润”“转作股本的股利”“盈余公积补亏”“未分配利润”等明细科目。每个明细科目的核算内容如下：

（1）“提取法定盈余公积”明细科目，核算企业按净利润的10%提取的法定盈余公积金。

（2）“提取任意盈余公积”明细科目，核算企业按股东会或者股东大会决议提取的任意公积金。

（3）“应付现金股利或利润”明细科目，核算企业经股东大会或类似机构决议，分配给股东或投资者的现金股利或利润。

（4）“转作股本的股利”明细科目，核算企业经股东大会或类似机构决议，分配给股东的股票股利。

（5）“盈余公积补亏”明细科目，核算企业用盈余公积弥补的亏损。

（6）“未分配利润”明细科目，核算企业年终结转的全年净利润和全年已分配利润，反映企业历年积存的未分配利润（或未弥补亏损）。

外商投资企业还应分别“提取储备基金”“提取企业发展基金”“提取职工奖励及福利基金”进行明细核算。

2. 利润分配的核算

（1）弥补亏损。

①经批准用税前利润弥补亏损或用净利润弥补亏损，不作账务处理。

②企业用盈余公积金弥补亏损，借记“盈余公积——盈余公积补亏”科目，贷记“利润分配——盈余公积补亏”科目。

（2）提取的盈余公积。

企业按规定提取的盈余公积，借记“利润分配——提取法定盈余公积”“利润分配——提取任意盈余公积”科目，贷记“盈余公积——法定盈余公积”“盈余公积——任意盈余公积”科目。

外商投资企业按规定提取的储备基金、企业发展基金、职工奖励及福利基金，借记“利润分配——提取储备基金”“利润分配——提取企业发展基金”“利润分配——提取职工奖励及福利基金”，贷记“盈余公积——储备基金”“盈余公积——企业发展基金”“应付职工薪酬”等科目。

（3）向投资者分配利润。

①企业经股东大会或类似机构决议，分配给股东或投资者的现金股利或利润，借记“利润分配——应付现金股利或利润”科目，贷记“应付股利”科目。

②经股东大会或类似机构决议，分配给股东的股票股利，应在办理增资手续后，借记“利润分配——转作股本的股利”科目，贷记“股本”科目。如有差额，贷记“资本公积——股本溢价”科目。

（4）年终结转。

①年度终了，企业应将全年实现的净利润，自“本年利润”科目转入“利润分配”科目，借记“本年利润”科目，贷记“利润分配——未分配利润”科目，如为净亏损，作相反的会计分录。

②年度终了，将“利润分配”科目所属其他明细科目的余额转入“利润分配——未分配利润”明细科目。结转后，“利润分配”科目除“未分配利润”明细科目外，其他明细科目应无余额。

【例 21－48】2023 年度华丰公司实现净利润为 1 125 000 元，按净利润的 10% 计提法定公积金。华丰公司应作如下会计处理：

借：利润分配——提取法定盈余公积　　112 500

　　贷：盈余公积——法定盈余公积　　112 500

年终，华丰公司按投资者决议，提取任意公积金 100 000 元。华丰公司应作如下会计处理：

借：利润分配——提取任意盈余公积　　100 000

　　贷：盈余公积——任意盈余公积　　100 000

年终，经股东大会决议，华丰公司分配现金股利 660 000 元。华丰公司应作如下会计处理：

借：利润分配——应付现金股利或利润　　660 000

　　贷：应付股利　　660 000

现金股利支付日华丰公司用银行存款支付应付股利 660 000 元。华丰公司应作如下会计处理：

借：应付股利　　660 000

　　贷：银行存款　　660 000

年终，经股东大会决议，华丰公司分配给股东股票股利 200 000 元，已办理增资手续。华丰公司应作如下会计处理：

借：利润分配——转作股本的股利　　200 000

　　贷：实收资本（股本）　　200 000

年终华丰公司结转全年净利润及利润分配数。华丰公司应作如下会计处理：

（1）年终结转全年净利润：

借：本年利润　　1 125 000

　　贷：利润分配——未分配利润　　1 125 000

（2）年终结转全年利润分配数：

借：利润分配——未分配利润　　1 072 500

　　贷：利润分配——提取法定盈余公积　　112 500

　　　　　　　　——提取任意盈余公积　　100 000

　　　　　　　　——应付现金股利或利润　　660 000

　　　　　　　　——转作股本的股利　　200 000

通过上述结转后，可计算得出2023年度华丰公司的未分配利润为52 500元（1 125 000－1 072 500）。

第二十二章　产 品 成 本

【本章提要】本章主要介绍产品成本的核算及涉税处理。

产品成本，是指企业在生产产品过程中所发生的材料费用、职工薪酬等，以及不能直接计入而按一定标准分配计入的各种间接费用。本章主要讲解产品成本的概念与核算对象，产品成本的核算项目和范围，产品成本的归集、分配和结转。

不同行业产品成本核算所使用的会计科目各不相同，制造企业产品成本核算所使用的会计科目主要有“生产成本”“制造费用”科目，软件及信息技术等服务企业产品成本核算所使用的会计科目主要有“劳务成本”科目，建筑企业产品成本核算所使用的会计科目主要有“工程施工”“机械作业”科目，等等，这些会计科目与财务报表项目的关系如图 22－1 所示。

资产	期末余额	上年年末余额	负债和所有者权益	期末余额	上年年末余额
……			……		
存货			……		
……			……		

图 22－1　会计科目与财务报表项目的关系（产品成本）

第一节　产品成本的概念与核算对象

2006 年企业会计准则发布后，为了加强企业产品成本核算，保证产品成本信息真实、完整，促进企业和经济社会的可持续发展，根据《会计法》、企业会计准则等国家有关规定，财政部于2013年发布了《企业产品成本核算制度（试行）》（财会〔2013〕17号）。该制度作为产品成本核算的基本规范，确定了成本核算的基本要求和一般原则，使企业能通过财务报告，向外部信息使用者提供产品成本的有关信息，并满足内部管理决策的需要。

该制度适用于大中型企业，包括制造业、农业、批发零售业、建筑业、房地产业、采矿业、交通运输业、信息传输业、软件及信息技术服务业、文化业及其他行业，并以制造业为蓝本，规范了产品成本核算基本要求，产品成本核算对象，产品成本核算项目和范围，产品成本归集、分配和结转。本章内容以该制度为依据。

一、产品成本的概念

（一）费用的分类

费用可以按照不同的标准进行分类，其最基本的分类是按照费用的经济内容和经济用途进行分类。本节以制造业为例说明费用的分类。

1. 费用按照经济内容的分类

对制造业来讲，产品的生产经营过程，也是劳动对象、劳动手段和活劳动的耗费过程。因此，制造业发生的各种费用按照其经济内容（或性质）进行划分，主要有劳动对象方面的费用、劳动手段方面的费用和活劳动方面的费用三大类。这三类可称为制造业费用的三大要素。为了具体反映制造业各种费用的构成和水平，还应在此基础上，将制造业费用进一步划分为以下若干要素费用或费用要素：

（1）外购材料。

外购材料，是指企业进行生产而耗用的一切从外部购入的原料及主要材料、半成品、辅助材料、包装物、修理用备件和低值易耗品等。

（2）外购燃料。

外购燃料，是指企业为进行生产而耗用的一切从外部购进的各种燃料，包括固体、液体和气体燃料。

（3）外购动力。

外购动力，是指企业为进行生产而耗用的一切从外部购进的各种动力。

（4）职工薪酬。

职工薪酬，是指企业为获得职工提供的服务而给予各种形式的报酬以及其他相关支出。

（5）折旧费用。

折旧费用，是指企业按照规定计算的固定资产折旧费用。

（6）利息费用。

利息费用，是指企业的生产经营借款发生的利息费用。

（7）税金。

税金，是指企业发生的应计入费用的各种税金。

（8）其他费用。

其他费用，是指不属于以上各费用要素的费用，如邮电费、差旅费、租赁费、外部加工费等。

费用按照经济内容进行分类，可以反映企业在一定时期内发生了哪些生产费用，金额各是多少，以便于分析企业各个时期各种费用占整个费用的比重，进而分析企业各个时期各种要素费用支出的水平，有利于考核费用计划的执行情况。

2. 费用按照经济用途的分类

制造业在生产经营管理过程中发生的费用按照其经济用途，可以分为计入产品成本的生产费用和不计入产品成本的期间费用两大类。

（1）计入产品成本的生产费用。

生产费用（也称“生产成本”），是指在企业的生产和经营管理过程中发生的，与生产产品有关，可以计入产品成本的费用。将生产费用按用途进一步分类，可划分为若干个项目，称为产品成本核算项目（简称成本项目）。根据生产特点和管理要求，制造业一般设立直接材料、直接人工和制造费用三个成本项目。

计入产品成本的生产费用按照经济用途划分的各成本项目不是固定不变的，企业应根据生产特点和管理要求，对上述成本项目进行适当的调整。对于管理上需要单独反映、控制和考核的费用，以及产品成本中比重较大的费用，应该专设成本项目，否则，为了简化核算工作，不必专设成本项目。例如，需要单独反映、控制和考核产品耗用燃料和动力的消耗定额时，可以增设“燃料及动力”成本项目，需要单独核算废品损失的可以增设“废品损失”项目，需要单独核算停工损失的可以增设“停工损失”项目，需要单独核算计入产品成本的借款费用的可以增设“借款费用”项目。如果产品耗用的燃料和动力不多，为了简化核算工作，可以将产品用燃料费用并入“直接材料”成本项目，将产品用动力费用并入“制造费用”成本项目。

在构成产品成本的各项生产费用中，可以分清哪种产品所耗用、可以直接计入某种产品成本的费用，称为直接费用；不能分清哪种产品所耗用、不能直接计入某种产品成本，而必须按照一定标准分配计入有关的各种产品成本的费用，称为间接费用。

在进行成本核算时，直接费用直接计入产品成本；间接费用先计入制造费用，然后按照一定标准分配计入产品成本。

（2）不计入产品成本的期间费用。

期间费用，是指不计入产品成本、直接计入发生当期损益的费用。企业一定期间发生的不能直接归属于某个特定产品的生产成本的费用，则归属于期间费用，在发生时直接计入当期损益（详见本书下册“第二十一章第二节　费用”）。

费用按经济用途进行分类，能够明确地反映出直接用于产品生产上的材料费用是多少、薪酬费用是多少，耗用于组织和管理生产经营活动上的各项支出是多少。从而有助于企业了解费用计划、定额、预算等的执行情况，控制成本费用支出，加强成本管理和成本分析。

（二）产品成本的概念

产品，是指企业日常生产经营活动中持有以备出售的产成品、商品、提供的劳务或服务。因此，本章所述的“产品”包括有形产品（产成品、商品）和无形产品（劳务或服务）。

产品成本，是指企业在生产产品过程中所发生的材料费用、职工薪酬等，以及不能直接计入而按一定标准分配计入的各种间接费用。企业在日常生产经营活动中所发生的耗费，能够归属于使产品达到目前场所和状态的，应当计入产品成本，否则应计入期间费用。

产品成本与生产费用有着密切的联系，对制造业而言，生产费用的发生过程，同时又是产品成本的形成过程。成本是按一定对象所归集的费用，是对象化的费用，制造业为生产一定种类、一定数量的产品所支出的各种生产费用之和，就是这些产品的成本。但二者又有区别，费用是资产的耗费，与一定的会计期间相联系。生产费用，是指某一会计期间为生产产品而发生的费用，而与生产哪一种产品无关；产品成本与一定种类和数量的产品相联系，是指某一会计期间某种产品应负担的生产费用，而不论发生在哪一个会计期间。

企业生产的产品，通过销售商品、提供劳务等方式对外出售以后，在确认收入的同时结转产品成本，产品成本就转化成营业成本。

【涉税提示】

《企业所得税法》及其实施条例中所述“成本”，是指在计算应纳税所得额时准予扣除的成本，与会计上费用要素中的“营业成本”相对应，是企业在确认收入的同时结转的产品成本。

（三）产品成本核算要求

为了充分发挥成本核算的作用，在成本核算工作中，应该贯彻实现以下各项要求。

1. 加强对产品成本的审核和控制

企业应当按照国家有关会计法规、会计准则的规定进行产品成本确认，合理确定和审核产品成本开支的范围，加强对产品成本的预算管理，做好成本的事前预测、事中控制、事后考核及评价工作。

2. 做好产品成本核算的基础工作

为了进行成本审核、控制，正确计算产品成本，还必须做好以下各项基础工作：

（1）做好与成本核算有关的原始记录。

为了进行成本核算和管理，对于生产过程中材料的领用，工时和动力的耗费，工资、水电等各项费耗的开支，在产品和半成品的内部转移，以及产品质量的检验结果等，均应做出真实、完整的记录。

（2）做好材料物资的计量、收发、领退和盘点工作。

为了进行成本管理和成本核算，还必须对材料物资的收发、领退和结存进行计量，建立和健全材料物资的计量、收发、领退和盘点制度。

（3）做好产品消耗定额的制定和修订工作。

产品的消耗定额是编制成本计划、分析和考核成本水平的依据，也是审核和控制耗费的标准。企业应当及时做好产品消耗定额的制定和修订，建立先进又可行的原材料、燃料、动力和工时等项消耗定额，并据以审核各项耗费是否合理，是否节约，借以控制耗费，降低成本。

（4）制定和修订厂内计划价格。

在计划管理基础较好的企业中，为了分清企业内部各单位的经济责任，便于分析和考核内部各单位成本计划的完成情况，还应对材料、半成品和厂内各车间相互提供的劳务（如运输、修理等）制定厂内计划价格，作为内部结算和考核的依据。

3. 正确划分成本、费用的各种界限

为正确计算产品成本，必须正确划分以下六个方面的界限：

（1）划清收益性支出与资本性支出的界限。

收益性支出，是指仅为取得当期收益而发生的支出或耗费，如支付当期职工薪酬等属于收益性支出；资本性支出，是指与本期和以后各期取得收益相关的支出，如购买固定资产和无形资产的支出等属于资本性支出。

按企业会计准则的规定，收益性支出符合成本、费用确认条件的，计入当期的成本、费用；资本性支出通常确认为资产，用于生产经营活动的，将通过折旧、摊销等方式分期计入成本、费用，而不能直接计入当期成本、费用。

（2）划清营业性支出与营业外支出的界限。

营业性支出（经营性支出），是指在企业正常生产经营活动中发生的支出。营业外支出，是指企业在正常生产经营活动以外，由于偶然的特殊的原因发生的一些支出和损失，如自然灾害造成的损失，固定资产盘亏、固定资产处置造成的净损失等都属于营业外支出。

在成本、费用计算过程中，只能将营业性支出计入成本、费用，对营业外支出要单独进行核算与反映，而不能计入成本、费用。所以在计算成本、费用时，要将各项营业外支出排除在外。

（3）划清生产成本与期间费用的界限。

在成本核算时，为了将产品的制造成本单独进行反映，必须将计入产品成本的生产费用与不计入产品成本的期间费用区分开来。生产单位（车间）发生的各项生产和管理费用，一般列入生产成本，生产成本最后都要计入产品成本。生产单位以外的行政管理部门发生的管理费用，销售部门为销售产品发生的销售费用，企业为筹集生产经营资金发生的财务费用（不符合资本化条件的）等，一般都列入期间费用。期间费用不计入产品成本，直接计入当期损益。

（4）划清各个月份的生产成本界限。

对生产成本，还要按权责发生制原则，分清应计入本月的生产成本和不应计入本月的生产成本。凡是本期成本应负担的耗费，不论款项是否支付，均应计入本期成本；凡是不属于本期成本负担的耗费，即使款项已经支付，也不应计入本期成本。只有将已经发生的成本全部计算入账，才能使成本的内容真实完整。如果将款项虽已支付而尚未发生的耗费计入成本，或者将款项虽未支付而实际已经发生的耗费不计入成本，那么成本的内容就会不实不全。权责发生制原则的运用要和重要性原则相结合，如果涉及的金额很小，不足以影响成本的正确程度的，也可以按照收付实现制的方法处理。

（5）划清各种产品的生产成本界限。

如果一个生产单位（如一个生产车间）生产两种以上的产品，对计入当期产品成本的生产成本，还要在各种不同的产品中分配。其中能直接分清是哪种产品发生的成本可直接计入该种产品的成本；对几种产品共同发生，又不能直接分清哪种产品发生多少的成本要按一定标准在各种产品之间进行分配，将分配结果分别计入各种产品成本（计入各种产品成本明细账）。

（6）划清本月完工产品与在产品的成本界限。

当把各项生产成本分别计入各种产品以后，如果某种产品已全部完工，则该种产品成本明细账所归集的全部生产成本就是该种完工产品的总成本，除以产量，就是该种产品的单位成本；如果某种产品没有完工，那么，该种产品成本明细账中所归集的全部生产成本，就是该种产品的月末在产品成本；如果某种产品一部分完工，另一部分没有完工，就需要用一定的方法，将该种产品成本明细账中归集的全部生产成本，在完工产品和未完工产品（月末在产品）之间进行分配，从而计算出完工产品成本。

4. 正确选择成本计算方法

企业在进行成本核算时，应根据本企业的具体情况，选择适合于本企业特点的成本计算方法进行成本核算。成本计算方法的选择，应同时考虑企业生产类型的特点和管理的要求两个方面。在同一个企业里，可以采用一种成本计算方法，也可以采用多种成本计算方法。

5. 遵守一致性原则

根据《企业产品成本核算制度（试行）》（财会〔2013〕17 号）第六条第二款规定："企业产品成本核算采用的会计政策和估计一经确定，不得随意变更。”一致性原则在成本核算中是指各种处理方法要前后一致，使前后各期的成本资料相互可比。在成本核算中，有些业务事项可以有几种不同的处理方法，如材料计价可以采用先进先出法、加权平均法等，制度允许企业根据实际情况择宜选用，但前后各期必须一致，不得任意变更。这不仅是为了使企业各个时期的成本核算资料有统一口径，前后连贯，相互可比，而且也是为了防止利用改变核算方法，人为地调节成本。

6. 及时组织产品成本核算，编制产品成本报表

企业应当根据产品生产过程的特点、生产经营组织的类型、产品种类的繁简和成本管理的要求，确定产品成本核算的对象、项目、范围，及时对有关费用进行归集、分配和结转。

企业一般应当按月编制产品成本报表，全面反映企业生产成本、成本计划执行情况、产品成本及其变动情况等。

二、产品成本核算对象

为了正确计算产品成本，要先确定产品成本核算对象，以便按照每一个成本核算对象，分别设置产品成本明细账（或成本计算单），来归集各个对象所应承担的生产成本，计算出各对象的总成本和单位成本。

产品成本核算对象，是指归集和分配生产成本的具体对象，即生产成本的承担者。不同行业在计算产品成本时确定的成本核算对象不尽相同，同一行业计算产品成本时所确定的成本核算对象也不一定相同。企业应当根据生产经营特点和管理要求，确定成本核算对象，归集成本费用，计算产品的生产成本。

（一）制造企业产品成本核算对象

制造企业一般按照产品品种、批次订单或生产步骤等确定产品成本核算对象。

1. 大量大批单步骤生产产品或管理上不要求提供有关生产步骤成本信息的，一般按照产品品种确定成本核算对象。此即品种法。

2. 小批单件生产产品的，一般按照每批或每件产品确定成本核算对象。此即分批法。

3. 多步骤连续加工产品且管理上要求提供有关生产步骤成本信息的，一

般按照每种（批）产品及各生产步骤确定成本核算对象。此即分步法。

产品规格繁多的，可以将产品结构、耗用原材料和工艺过程基本相同的产品，适当合并作为成本核算对象。

（二）其他行业企业产品成本核算对象

1. 农业企业一般按照生物资产的品种、成长期、批别（群别、批次）、与农业生产相关的劳务作业等确定成本核算对象。

2. 批发零售企业一般按照商品的品种、批次、定单、类别等确定成本核算对象。

3. 建筑企业一般按照订立的单项合同确定成本核算对象。单项合同包括建造多项资产的，企业应当按照企业会计准则规定的合同分立原则，确定建造合同的成本核算对象。为建造一项或数项资产而签订一组合同的，按合同合并的原则，确定建造合同的成本核算对象。

4. 房地产企业一般按照开发项目、综合开发期数并兼顾产品类型等确定成本核算对象。

5. 采矿企业一般按照所采掘的产品确定成本核算对象。

6. 交通运输企业以运输工具从事货物、旅客运输的，一般按照航线、航次、单船（机）、基层站段等确定成本核算对象；从事货物等装卸业务的，可以按照货物、成本责任部门、作业场所等确定成本核算对象；从事仓储、堆存、港务管理业务的，一般按照码头、仓库、堆场、油罐、筒仓、货棚或主要货物的种类、成本责任部门等确定成本核算对象。

7. 信息传输企业一般按照基础电信业务、电信增值业务和其他信息传输业务等确定成本核算对象。

8. 软件及信息技术服务企业的科研设计与软件开发等人工成本比重较高的，一般按照科研课题、承接的单项合同项目、开发项目、技术服务客户等确定成本核算对象。合同项目规模较大、开发期较长的，可以分段确定成本核算对象。

9. 文化企业一般按照制作产品的种类、批次、印次、刊次等确定成本核算对象。

其他行业企业应当比照以上类似行业的企业确定产品成本核算对象。

企业应当按照企业产品成本核算制度的规定确定产品成本核算对象，进行产品成本核算。企业内部管理有相关要求的，还可以按照现代企业多维度、多层次的管理需要，确定多元化的产品成本核算对象。

多维度，是指以产品的最小生产步骤或作业为基础，按照企业有关部门的生产流程及其相应的成本管理要求，利用现代信息技术，组合出产品维度、工序维度、车间班组维度、生产设备维度、客户订单维度、变动成本维度和固定成本维度等不同的成本核算对象。

多层次，是指根据企业成本管理需要，划分为企业管理部门、工厂、车间和班组等成本管控层次。

第二节 产品成本核算项目和范围

一、产品成本核算项目和范围

为了正确进行产品成本核算，企业必须在每一成本核算对象下划分具体的成本核算项目，明确成本核算的范围。

不同行业在计算产品成本时，设置的成本项目不尽相同。企业应当根据生产经营特点和管理要求，按照成本的经济用途和生产要素内容相结合的原则或者成本性态等设置成本项目。

（一）制造企业产品成本核算项目和范围

制造企业一般设置直接材料、燃料和动力、直接人工和制造费用等成本项目。

1. 直接材料，是指构成产品实体的原材料以及有助于产品形成的主要材料和辅助材料。

2. 燃料和动力，是指直接用于产品生产的燃料和动力。

3. 直接人工，是指直接从事产品生产的工人的职工薪酬。

4. 制造费用，是指企业为生产产品和提供劳务而发生的各项间接费用，包括企业生产部门（如生产车间）发生的水电费、固定资产折旧、无形资产摊销、管理人员的职工薪酬、劳动保护费、国家规定的有关环保费用、季节性和修理期间的停工损失、正常废品范围内的废品损失等。

如果企业不设置“燃料及动力”成本项目，则外购的动力计入直接材料项目中。

（二）其他行业企业产品成本核算项目和范围

1. 农业企业一般设置直接材料、直接人工、机械作业费、其他直接费用、间接费用等成本项目。

（1）直接材料，是指种植业生产中耗用的自产或外购的种子、种苗、饲料、肥料、农药、燃料和动力、修理用材料和零件、原材料以及其他材料等；养殖业生产中直接用于养殖生产的苗种、饲料、肥料、燃料、动力、畜禽医药费等。

（2）直接人工，是指直接从事农业生产人员的职工薪酬。

（3）机械作业费，是指种植业生产过程中农用机械进行耕耙、播种、施肥、除草、喷药、收割、脱粒等机械作业所发生的费用。

（4）其他直接费用，是指除直接材料、直接人工和机械作业费以外的畜力作业费等直接费用。

（5）间接费用，是指应摊销、分配计入成本核算对象的运输费、灌溉费、固定资产折旧、租赁费、保养费等费用。

2. 批发零售企业一般设置进货成本、相关税费、采购费等成本项目。

（1）进货成本，是指商品的采购价款。

（2）相关税费，是指购买商品发生的进口关税、资源税和不能抵扣的增值税等。

（3）采购费，是指运杂费、装卸费、保险费、仓储费、整理费、合理损耗以及其他可归属于商品采购成本的费用。采购费金额较小的，可以在发生时直接计入当期销售费用。

3. 建筑企业一般设置直接人工、直接材料、机械使用费、其他直接费用和间接费用等成本项目。建筑企业将部分工程分包的，还可以设置分包成本项目。

（1）直接人工，是指按照国家规定支付给施工过程中直接从事建筑安装工程施工的工人以及在施工现场直接为工程制作构件和运料、配料等工人的职工薪酬。

（2）直接材料，是指在施工过程中所耗用的、构成工程实体的材料、结构件、机械配件和有助于工程形成的其他材料以及周转材料的租赁费和摊销等。

（3）机械使用费，是指施工过程中使用自有施工机械所发生的机械使用费，使用外单位施工机械的租赁费，以及按照规定支付的施工机械进出场费等。

（4）其他直接费用，是指施工过程中发生的材料搬运费、材料装卸保管费、燃料动力费、临时设施摊销、生产工具用具使用费、检验试验费、工程定位复测费、工程点交费、场地清理费，以及能够单独区分和可靠计量的为订立建造承包合同而发生的差旅费、投标费等费用。

（5）间接费用，是指企业各施工单位为组织和管理工程施工所发生的费用。

分包成本，是指按照国家规定开展分包，支付给分包单位的工程价款。

4. 房地产企业一般设置土地征用及拆迁补偿费、前期工程费、建筑安装工程费、基础设施建设费、公共配套设施费、开发间接费、借款费用等成本项目。

（1）土地征用及拆迁补偿费，是指为取得土地开发使用权（或开发权）而发生的各项费用，包括土地买价或出让金、大市政配套费、契税、耕地占用税、土地使用费、土地闲置费、农作物补偿费、危房补偿费、土地变更用途和超面积补交的地价及相关税费、拆迁补偿费用、安置及动迁费用、回迁房建造费用等。

（2）前期工程费，是指项目开发前期发生的政府许可规费、招标代理费、临时设施费以及水文地质勘察、测绘、规划、设计、可行性研究、咨询论证费、筹建、场地通平等前期费用。

（3）建筑安装工程费，是指开发项目开发过程中发生的各项主体建筑的建筑工程费、安装工程费及精装修费等。

（4）基础设施建设费，是指开发项目在开发过程中发生的道路、供水、供电、供气、供暖、排污、排洪、消防、通信、照明、有线电视、宽带网络、智能化等社区管网工程费和环境卫生、园林绿化等园林、景观环境工程费用等。

（5）公共配套设施费，是指开发项目内发生的、独立的、非营利性的且产权属于全体业主的，或无偿赠予地方政府、政府公共事业单位的公共配套设施费用等。

（6）开发间接费，指企业为直接组织和管理开发项目所发生的，且不能将其直接归属于成本核算对象的工程监理费、造价审核费、结算审核费、工程保险费等。为业主代扣代缴的公共维修基金等不得计入产品成本。

（7）借款费用，是指符合资本化条件的借款费用。

房地产企业自行进行基础设施、建筑安装等工程建设的，可以比照建筑企业设置有关成本项目。

5. 采矿企业一般设置直接材料、燃料和动力、直接人工、间接费用等成本项目。

（1）直接材料，是指采掘生产过程中直接耗用的添加剂、催化剂、引发剂、助剂、触媒以及净化材料、包装物等。

（2）燃料和动力，是指采掘生产过程中直接耗用的各种固体、液体、气体燃料，以及水、电、汽、风、氮气、氧气等动力。

（3）直接人工，是指直接从事采矿生产人员的职工薪酬。

（4）间接费用，是指为组织和管理厂（矿）采掘生产所发生的职工薪酬、劳动保护费、固定资产折旧、无形资产摊销、保险费、办公费、环保费用、化（检）验计量费、设计制图费、停工损失、洗车费、转输费、科研试验费、信息系统维护费等。

6. 交通运输企业一般设置营运费用、运输工具固定费用与非营运期间的费用等成本项目。

（1）营运费用，是指企业在货物或旅客运输、装卸、堆存过程中发生的营运费用，包括货物费、港口费、起降及停机费、中转费、过桥过路费、燃料和动力、航次租船费、安全救生费、护航费、装卸整理费、堆存费等。铁路运输企业的营运费用还包括线路等相关设施的维护费等。

（2）运输工具固定费用，是指运输工具的固定费用和共同费用等，包括检验检疫费、车船税、劳动保护费、固定资产折旧、租赁费、备件配件、保险费、驾驶及相关操作人员薪酬及其伙食费等。

（3）非营运期间费用，是指受不可抗力制约或行业惯例等原因暂停营运期间发生的有关费用等。

7. 信息传输企业一般设置直接人工、固定资产折旧、无形资产摊销、低值易耗品摊销、业务费、电路及网元租赁费等成本项目。

（1）直接人工，是指直接从事信息传输服务的人员的职工薪酬。

（2）业务费，是指支付通信生产的各种业务费用，包括频率占用费、卫星测控费、安全保卫费、码号资源费、设备耗用的外购电力费、自有电源设备耗用的燃料和润料费等。

（3）电路及网元租赁费，是指支付给其他信息传输企业的电路及网元等传输系统及设备的租赁费等。

8. 软件及信息技术服务企业一般设置直接人工、外购软件与服务费、场地租赁费、固定资产折旧、无形资产摊销、差旅费、培训费、转包成本、水电费、办公费等成本项目。

（1）直接人工，是指直接从事软件及信息技术服务的人员的职工薪酬。

（2）外购软件与服务费，是指企业为开发特定项目而必须从外部购进的辅助软件或服务所发生的费用。

（3）场地租赁费，是指企业为开发软件或提供信息技术服务租赁场地支付的费用等。

（4）转包成本，是指企业将有关项目部分分包给其他单位支付的费用。

9. 文化企业一般设置开发成本和制作成本等成本项目。

（1）开发成本，是指从选题策划开始到正式生产制作所经历的一系列过程，包括信息收集、策划、市场调研、选题论证、立项等阶段所发生的信息搜集费、调研交通费、通信费、组稿费、专题会议费、参与开发的职工薪酬等。

（2）制作成本，是指产品内容制作成本和物质形态的制作成本，包括稿费、审稿费、校对费、录入费、编辑加工费、直接材料费、印刷费、固定资产折旧、参与制作的职工薪酬等。电影企业的制作成本，是指企业在影片制片、译制、洗印等生产过程所发生的各项费用，包括剧本费、演职员的薪酬、胶片及磁片磁带费、化妆费、道具费、布景费、场租费、剪接费、洗印费等。

其他行业企业应当比照以上类似行业的企业确定成本项目。

企业应当按照产品成本核算制度的规定确定产品成本核算项目，进行产品成本核算。企业内部管理有相关要求的，还可以按照现代企业多维度、多层次的成本管理要求，利用现代信息技术对有关成本项目进行组合，输出有关成本信息。

二、科目设置

企业为了按照用途归集各项费用，正确计算产品成本，应当设置“生产成本”“制造费用”“劳务成本”“工程施工”“机械作业”等科目。

（一）“生产成本”科目

“生产成本”科目，核算企业进行工业性生产发生的各项生产成本，包括生产各种产品（产成品、自制半成品等）、自制材料、自制工具、自制设备等。

企业（农业）进行农业生产发生的各项生产成本，可将该科目改为“农业生产成本”科目，并分别种植业、畜牧养殖业、林业和水产业确定成本核算对象（消耗性生物资产、生产性生物资产、公益性生物资产和农产品）和成本项目，进行费用的归集和分配。

企业（房地产开发）可将该科目改为“开发成本”科目。

为了分别核算基本生产和辅助生产发生的成本，还应在该总账科目下，分别设置“基本生产成本”和“辅助生产成本”两个二级科目。为了减少二级科目，简化会计分录，也可将“生产成本”科目分拆为“基本生产成本”和“辅助生产成本”两个一级科目。

1. “生产成本——基本生产成本”科目

基本生产，是指工业企业为完成企业主要生产目的而进行的产品生产。例如，棉纺厂的纺纱、织布；钢铁厂的炼铁、炼钢和轧钢等。

“生产成本——基本生产成本”科目，核算企业基本生产所发生的各种生产费用，计算产品的生产成本。该科目借方登记企业为进行基本生产而发生的各项生产费用；贷方登记生产完工入库的产品成本；期末余额在借方，反映基本生产车间尚未加工完成的在产品成本。该科目应分别按照基本生产车间和成本核算对象（产品的品种、类别、定单、批别、生产阶段等）设置明细账（或称产品成本明细账、产品成本计算单），并按照规定的成本项目设置专栏。其明细账格式如表 22－1 所示。

表 22－1　　　　基本生产成本明细账

车间名称：

产品名称：　　　　　　××××年××月　　　　　　单位：

年		凭证号数	摘要	直接材料	燃料和动力	直接人工	制造费用	合计
月	日							
		月初在产品成本						
		本月生产费用						
		生产费用合计						
		本月完工产品成本						
		完工产品单位成本						
		月末在产品成本						

在基本生产成本明细账中虽然没有标明借方、贷方和余额，但其基本结构不外乎这三个部分。其中，月初在产品成本为期初借方余额，本月生产费用为本期借方发生额，本月完工产品成本为本期贷方发生额，月末在产品成本为期末借方余额。

2. “生产成本——辅助生产成本”科目

辅助生产，是指为基本生产服务而进行的产品生产和劳务供应。

“生产成本——辅助生产成本”科目，核算辅助生产车间为生产产品和提供劳务所发生的费用。该科目借方登记为进行辅助生产所发生的各项费用；贷方登记完工入库产品的成本或分配转出的劳务费用；期末余额在借方，反映辅助生产车间尚未加工完成的在产品的成本。该科目应按辅助生产车间和生产的产品、劳务分设辅助生产成本明细账，账内按辅助生产的成本项目或费用项目分设专栏进行登记。其明细账格式如表 22－2 所示。

表 22－2　　辅助生产成本明细账

车间名称：　　××××年××月　　单位：

年		凭证号数	摘要	材料	职工薪酬	折旧费	水电费	其他	合计
月	日								

（二）“制造费用”科目

“制造费用”科目，核算企业生产车间（部门）为生产产品和提供劳务而发生的各项间接费用，包括水电费、固定资产折旧、无形资产摊销、管理人员的职工薪酬、劳动保护费、国家规定的有关环保费用、季节性和修理期间的停工损失、正常废品范围内的废品损失等。该科目借方登记各车间（部门）发生的各项间接费用；贷方登记期末分配转入有关成本核算对象的制造费用。除季节性生产企业外，该科目期末没有余额。该科目可按不同的生产车间、部门和费用项目进行明细核算。其明细账格式如表 22－3 所示。

表 22－3　　　　　　　　　　制造费用明细账

车间（部门）：　　　　　　　××××年××月　　　　　　　单位：

年		凭证号数	摘要	职工薪酬	折旧费	机物料消耗	办公费	其他	合计
月	日								

（三）“劳务成本”科目

“劳务成本”科目，核算企业对外提供劳务发生的成本。该科目借方登记企业发生的各项劳务成本；贷方登记期末结转劳务的成本。该科目余额在借方，反映企业尚未完成或尚未结转的劳务成本。该科目可按提供劳务种类进行明细核算。

（四）“工程施工”科目

“工程施工”科目，核算企业（建造承包商）实际发生的合同成本和合同毛利。该科目借方登记企业（建造承包商）进行合同建造时发生的直接费用和间接费用；合同完工时，应将该科目余额与相关工程施工合同的“工程结算”科目对冲，借记“工程结算”科目，贷记本科目。确认合同收入、合同费用时，借记“主营业务成本”科目，贷记“主营业务收入”科目，按其差额，借记或贷记本科目（合同毛利）。该科目余额在借方，反映企业尚未完工的建造合同成本和合同毛利。该科目应当按照建造合同，分别“合同成本”“间接费用”“合同毛利”进行明细核算。

执行 2017 年修订的《企业会计准则第 14 号——收入》的企业，不再设置“工程施工”科目，其相关核算内容详见本书下册“第二十一章第一节　收入”中的“合同履约成本”科目。

（五）“机械作业”科目

“机械作业”科目，核算企业（建造承包商）及其内部独立核算的施工单位、机械站和运输队使用自有施工机械和运输设备进行机械作业（包括机械化施工和运输作业等）所发生的各项费用。该科目借方登记企业发生的机械作业支出；贷方登记期末转入承包工程成本的机械作业支出。该科目期末没有余额。该科目可按施工机械或运输设备的种类等进行明细核算。

第三节 产品成本归集、分配和结转

一、产品成本归集、分配和结转的基本原则

生产成本的归集和分配过程就是产品成本的计算过程，产品成本进行归集、分配和结转时按以下原则进行。

企业发生的费用，能确定由某一成本核算对象负担的，应当按照所对应的产品成本项目类别，直接计入产品成本核算对象的生产成本；由几个成本核算对象共同负担的，应当选择合理的分配标准分配计入。

企业应当根据生产经营特点，以正常生产能力水平为基础，按照资源耗费方式确定合理的分配标准。

企业应当按照权责发生制原则，根据产品的生产特点和管理要求结转成本。

二、制造企业产品成本的归集、分配和结转

（一）制造企业产品成本核算的一般程序

成本核算的一般程序，是指对企业在生产经营过程中发生的各项费用，按照成本核算的要求，逐步进行归集和分配，最后计算出各种产品的总成本和单位成本的基本过程。根据产品成本核算的要求，将产品成本核算的一般程序归纳如下：

1. 归集和分配要素费用

根据成本核算的要求，对制造企业发生的各项要素费用应进行严格审核和控制，并按照国家有关规定划清哪些耗费应当计入产品成本和期间费用，哪些耗费不应计入产品成本和期间费用；对应当计入产品成本和期间费用的耗费，划清应计入产品成本还是期间费用；对应当计入产品成本的耗费，划清应计入基本生产成本、辅助生产成本，还是制造费用；对计入基本生产成本的耗费，进一步划

清是否应计入本期产品成本。从而准确地分配各项要素费用，防止企业乱摊成本。

2. 归集和分配辅助生产成本

要素费用归集和分配以后，对于归集在“生产成本——辅助生产成本”科目借方的辅助生产车间所发生的各项成本，应按一定的方法在各受益对象之间进行分配。辅助生产费用分配方法的选择是否合理，对产品成本和当期损益的计算具有重大影响。

3. 归集和分配制造费用

要素费用和辅助生产费用归集和分配以后，对于归集在“制造费用”科目借方的基本生产车间发生的各项间接费用，应当采用适当的方法分配计入有关产品成本。制造费用分配方法的选择是否合理，对产品成本的计算具有重大影响。

4. 结转完工产品成本

通过上述步骤后，对于月末既有完工产品又有在产品的产品，将该种产品的生产成本（月初在产品成本与本月生产成本之和）在完工产品与月末在产品之间进行分配，计算出该种产品的完工产品成本和月末在产品成本。然后将完工产品的成本转入“库存商品”科目。

上述制造企业产品成本核算的一般程序如图 22－2 所示。

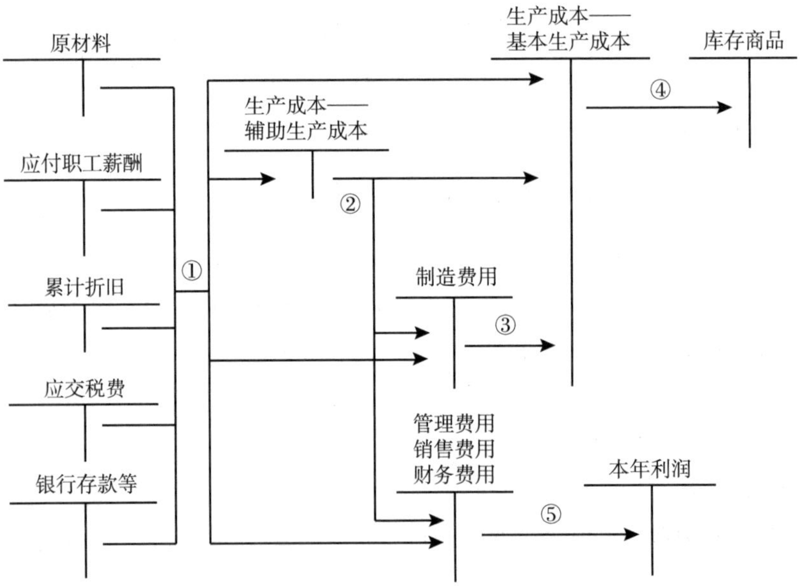

图 22－2　制造企业产品成本核算的一般程序

注：①分配要素费用；②分配辅助生产成本；③分配制造费用；④结转完工产品成本；⑤结转期间费用。

（二）制造企业产品成本的归集和分配

1. 要素费用的归集和分配

企业发生各项要素费用后，先要分析其用途，进而确定要素费用计入成本费用的方法，以及要素费用的分配方法。由于基本生产成本明细账是按成本计算对象设立，账内按成本项目设置专栏，因此，对于企业发生的原材料、燃料、动力、职工薪酬等各项要素费用，在核算时应按其用途不同确定计入成本费用的方法。

对于基本生产车间直接用于产品生产并专设成本项目的各项费用，例如，构成产品实体的原材料费用，以及生产工人的职工薪酬，应记入“生产成本——基本生产成本”科目及所属产品成本明细账的“直接材料”“直接人工”等成本项目。其中，对于生产某一种产品耗用的原材料费用、生产工人的职工薪酬，应直接记入该种产品基本生产成本明细账的“直接材料”“直接人工”等成本项目；对于生产多种产品共同耗用的原材料费用、生产工人的职工薪酬，应采用适当的分配方法，选择合理的分配标准，分配记入这几种产品基本生产成本明细账的“直接材料”“直接人工”等成本项目。

对于基本生产车间直接用于产品生产、但没有专设成本项目的各项费用（如机器设备的折旧费），以及间接用于产品生产的费用（如车间管理人员的职工薪酬），应先记入“制造费用”科目及所属明细账的相应项目，月末采用适当的分配方法，选择合理的分配标准，分配转入“生产成本——基本生产成本”科目和所属产品成本明细账的“制造费用”成本项目。

对于辅助生产车间发生的各项费用，先记入“生产成本——辅助生产成本”科目及所属明细账的相应项目，月末按一定的方法分配转入“生产成本——基本生产成本”“制造费用”“管理费用”等科目及所属明细账的相应项目。（假设辅助生产车间不设置“制造费用”明细账）

对于企业用于组织和管理生产经营活动，用于产品销售，以及用于筹集生产经营资金的费用，不计入产品成本，应分别记入“管理费用”“销售费用”和“财务费用”科目，月末转入“本年利润”科目。

对于用于固定资产购置和建造等发生的耗费，应记入“在建工程”等科目，在固定资产达到预定可使用状态时转入“固定资产”等科目。

在对要素费用进行核算的过程中，对于需要分配计入产品成本的各项费用，应采用适当的分配方法分配计入产品成本。其计算公式如下：

$$费用分配率=\frac{待分配的费用总额}{分配标准总额}$$

某产品或某对象应分配的费用＝该产品或该对象的分配标准×费用分配率

下面，具体说明各种要素费用的归集和分配。

（1）材料费用的归集和分配。

制造企业发生的材料费用，能够直接计入成本核算对象的，应当直接计入成本核算对象的生产成本，否则应当按照合理的分配标准分配计入。

①基本生产车间发生的构成产品实体的原材料以及有助于产品形成的主要材料和辅助材料等材料费用，属于直接材料费用，应记入“生产成本——基本生产成本”科目的借方及所属产品成本明细账的“直接材料”成本项目，例如纺织用原棉、机械制造用钢材等，又如有助于产品形成的电镀材料、油漆等。这些原料及主要材料一般分产品领用，如冶炼领用的矿石、造酒领用的高粱、制皂领用的油脂等，属于直接成本，应根据领料凭证直接记入某种产品成本明细账的“直接材料”成本项目。但是，如果是几种产品共同耗用的材料费用，如某化工生产的用料，则应采用适当的分配方法，分配记入各有关产品成本明细账的“直接材料”成本项目。

②基本生产车间为组织和管理生产耗用的材料费用，应记入“制造费用”科目的借方及所属明细账的有关费用项目。

③辅助生产车间、企业行政管理部门以及专设销售机构耗用的材料，应分别记入“生产成本——辅助生产成本”“管理费用”“销售费用”等科目的借方及所属明细账的有关费用项目。

④在建工程、研发无形资产耗用的材料，应分别记入“在建工程”“研发支出”等科目的借方。

对于几种产品共同耗用的材料进行分配时，应选用适当的标准分配计入各种产品成本。可选用的分配标准很多，主要有按照产品的材料定额耗用量比例、数量比例、面积比例、重量比例等进行分配。在消耗定额比较稳定、准确的情况下，通常按照产品的材料定额消耗量（或材料定额成本）比例进行分配。其计算公式如下：

某种产品的材料定额耗用量＝该种产品的实际产量×单位产品材料消耗定额

$$材料费用分配率=\frac{应分配的材料费用总额}{各种产品的材料定额耗用量之和}$$

某产品应分配的材料费用＝该种产品的材料定额耗用量×材料费用分配率

【例 22－1】华丰公司设有一个基本生产车间，大量生产甲、乙两种产品，属于单步骤生产。该公司还设有一个机修车间和一个运输车间，为基本生产车间和其他部门提供服务。2024 年 3 月，华丰公司为生产甲、乙两种产品共同耗用 C 材料 24 000 千克，材料单价 10 元。甲产品本月实际产量 400 件，单位产品材料消耗定额为 20 千克；乙产品本月实际产量 800 件，单位产品材料消耗定额为 15 千克。根据上述资料，按材料定额耗用量比例分配材料费用如下：

（1）计算各种产品的材料定额耗用量。

甲产品的材料定额耗用量 $=400\times20=8\ 000$（千克）

乙产品的材料定额耗用量 $=800\times15=12\ 000$（千克）

（2）计算材料费用分配率。

$$材料费用分配率=\frac{24\ 000\times10}{8\ 000+12\ 000}=12$$

（3）计算各种产品应分配的材料费用。

甲产品应分配的材料费用 $=8\ 000\times12=96\ 000$（元）

乙产品应分配的材料费用 $=12\ 000\times12=144\ 000$（元）

在实际工作中，材料费用的分配是通过编制“材料费用分配表”进行的。现列示 2024 年 3 月华丰公司的“材料费用分配表”如表 22－4 所示。

表 22－4　　材料费用分配表

2024 年 3 月

应借科目		成本项目	共同耗用原材料的分配					直接领用的原材料/元	材料费用合计/元
总账及二级科目	明细科目		产量/件	单位消耗定额/千克	定额耗用量/千克	分配率	分配金额/元		
生产成本——基本生产成本	甲产品	直接材料	400	20	8 000		96 000	75 000	171 000
	乙产品	直接材料	800	15	12 000		144 000	41 000	185 000
	小计				20 000	12	240 000	116 000	356 000
生产成本——辅助生产成本	机修车间	材料费						1 400	1 400
	运输车间	材料费						1 100	1 100
	小计							2 500	2 500
制造费用		机物料消耗						2 300	2 300
管理费用		材料费						800	800
销售费用		材料费						500	500
合计							240 000	122 100	362 100

根据上述“材料费用分配表”，作会计处理如下：

借：生产成本——基本生产成本（甲产品）	171 000	
（乙产品）	185 000	
——辅助生产成本（机修车间）	1 400	
（运输车间）	1 100	
制造费用	2 300	
管理费用	800	
销售费用	500	
贷：原材料——C 材料		362 100

制造企业发出的材料成本，可以根据实物流转方式、管理要求、实物性质等实际情况，采用先进先出法、加权平均法、个别计价法等方法计算。

企业不得以计划成本、标准成本、定额成本等代替实际成本。企业采用计划成本、标准成本、定额成本等类似成本计价方法进行直接材料日常核算的，期末应当将耗用直接材料的计划成本或定额成本等类似成本调整为实际成本。

【涉税提示】

材料费用是生产费用的基本要素之一，它在产品成本中占有很大比重。材料费用的高低，对于产品成本和企业利润的大小及应纳税所得额的多少有着重要的影响。因此，对材料费用的核算，税务人员应注意以下问题：

（1）材料发出及领用的原始凭证是否完整，内容是否真实、齐全。有无按估计耗料，或平时不出“领料单”，月末一次按估计耗料开出“领料单”，从而多计耗料数量，增加生产成本。

（2）有无以领代耗，对生产已领未用材料月末不办理退料或“假退料”手续，加大当月生产成本。

（3）有无将在建工程等非生产耗用材料列作生产费用。

（4）发出材料的成本是否按照规定的计价方法计算。材料按计划成本核算的，材料成本差异的分配是否正确，有无材料成本差异长期挂账，不作处理的现象。

（5）直接材料成本的计算是否正确，材料费用的分配标准与计算方法是否合理和适当，是否与材料费用分配表中该产品分摊的直接材料费用相符。

(6) 同一产品前后各年度的直接材料成本有无重大波动。

制造企业外购燃料和动力的，应当根据实际耗用数量或者合理的分配标准对燃料和动力费用进行归集分配。生产部门直接用于生产的燃料和动力，直接计入生产成本；生产部门间接用于生产（如照明、取暖）的燃料和动力，计入制造费用。制造企业内部自行提供燃料和动力的，应当按照生产成本项目归集，并按照合理的分配标准分配计入各成本核算对象的生产成本。

(2) 职工薪酬的归集和分配。

制造企业发生的职工薪酬，能够直接计入成本核算对象的，应当直接计入成本核算对象的生产成本，否则应当按照合理的分配标准分配计入。

①基本生产车间生产工人的职工薪酬，属于直接人工费用，应记入“生产成本——基本生产成本”科目及所属明细账的“直接人工”成本项目。如果能够分清被哪种产品所耗用（如基本生产车间只生产一种产品，或按计件工资生产多种产品），应直接记入各种产品成本明细账的“直接人工”成本项目；如果不能分清被哪种产品所耗用，应采用适当的分配方法，将生产工人的职工薪酬分配计入各种产品成本明细账的“直接人工”成本项目。

②基本生产车间管理人员的职工薪酬，应记入“制造费用”总账科目的借方及所属明细账的有关费用项目。

③辅助生产车间、企业行政管理部门以及专设销售机构人员的职工薪酬，应分别记入“生产成本——辅助生产成本”“管理费用”“销售费用”等科目的借方及所属明细账的有关费用项目。

④工程建设人员、无形资产开发人员的职工薪酬，应分别记入“在建工程”“研发支出”等科目的借方。

对于不能分清被哪种产品所耗用的职工薪酬，应选用适当的标准分配计入各种产品成本。常用的分配方法主要有按照各产品实际工时或定额工时的比例进行分配。其计算公式如下：

$$\text{职工薪酬分配率}=\frac{\text{各产品共同负担的职工薪酬}}{\text{各产品的实际工时（或定额工时）之和}}$$

$$\text{某产品应分配的职工薪酬}=\text{该产品的实际工时（或定额工时）}\times\text{职工薪酬分配率}$$

【例 22－2】2024 年 3 月，华丰公司生产甲、乙两种产品发生的生产工人的职工薪酬分别为 32 400 元和 14 800 元，共同发生的生产工人职工薪酬为 12 300 元，规定按产品生产工时的比例进行分配。甲产品的生产工时为 10 300 小时，乙产品的生产工时为 5 075 小时。其职工薪酬的分配计算如下：

（1）计算职工薪酬分配率。

$$\text{职工薪酬分配率}=\frac{12\ 300}{10\ 300+5\ 075}=0.8$$

（2）计算各种产品应分配的职工薪酬。

甲产品应分配的职工薪酬＝10 300×0.8＝8 240（元）

乙产品应分配的职工薪酬＝5 075×0.8＝4 060（元）

在实际工作中，职工薪酬的分配是通过编制“职工薪酬分配表”进行的。现列示 2024 年 3 月华丰公司“职工薪酬分配表”如表 22－5 所示。

表 22－5 **职工薪酬分配表**

2024 年 3 月

应借科目		成本项目	直接计入金额/元	分配计入金额			职工薪酬合计/元
总账及二级科目	明细科目			生产工时/小时	分配率	分配金额/元	
生产成本——基本生产成本	甲产品	直接人工	32 400	10 300		8 240	40 640
	乙产品	直接人工	14 800	5 075		4 060	18 860
	小计		47 200	15 375	0.8	12 300	59 500
生产成本——辅助生产成本	机修车间	职工薪酬	6 750				6 750
	运输车间	职工薪酬	5 600				5 600
	小计		12 350				12 350
制造费用		职工薪酬	10 800				10 800
管理费用		职工薪酬	27 900				27 900
销售费用		职工薪酬	9 800				9 800
合计			108 050			12 300	120 350

根据上述“职工薪酬分配表”，作会计处理如下：

借：生产成本——基本生产成本（甲产品） 40 640

（乙产品） 18 860

——辅助生产成本（机修车间） 6 750

（运输车间） 5 600

制造费用 10 800

管理费用 27 900

销售费用 9 800

贷：应付职工薪酬 120 350

【涉税提示】

对职工薪酬的核算，税务人员应注意以下问题：

（1）企业计算职工薪酬的“人员组成”是否真实，是否列支非本企业人员的职工薪酬；

（2）职工薪酬核算的原始凭证是否真实合法，计算是否正确；

（3）职工薪酬的分配标准与计算方法是否合理和适当；

（4）在建工程等人员的工资、福利费等职工薪酬，有无挤入生产成本；

（5）企业奖金的计提和发放是否符合规定，防止乱提滥发奖金列入成本费用；

（6）加班加点工资是否真实，加班加点工资计算是否符合规定，有无任意提高发放标准；

（7）“五险一金”、工会经费、职工教育经费等职工薪酬的计提基数和计提比例是否正确、是否符合规定等。

此外，制造企业发生的折旧费用、借款费用、税金和其他费用等，应参照上述分配方法进行分配。

制造业的各种要素费用通过以上归集和分配，已经按照费用的用途分别记入“生产成本——基本生产成本”“生产成本——辅助生产成本”“制造费用”“管理费用”和“销售费用”等账户的借方，其中，记入“生产成本——基本生产成本”账户借方的费用，已经分别记入各有关产品成本明细账的“直接材料”和“直接人工”等成本项目。但要计算产品成本，还必须将“生产成本——辅助生产成本”和“制造费用”账户借方归集的费用按受益对象分配转入“生产成本——基本生产成本”等相关账户，下面分别阐述辅助生产费用和制造费用的归集和分配。

2. 辅助生产费用的归集和分配

辅助生产，是指为基本生产服务而进行的产品生产或劳务供应。进行辅助生产的车间叫作辅助生产车间。企业的辅助生产有的只生产一种产品或只提供一种劳务，如供电、供水、供气、运输等辅助生产；有的生产多种产品或提供多种劳务，如从事工具、模具、修理用备件的制造及机器设备的修理等辅助生产。辅助生产车间生产的产品或提供的劳务一般不对外销售，主要是为基本生产服务，同时也为企业管理部门和其他辅助生产车间等服务。因此，辅助生产车间发生的费用，应分配给各受益部门。

制造企业辅助生产部门为生产部门提供劳务和产品而发生的费用，应当按照生产成本项目归集，并按照合理的分配标准分配计入各成本核算对象的生产成本。辅助生产部门之间互相提供的劳务、作业成本，应当采用合理的方法，进行交互分配。互相提供劳务、作业不多的，也可以不进行交互分配，直接分配给辅助生产部门以外的受益单位。

（1）辅助生产费用的归集。

制造企业辅助生产费用的归集，是通过“辅助生产成本”明细账进行的。辅助生产车间发生的直接材料、直接人工等直接费用直接记入“生产成本——辅助生产成本”科目及所属明细账的相应成本项目；辅助生产车间组织和管理生产发生的间接费用，即辅助生产车间的制造费用，一般有两种归集方式：

一是先通过“制造费用——××辅助生产车间”科目的借方进行归集，月末再从其贷方结转至“生产成本——辅助生产成本”科目的借方；

二是不通过“制造费用——××辅助生产车间”科目的借方进行归集，而是直接记入“生产成本——辅助生产成本”科目的借方。本书采用第二种方法。

（2）辅助生产费用的分配。

由于辅助生产车间所生产的产品和提供劳务的种类不同，辅助生产费用分配、转出的程序也不一样。辅助生产车间所生产的产品，如工具、模具和修理用备件等，应在产品完工时，从“生产成本——辅助生产成本”科目的贷方分别转入“原材料”和“周转材料”等科目的借方，其产品成本的计算方法，与基本生产产品成本的计算基本相同，这里不再赘述。辅助生产车间提供的劳务，如水、电、运输等所发生的费用，应采用一定的分配方法，按各受益单位的受益量进行分配，从“生产成本——辅助生产成本”科目的贷方转出，分别转入“生产成本——基本生产成本”“制造费用”“管理费用”等科目的借方。

辅助生产费用的分配，应通过“辅助生产费用分配表”进行。分配辅助生产费用的方法主要有直接分配法、交互分配法和按计划成本分配法等。这里主要介绍直接分配法和交互分配法。

①直接分配法。

直接分配法，是指不考虑各辅助生产车间相互提供劳务或产品的情况，而将各种辅助生产费用直接分配给辅助生产车间以外的各受益单位。其特点是辅助生产车间之间相互提供劳务既不转出，也不转入。其计算公式如下：

$$\text{辅助生产费用分配率}=\frac{\text{应分配的辅助生产费用总额}}{\text{辅助生产车间提供的劳务总量}-\text{其他辅助生产车间耗用的劳务量}}$$

$$\text{某受益单位应分配的辅助生产费用}=\text{该单位受益的劳务数量}\times\text{该辅助生产费用分配率}$$

【例 22－3】光明公司有供水和供电两个辅助生产车间，主要为本企业基本生产和行政管理部门提供服务，2024 年 3 月供电车间发生费用为 4 401 元，供水车间发生费用为 11 160 元，各辅助生产车间供应产品和劳务数量如表 22－6 所示。

表 22－6　　各辅助生产车间供应产品和劳务数量

2024 年 3 月

受益单位		供电车间供电/度	供水车间供水/立方米
基本生产车间	甲产品	4 500	
基本生产车间一般耗用		1 800	4 000
辅助生产车间	供电车间		2 000
	供水车间	1 000	
行政管理部门		1 500	2 000
专设销售机构		1 002	1 440
合计		9 802	9 440

采用直接分配法编制的“辅助生产费用分配表”如表 22－7 所示。

表 22－7　　　　辅助生产费用分配表（直接分配法）

2024 年 3 月

项目			供电车间	供水车间	合计
待分配辅助生产费用/元			4 401	11 160	15 561
供应辅助生产以外单位的劳务数量			8 802 度	7 440 立方米	—
费用分配率（单位成本）			0.5 元/度	1.5 元/立方米	—
受益单位、受益数量及应分配费用	甲产品耗用	耗用数量	4 500 度	—	—
		分配金额/元	2 250	—	2 250
	基本生产车间耗用	耗用数量	1 800 度	4 000 立方米	—
		分配金额/元	900	6 000	6 900
	行政管理部门耗用	耗用数量	1 500 度	2 000 立方米	—
		分配金额/元	750	3 000	3 750
	专设销售机构耗用	耗用数量	1 002 度	1 440 立方米	—
		分配金额/元	501	2 160	2 661
金额合计/元			4 401	11 160	15 561

其中：

$$供电车间费用分配率=\frac{4\ 401}{9\ 802-1\ 000}=0.5（元/度）$$

$$供水车间费用分配率=\frac{11\ 160}{9\ 440-2\ 000}=1.5（元/立方米）$$

根据上述“辅助生产费用分配表”，作会计处理如下：

借：生产成本——基本生产成本（甲产品）　　2 250

　　制造费用　　6 900

　　管理费用　　3 750

　　销售费用　　2 661

　　贷：生产成本——辅助生产成本（供电车间）　　4 401

　　　　　　　　　　　　　　　（供水车间）　　11 160

采用这种分配方法，各辅助生产费用只进行对外分配，且分配一次，计算工作最简便，但分配结果不准确，只宜在辅助生产内部相互提供劳务或产品不多，不进行费用的交互分配，对辅助生产成本和企业产品成本影响不大的情况下采用。

②交互分配法。

交互分配法，是指先根据各辅助生产车间相互提供的产品或劳务的数量和交互分配前的费用分配率（单位成本），在各辅助生产车间之间进行一次交互分配；然后，将各辅助生产车间交互分配后的实际费用（即交互分配前的费用加上交互分配转入的费用，减去交互分配转出的费用），再按提供产品或劳务的数量和交互分配后的费用分配率（单位成本），在辅助生产车间以外的各受益单位进行分配。其计算公式如下：

A. 辅助车间之间的分配（交互分配）。

$$\text{某辅助生产费用分配率}=\frac{\text{该辅助生产费用总额}}{\text{该辅助生产车间提供劳务总量}}$$

$$\begin{matrix}\text{受益辅助生产车间}\\\text{应分配的辅助生产费用}\end{matrix}=\begin{matrix}\text{该辅助生产车间}\\\text{受益劳务数量}\end{matrix}\times\begin{matrix}\text{该辅助生产}\\\text{费用分配率}\end{matrix}$$

B. 对辅助车间以外受益单位的分配（对外分配）。

$$\begin{matrix}\text{某辅助生产}\\\text{费用分配率}\end{matrix}=\frac{\begin{matrix}\text{该辅助生产}\\\text{费用总额}\end{matrix}-\begin{matrix}\text{分配给其他辅助生产}\\\text{车间的辅助生产费用}\end{matrix}+\begin{matrix}\text{从其他辅助生产车间}\\\text{转入的辅助生产费用}\end{matrix}}{\text{该辅助生产车间提供的劳务总量}-\text{其他辅助生产车间耗用量}}$$

$$\begin{matrix}\text{某受益单位应分配的}\\\text{辅助生产费用}\end{matrix}=\begin{matrix}\text{该单位受益}\\\text{劳务数量}\end{matrix}\times\begin{matrix}\text{该辅助生产}\\\text{费用分配率}\end{matrix}$$

【例22－4】沿用【例22－3】，采用交互分配法，编制“辅助生产费用分配表”如表22－8所示。

表22－8　　辅助生产费用分配表（交互分配法）

2024年3月

项目	交互分配			对外分配		
辅助生产车间名称	供电	供水	合计	供电	供水	合计
待分配费用/元	4 401	11 160	15 561	6 316.41	9 244.59	15 561
劳务供应数量总额	9 802度	9 440立方米	—	8 802度	7 440立方米	—
费用分配率（单位成本）	0.44899	1.1822	—	0.7176	1.24255	—

续表

项目				交互分配			对外分配		
辅助生产车间名称				供电	供水	合计	供电	供水	合计
受益单位、受益数量及应分配费用	辅助生产车间耗用	供电车间	耗用数量		2 000 立方米	—			
			分配金额/元		2 364. 40	472. 88			
		供水车间	耗用数量	1 000 度		—			
			分配金额/元	448. 99		448. 99			
		金额小计/元		448. 99	2 364. 40	921. 87			
	甲产品耗用		耗用数量				4 500 度		—
			分配金额/元				3 229. 2		3 229. 2
	基本生产车间耗用		耗用数量				1 800 度	4 000 立方米	—
			分配金额/元				1 291. 68	4 970. 20	6 261. 88
	行政管理部门耗用		耗用数量				1 500 度	2 000 立方米	—
			分配金额/元				1 076. 4	2 485. 1	3 561. 5
	专设销售机构耗用		耗用数量				1 002 度	1 440 立方米	—
			分配金额/元				719. 13	1 789. 29	2 508. 42
分配金额合计/元							6 316. 41	9 244. 59	15 561. 00

根据上述“辅助生产费用分配表”，作会计处理如下：

（1）交互分配。

借：生产成本——辅助生产成本（供电车间）　　2 364. 4

　　　　　　　　　　　　　　（供水车间）　　448. 99

　贷：生产成本——辅助生产成本（供电车间）　　448. 99

　　　　　　　　　　　　　　（供水车间）　　2 364. 4

（2）对外分配。

借：生产成本——基本生产成本（甲产品）　3 229. 2

　　制造费用　6 261. 88

　　管理费用　3 561. 5

　　销售费用　2 508. 42

　　贷：生产成本——辅助生产成本（供电车间）　6 316. 41

　　　　　　　　　　　　　　　（供水车间）　9 244. 59

采用这种分配方法，由于辅助生产车间内部相互提供劳务全部进行了交互分配，从而提高了分配结果的正确性。但由于各辅助生产费用都要计算两个分配率，进行两次分配，增加了计算工作量。这种方法一般适用于各辅助生产车间之间相互提供劳务较多的企业。

【涉税提示】

对辅助生产费用的核算，税务人员应注意以下问题：

（1）辅助生产费用被分配额是否真实，"辅助生产费用分配表"所列分配额与"辅助生产成本"明细账待分配金额是否一致；

（2）辅助生产费用分配对象的确定是否符合受益原则，有无将非生产部门应承担的费用挤入成本、费用中；

（3）辅助生产费用分配标准是否恰当，有无降低非生产项目的分配标准，将应由非生产项目负担的辅助生产费用转嫁给产品成本负担；

（4）辅助生产费用分配方法的选择是否符合企业实际情况，年度内有无任意改变分配方法的情况，分配的结果是否正确。

3. 制造费用的归集和分配

制造费用，是指企业生产车间（部门）为生产产品和提供劳务而发生的各项间接费用，包括水电费、固定资产折旧、无形资产摊销、管理人员的职工薪酬、劳动保护费、国家规定的有关环保费用、季节性和修理期间的停工损失等。

制造费用的归集和分配应当通过"制造费用"科目进行。该科目可按不同车间、部门开设明细账，账内按照费用项目设置专栏，进行明细核算。

制造企业发生的制造费用，应当按照合理的分配标准按月分配计入各成本核算对象的生产成本。企业可以采取的分配标准包括机器工时、人工工时、计划分配率等。

季节性生产企业在停工期间发生的制造费用，应当在开工期间进行合理分摊，连同开工期间发生的制造费用，一并计入产品的生产成本。

（1）人工工时比例法。

人工工时比例法，是以本车间各种产品所耗用的人工工时（实际人工工时或定额人工工时）为标准分配制造费用的一种方法。其计算公式如下：

$$\text{制造费用分配率}=\frac{\text{待分配的制造费用总额}}{\text{各种产品实际人工工时（或定额人工工时）之和}}$$

$$\begin{matrix}\text{某产品应分配的}\\\text{制造费用}\end{matrix}=\begin{matrix}\text{该产品的实际人工工时}\\\text{（或定额人工工时）}\end{matrix}\times\begin{matrix}\text{制造费用}\\\text{分配率}\end{matrix}$$

【例 22－5】2024 年 3 月，华丰公司基本生产车间发生制造费用 38 830 元。制造费用按人工工时比例法分配，甲产品的人工工时为 10 300 小时，乙产品的人工工时为 5 075 小时。其制造费用的分配计算如下：

（1）计算制造费用分配率。

$$\text{制造费用分配率}=\frac{38\ 830}{10\ 300+5\ 075}=2.5255$$

（2）计算各种产品应分配的制造费用。

甲产品应分配的制造费用＝10 300×2.5255＝26 013（元）

乙产品应分配的制造费用＝5 075×2.5255＝12 817（元）

在实际工作中，制造费用的分配是通过编“制造费用分配表”进行的。现列示 2024 年 3 月华丰公司“制造费用分配表”如表 22－9 所示。

表 22－9 **制造费用分配表**

2024 年 3 月

应借科目		生产工时/小时	分配率	金额/元
总账及二级科目	明细科目			
生产成本——基本生产成本	甲产品	10 300		26 013
	乙产品	5 075		12 817
合计		15 375	2.5255	38 830

根据上述“制造费用分配表”，作会计处理如下：

借：生产成本——基本生产成本（甲产品）　26 013
　　　　　　　　　　　　　（乙产品）　12 817
　贷：制造费用　38 830

（2）机器工时比例法。

机器工时比例法，是以本车间各种产品所用机器设备运转时间为标准分配制造费用的一种方法。其计算公式如下：

$$制造费用分配率=\frac{待分配的制造费用总额}{各种产品所用机器设备总工时数}$$

某产品应分配的制造费用=该产品所用机器设备工时数×制造费用分配率

（3）生产工人工资比例法。

生产工人工资比例法，是以本车间各种产品的生产工人工资为标准分配制造费用的一种方法。其计算公式如下：

$$制造费用分配率=\frac{待分配的制造费用总额}{各种产品生产工人工资之和}$$

某产品应分配的制造费用=该产品的生产工人工资×制造费用分配率

以上各种分配方法，通常是对各月生产车间或部门的制造费用实际发生额进行分配的。为简化核算，企业也可以采用计划分配率法进行分配。

（4）计划分配率法。

计划分配率法，也称年度计划分配率法，是指无论各月实际发生的制造费用多少，每月各种产品成本中的制造费用都按年度计划确定的计划分配率分配的一种方法。

采用这种方法，首先按照年度计划确定的各车间制造费用预算额和各产品定额工时，计算年度计划分配率；其次，各月按照年度计划分配率和当月的实际产量等有关资料计算分配制造费用。年度内如果发现全年制造费用的实际数和产品的实际产量与计划数发生较大差额时，应及时调整计划分配率。其计算公式如下：

$$年度计划分配率=\frac{年度制造费用计划总额}{年度各产品计划产量的定额工时总数}$$

$$\begin{matrix}某月某产品\\应负担的制造费用\end{matrix}=\begin{matrix}该月该种产品实际\\产量的定额工时数\end{matrix}\times 年度计划分配率$$

【例22－6】 2024年，红利公司基本生产车间全年制造费用预算额为57 600元，全年各产品的计划产量分别为：A产品2 800件，B产品1 300件。单位产品工时定额分别为：A产品5小时，B产品4小时。该公司3月实际产量分别为：A 产品 300 件，B 产品 110 件。本月实际发生的制造费用为 5 200 元。则该公司 3 月的制造费用分配情况如下：

A 产品年度计划产量的定额工时 = 2 800 × 5 = 14 000（小时）

B 产品年度计划产量的定额工时 = 1 300 × 4 = 5 200（小时）

$$年度计划分配率 = \frac{57\ 600}{14\ 000 + 5\ 200} = 3$$

A 产品应负担的制造费用 = 300 × 5 × 3 = 4 500（元）

B 产品应负担的制造费用 = 110 × 4 × 3 = 1 320（元）

根据分配结果，作会计处理如下：

借：生产成本——基本生产成本（A 产品） 4 500

（B 产品） 1 320

贷：制造费用 5 820

该公司本月按年度计划分配率分配转出的制造费用 5 820 元（4 500 + 1 320），本月实际发生的制造费用为 5 200 元。可见，采用计划分配率分配制造费用，各月实际发生的制造费用与分配转出的制造费用可能不一致。

因此，采用这种方法时，“制造费用”科目可能有月末余额，而且余额可能在借方，也可能在贷方。若余额在借方，表示制造费用实际发生额大于已按计划分配额，属于超支差异；若余额在贷方，表示制造费用实际发生额小于已按计划分配额，属于节约差异。该借方或贷方余额，平时不作处理，如果年末有余额，就是全年制造费用的实际发生额与计划分配额的差额，一般应在年末调整计入 12 月的产品成本。若实际发生额大于计划分配额，借记“生产成本——基本生产成本”科目，贷记“制造费用”科目；若实际发生额小于计划分配额，作相反会计处理。

这种分配方法核算工作简便，特别适用于季节性生产的车间或分厂，因为它不受淡季和旺季产量相差悬殊的影响，不会使各月单位产品成本中制造费用忽高忽低，便于进行成本分析。但是，采用这种分配方法要求计划工作水平较高，否则会影响产品成本计算的正确性。

【涉税提示】

对制造费用核算，税务人员应注意以下问题：

（1）制造费用的分配额是否真实，“制造费用”科目借方归集的费用总额是否属于该科目的核算内容，制造费用的分配过程是否合理，有无多列费用支出的情况。

（2）制造费用分配标准能否正确地反映制造费用归属的实际情况，是否符合企业自身的生产经营特点，有无在一个会计年度内随意变动分配标准的情况。制造费用的分配标准是否与实际发生的统计数相符，有无非生产项目少记分配标准数，生产项目多记分配标准数的情况。

（3）制造费用分配率的计算是否正确，有无人为调节分配率的情况。

通过以上各种费用的分配和归集，应计入本月产品成本的生产费用，已全部归集在“生产成本——基本生产成本”科目的借方，并按成本项目分别列示在各产品基本生产成本明细账中。

（三）制造企业产品成本的结转

通过上述各项生产成本的归集和分配，基本生产车间在生产过程中发生的各项成本，已经集中反映在“生产成本——基本生产成本”科目及其明细账的借方，这些成本都是本月发生的生产成本，并不是本月完工产品的成本。要计算出本月完工产品的成本，还要将本月发生的生产成本，加上月初在产品成本，在本月完工产品和月末在产品之间进行分配，以求得本月完工产品成本。

月初在产品成本、本月发生的生产成本、本月完工产品成本和月末在产品成本之间的关系，可用下列公式表示：

月初在产品成本 + 本月发生的生产成本 = 本月完工产品成本 + 月末在产品成本

该公式变形可得：

月初在产品成本 + 本月发生的生产成本 − 月末在产品成本 = 本月完工产品成本

由此可见，在完工产品和月末在产品之间分配费用的方法通常有两类：一类是先确定月末在产品成本，再计算完工产品成本；另一类是将前两项之和在后两项之间按照一定的比例进行分配，同时算出完工产品成本和月末在产品成本。但是无论采用哪一类方法，都必须先取得在产品数量资料。

1. 在产品数量的核算

企业的在产品是指没有完成全部生产过程、不能作为商品销售的产品，包括正在车间加工中的在产品和已经完成一个或几个生产步骤但还需继续加工的半成品两部分。对外销售的自制半成品，属于商品产品，验收入库后不应列入在产品之内。

在产品结存的数量，同其他材料物资结存的数量一样，应同时具备账面核算资料和实际盘点资料。企业一方面要做好在产品收发结存的日常核算工作，另一方面要做好在产品的清查工作。车间在产品收发结存的日常核算，通常是通过在产品收发结存账进行的。在实务工作中，即建立在产品台账，应分别车间并按照产品的品种和在产品名称设立，以便用来反映车间各种在产品的转入、转出和结存的数量。各车间应认真做好在产品的计量、验收和交接工作，并在此基础上根据领料凭证、在产品内部转移凭证、在成品检验凭证和在产品交库凭证，及时完整登记在产品收付结存账。

为了核实在产品的数量，企业必须认真做好在产品的清查工作，可以定期进行清查，也可以不定期轮流清查。有的车间没有建立在产品的日常收发核算，则每月月末都必须清查一次在产品，以便取得在产品的实际盘存资料。清查后，应根据盘点结果和账面资料编制“在产品盘点表”，填明在产品的账面数、实存数和盘存盈亏数，以及盈亏的原因和处理意见等，对于报废和毁损的在产品还要登记残值。成本核算人员应对在产品盘存表进行认真审核，并报有关部门审批，同时对在产品盘盈、盘亏进行账务处理。

2. 生产成本在完工产品和月末在产品之间的归集和分配

每月月末，当月基本生产成本明细账中按照成本项目归集了该种产品的本月生产成本以后，如果产品已经全部完工，基本生产成本明细账中归集的月初在产品生产成本与本月发生的生产成本之和，就是该种完工产品的成本。如果产品全部没有完工，基本生产成本明细账中归集的月初在产品生产成本与本月发生的生产成本之和，就是该种在产品的成本。如果既有完工产品又有在产品，基本生产成本明细账中归集的月初在产品生产成本与本月发生的生产成本之和，则应采用适当的分配方法，在完工产品和月末在产品之间进行分配和归集，以计算完工产品和月末在产品的成本。

企业在产品数量确定以后，应结合在产品数量的多少、各月在产品数量变化的大小、各项费用比重的大小以及定额管理基础的好坏等具体条件，采用适当的分配方法，将基本生产成本明细账中归集的生产成本之和，在完工产品与月末在产品之间进行分配。常用的分配方法有：不计算在产品成本、在产品成本按年初数固定计算、在产品成本按所耗用的原材料费用计算、在产品成本按完工产品成本计算、约当产量比例法、在产品成本按定额成本计算、定额比例法等。

（1）不计算在产品成本。

采用这种分配方法时，将当月生产的产品全部看作完工产品，当月发生的生产成本全部计入完工产品成本中，不计算在产品成本。这种方法适用于各月月末在产品数量很少，算不算在产品成本对完工产品成本的影响很小，管理上不要求计算在产品成本的产品。如煤炭工业的采煤。

（2）在产品成本按年初数固定计算。

采用这种分配方法时，各月月末在产品成本固定不变，按年初数固定计算，某种产品本月发生的生产成本就是本月完工产品的成本。这种方法适用于月末在产品数量较多，但各月变化不大的产品或月末在产品数量很少的产品。例如，炼铁厂、化工厂或其他有固定容器装置的在产品，数量都较稳定，可以采用这种分配方法。采用该种分配方法时，年末应该根据实际盘点的在产品数量，重新调整计算确定月末在产品成本，调整年初数，以免在产品成本与实际出入过大，影响成本计算的正确性。

（3）在产品成本按所耗用的原材料费用计算。

采用这种分配方法时，月末在产品只计算其所耗用的原材料费用，不计算直接人工等加工费用，产品的加工费用全部由完工产品成本负担。在这种方法下，某种产品的全部生产成本减去月末在产品原材料费用，就是完工产品的成本。这种方法适用于各月月末在产品的数量较多、各月在产品数量变化也较大，但直接材料费用在生产成本中所占比重较大，且材料在生产开始时一次就全部投入的产品。如纺织、酿酒、造纸等行业的产品。

（4）在产品成本按完工产品成本计算。

采用这种分配方法时，在产品视同完工产品分配成本。这种方法适用于月末在产品已经接近完工或者已经完工，只是尚未包装或者尚未验收入库的产品。

（5）约当产量比例法。

约当产量，是指月末在产品相当于完工产品的产量。约当产量比例法，是指首先将月末在产品数量按其完工程度（完工率）折算为相当于完工产品的产量，其次按照完工产品数量与月末在产品约当产量的比例，分配计算完工产品成本和月末在产品成本的一种方法。这种分配方法适用于月末在产品数量较大、各月末在产品数量变化也较大，产品成本中直接材料费用和直接人工等加工费用的比重相差不多的产品。其计算公式如下：

$$在产品约当产量=在产品数量\times完工程度（完工率）$$

$$单位成本=\frac{月初在产品成本+本月发生的生产费用}{完工产品数量+在产品约当产量}$$

$$完工产品成本=完工产品数量\times单位成本$$

$$在产品成本=在产品约当产量\times单位成本$$

采用这种方法时，由于产品成本中直接材料费用和直接人工等加工费用的比重相差不多，进行分配时，应分别计算直接材料费用分配率、直接人工费用分配率和制造费用分配率，进而计算完工产品和月末在产品的各项费用，最终计算出完工产品和月末在产品成本。在实际工作中，由于原材料可能在生产开始时一次投入，也可能陆续投入等，投料方式的不同，直接影响了月末在产品成本中直接材料费用的多少，因此采用这种方法时，应区分原材料的投料方式。

①原材料在生产开始时一次投入。

如果原材料在生产开始时一次投入，加工费用随加工进度逐步发生，说明单位完工产品和不同完工程度的单位在产品所耗用原材料数量相等，因而直接材料费用可以按完工产品与月末在产品的数量比例分配。由于单位完工产品与不同完工程度的单位在产品所发生的加工费用不相等，因而，各项加工费用应按约当产量比例分配。其计算公式如下：

$$直接材料费用分配率=\frac{月初在产品直接材料费用+本月发生的直接材料费用}{完工产品数量+在产品数量}$$

$$在产品约当产量=在产品数量\times100\%=在产品数量$$

$$完工产品直接材料费用=完工产品数量\times直接材料费用分配率$$

$$月末在产品直接材料费用=在产品数量\times直接材料费用分配率$$

$$加工费用分配率=\frac{月初在产品加工费用+本月发生的加工费用}{完工产品数量+在产品约当数量}$$

$$在产品约当产量=在产品数量\times完工程度（完工率）$$

$$完工产品加工费用=完工产品数量\times加工费用分配率$$

$$月末在产品加工费用=在产品约当产量\times加工费用分配率$$

【例22－7】光明公司生产B产品，本月完工850件，月末在产品150件，在产品完工程度为60%；月初在产品成本和本月发生的生产费用为：直接材料62 500元，直接人工28 200元，制造费用18 800元。原材料在生产开始时一次投入，采用约当产量比例法分配计算完工产品和月末在产品成本。其分配计算过程如下：

分配直接材料费用：

在产品约当产量 = 150 × 100% = 150（件）

$$直接材料费用分配率 = \frac{62\ 500}{850 + 150} = 62.5$$

完工产品直接材料费用 = 850 × 62.5 = 53 125（元）

月末在产品直接材料费用 = 150 × 62.5 = 9 375（元）

分配直接人工费用：

在产品约当产量 = 150 × 60% = 90（件）

$$直接人工费用分配率 = \frac{28\ 200}{850 + 90} = 30$$

完工产品直接人工费用 = 850 × 30 = 25 500（元）

月末在产品直接人工费用 = 90 × 30 = 2 700（元）

分配制造费用：

在产品约当产量 = 150 × 60% = 90（件）

$$制造费用分配率 = \frac{18\ 800}{850 + 90} = 20$$

完工产品制造费用 = 850 × 20 = 17 000（元）

月末在产品制造费用 = 90 × 20 = 1 800（元）

计算产品成本：

完工产品成本 = 53 125 + 25 500 + 17 000 = 95 625（元）

月末在产品成本 = 9 375 + 2 700 + 1 800 = 13 875（元）

采用约当产量比例法，必须正确计算在产品的约当产量，而在产品约当产量正确与否，主要取决于在产品完工程度（即完工率）的测定是否正确，这对于费用分配的正确性影响很大。测定在产品完工程度的方法一般有以下两种：

第一种，平均计算，即一律按 50% 作为各工序在产品的完工程度。这是在各工序在产品数量和单位产品在各工序的加工量都相差不多的情况下，后面各工序在产品多加工的程度可以抵补前面各工序少加工的程度。这样，全部在产品完工程度均可按 50% 平均计算。

第二种，各工序分别测定完工率。为了提高成本计算的正确性，加快成本的计算工作，可以按照各工序的累计工时定额占完工产品工时定额的比率计算，事前确定各工序在产品的完工率。其计算公式如下：

$$某工序在产品完工率 = \frac{前面各工序工时定额之和 + 本工序工时定额 \times 50\%}{单位产品工时定额}$$

【例22－8】 A产品单位工时定额80小时，经过三道工序制成。第一道工序工时定额为20小时，第二道工序工时定额为30小时，第三道工序工时定额为30小时。各道工序内各件在产品加工程度均按50%计算。各工序完工率计算如下：

$$第一道工序在产品完工率=\frac{20\times 50\%}{80}=12.5\%$$

$$第二道工序在产品完工率=\frac{20+30\times 50\%}{80}=43.75\%$$

$$第三道工序在产品完工率=\frac{20+30+30\times 50\%}{80}=81.25\%$$

根据各工序的月末在产品数量和各工序完工率，计算出月末各工序在产品的约当产量及其总数，据以分配费用。

【例22－9】 沿用【例22－8】，假定A产品本月完工200件。第一工序的在产品20件，第二工序的在产品40件，第三工序的在产品60件。A产品月初在产品成本加本月发生的生产费用为：直接材料16 000元，直接人工16 125元，制造费用9 397.5元。原材料在生产开始时一次投入，完工产品与月末在产品成本分配计算如下：

第一工序在产品约当产量＝20×12.5%＝2.5（件）

第二工序在产品约当产量＝40×43.75%＝17.5（件）

第三工序在产品约当产量＝60×81.25%＝48.75（件）

在产品约当产量总数＝2.5＋17.5＋48.75＝68.75（件）

分配直接材料费用：

$$直接材料费用分配率=\frac{16\ 000}{200+120}=50$$

完工产品直接材料费用＝200×50＝10 000（元）

月末在产品直接材料费用＝120×50＝6 000（元）

分配直接人工费用：

$$直接人工费用分配率=\frac{16\ 125}{200+68.75}=60$$

完工产品直接人工费用＝200×60＝12 000（元）

在产品直接人工费用＝68.75×60＝4 125（元）

分配制造费用：

$$制造费用分配率=\frac{9\ 397.5}{200+68.75}=34.9674$$

完工产品制造费用 = 200 × 34.9674 = 6 993.5（元）

月末在产品制造费用 = 68.75 × 34.9674 = 2 404（元）

计算产品成本：

完工产品成本 = 10 000 + 12 000 + 6 993.5 = 28 993.5（元）

月末在产品成本 =（16 000 + 16 125 + 9 397.5）- 28 993.5 = 12 529（元）

②原材料陆续投入。

如果原材料不是在生产开始时一次投入，而是陆续投入，直接材料费用也应该采用约当产量比例法分配。具体计算又分为下列两种情况。

A. 原材料的投料程度与产品的完工程度一致，这时直接材料费用和各项加工费用的分配，都应按照完工程度折合在产品约当产量，按约当产量比例分配计算。

B. 原材料分工序分别投入，且在每一道工序开始时一次投入。这时直接材料费用的分配，按照投料程度折合在产品约当产量分配计算；各项加工费用的分配，按照完工程度折合在产品约当产量分配计算。其中，分配直接材料费用的投料程度，按每一工序原材料消耗定额计算，只不过在计算某工序在产品的投料程度时，该工序内每件在产品的投料程度均为100%。其计算公式如下：

$$\text{某工序在产品投料程度} = \frac{\text{前面各工序原材料消耗定额之和} + \text{本工序原材料消耗定额}}{\text{完工产品原材料消耗定额}}$$

【涉税提示】

按“约当产量比例法”分配生产费用时，税务人员应注意以下问题：

（1）完工产品和在产品数量是否真实，在产品成本计算是否正确，完工产品成本计算是否正确。

（2）完工程度的确定是否准确，期末在产品约当产量的计算是否正确。防止企业利用约当产量估算的特点，调节当年损益。

（3）材料投入方式的确定是否正确。

（6）在产品成本按定额成本计算。

采用这种分配方法时，月末在产品的各项费用按各项费用定额计算，即月末在产品成本按其数量和单位定额成本计算。某种产品的全部生产费用（月初在产品成本加本月生产费用），减去按定额单位成本计算的月末在产品成本，就是该种产品的完工产品成本。在这种方法下，每月生产费用脱离定额的差异（节约或超支）全部由当月完工产品负担。其计算公式如下：

$$月末在产品成本 = 月末在产品定额成本 = 月末在产品数量 \times 在产品单位定额成本$$

$$完工产品成本 = 月初在产品成本 + 本月发生的生产费用 - 月末在产品定额成本$$

这种分配方法适用于定额管理基础较好，各项消耗定额或费用定额比较准确、稳定，而且各月月末在产品数量变动不大的产品。在消耗定额修订的月份，月末在产品成本按修订后的定额成本计算。采用这一方法时，消耗定额不仅要比较准确，而且要比较稳定。

（7）定额比例法。

定额比例法，是指将产品的全部生产费用（月初在产品成本加本月生产费用），按照完工产品与月末在产品定额消耗量或定额费用的比例进行分配，计算完工产品成本和月末在产品成本的一种方法。其中，直接材料费用，按原材料的定额消耗量或定额费用的比例分配。直接人工、制造费用等各项加工费用，按定额工时的比例分配，也可按定额费用的比例分配。

这种分配方法适用于定额管理基础较好，各项消耗定额或费用定额比较准确、稳定，月末在产品数量变动较大的产品。其计算公式如下：

$$直接材料费用分配率 = \frac{月初在产品直接材料费用 + 本月实际直接材料费用}{完工产品定额材料费用 + 月末在产品定额材料费用}$$

$$完工产品实际直接材料费用 = 完工产品定额材料费用 \times 直接材料费用分配率$$

$$月末在产品实际直接材料费用 = 月末在产品定额材料费用 \times 直接材料费用分配率$$

$$直接人工费用（制造费用）分配率 = \frac{月初在产品直接人工（制造费用）+ 本月实际直接人工（制造费用）}{完工产品定额工时 + 月末在产品定额工时}$$

$$完工产品直接人工费用（制造费用）= 完工产品定额工时 \times 直接人工（制造费用）分配率$$

$$月末在产品直接人工费用（制造费用）= 月末在产品定额工时 \times 直接人工（制造费用）分配率$$

【例 22－10】 2024 年 3 月初 A 产品在产品成本为：直接材料 16 000 元；直接人工 7 000 元；制造费用 2 000 元。本月生产费用为：直接材料 80 000 元；直接人工 28 000 元；制造费用 19 000 元。完工产品 4 000 件，原材料定额费用 80 000 元；定额工时 5 500 小时。月末在产品 1 000 件，原材料定额费用20 000元；定额工时1 500小时。完工产品与月末在产品之间，直接材料费用按材料定额费用的比例分配，其他费用按定额工时的比例分配。各项费用分配计算结果如表22－10所示。

表22－10　　产品成本计算单

产品名称：A产品　　2024年3月　　单位：元

成本项目	月初在产品成本	本月费用	生产费用合计	费用分配率	完工产品成本		月末在产品成本	
					定额	实际费用	定额	实际费用
①	②	③	④＝②＋③	⑤＝④÷(⑥＋⑧)	⑥	⑦＝⑥×⑤	⑧	⑨＝⑧×⑤
直接材料	16 000	80 000	96 000	0.96	80 000	76 800	20 000	19 200
直接人工	7 000	28 000	35 000	5.00	5 500	27 500	1 500	7 500
制造费用	2 000	19 000	21 000	3.00	5 500	16 500	1 500	4 500
合计	25 000	127 000	152 000			120 800		31 200

3. 产品成本的结转

制造企业应当根据产品的生产特点和管理要求，按成本计算期结转成本。除季节性生产企业等以外，应当以月为成本计算期。

通过生产费用的归集和分配，制造企业生产产品发生的各项生产费用，已在各种产品之间进行了分配，在此基础上又在同种产品的完工产品与月末在产品之间进行了分配，计算出了各种完工产品的成本。

企业完工产品经产成品仓库验收入库后，其成本应从“生产成本——基本生产成本”科目及所属产品成本明细账的贷方转出，转入“库存商品”科目的借方。“生产成本——基本生产成本”科目的月末余额，就是基本生产车间在产品的成本。

三、其他行业企业产品成本的归集、分配和结转

（一）农业企业产品成本的归集、分配和结转

农业企业应当比照制造企业对产品成本进行归集、分配和结转。

（二）批发零售企业产品成本的归集、分配和结转

批发零售企业发生的进货成本、相关税金直接计入成本核算对象成本；发生的采购费，可以结合经营管理特点，按照合理的方法分配计入成本核算对象成本。采购费金额较小的，可以在发生时直接计入当期销售费用。

批发零售企业可以根据实物流转方式、管理要求、实物性质等实际情况，采用先进先出法、加权平均法、个别计价法、毛利率法等方法结转产品成本。

（三）建筑企业产品成本的归集、分配和结转

建筑企业发生的有关费用，由某一成本核算对象负担的，应当直接计入成本核算对象成本；由几个成本核算对象共同负担的，应当选择直接费用比例、定额比例和职工薪酬比例等合理的分配标准，分配计入成本核算对象成本。

建筑企业应当按照会计准则的规定结转产品成本。合同结果能够可靠估计的，应当采用完工百分比法确定和结转当期提供服务的成本；合同结果不能可靠估计的，应当直接结转已经发生的成本。

（四）房地产企业产品成本的归集、分配和结转

房地产企业发生的有关费用，由某一成本核算对象负担的，应当直接计入成本核算对象成本；由几个成本核算对象共同负担的，应当选择占地面积比例、预算造价比例、建筑面积比例等合理的分配标准，分配计入成本核算对象成本。

（五）采矿企业产品成本的归集、分配和结转

采矿企业应当比照制造企业对产品成本进行归集、分配和结转。

（六）交通运输企业产品成本的归集、分配和结转

交通运输企业发生的营运费用，应当按照成本核算对象归集。

交通运输企业发生的运输工具固定费用，能确定由某一成本核算对象负担的，应当直接计入成本核算对象的成本；由多个成本核算对象共同负担的，应当选择营运时间等符合经营特点的、科学合理的分配标准分配计入各成本核算对象的成本。

交通运输企业发生的非营运期间费用，比照制造业季节性生产企业处理。

（七）信息传输、软件及信息技术服务等企业产品成本的归集、分配和结转

信息传输、软件及信息技术服务等企业，可以根据经营特点和条件，利用现代信息技术，采用作业成本法等对产品成本进行归集和分配。

（八）文化企业产品成本的归集、分配和结转

文化企业发生的有关成本项目费用，由某一成本核算对象负担的，应当直接计入成本核算对象成本；由几个成本核算对象共同负担的，应当选择人员比例、工时比例、材料耗用比例等合理的分配标准分配计入成本核算对象成本。

除企业产品成本核算制度已明确规定的以外，其他行业企业应当比照以上类似行业的企业对产品成本进行归集、分配和结转。

企业应当按照企业产品成本核算制度的规定对产品成本进行归集、分配和结转。企业内部管理有相关要求的，还可以利用现代信息技术，在确定多维度、多层次成本核算对象的基础上，对有关费用进行归集、分配和结转。

【涉税提示】

（1）企业所得税法所讲的成本，是指企业在生产经营活动中发生的销售成本、销货成本、业务支出以及其他耗费，进行会计核算时记入“主营业务成本”“其他业务成本”等科目。会计上所讲的成本，是指产品的生产成本，进行会计核算时记入“生产成本”科目。因此，对生产成本在进行纳税调整时，是将已经销售产品的成本转入“主营业务成本”科目并影响损益的那部分金额进行调整，对于只是记入“生产成本”“制造费用”科目尚未转入“库存商品”科目，甚至是转入“库存商品”科目尚未销售的那部分成本是不需要进行纳税调整的。

（2）无论是成本还是费用，必须在企业所得税汇算清缴时取得有效凭证，否则应作纳税调整。例如：2023 年，M 公司购入原材料价值 200 万元，该公司采取加权平均法计价，到汇算清缴时仍未取得发票。该项原材料 2021 年度全部消耗，运用约当产量比例法计算，其中，40 万元在“生产成本”科目

中、50万元在“库存商品”科目中、110万元已经记入了“主营业务成本”科目。那么，在计算2023年度M公司应纳税所得额时，应将已记入“主营业务成本”科目的110万元进行纳税调增。

第四节　制造业产品成本计算的基本方法

一、生产特点和管理要求对产品成本计算的影响

在计算产品成本时，应根据生产特点和管理要求来确定具体的成本计算方法。

（一）制造企业的生产类型

1. 按工艺过程特点分类

制造企业的生产按照工艺过程特点分类，可以分为单步骤生产和多步骤生产两种类型。

（1）单步骤生产。

单步骤生产，亦称简单生产，是指生产工艺过程不能间断，不能分散在不同工作地点进行的生产。如发电、采掘等企业。这类生产由于技术上的不可间断，或由于工作地点上的限制，通常只能在一个企业或车间内进行，而不能由几个企业协作进行。属于单步骤生产的企业，其产品的生产周期一般较短，生产工艺过程简单，产品品种比较单一，一般没有半成品或中间产品。

（2）多步骤生产。

多步骤生产，亦称复杂生产，是指生产工艺过程由若干个可以间断的、分散在不同地点、分别在不同时间进行的生产。它既可以在一个企业或车间内独立进行，也可以由几个企业或车间在不同的工作地点协作进行生产。如纺织、钢铁、机械制造等企业。属于多步骤生产的企业，其产品的生产周期一般较长，产品品种不是单一的，有半成品或中间产品。

2. 按生产组织特点分类

制造企业的生产按照生产组织特点分类，可以分为大量生产、成批生产和单件生产三种类型。

（1）大量生产。

大量生产，是指不断地重复生产一种或几种产品的生产。这种类型生产的企业，生产的产品品种较少，产量较大，专业化水平较高。如纺织、采掘、冶金等企业。

（2）成批生产。

成批生产，是指按照预先确定的产品批别和数量，轮番进行若干种产品的生产。成批生产按照批量的大小不同，又可进一步划分为大批生产和小批生产。大批生产类似于大量生产，小批生产类似于单件生产。如服装、机床等企业。

（3）单件生产。

单件生产，是根据各定单单位的要求，生产某种规格、型号、性能等特定产品的生产。这种类型生产的企业，生产的产品品种多，每一定单产品数量少，一般不重复或不定期重复生产。例如造船、重型机械制造等企业。

（二）生产特点和管理要求对产品成本计算的影响

生产特点和管理要求对产品成本计算的影响主要表现在对成本计算对象、成本计算期和生产费用在完工产品与月末在产品之间划分的影响三个方面，其中，对成本计算对象的影响是最重要的。

生产特点和管理要求不同，产品成本计算对象也不同。

在大量大批单步骤生产的情况下，由于生产工艺过程不可间断，不要求分步骤计算产品成本；组织生产时，通常不需要按产品批别组织生产，因而也不要求分批别计算产品成本。所以，在这种生产类型下，成本计算对象就是不同品种的产品。

在大量大批连续式多步骤生产的情况下，由于生产工艺过程可以间断，生产过程由若干有顺序的生产步骤组成，各个生产步骤往往生产有自制半成品，要求分步骤计算产品成本，因而这种生产类型的成本计算对象是各步骤的不同品种的产品（自制半成品）。

在大量大批装配式多步骤生产的情况下，由于各个生产步骤平行加工构成产成品的零件和部件，通常要求计算各个生产步骤的零件成本，因而这种生产类型的成本计算对象是分步骤的零件和组装成不同品种的产品。

在单件小批生产的情况下，由于产品生产是按批别或定单组织的，产品的批别或定单可以划分，因而要求按产品的批别或定单计算成本，其成本计算对象就是产品的批别或定单。

二、产品成本计算的基本方法

制造企业成本计算的基本方法包括品种法、分批法和分步法。

（一）品种法

品种法，亦称简单法，是按照产品品种为成本计算对象，归集生产费用，计算产品成本的一种方法。它主要适用于大量、大批单步骤生产的企业，如发电、采掘等生产；也可用于不需要分步骤计算成本的大量大批多步骤生产，如小型造纸厂、水泥厂等。

采用品种法计算产品成本的一般程序如下：

1. 按产品品种开设产品成本明细账，账内按成本项目设置专栏。

2. 归集和分配各项生产费用，编制各项费用分配表，登记产品成本明细账。

3. 计算完工产品成本和月末在产品成本。

4. 结转完工产品成本。

【例 22－11】某企业设有一个基本生产车间，生产甲、乙两种产品，还设有一个运输车间，为基本生产车间及其他部门提供服务。该企业为大量大批单步骤生产的企业，采用品种法计算产品成本。该企业成本核算分设“基本生产成本”和“辅助生产成本”两个一级科目。其核算程序如下：

（1）开设产品成本明细账。

该企业生产甲、乙两种产品，应以甲、乙两种产品作为成本计算对象，开设产品成本明细账；该企业设有一个运输车间，应按运输车间开设辅助生产成本明细账，辅助生产车间的制造费用直接计入辅助生产成本；该企业设有一个基本生产车间，应开设一个制造费用明细账。

（2）归集和分配各项生产费用。

①归集和分配各项要素费用。

A. 分配材料费用。月末，根据领退料凭证，编制“材料费用分配表”，分配材料费用，据以登记甲、乙两种产品基本生产成本明细账、辅助生产成本明细账和制造费用明细账。“材料费用分配表”如表 22－11 所示。

表 22－11 材料费用分配表

2024 年 5 月

应借科目		成本项目	直接计入金额/元	分配计入金额		材料费用合计/元
总账科目	明细科目			定额耗用量/千克	分配金额（分配率 2）	
基本生产成本	甲产品	直接材料	44 100	30 000	60 000	104 100
	乙产品	直接材料	37 040	15 000	30 000	67 040
	小计		81 140		90 000	171 140
辅助生产成本	运输车间	材料费	9 000			9 000
制造费用		机物料消耗	19 380			19 380
合计			109 520		90 000	199 520

根据上述材料费用分配表，作会计处理如下：

借：基本生产成本——甲产品　104 100

　　　　　　　　——乙产品　67 040

　　辅助生产成本——运输车间　9 000

　　制造费用　19 380

　　贷：原材料　199 520

B. 分配职工薪酬。月末，根据工资、福利费、社会保险费等薪酬费用计算凭证，编制“职工薪酬费用分配表”，据以登记甲、乙两种产品成本明细账、辅助生产成本明细账和制造费用明细账。“职工薪酬费用分配表”如表 22－12 所示。

表 22－12 职工薪酬费用分配表

2024 年 5 月

应借科目		成本项目	直接计入金额/元	分配计入金额		合计/元
总账科目	明细科目			生产工时/小时	分配金额（分配率 25）	
基本生产成本	甲产品	直接人工		1 800	45 000	45 000
	乙产品	直接人工		2 200	55 000	55 000
	小计				100 000	100 000

续表

应借科目		成本项目	直接计入金额/元	分配计入金额		合计/元
总账科目	明细科目			生产工时/小时	分配金额（分配率25）	
辅助生产成本	运输车间	职工薪酬	8 000			8 000
制造费用		职工薪酬	16 000			16 000
合计			24 000		100 000	124 000

根据上述职工薪酬费用分配表，作会计处理如下：

借：基本生产成本——甲产品　　45 000
　　　　　　　　——乙产品　　55 000
　　辅助生产成本——运输车间　　8 000
　　制造费用　　16 000
　　贷：应付职工薪酬　　124 000

C. 分配其他费用。月末，根据其他费用原始凭证，按费用发生的地点和用途进行归集，编制“其他费用分配表”，据以登记甲、乙两种产品成本明细账、辅助生产成本明细账和制造费用明细账。“其他费用分配表”如表22－13所示。

表22－13　　其他费用分配表

2024年5月　　单位：元

应借科目		折旧费	水电费	办公费	合计
总账科目	明细科目				
辅助生产成本	运输车间	2 000	1 600	400	4 000
制造费用		58 000	2 600	4 020	64 620
合计		60 000	4 200	4 420	68 620

根据上述其他费用分配表，作会计处理如下：

借：辅助生产成本——运输车间　　4 000
　　制造费用　　64 620
　　贷：累计折旧　　60 000

银行存款等 8 620

②归集和分配辅助生产费用。

A. 根据有关凭证和费用分配表登记辅助生产成本明细账，如表 22－14 所示。

表 22－14 **辅助生产成本明细账**

车间：运输车间 2024 年 5 月 单位：元

2024 年		摘要	材料	职工薪酬	折旧费	办公费	水电费	合计
月	日							
5		材料费用分配表	9 000					9 000
		职工薪酬费用分配表		8 000				8 000
		其他费用分配表			2 000	400	1 600	4 000
5	31	本月合计	9 000	8 000	2 000	400	1 600	21 000
5	31	分配转出	9 000	8 000	2 000	400	1 600	21 000

B. 本月运输车间共完成 2 100 公里运输工作量，其中：基本生产车间耗用 2 000 公里，该企业管理部门耗用 100 公里。月末，根据各部门耗用的劳务数量，编制辅助生产费用分配表（如表 22－15 所示），并据以登记各明细账。

表 22－15 **辅助生产费用分配表**

2024 年 5 月

应借科目	费用项目	耗用劳务数量/公里	分配率	金额/元
制造费用	修理费	2 000		20 000
管理费用	修理费	100		1 000
合计		2 100	10	21 000

根据上述辅助生产费用分配表，作会计处理如下：

借：制造费用 20 000

　　管理费用 1 000

　　贷：辅助生产成本——运输车间 21 000

③归集和分配制造费用。

A. 根据有关凭证和费用分配表登记制造费用明细账，如表 22－16 所示。

表 22－16

制造费用明细账

2024 年 5 月

单位：元

2024 年		摘要	机物料消耗	职工薪酬	折旧费	办公费	水电费	修理费	合计
月	日								
5		材料费用分配表	19 380						19 380
		职工薪酬费用分配表		16 000					16 000
		其他费用分配表			58 000	4 020	2 600		64 620
		辅助生产费用分配表						20 000	20 000
5	31	本月合计	19 380	16 000	58 000	4 020	2 600	20 000	120 000
5	31	分配转出	19 380	16 000	58 000	4 020	2 600	20 000	120 000

B. 甲产品耗用实际工时为 1 800 小时，乙产品耗用实际工时为 2 200 小时。月末，根据各产品耗用的实际工时，编制制造费用分配表（如表 22－17 所示），并据以登记甲、乙两种产品成本明细账和制造费用明细账。

表 22－17

制造费用分配表

2024 年 5 月

应借科目		生产工时/小时	分配率	金额/元
总账科目	明细科目			
基本生产成本	甲产品	1 800		54 000
	乙产品	2 200		66 000
合计		4 000	30	120 000

根据上述制造费用分配表，作会计处理如下：

借：基本生产成本——甲产品　　54 000

　　　　　　　　——乙产品　　66 000

　　贷：制造费用　　120 000

（3）计算完工产品成本和月末在产品成本。

2024年5月该企业有关产品成本核算资料如下：

①产量资料如表22－18所示。

表22－18 **产量资料**

产品名称	月初在产品/件	本月投产/件	完工产品/件	月末在产品/件	完工率/%
甲产品	800	7 200	6 500	1 500	60
乙产品	320	3 680	3 200	800	40

②月初在产品成本如表22－19所示。

表22－19 **月初在产品成本** 单位：元

产品名称	直接材料	直接人工	制造费用	合计
甲产品	80 900	58 600	68 100	207 600
乙产品	61 760	29 480	27 280	118 520

③按约当产量比例分配计算甲、乙两种产品完工产品成本和月末在产品成本。甲产品耗用的材料随加工进度陆续投入，乙产品耗用的材料于生产开始时一次投入。

根据各费用分配表和以上有关资料，登记甲、乙两种产品成本明细账，如表22－20、表22－21所示，并据以计算甲、乙两种产品完工产品成本和月末在产品成本。

表22－20 **基本生产成本明细账**

产品名称：甲产品 2024年5月 单位：元

2024年		凭证号数	摘要	直接材料	直接人工	制造费用	合计
月	日						
5	1		月初在产品成本	80 900	58 600	68 100	207 600
	31		材料费用分配表	104 100			104 100
	31		职工薪酬费用分配表		45 000		45 000

续表

2024年		凭证号数	摘要	直接材料	直接人工	制造费用	合计
月	日						
	31		制造费用分配表			54 000	54 000
	31		生产费用合计	185 000	103 600	122 100	410 700
			完工产品数量	6 500	6 500	6 500	
			在产品约当产量	900	900	900	
			单位成本（6 500件）	25.0	14.0	16.5	55.5
	31		转出完工产品成本	162 500	91 000	107 250	360 750
	31		月末在产品成本	22 500	12 600	14 850	49 950

表22－21　　基本生产成本明细账

产品名称：乙产品　　2024年5月　　单位：元

2024年		凭证号数	摘要	直接材料	直接人工	制造费用	合计
月	日						
5	1		月初在产品成本	61 760	29 480	27 280	118 520
	31		材料费用分配表	67 040			67 040
	31		职工薪酬费用分配表		55 000		55 000
	31		制造费用分配表			66 000	66 000
	31		生产费用合计	128 800	84 480	93 280	306 560
			完工产品数量	3 200	3 200	3 200	
			在产品约当产量	800	320	320	
			单位成本（3 200件）	32.2	24.0	26.5	82.7
	31		转出完工产品成本	103 040	76 800	84 800	264 640
	31		月末在产品成本	25 760	7 680	8 480	41 920

（4）结转完工产品成本。

月末，根据产品成本计算结果，编制完工产品成本汇总表（如表22－22所示），结转完工产品成本。

表 22-22　　完工产品成本汇总表

2024 年 5 月　　单位：元

项目		直接材料	直接人工	制造费用	合计
甲产品	总成本	162 500	91 000	107 250	360 750
	单位成本	25.0	14.0	16.5	55.5
乙产品	总成本	103 040	76 800	84 800	264 640
	单位成本	32.2	24.0	26.5	82.7
总成本合计		265 540	167 800	192 050	623 370

根据上述完工产品成本汇总表，作结转完工产品成本的会计处理如下：

借：库存商品——甲产品　　360 750

　　　　　　——乙产品　　264 640

　贷：基本生产成本——甲产品　　360 750

　　　　　　　　——乙产品　　264 640

（二）分批法

分批法，是按产品批别为成本计算对象、归集生产费用，计算产品成本的一种方法。适用于单件小批的单步骤生产或管理上不要求分步骤计算成本的多步骤生产，如专用工具模具制造、重型机器制造、船舶制造、服装和印刷工业等。

分批法的成本计算程序如下：

1. 按产品批别（或定单）开设产品成本明细账，账内按成本项目设置专栏。

2. 归集和分配各项生产费用，编制各项费用分配表，登记产品成本明细账。

3. 计算完工产品成本和月末在产品成本。

计算完工产品成本和月末在产品成本时，区分以下三种情况：

（1）某批产品全部未完工时，产品成本明细账中归集的生产费用为该批产品的月末在产品成本。

（2）某批产品全部完工时，产品成本明细账中归集的生产费用为该批产品的完工产品成本。

（3）某批产品由于数量较大，跨月陆续完工时，应采用适当的方法分配计算完工产品成本和月末在产品成本。如果批内产品跨月完工产品数量不多，可以按计划单位成本或定额单位成本或最近一期相同产品的实际单位成本计算完工产品成本，将其从该批产品成本明细账中转出，剩下的部分即为该批产品的月末在产品成本。在该批产品全部完工时，再计算该批产品实际总成本与单位成本，但对已经转出的完工产品成本，不作账面调整。如果批内产品跨月完工的数量较多，则应采用适当的方法在完工产品与在产品之间分配费用，以便计算完工产品成本和月末在产品成本。

4. 结转完工产品成本。

（三）分步法

分步法，是按产品生产步骤为成本计算对象，计算产品成本的一种方法。适用于大量大批多步骤生产，如纺织、冶金、机械制造等。分步法按是否计算半成品成本分为逐步结转分步法和平行结转分步法两种。

1. 逐步结转分步法

逐步结转分步法，是按产品加工步骤的先后顺序，逐步计算并结转各步骤半成品成本，直至最后计算出产成品成本的一种方法。它是为了分步计算半成品成本而采用的一种分步法，亦称计算半成品成本的分步法。

这种方法适用于各步骤半成品有独立的经济意义，管理上要求核算半成品成本的企业。如将各步骤半成品视作产成品，就可以发现，逐步结转分步法实际上是品种法的连续应用，因此，其计算产品成本的程序与品种法基本相同。

2. 平行结转分步法

平行结转分步法，是指不计算各步骤的半成品成本，而只计算本步骤发生的费用和应由产成品负担的份额，将各步骤产品成本明细账中产成品应负担的份额平行汇总，来计算产品成本的一种方法。这种方法是平行结转各生产步骤生产费用中应计入产成品成本的份额，然后汇总计算产成品成本的分步法，亦称不计算半成品成本分步法。

这种方法适用于大量大批多步骤生产，且各生产步骤所产半成品的种类很多，但并不需要计算半成品成本的企业。在这类企业中，为了简化和加速成本计算工作，在计算各步骤成本时，可以不计算各步骤所产半成品成本，也不计算各步骤所耗上一步骤的半成品成本，而只计算本步骤发生的各项其他费用以及这些费用中应计入产成品成本的“份额”，将相同产品的各步骤成本计算单中的这些份额平行结转、汇总，即可计算出该种产品的产成品成本。

以上三种成本计算方法之间的比较如表22－23所示。

表22－23　　成本计算基本方法比较

成本计算方法	适用范围		成本计算对象	成本计算期
	生产特点	成本管理要求		
品种法	1. 大量大批单步骤生产； 2. 大量大批多步骤生产	不要求分步计算成本	产品品种	月份
分步法	大量大批多步骤生产	要求分步计算成本	产品生产步骤	月份
分批法	单件小批生产	要求分批计算成本	产品批别	生产周期

在实际工作中，应根据企业不同的生产特点和管理要求，并考虑企业的规模和管理水平等具体条件，从实际出发，对各种成本计算方法加以灵活运用。